本书受云南省哲学社会科学学术著作出版专项经费资助。

本书是国家社科基金青年项目《中缅跨境阿昌语地图集》(项目编号:19CYY040)的阶段性成果。

云南师范大学
汉藏语研究院文库

总主编 ◎ 戴庆厦 余金枝

# 阿昌语语音的方言地理学研究

杨 露 ◎ 著

中国社会科学出版社

图书在版编目（CIP）数据

阿昌语语音的方言地理学研究 / 杨露著. —北京：中国社会科学出版社，2020.6
ISBN 978-7-5203-5361-8

Ⅰ.①阿⋯ Ⅱ.①杨⋯ Ⅲ.①阿昌语–语音–地理语言学–研究 Ⅳ.①H262.1

中国版本图书馆 CIP 数据核字（2019）第 230565 号

审图号：云 S（2019）030 号

| | |
|---|---|
| 出 版 人 | 赵剑英 |
| 责任编辑 | 任 明 |
| 责任校对 | 王佳玉 |
| 责任印制 | 郝美娜 |

| | |
|---|---|
| 出　　版 | 中国社会科学出版社 |
| 社　　址 | 北京鼓楼西大街甲 158 号 |
| 邮　　编 | 100720 |
| 网　　址 | http://www.csspw.cn |
| 发 行 部 | 010-84083685 |
| 门 市 部 | 010-84029450 |
| 经　　销 | 新华书店及其他书店 |

| | |
|---|---|
| 印刷装订 | 北京君升印刷有限公司 |
| 版　　次 | 2020 年 6 月第 1 版 |
| 印　　次 | 2020 年 6 月第 1 次印刷 |

| | |
|---|---|
| 开　　本 | 710×1000　1/16 |
| 印　　张 | 14 |
| 插　　页 | 2 |
| 字　　数 | 252 千字 |
| 定　　价 | 98.00 元 |

凡购买中国社会科学出版社图书，如有质量问题请与本社营销中心联系调换
电话：010-84083683
版权所有　侵权必究

# 《云南师范大学汉藏语研究院文库》序

戴庆厦

建业难，建业苦，建业乐。

为促进我国汉藏语学科的发展，2012 年我们在时任云南师范大学校长杨林教授的积极支持和时任《云南师范大学学报》主编、汉语史专家罗骥教授的倡议和运作下，于 2012 年 4 月 27 日在云南师范大学成立了国内外第一个以汉藏语研究为对象的汉藏语研究院。到现在走过了七个年头。回忆从建院到现在，既有困难缠绕的愁苦，又有取得成绩的欢乐。我们从无到有，从心里没底到如何办成一个有特色的汉藏语研究机构，有了初步的经验。开初，整个研究院只有我（院长）和罗骥（常务副院长）、胡韶星（办公室秘书）三人，后来逐渐调进新人余金枝（副院长）等，目前已有九位专职研究人员，初具规模。

学校给汉藏语研究院的定位是：办成以汉藏语系语言为研究对象的科学研究和高层次人才培养的实体机构。七年来，在学校的支持和老师们的共同努力下，研究院在队伍建设、科学研究、人才培养等方面都取得了显著成绩。研究院已建立起一支结构合理、素质优良、团结实干的科研教学队伍。研究院现有教授 3 人，副教授 3 人。其中，具有博士学位的 7 人，博士后 1 人；博导 2 人，硕导 7 人。

七年来，研究院九名研究人员共获得省级以上的科研项目 20 项。其中省重大招标项目 1 项，国家社科基金重点项目 2 项，国家社科基金一般项目 1 项、青年项目 2 项、西部项目 2 项；部委级项目 8 项；获准建设 1 个省级科研平台。已出版专著 19 部，其中 A 类出版社 14 部；发表论文 83 篇，其中核心期刊 38 篇。研究院已建立起一套高层次人才培养体系。从 2013 年开始招收培养博士研究生，2015 年开始招收培养硕士研究生，2015 年开始招收博士后。已有 3 届博士生毕业；现有在读博士研究生 5 人，在读硕士研究生 28 人；其中外国留学生有 5 人。

七年来一些项目获奖：田阡子的《格西霍尔语动词的时-体范畴》获"李方桂田野调查奖"（2014 年）；余金枝的《中泰跨境苗语对比研究》（著作）获云南省第 23 届哲学社会科学优秀成果奖一等奖（2020 年）、《湘西矮寨苗语参考语法》（著作），获云南省第 20 届哲学社会科学优秀成果奖三等奖（2016 年）；罗骥的《〈舜典〉三危考》，获云南省第 21 届哲学社会科学成果奖一等奖（2017 年）；和智利的《纳系族群父辈女性亲属称谓的类型及地理分布》，获云南省第 21 届哲学社会科学成果三等奖（2017 年）；彭茹的《汉藏语系语言基数词研究》（著作），获云南省第 22 届哲学社会科学优秀成果三等奖（2018 年）。陈娥、和智利先后被评为 2018 年、2019 年云南省"万人计划"青年拔尖人才。

这些成绩来之不易。我们的体会主要是：

坚定地树立"实力是硬道理"的理念，团结一致地为提高我国的汉藏语研究的实力而尽力奋斗。研究院始终要求老师们尽力多出有新意的成果。

突出特色。根据国家的总体规划和学科建设的要求，以及研究院的实际情况，安排我们的工作，形成我们的特色。近期，我们把研究院的工作重点放在两个方面：一是云南境内汉藏语系语言研究，特别是研究薄弱或空白的语言；二是研究与云南跨境的语言。

立足本土，眼观四方。我们把焦点聚在云南及我国这块语言学沃土上，努力挖掘本土的"金"资源。但是，我们也重视学习、吸收国内外有关现代语言学、汉藏语言学的研究经验，来丰富、改善我们的视角和方法。

"摸着石头过河"。在学科建设方向、奋斗目标、人才培养、机构设置等方面，我们在继承前人经验的基础上，努力在实践中摸索总结自己的经验。

为了更好地保存、推进我研究院的研究成果，我们决定出版"云南师范大学汉藏语研究院文库"。我希望这一文库能够不断丰富新成果，为我国汉藏语的研究事业贡献力量。

是为序！

戴庆厦
2020 年 2 月 23 日
于云南师大新校区青年公寓

# 用地理语言学方法研究阿昌语的一部新作

## ——《阿昌语语音的方言地理学研究》序

余金枝

用多学科的方法来研究语言已经成为语言学的研究趋势。用地理学方法研究语言的地理语言学虽然发凡于19世纪80年代的欧洲，但在一百多年后才引入中国的汉语方言研究，而用地理语言学方法来研究少数民族语言，却仅仅是个开端。阿昌语在藏缅语族中有独特的语言地位，且是跨境语言，因此阿昌语研究具有重要的意义。关于阿昌语的研究始于19世纪80年代的《阿昌语概况》（戴庆厦、崔志超，1983）和《阿昌语简志》（戴庆厦、崔志超，1985），三十多年来，虽然有《阿昌族语言使用现状及其演变》（戴庆厦主编，2008）、《语言接触与语言演变——阿昌语个案调查研究》（袁焱，2009）、《梁河阿昌语参考语法》（时建，2009）等著述陆续出版，不断深化对阿昌语语言结构和功能的探索，但采用地理语言学方法来研究阿昌语，这本书却是首创。

《阿昌语语音的方言地理学研究》是杨露在她的博士学位论文基础上修改完成的。经过博士四年的研读打磨，以及长期大量的田野调查，今天终于付梓。付梓前，杨露要我为她的书作序。我再读这篇博士学位论文时，认为有以下几个亮点：

一、这篇论文前后通过近两年的专题调查，从城市到乡村共收集了三十多个点的阿昌语方言材料，基本覆盖了阿昌语有代表性的点，收集了大量的音系材料和词汇材料，为该专题的深入研究提供了坚实的材料基础。调查点的材料兼顾到阿昌族聚居、杂居等不同的类型，阿昌族这些不同的分布类型体现在语音上的一个重要特点是辅音韵尾保留、弱化和丢失。这些发现对藏缅语的历史比较是有益的。

二、文章不仅重视共时材料的收集，重视语音特征的类型和地理分布，还关注相关历史文献材料的梳理，从语言接触和阿昌族的地理人文中探寻阿昌语语音方言分布差异的成因，增强了论证的说服力。

三、首次运用地理语言学的方法，将阿昌语的语音类型空间化、视觉化。并借助语音类型的分布对比，凸显阿昌语元音和辅音的特点及元音与辅音之间的制约关系，以说明阿昌语语音分化或归并方向。这是研究方法上的创新。

杨露从硕士到博士经历了七年的少数民族语言调查训练，养成了立足田野、扎根语言事实的学术习惯，形成了吃苦耐劳、务实求真的治学精神。当然，作为一个初出茅庐的年轻人的探索，这本书难免有一些不足，比如：如何从发生学的视角提取阿昌语的语音特征，根据这些语音特征归纳出阿昌语语音演变的方向，再用地理学方法将历时层面的语音演化展示为空间上的分布。杨露的学术之路才刚刚开始，路还很长，再加上她在博士期间曾受到地理语言学的专业训练，我相信，在不久的将来，她在阿昌语的地理语言学研究上会有长足的进步。

是为序。

余金枝
2019 年 11 月
于昆明

# 目录

第一章　绪论 ································································· 1
　第一节　研究缘由及价值 ················································· 1
　　一　研究缘由 ························································· 1
　　二　研究价值 ························································· 2
　第二节　阿昌语的地理人文信息 ········································· 5
　　一　阿昌族的地理分布 ··············································· 5
　　二　阿昌族的迁徙路径 ··············································· 6
　　三　阿昌族的文化习俗 ··············································· 10
　　四　阿昌语方言活力的地理分布 ···································· 14
　第三节　阿昌语研究概况 ················································· 16
　　一　阿昌语研究概况 ·················································· 16
　　二　国内外地理语言学研究概况 ···································· 18
　第四节　研究设计 ························································· 27
　　一　研究内容 ························································· 27
　　二　研究方法 ························································· 27
　　三　研究步骤 ························································· 29
　　四　语料来源 ························································· 30
第二章　阿昌语方言的分布及其音系 ····································· 32
　第一节　陇川方言的分布及其语音系统 ······························· 33
　　一　声母 ······························································· 34
　　二　韵母 ······························································· 36
　　三　声调 ······························································· 40
　第二节　梁河方言的分布及其语音系统 ······························· 40
　　一　声母 ······························································· 42
　　二　韵母 ······························································· 43
　　三　声调 ······························································· 46
　第三节　芒市方言的分布及其语音系统 ······························· 46
　　一　声母 ······························································· 47

二　韵母 49
　　三　声调 51
　第四节　阿昌语方言音系的地理特征 52
　　一　声母分布的地理特征 52
　　二　韵母分布的地理特征 59
　　三　声调分布的地理特征 67
　　四　音节分布的地理特征 68
**第三章　从地理分布差异看阿昌语韵母的演变** 70
　第一节　从地理分布差异看阿昌语塞音韵尾的演变 71
　　一　塞音韵尾的演变类型 72
　　二　塞音韵尾演变的地理分布 76
　　三　小结 84
　第二节　从地理分布差异看阿昌语鼻音韵尾的演变 85
　　一　鼻音韵尾的演变类型 85
　　二　鼻音韵尾演变的地理分布 90
　　三　小结 96
　第三节　从地理分布差异看阿昌语高元音韵母的演变 97
　　一　高元音韵母的演变类型 97
　　二　高元音韵母演变的地理分布 101
　　三　小结 109
　第四节　从地理分布差异看阿昌语半高元音韵母和低元音韵母
　　　　　的演变 111
　　一　半高元音韵母和低元音韵母的演变类型 111
　　二　半高元音韵母和低元音韵母演变的地理分布 117
　　三　小结 123
　第五节　从地理分布差异看阿昌语圆唇元音韵母的演变 124
　　一　圆唇元音韵母的演变类型 124
　　二　圆唇元音韵母演变的地理分布 126
　　三　小结 129
　第六节　从地理分布差异看阿昌语复合元音韵母的演变 130
　　一　复合元音韵母的演变类型 130
　　二　复合元音韵母演变的地理分布 133
　　三　小结 139
**第四章　从地理分布差异看阿昌语方言声母的演变** 141
　第一节　从地理分布差异看阿昌语塞音声母的演变 141

        一　塞音声母的演变类型 …………………………… 141
        二　塞音声母演变的地理分布 …………………… 143
        三　小结 ………………………………………………… 147
    第二节　从地理分布差异看阿昌语塞擦音声母的演变 …… 148
        一　塞擦音声母的演变类型 ……………………… 148
        二　塞擦音声母演变的地理分布 ………………… 150
        三　小结 ………………………………………………… 153
    第三节　从地理分布差异看阿昌语鼻音和边音的演变 …… 156
        一　鼻音和边音的演变类型 ……………………… 156
        二　鼻音和边音演变的地理分布 ………………… 162
        三　小结 ………………………………………………… 167
    第四节　从地理分布差异看阿昌语送气音与不送气音的演变 … 168
        一　送气音与不送气音的演变类型 ……………… 168
        二　送气音与不送气音演变的地理分布 ………… 169
        三　小结 ………………………………………………… 172
第五章　制约阿昌语语音演变的地理人文因素 ………………… 174
    第一节　阿昌语语音的地理分布类型 ……………………… 174
        一　一致型 ……………………………………………… 174
        二　对立型 ……………………………………………… 175
    第二节　人文地理对阿昌语语音演变的制约 ……………… 178
        一　行政区划对阿昌语语音演变的制约 ………… 178
        二　地理交通对阿昌语语音演变的制约 ………… 179
        三　民族融合对阿昌语语音演变的制约 ………… 179
        四　经济文化对阿昌语语音演变的制约 ………… 180
        五　传媒教育对阿昌语语音演变的制约 ………… 180
全书结语 ………………………………………………………………… 181
附录 ……………………………………………………………………… 182
        一　阿昌语词汇对照表 …………………………… 182
        二　阿昌族族群分布的演变表 …………………… 196
        三　阿昌语发音人简况表 ………………………… 197
照片 ……………………………………………………………………… 200
参考文献 ………………………………………………………………… 204
后记 ……………………………………………………………………… 208

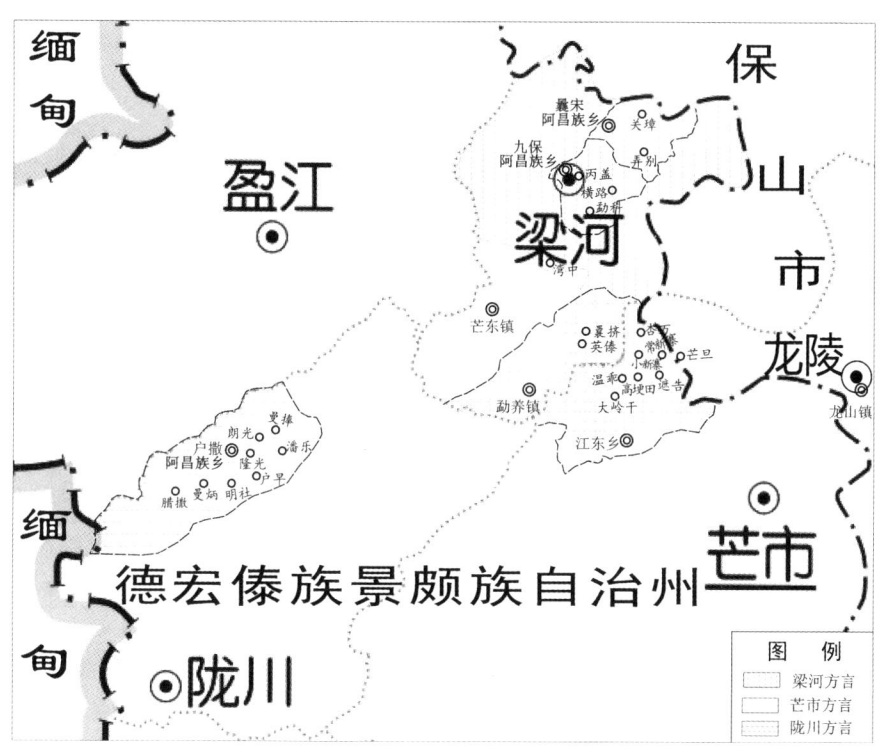

阿昌语方言分布示意图

# 第一章 绪论

  阿昌语是阿昌族使用的语言,属于汉藏语系藏缅语族缅语支。阿昌族人口39555人(2010年我国第六次人口普查数据),主要分布在我国滇西和缅甸东北部的中缅交界地带。阿昌族是云南省特有的民族,是云南的"八个人口较少的少数民族①"之一,也是云南省十六个跨境而居的少数民族之一。因此,阿昌语的研究具有自己独特的学术价值。

  由于本书是阿昌语研究领域首次以方言地理学为研究视角所做的探索,因此本章拟介绍本书的选题缘由及研究价值、阿昌语的地理人文信息、阿昌语以及地理语言学的研究成果、研究设计等内容,目的是帮助读者更好地理解正文的内容。

## 第一节 研究缘由及价值

### 一 研究缘由

  云南是我国少数民族语言资源最丰富的省份,也是跨境语言最丰富的省份。我国的三十余种跨境语言中有近一半的跨境语言分布在云南。因此选择研究云南的跨境语言具有其他地区难以替代的语言资源优势。我和我的导师及其团队所在的研究机构以云南跨境语言作为主打的研究方向,目前已经在云南省跨境语言研究领域获得两个国家社科基金重点项目和一个云南省哲学社会科学重大招标项目,并取得了诸多首创性的成果。这些项目和成果为本书的研究提供了最为直接的学术基础。

  目前,中国边境和周边语言的研究已经成为学术热点。从21世纪跨境语言本体研究开始受到关注,经过十年的学术探索,跨境语言的研究不断升温,跨境语言的学科地位不断提升,已有成为语言学分支学科的趋势。从跨境语言不断进入国家社科的立项,从北京语言大学对我国周边语言研

---

① 云南省特有的"八个人口较少的少数民族"分别是景颇族、布朗族、阿昌族、普米族、怒族、德昂族、独龙族、基诺族。

究的大力投入到《语言战略》期刊的创刊,都可以观察到学界对跨境语言的持续关注。作为身在云南的民族语言研究者来说,不研究云南的跨境语言难免有无视身边金饭碗的遗憾。

再从研究成果来看,目前关于阿昌语的研究成果主要有《阿昌语简志》(戴庆厦、崔志超,1985)、《梁河阿昌语参考语法》(时建,2009)、《语言接触与语言演变——阿昌语个案调查研究》(袁焱,2009)、《阿昌族语言使用现状及其演变》(戴庆厦主编,2008)四部专著,以及《阿昌语概况》(戴庆厦、崔志超,1983)、《阿昌语的清鼻音》(戴庆厦,1985)、《阿昌语的述宾结构》(袁焱,2002)、《互补和竞争:语言接触的杠杆——以阿昌语的语言接触为例》(戴庆厦、袁焱,2002)、《阿昌族双语转型的成因及其特点》(袁焱,2004)等为数不多的数篇论文。无论是对阿昌语的系统性研究还是专题性研究都很薄弱,与云南的其他跨境语言相比,如与同属藏缅语族的景颇语相比,阿昌语的研究成果无论是数量还是质量都有很大差距,无论在语音、词汇、语法等语言的本体结构研究方面,还是在阿昌语的功能研究方面都存在许多空白点,因此阿昌语具有很大的研究空间。

综上可以看到,无论是从跨境语言的研究现状,还是从阿昌语的研究成果来看,阿昌语的研究都具有重要的学术价值和应用价值。要全面认识阿昌语,必须从语音入手,在深入了解阿昌语语音的基础上,才能对阿昌语的词汇和语法进行研究。阿昌语的语音研究可以从传统语音学、实验语音学等其他视角着眼,本书之所以从地理语言学的视角来研究阿昌语的语音,一是结合自己的专业优势,本人所学的是语言学与地理学相结合的专业,能够观察到语音上更多的地理信息;二是关于语言的地图研究、语言的地理信息系统等从地理学视角来研究我国少数民族语言的专题不断获得国家社科基金的资助,可见国家也需要这方面的研究;三是阿昌语方言差异大,关系复杂。研究阿昌语方言与地理的关系,是语言学和地理学值得研究的一个有价值的学术案例。

## 二 研究价值

阿昌语各方言至今尚未有人进行过全面系统地描写研究,况且从方言地理学研究阿昌语未见公开发表的成果,因此本研究具有重要的理论价值和应用价值。

（一）理论价值

理论价值主要有以下四点:

1. 能够深化阿昌语的语音研究。关于阿昌语的语音研究未见专题性的成果,对阿昌语的声母、韵母和声调进行介绍主要散见于《阿昌语简志》(戴庆厦、崔志超，1985)、《梁河阿昌语参考语法》(时建，2009)、《阿昌族语言使用现状及其演变》(戴庆厦主编，2008)这三部综合性的著作中。这三部著作的研究目的是对包括语音在内的词汇、语法进行综合性地描写分析，重点不在语音。以有特点的语音现象进行描写是阿昌语语音研究的另一成果，如《阿昌语的清化鼻音》(戴庆厦，1985)，这一成果通过对阿昌语语音的现状分析以及同亲属语言的比较，探讨阿昌语清鼻音的特点及其演变规律。而本书从语音系统、声韵调的共时对比看历时演变及其地理分布、人文地理对阿昌语语音系统的制约等多个视角，全面深入地分析阿昌语的语音。这些研究对于阿昌语语音研究来说，具有首创性的价值，无疑能够帮助读者更加深入地认识阿昌语语音的共时和历时特点及其地理空间分布特征。

2. 能够为揭示藏缅语族语言语音的共性研究和地理分布规律提供有价值的个案。李方桂(1973)"中国的语言状况是非常复杂的。除了汉语及其繁多的方言外，还有许多其他语言，我们对这些语言的认识是不完备的。其中有些尚未充分研究，有些我们还知之不多，有些还没有充分的记录材料。因此，这些语言的材料是不足的，它们的历史尚未为人们所知。它们与其他语群（groups）的关系也是含混不清的"。要深入揭示藏缅语言声母、韵母、声调的共时特点和历时演变规律，从地理语言学的视角看藏缅语族语言的语音系统的共性和个性，必须依赖藏缅语族语言语音研究的个案积累，只有当不同类型的语音个案积累到一定的程度时，才能更科学地提取藏缅语族语言语音共性和地理分布规律。而目前尚未发现从地理语言学视角来研究藏缅语族语言的个案，因此，本书的研究既起到抛砖引玉的作用，又能为藏缅语族语言语音的地理研究提供借鉴。

3. 能够为地理语言学的研究提供有价值的参考。地理语言学虽然发端于19世纪，但应用于我国的语言研究是从20世纪才开始的，并且主要是应用于汉语的研究，其标志性成果为《汉语方言地图集》。地理语言学用于研究民族语言不仅起步晚，而且成果也很少。从目前的研究情况来看，少数民族语言的研究还主要停留在单点的语言研究，当然对于语言资料比较匮乏的少数民族语言来说，单点的研究基础仍然显得弥足珍贵。但是如果运用统一的研究计划，统一的调查原则和方法，将分散的调查整合，进行全面的地理研究，才能全面系统地描写语言的面貌，从共时的语言差异中找寻出历时的语言演变规律，甚至会发现新的语言，填补某种语言研究的空白。也有利于濒危语言的研究和保存。因此开展少数民族的地理语言学的研究是很有必要的。很多少数民族语言尚未得到关注，阿昌语就是其中的一个。而要促进我国地理语言学的发展,必须将地理语言学的方法更多地用于少数民族的语言研究,用不同语言的研究成果来丰富地理语言学,只有采集的语言地理信息样本足够丰富时,地理语言学揭示的规律才更具有解释力。本书用地图的方式展示了塞音韵尾、鼻音韵尾、高元音、圆唇元音以及塞音、塞擦音、鼻音和边音、送气音与不送气音的地理空间分布,揭示阿昌语语音的演变与地理分布之间的关系,这能够为地理语言学的研究提供可供参考的个案。

4. 能够丰富语言接触的研究成果。所谓语言接触(language contact)是指不同民族、不同语言社群由于社会生活中的相互接触而引起的语言接触关系。语言接触的结果,必然会出现语言影响,而语言影响必然会导致语言结构和语言功能的变化。(戴庆厦主编,2004)语言接触在促进语言演变和发展方面起重要作用,任何一种语言不可能不同其他语言接触,不受其他语言的影响。美国语言学家萨丕尔(1985)曾说,"语言,像文化一样很少是自给自足的。交际的需要使说一种语言的人和邻近语言的或文化上占有优势的语言的人发生直接或间接接触"。

由于阿昌族只有三万多人,难以形成大片的聚居区,多与其他民族杂居。在与其他民族长期接触的过程中,阿昌语吸收了汉、傣、缅、景颇等语言的成分,使阿昌语既有原始藏缅语的某些特点,同时又因与周边语言的深度接触而又有自己新的发展。因此,阿昌语是进行语言接触研究的鲜活样本。

(二)应用价值

应用价值主要有以下三点:

1. 有助于保存和传承阿昌语。曹志耘(2009)指出:"'语言保存'是指通过全面、细致、科学的调查,把语言、方言的实际面貌记录下来,并进行长期、有效的保存和展示"阿昌语是使用人口较少的语言。根据联合国濒危语言的划分标准,使用人口是导致语言濒危的核心要素。人口较少的阿昌族长期与其他民族杂居,阿昌语的语言结构和语言功能都会发生变化,这种变化或者是阿昌语语言功能的弱化,或者是语言结构与主体民族或强势民族语言趋同。本书的研究,记录了这一时期的阿昌语样本,这对阿昌语的保留和传承是有益的。

2. 促进跨境民族语言文化的交流。阿昌族是跨境民族,中缅的阿昌族同根同源,彼此认同。研究阿昌语语音的地理分布,能够为两国阿昌族的语言文化交流提供学术参考。

3. 能够为国家制定语言文字政策提供参考,有助于国家的语言安全。

## 第二节 阿昌语的地理人文信息

### 一 阿昌族的地理分布

阿昌族总人口有39555人（2010年我国第六次人口普查最新统计数据），是云南省特有的"八个人口较少的少数民族"之一，也是云南省十六个跨境而居的少数民族之一，主要分布在我国滇西和缅甸东北部的中缅交界地带。如德宏傣族景颇族自治州的陇川县户撒阿昌族乡、梁河县曩宋阿昌族乡和九保阿昌族乡、芒市江东乡高埂田行政村。此外，在德宏州盈江县弄璋镇、保山市腾冲县新华乡和蒲川乡、龙陵县龙山镇及大理白族自治州云龙县漕涧镇等地也有少量分布。详见图1.1。

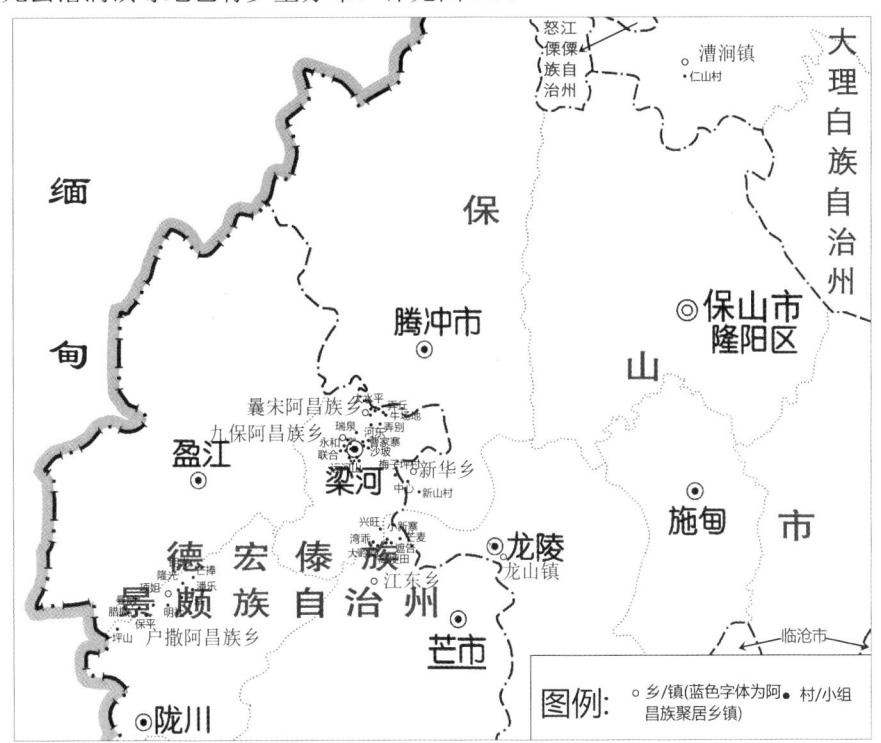

图1.1　我国阿昌族聚居地分布示意

国外的阿昌族主要分布在缅甸北部的克钦邦的密支那（Myitkyina）、歪莫（Waimaw）、八莫（Bhamo）以及掸邦的腊戍（Lashio）、景栋（KengTung）、摩谷（Mogok）等地。在缅甸，阿昌族被称为"迈达（Maingtha）"，即缅语对户撒坝子的称呼，人口约4000人。大约19世纪末英国占领缅甸后，对缅甸北部进行大规模开发，吸引滇西的大批群众纷纷前往缅甸做工、经商，他们中的很多人后来在缅甸定居下来，这其中就包括从户撒坝迁往缅甸的阿昌族。

阿昌族聚居在滇西高山峡谷区，山河相间，高原盆地交错。属横断山系的高黎贡山和怒山支脉纵贯南北，山势起伏绵延，峡谷陡峻深邃。澜沧江和怒江两大水系顺山势蜿蜒南下，相互切割交错形成巨大冲积地带。该区域平均海拔1000—2000米，地势北高南低。境内主要河流有发源于腾冲境内的大盈江，自北向南，经曩宋、遮岛、葫芦口流入盈江县；龙川江亦向西南倾泻，流经梁河东南部。两江出国境后汇入伊洛瓦底江。此外，还有户撒河、曩滚河、曩宋河等湍急的支流和无数溪涧。这些大小河流呈叶脉状构成一个庞大的水系。

阿昌族居住地区属亚热带季风气候。一年分干湿两季，气候温和，雨量充沛，年均气温在18℃左右。河谷平坝、肥沃的土质、茂盛的森林，适宜种植各种亚热带农作物和经济作物，如水稻、小麦、玉米、花生、油菜、豆类、薯类、烟草、茶叶、甘蔗等，为阿昌族的生存繁衍以及发展生产创造了有利的自然条件。在山地间的许多小盆地（当地俗称"坝子"），凭借良好的地理位置和气候条件，成为农业产量较高的地方。梁河县的阿昌族擅种水稻，其培育出的水稻良种被誉为"水稻之王"；陇川县的阿昌族擅长种烤烟，户撒坝子生产的烟叶肉质厚而柔软，在境内外享有盛名。阿昌族的手工业在当地民族中也较发达，尤以户撒阿昌族打造的"户撒刀"最为著名，是国内公认的三大民族刀具之一。此外，梁河阿昌族的纯手工织锦，图案精美，色泽艳丽，富有浓郁的民族特色，参展首届中国民间艺术博览会并受到广泛好评。

阿昌族多在半山半坝处建村搭寨。寨子通常以一户住一宅，十几户或几十户组成大小不一的村寨。寨寨之间，远近不一，皆有水泥路或乡间土路相连，人流、车辆来往很方便。现今，阿昌族的住房与汉族相比已无明显区别，都是砖瓦、木石结构的四合院建筑。正屋左右两边用于住宿，中间的堂屋用于放置神龛、烛台、长桌和火塘。厢房上层用于堆放粮食和其他生活资料，下层用作鸡笼牛圈。

## 二 阿昌族的迁徙路径

阿昌族有"蒙索"、"克赛"（大阿昌）、"曩瓦"（小阿昌）、仙岛（崩巴）四个支系。各支系分别有自己的自称和他称。陇川户撒阿昌族属于蒙索支系，自称"məŋ⁵⁵sɔ⁵¹"，音译为"蒙索卓"，他称为"傣撒""勐撒掸""昌撒"；梁河阿昌族属于克赛支系，自称"ŋa³¹tshaŋ³¹"，音译为"汉撒""哈昌",他称"克赛""义瓦""大阿昌";江东乡高埂田的阿昌族属于曩瓦支系,自称"ŋa⁵⁵ṇau³¹",音译为"曩瓦",他称"小阿昌";盈江仙岛寨的阿昌族属于仙岛支系,自称"khan³¹tao³¹",音译为"仙岛人""刊岛",他称"崩麻诸""崩巴刊岛"。

我国汉文史籍中记载的"峨昌""娥昌""莪昌""萼昌"等均为阿昌族同一族称的不同音译,均指阿昌族先民。"阿昌"一名迄至 13 世纪初(元成宗大德年间)才出现在汉文文献中。据《招捕总录》记载:"至元十四年……大理路蒙古千都……奉命伐永昌之西腾越、蒲骠、阿昌、金齿之未降部族。"1953 年,德宏傣族景颇族自治州正式确定"阿昌"为该民族的统一族称。

阿昌族在族源上与藏缅语族彝缅语支各民族有着共同的渊源关系,即他们均源于古代的氐羌族群,今甘肃省兰州市以西、青海省西宁市以南的辽阔区域是古代氐羌游牧民族的主要活动地区。先秦时期(前 21 世纪—前 221 年),由于居住环境恶化及"畏秦之威",一部分氐羌族群被迫向西部和西南部迁徙。秦汉时期(前 221—220 年),由于黄河中、上游各民族陷入分裂割据的局面,出现民族大迁徙,导致羌人部落再次南迁,抵达四川与滇西北结合地带,逐渐与当地土著民族融合、分化,形成四个族群:昆明族、叟(巂)族、僰族、摩沙族。"秦汉以后,叟族与昆明族一直处在分化与重新组合的过程中,组成了近代彝语支的七个民族(彝族、白族、纳西族、哈尼族、傈僳族、拉祜族和阿昌族)中除白族和纳西族以外的五个兄弟民族。①"

阿昌族是云南最早的世居少数民族之一,具有悠久的历史。但由于阿昌族没有文字,考据阿昌族的历史沿革、族源过往,只能从汉文史料中寻觅到有关阿昌族先民的零星记载。此外,还能从民间口头传说、亲属语言对比中获取一些线索佐证阿昌族的民族起源与发展。有关阿昌族的记载始于唐代。南诏国统治时期,叟、爨等族群进一步分化重组为许多部落,阿昌族先民就是其中一个,大致流居于今澜沧江上游以西至缅甸克钦邦境内伊洛瓦底江上游以东的辽阔地带。从行政区划来看,包括今云龙、兰坪和泸水三县交界地带以及靠北的兔峨、大峨地,往西至泸水的赶马撒和老窝。因这一地区当时统称"寻传",阿昌族又是居住在这里的主要部族,所以,唐代文献中将阿昌族先民称为"寻传蛮"。之后,明清史家也将北起兰坪,南至云龙大栗树,西至澜沧江、怒江两江流域,东到洱海周边区域推定为阿昌族形成的中心区域,称之为"古浪峨地"。

---

① 尤中:《云南民族志(史)》,云南大学出版社 1994 年版。

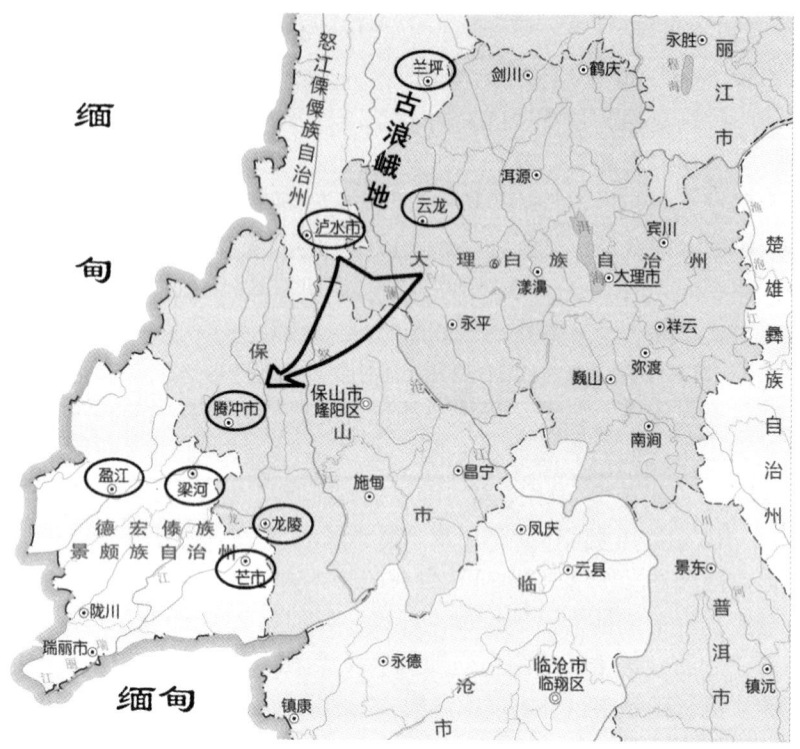

图 1.2　阿昌族先民迁徙路线示意

元代，元军入滇统一边地诸部落后，于元十三年（1276）在云南境内推行土司制度，意在羁縻。阿昌族先民分布区域大致为：大理等处宣抚司都元帅府所辖的大理路（辖境相当于今大理、祥云、宾川、洱源、云龙等县市）、永昌府（今保山市）、腾冲府（今腾冲县）、镇西路（今盈江县东北部）、芒施路（今芒市）、麓川路（今陇川、遮放、瑞丽及瑞丽江以南的部分地区）、平缅路（今梁河县境及其西部一些地区），并普遍与"金齿""白夷"等民族杂居在一起。可见，元代时期，阿昌族不仅有了统一的"阿昌"族称，并且居住的地理位置与现在阿昌族聚居的位置基本一致。这说明，阿昌族先民自元代始，居住地域已相对稳定，"迁徙无常"的生活被相对安定的定居生活所代替，进入了固定居住的生活阶段。

元代史料中所指的"峨昌/阿昌"，是包括今阿昌族和景颇族的载瓦、浪速、勒期、波拉支系以及彝族峉峨支系在内的族称。长期以来，与景颇族共处一地的傣族称载瓦支、茶山支、浪峨支为"阿茶""阿昌"或"峨昌"。当时，景颇族先民各部落经过分化、融合已开始形成四个主要支系。与此同时，阿昌族接受汉族文化，比较先进，所以"峨昌"或"阿昌"的称呼便突出了。但阿昌族与景颇族的载瓦支、茶山支、浪峨支等历来关系密切。

在地理分布上，两个民族比邻而居，族称很有可能混淆，既指阿昌族，又指景颇族中的载瓦、茶山、浪峨等支系。从语言方面来看，今天阿昌族语言与载瓦支、浪峨支、勒期支的语言同属缅语支，基本的词汇、语音、语法特点都有相似之处，可见其关系十分密切。

元亡明兴之际，"田亩日开，客商日众，夷不善算，利归客商，夷日贫，或死或迁"。于是，骠、繲、渠罗、比苏及大部分峨昌也渐次徙入缅甸。

明代，由于各地"峨昌"的政治、经济、文化发展不平衡，开始出现分化和融合。居住在坝区的峨昌人由于受傣族、汉族的影响，逐渐发展成现在的阿昌族。居住在山区的峨昌人由于生产生活条件与景颇人相同，并受景颇山官的统治，逐渐融入景颇族，最终发展为景颇族中的载瓦、浪速、勒期、波拉等支系。遗留在丽江、大理一带的峨昌人则逐渐被当地彝族和白族所同化。明景泰年间（1450—1457）《云南图经志书》卷六《腾冲司》说："境内峨昌蛮，即寻传蛮也。似蒲而别种，居山野间，形状颇类汉人，性懦弱。男子顶髻，戴竹兜鍪，以毛熊皮缘之，上以猪牙雉尾为顶饰，衣无领袖。善孳畜佃种，又善商贾。妇人以五采帛裹其髻为饰，有产不令人知，三日乃浴其子于江，治生如常。种秫为酒，歌舞而饮，以糟粕为饼，晒之以待乏。比之诸夷之强悍，则此类为易治也。"这部分峨昌即形成近代的阿昌族。钱古训、李思聪《百夷传》说："蒲人、阿昌、哈刺、哈杜、怒人皆居山颠，种苦荞为食。"又《滇略》卷九说："阿昌，一名峨昌。耐寒畏暑，喜燥恶湿，好居高山，刀耕火种，形貌紫黑。妇女以红藤为腰饰。性嗜犬，祭必用之。占用竹三十三根，略知筮法，嗜酒。背负不担，弗泽污秽，览禽兽虫豸，皆生噉之。采野葛成衣。无酋长管束，杂处山谷夷、罗之间，听土司役使。"这部分峨昌人当时分布在今德宏山区和缅甸克钦邦东北部，生产生活条件较《云南图经志书》说到的那部分峨昌人落后，此即形成景颇族的载瓦等支系。

明朝后期至清朝初期，文献记录中的"阿昌"，已专指近代的阿昌族，与景颇族中自称"峨昌""崀峨"的载瓦、浪速、茶山支系分化。清代，阿昌族的分布区域为大理府属云龙州及其以西的永昌府全境，辖管腾越州及各"百夷"土司地。清代前期，文献中仍明确记载着今云龙县境居住着阿昌族的先民。据雍正《云龙州志》卷五《风俗·附种人》记载："阿昌，俱以喇为姓。性驯顺，受土官约束，男女戴竹笠，饰以羊皮，簪以牙竹。麻布为衣，刀弩不去身。以畜牧耕种为业。婚聘用牛马。其种散出于浪宋、漕涧、赶马撒之间。秋末农隙，腾、永背盐者多此类。"又据卷三《疆域志·附形势》记载："赶马撒，自旧州迤北三十里至苗委山，转西，越涧攀崖三十里，至汉洞寨，接邻浪宋，又三十里至赶马撒，亦阿昌种彝八十余家。西北为鲁夏……漕涧，在州治之西南，平坦开广，中分四寨，为旱竹、为苗丹、为丹梯、为夏窝。旱竹负雪冲之下，汉、彝托处为多，昔段进忠尝据此。余寨相去五六里不等，俱阿昌彝种，约数百家，其人略驯，勤耕作。西过潞江，乃茶山野人界。"这一带阿昌族已基本融入到了当地汉族、白族之中，至清朝中叶，云龙地区已没有"阿昌"记载。阿昌族大部分已主要集中在德宏地区，乾隆《腾越州志》卷十一说"阿昌，一名峨昌，今户（撒）、腊撒、陇川多有此种。"[①]《清史稿》卷七十四说"户撒长官司，隶腾越厅，厅西南百九十里，本莪昌夷地"。

近代至新中国成立，大部分阿昌族定居于德宏州陇川县的户撒乡、梁河县的囊宋阿昌族乡、九保阿昌族乡以及芒市江东乡高埂田一带。1988年，设立户撒、囊宋、九保三个阿昌族乡。

### 三 阿昌族的文化习俗

1. 宗教信仰与禁忌

**宗教信仰** 阿昌族的宗教信仰比较复杂，因受不同的自然条件、社会环境、文化交流等因素的影响，居住在不同地域的阿昌族在宗教信仰方面有很大的差异，形成了对原始宗教、佛教、道教不同程度信仰的多元宗教体系。户撒地区的阿昌族受到傣族、缅族和汉族等民族的影响，普遍信仰上座部佛教，汉地俗称小乘佛教，也有信仰道教和汉传佛教的。追溯历史，大约在15世纪中期，小乘佛教由邻邦缅甸、泰国传入德宏地区，最初仅为当地傣族信奉，后逐渐影响到阿昌族等其他民族。至清代中叶，小乘佛教已经发展成为德宏傣族、德昂族及阿昌族的主要宗教，阿昌族信仰小乘佛教的人数达到顶峰。直到中华人民共和国成立后，阿昌族仍长期保留着一种传统习俗：一家若有两个或两个以上的儿子，则须送一个到奘房当和尚。凡于初一和十五生养的儿子必须到奘房学习。时至今日，陇川阿昌族地区信教之风仍颇盛行。

与陇川阿昌族不同，梁河、芒市、腾冲、龙陵、云龙地区的阿昌族主要信仰原始宗教和汉传佛教，其中原始宗教占主导地位，神职人员是活袍（又称摩陶）。唐宋时期，阿昌族先民广泛分布于云贵高原的原始莽林或澜沧江、怒江上游和恩梅开江两岸的峡谷褶皱地带，并繁衍生息成为当地的土著民族。高山之间，大河之畔，在相对封闭以及生产力极其落后的环境里，阿昌族先民对强大而无法战胜的自然力百思却不得其解，认为其中必有鬼神支配，而由鬼神支配的自然力亦同人类一样具有不同的人格。他们

---

[①]《阿昌族简史》编写组：《阿昌族简史》，民族出版社2008年版。

认为太阳、月亮、风、雨、电、火、水、山、河、草、木、石、猪、狗、鱼虾，甚至蚊虫、苍蝇、老鼠皆有灵魂附体。这样的认识观发展演变成"万物有灵"的多神信仰体系。具体而言，该地区的阿昌族将祖先视为崇拜的对象：他们赋予始祖"遮帕麻"和"遮咪麻"传奇式的英雄色彩，以隆重的"窝罗节"来纪念；他们崇拜历史进程中的先辈，在自家的堂屋普遍设有家堂，供奉祖宗牌位，逢年过节、婚丧嫁娶、升学升迁都要对过世先辈进行隆重祭奠。如今梁河片区的阿昌族仍顽强地保留着原始宗教，同时，将道教、佛教的鬼神观兼容于自身的宗教信仰体系中，实现了宗教文化的交融互渗。

阿昌族仙岛支系受景颇族影响信仰基督教，缅甸阿昌族迈达支系主要信奉上座部佛教。此外，万物有灵的原始信仰也普遍存在于信仰上座部佛教和基督教的阿昌族当中。

**禁忌** 阿昌族在日常生活和人际交往中，既讲究礼仪，又有诸多禁忌。禁忌作为一种约定俗成的规矩，是族群内部共同遵守的准则。这些禁忌多与日常生活、伦理道德和生产关系相关联。阿昌族地区的禁忌习俗主要有：客人进家不准跨火塘，不得摸家堂；客人在堂屋就座，不能跷起二郎腿；客人忌用手摸小孩的头；妇女不能上桌陪客吃饭；婚后兄弟互不进卧房；每年正月初一不杀牲，否则认为破财、不吉利；大年初一至十五忌舂碓，大年三十晚忌先吃后祭；祭地母时，全寨人不能挖地、舂米；忌在神树和社庙附近骑马、拴牛、砍伐和大小便；阿露节期间，佛教徒忌吃荤；等等。

### 2. 服饰与饮食

**服饰** 阿昌族的服饰反映出特有的民族风俗，且阿昌族各支系男女服饰已具有地域特征。户撒阿昌族男子着装通常与附近傣族、汉族相近。儿童、少年多穿白色、绿色服装，长者则偏爱黑色、蓝色对襟衣，用银制扣子作装饰，打藏青色包头；青年男子多穿斜纹布上衣，户撒男子头戴毡帽，腊撒男子头缠白布包头。户撒年轻女性一般着裤装，包头窄小，多穿蓝色或黑色衣服，戴银镯；中老年女性大多穿黑色棉布制作的服装，头裹黑色包头，下身着筒裙，小腿裹绑腿，上衣身穿对襟短衫，开襟处常缀五六枚纽扣；成年已婚妇女则挽发髻，用黑纱布打成高包头，年轻一点的已婚妇女还喜欢在高包头上罩一块黑布。每逢节日盛会，"包头"上常裹以鲜艳绵绸制品，服装色彩艳丽，佩戴各种银饰。

梁河阿昌族男子的服饰特点为头缠自织自染的黑色纱布包头，两端无散穗，下身穿黑色布料裤装，裤头与裤脚很宽大，裤头折起来用布条系捆，裤脚可以卷过膝盖。年轻男子还要在包头上插一束红黄色的蚂蚱花玻璃珠，上衣则为黑色的粗布对襟衣，两侧开衩，绣有坐麻。梁河阿昌族女性服饰，分未婚女子服饰和已婚妇女服饰两种。未婚女子讲究装扮，其发辫要盘于头上，发辫右侧插戳头棍，戳头棍上吊一束彩色绒线做的蚂蚱花串玻璃珠。上穿锁脚对襟衣，银质衣扣配银链，下着长裤。腰系飑裙，裙长80厘米，上缝缀三指宽的飑裙头，为浅色布料，裙头为三角形，带端系红黄色蚂蚱花串玻璃珠。女子结婚时要换装，头戴高包头，穿缣花衣，用花带子系筒裙，装束色彩艳美。在较大的聚居区，阿昌族的服饰依旧保留完整。但在小的聚居区，由于受周围民族的影响，服饰变化较大。比如，云龙地区的阿昌族主要着现代汉族服饰或白族服装。

**饮食** 阿昌族地区盛产稻米，因而主食以稻米为主。副食品主要有肉蛋类和瓜果蔬菜类。喜食酸辣口味，干腌菜是餐桌上的必备菜。嗜饮酒，逢有客来，必斟酒款待。《云南图经志书》云："种秫为酒，歌舞而饮。"这说明阿昌族酿酒历史由来已久，也体现出阿昌族自古以来就是一个爱饮酒的民族。陇川地区还有一道传统的阿昌族美食——过手米线，其已成为独具民族特色风味的饮食，受到各民族的喜爱。阿昌族地区民风淳朴，热情好客，并邀请客人到堂屋的正方入座，以自家熬制的小锅米酒、鸡鸭鱼肉盛情招待来宾。

### 3. 房屋建筑

阿昌族村寨一般依山近水，居住形式大多以数十户人家同居一村，村落布局依山势而建，错落有致，房屋建筑"面东背西"。密集的房屋自然形成有规律的行列，行列间是纵横交错的石铺路和泥路"巷道"。住房大多为"一正两厢"，瓦顶双斜面，砖瓦、木石结构形式。"一正两厢"，即指正房和厢房。正房有三间，正中间为堂屋，主要用来住人。两侧的厢房：其中一间，楼上用作厨房、贮藏粮食和堆放杂物；另一间，楼上用于放置农具、柴火。厢房楼下多为猪圈和牛栏。此外，正房两侧各有一间卧室，为两层式楼板房，通常是父母和已婚子女居住。

堂屋是接待客人和摆桌吃饭的地方，也是全家人共同活动的场所。堂屋正中的墙上设有"家堂"神龛，正中供奉"天地国亲师""天地国君师"或"天地国亲君师"，一侧供奉灶君，另一侧供祖先灵位。堂屋正中摆放有烛台、供桌和火塘，火塘要设于中柱的外侧，不能对着中柱。火塘边是民族文化传承的重要场所。

阿昌族建房一般分为"看风水择房基""动土奠基""立柱成屋"三大程序。其确定建房地点和方位，要做到前有"眼界"后有"靠山"，并根据主人的生辰八字和"天干地支""阴阳五行"推算出破土动工的吉日。忌讳在逢水日和火日动工建房，据说水日、火日建的房子要遭水淹和火烧。另外，新房必须在一年内盖成，否则认为不吉利。

阿昌族村寨错落有致，与村寨四周的山光水色互相映衬，浑然一体，好似一幅恬静悠然的山水画。

4. 婚丧制度

**婚恋** 阿昌族的婚恋习俗具有浓郁的地方特点和强烈的民族特色。婚恋形式大致可分为三种。一是通过媒人介绍，父母认可，最后男女青年缔结良缘。这是一种传统的婚恋方式。二是男女双方自由恋爱，但婚配与否最终由父母做主。三是当地所谓的"拐姑娘"，即"拐婚"。具体说来，就是青年男女两情相悦，但得不到父母首肯，在这种情形下，女方先行住在男方家中，造成事实婚姻，尔后（通常为三天）再托媒人说服双方家长（一般为女方父母）。这种婚俗，历史虽不长久，但如今却成为阿昌族青年男女恋爱婚配的主要形式之一。阿昌族早先实行严格的族内婚，盛行单方姑舅表婚，即男子只能娶母亲兄弟姐妹的女儿，女子只能嫁母亲兄弟姐妹的儿子。随着社会的发展和文化素质的提高，"族外不婚"的落后观念已被年轻一代所摒弃，近亲结婚的陋习也日渐减少。现今每个村寨中都有为数不少的族际婚姻家庭，成员来自多个民族的家庭越来越多。

**丧葬** 各地阿昌族的丧葬习俗都大同小异。阿昌族施行土葬，死者一般都要埋到祖坟。人死后，通过放鞭炮向寨内人报丧。葬礼的轻重依死者的年龄而定，寿限越高，仪式越隆重。寿终正寝的老人，葬礼最为隆重。此外，还与死者家庭的经济水平有关系，经济条件好的，操办得要隆重些，经济条件差的，操办得就俭省一些。若亡者死于非命，葬礼往往从简，且不可葬于祖坟之内。死者若是因染恶疾而亡，则一般要先行火化才可入棺下葬。人死后，一般停尸三天。第一天晚上守灵唱孝歌，由孝子孝孙哭灵。第二天派人请来阿昌活袍主持升棺杀牲祭典，举行"贤白"仪式。活袍全程用阿昌语念诵送葬经，其内容分四个部分：指路，即指引死者的亡魂到祖先驻地去；分禄，即等所有亲戚散场后，子女分享供奉完死者的祭品，有死者赐福后代之意；撵煞，指撵走除祖宗以外的杂鬼；安魂，即埋葬死者的当晚，在家堂前摆三牲、鸡、饭、酒、茶，活袍诵经将死者的灵魂交给列祖列宗。第三天出殡发丧，下葬要尽量赶在日落前完成。阿昌族在墓址的选择、碑文的撰写及坟墓的建造方面深受当地汉族影响。近年来修建坟墓也开始讲究排场。亡者身份高一些、家庭富裕点的，坟墓自然也较为气派、华贵，当地戏称为"五架房"，普通百姓或家庭经济较困难的就只能修筑较低矮、简陋的"草房"。

5. 传统节日

阿昌族的民族传统节日丰富多彩且颇具特色。除了"春节""清明"等汉族传统节日外，还有"立秋""拆秋""火把节""泼水节""浇花水节"

等本民族的节日，以及带有宗教性质的"进洼""出洼""烧白柴"等节日。其中最盛大也最具民族特色的当属"阿露节"和"窝罗节"。阿露节，也叫"会街节"，原定于每年农历十月二十六日举行，主要流行于陇川户撒地区。节日当天，老百姓纷纷供奉斋品，祈求佛祖的庇佑和保护。宗教色彩比较浓厚。"窝罗节"早先为每年农历正月初三或初四举行，盛行于梁河、芒市一带。窝罗节主要是为纪念和歌颂阿昌族的始祖"遮帕麻"和"遮咪麻"开天辟地、驱除恶魔的丰功伟绩而举行的大型迎春祭祀活动。1994 年，德宏州人大常委会将两大节日合并为"阿露窝罗节"，时间统一定于每年的 3 月 20 日，为期两天。过阿露窝罗节时，要在举行节日活动的广场中央立一个标志物，标志两侧各有一根柱子，上盘青龙，意即青龙抱柱，体现梁河阿昌族的文化内涵。两根柱子中间是白象顶绣球，代表陇川户撒阿昌族的文化寓意。两根柱子的顶端有一张长弓和一支利箭，象征阿昌族的祖先遮帕麻用长弓射落九个太阳的英雄事迹，也寄寓人们对始祖遮帕麻和遮咪麻的怀念。整个造型坐落在长方体的底座台上，上面雕刻有"五谷""六畜"，意为"五谷丰登""六畜兴旺"。人们身着节日盛装，围绕"窝罗神台"蹬窝罗，舞蹈动作有"日头打伞""月亮戴帽""双凤朝阳""双龙行路"等，这些古朴的舞步，是阿昌族先民渔猎、打谷、织布等劳作场景的形象反映。阿昌族活袍则在一旁唱诵经文，歌颂遮帕麻、遮咪麻，祈祷吉祥幸福。节日期间，还会举行阿昌族的刀舞、棍术、拳术以及山歌对唱、春灯猜谜活动。

6. 民间文学与艺术

在丰富的文学艺术宝库中，阿昌族的民间口头文学最引人注目。类别主要有史诗、民间故事、歌谣等。最古老的有创世史诗《遮帕麻和遮咪麻》《早慨》等。民间故事有《菜赢与纳康》《班寺白塔》《阿昌族迁居户撒坝的传说》《狮子和野猫》《豹子怕老人》《动物是从哪里来的》《户撒刀的传说》等。

阿昌族的民歌分独唱和对唱两种。对唱形式有一对一和一对多。曲风优美活泼，节奏感强。在群众中流传广泛的歌曲有《歌和刀》《竹枝词十首》《户撒情思》《阿昌族情歌》等。一年一度的浇花水节上，青年男女相邀到河边树下对唱情歌，互相倾吐爱慕之心。舞蹈主要有象脚鼓舞、蹬窝罗舞。舞蹈动作多为模仿动物的动作和生产劳作的动作。阿昌族的民间乐器可分为吹奏、弹拨、打击三类，如：洞箫、葫芦箫、二胡、三弦、象脚鼓、铓锣等。

## 四 阿昌语方言活力的地理分布

阿昌语有陇川、梁河和芒市三个方言。陇川方言主要分布在陇川县户撒阿昌族乡一带。梁河方言主要分布在梁河县曩宋阿昌族乡、九保阿昌族乡、芒东镇一带。芒市方言主要分布在芒市风平镇龙昌移民村、江东乡一带，另有少量散居在梁河县河西乡和芒东镇、龙陵县龙山镇、保山市腾冲县等地。总体而言，方言差异主要体现在语音和词汇上，语法差异较小。三大方言呈片状分布，相互间通话较困难。相比之下，梁河方言和芒市方言较为接近。阿昌语没有文字，历来使用汉文或傣文。

　　陇川、芒市和梁河三个方言在语言活力上存在较大差别。关于语言的活力鉴定，联合国教科文组织有9条指标和6个等级。这9条指标是：(1)代际间的语言传承。(2)语言使用者的绝对数量。(3)语言使用者占总人口的比例。(4)语言使用范围的发展趋势；(5)语言对新领域和媒体的反映；(6)语言教育与读写材料；(7)政府和机构的语言态度和语言政策；(8)该语言族群成员对母语的态度；(9)语言记录材料的数量与质量。根据以上9条指标将语言活力从高到低排为6个等级：1级：充满活力；2级：有活力或仍然比较活跃；3级：活力降低，显露濒危特征；4级：活力不足，走向濒危；5级：活力很差，已经濒危；6级：无活力，失去交际功能或已经死亡[①]。陇川、芒市和梁河三个方言在使用方面存在较大差异。参考这些标准，可以将阿昌语活力划分为强活力型和弱活力型。

　　（一）强活力型方言：陇川方言和芒市方言

　　在陇川和芒市，阿昌语的使用功能相当稳定，语言转用现象不明显，"阿昌语－汉语"双语人占绝大多数。具体来讲，陇川、芒市方言区的阿昌族，除了一些在外地读书的学生、常年在外打工者以及居住在乡政府驻地的个别干部子女的阿昌语水平略微呈下降趋势，其他土生土长的阿昌族，无论是耄耋老人还是学龄前儿童，无论是干部、农民还是商人，阿昌语都非常流利。阿昌语是他们在家庭、村寨、集市中最主要的交际工具，也是维系本民族情感的一个重要纽带，在生活、工作中起着不可或缺的作用。为了弥补母语交际功能的不足，该地区的阿昌族绝大多数人都兼用汉语，以满足族际交流的需要。"汉语－阿昌语"语码转换成为阿昌族与其他民族交流的语言手段。这两个方言的母语活力强还表现在为数不多的老人和部分学龄前儿童都只会说阿昌语，可见阿昌语仍然是家庭语言传承的第一语言，汉语是上学后学会的第二语言。

　　（二）弱活力型方言：梁河方言

　　与陇川方言和芒市方言相比，梁河方言的活力则呈明显下降态势，语

---

① 孙宏开：《中国少数民族语言活力排序研究》，载《广西民族大学学报（哲学社会科学版）》2006年第5期。

言转用现象突出，不会说阿昌语只会说汉语的单语人人数比例较大。

从地域上来看，梁河县除囊宋乡、九保乡、芒东镇等下辖的部分村寨阿昌语保存较好外，许多阿昌族村寨都存在不同程度的语言转用现象，有些村寨甚至已经完全转用汉语，汉语单语人数量较大。从年龄段上看，65 岁以上的阿昌族母语使用较为熟练，日常交流中母语的使用频度明显高于汉语。35–65 岁年龄段的阿昌族母语表达能力参差不齐。在阿昌语保存较好的村寨中，该年龄段的阿昌族本族语表达较流利顺畅，母语的使用频度略微高于汉语。而在阿昌语保存较差的村寨中，该年龄段的阿昌族母语的表达能力明显偏低，并且"汉语—阿昌语"语码转换常处于不能完全自觉的状态，汉语的使用频度也远高于阿昌语。15–35 岁年龄段大部分阿昌族的"听""说"能力总体较低。在保存较好的村寨中，该年龄段的阿昌族尚能使用母语进行交流，但日常生活中的交际工具主要是汉语。在母语保存较差的村寨中，处于该年龄段的阿昌族仅能使用母语进行简单的日常交流，交际场景中常常出现交际一方（母语能力较强的）使用阿昌语问话，另一方（母语能力较差）却使用汉语应答的现象。15 岁以下年龄段的阿昌族大部分已转用汉语，对阿昌语的掌握也仅限于个别词语和句子，母语交际能力基本丧失，成为汉语单语人。

究其原因，与阿昌族与其他民族交错杂居有关。阿昌族长期与汉、傣、景颇、傈僳、德昂等民族在经济、文化方面相互交往，关系密切，且阿昌族在人口上不占优势。阿昌族在与汉、傣、白、景颇、傈僳等民族的长期交往中，不仅学会了先进的生产技术，而且学会了其他民族的语言，在汉语与阿昌语的竞争中，阿昌语的竞争力下降，语言活力逐渐下降为弱活力型。

## 第三节 阿昌语研究概况

本书的研究内容是阿昌语的语音系统，研究方法是地理语言学。因此，综述的主要内容是阿昌语的语音研究和地理语言学方面的成果。

### 一 阿昌语研究概况

关于阿昌语语音的地理语言学研究目前尚未发现任何公开发表的研究成果。国内关于阿昌语的研究虽然始于 20 世纪 50 年代，但始终未见研究成果。20 世纪 80 年代，阿昌语的研究重新回到研究者的视野，其研究方法主要是采用传统语音学的方法对声母、韵母、声调进行描写，目的是帮助读者认识阿昌语某一个点的语音系统。下面以时间为序对收集到的材料进行综述。

最早关于阿昌语的研究是 1983 年戴庆厦和崔志超合写的《阿昌语概况》①。该文是第一篇从语音、词汇、语法三个方面对阿昌语进行宏观概述性描写的文章，开了阿昌语研究的先河，为后辈研究阿昌语奠定了基础。两年以后，戴庆厦和崔志超在《阿昌语概况》（1983）的基础上，一方面充实语音、词汇、语法三部分的内容，另一方面增加了阿昌语三大方言的比较、三大方言词汇表等内容，于 1985 年合编了《阿昌语简志》②。全书共计 9.5 万字，收录基本词汇 947 个，是迄今为止最为翔实的阿昌语研究著作。该书以陇川方言为调查点，简单介绍了陇川方言的语音系统、词汇和语法。同年，戴庆厦还发表了《阿昌语的清化鼻音》③（1985），文中通过对阿昌语语音现状的分析，结合亲属语言比较，得出阿昌语清化鼻音很可能是前置清擦音 s-演变来的。2002 年，袁焱发表了《阿昌语的述宾结构》一文，该文以陇川方言为依据，从述宾结构的类型、语法标记以及受汉语影响产生的新形式三个方面探讨阿昌语述宾结构的特点。得出受汉语接触的影响，阿昌语述宾结构的特点发生了一些变化，主要是宾语的位置开始游移，并由此引发一系列语言特点的出现，如 SOV 语序的出现、语法标记词的脱落、动词重叠现象的出现等。2009 年，时建出版专著《梁河阿昌语参考语法》④。该书首次对阿昌语梁河方言进行描写，涉及语音、词汇、语法等方面。内容详尽，语料丰富。关于语音的描写主要是选取梁河县囊宋阿昌族乡关璋村为语音点，对该点的语音系统进行了描写。2010 年之后的 7 年时间里，未见有关阿昌语本体研究的成果发表。

至 2017 年 12 月为止，关于阿昌语功能研究的成果主要有 2 部专著 1 篇论文。最早的成果是 2001 年袁焱的《语言接触与语言演变——阿昌语个案调查研究》⑤（2011）一书。该书以阿昌语个案为例，运用语言接触理论，对语言接触与语言演变的关系展开了全方位的分析。提出了一些具有创新性的观点，如"语言接触引发出语言影响、语言兼用及语言转用等三种结果，是语言接触导致的一条语言变化链……这条链上的三种结果是连续的，存在因果关系"。该书将语言接触放在一个系统中来研究，有利于读者认识语言接触的全貌。2002 年戴庆厦和袁焱合写的《互补和竞争：语言接触的

---

① 戴庆厦、崔志超：《阿昌语概况》，载《民族语文》1983 年第 3 期。
② 戴庆厦、崔志超：《阿昌语简志》，民族出版社 1985 年版。
③ 戴庆厦：《阿昌语的清鼻音》，载《民族语文》1985 年第 2 期。
④ 时建：《梁河阿昌语参考语法》，中国社会科学出版社 2009 年版。
⑤ 袁焱：《语言接触与语言演变——阿昌语个案调查研究》，民族出版社 2011 年版。

杠杆——以阿昌语的语言接触为例》①一文以阿昌语的语言接触现象为例，提出"互补和竞争是语言接触的杠杆"的论点，并分析互补和竞争在阿昌语语言接触中的种种表现及其演变规律。2008 年，戴庆厦主编了《阿昌族语言使用现状及其演变》②一书。该书对阿昌语三个方言点进行了全面的田野调查，依据田野调查所获得的第一手材料对阿昌族母语和兼用语的使用状况、成因和发展演变进行了深入的统计分析，还讨论了汉语对当地阿昌语所产生的影响。

此外，还有肖家成发表于 1992 年的《阿昌语亲属称谓结构及其社会文化背景》③。该文是从文化语言学的视角分析阿昌语亲属称谓的类型、表现和特点，从非语言的角度对其特点的产生进行解释。

以上综述基本展示了六十多年来有关阿昌语研究的成果。这些成果显示阿昌语的研究取得了这些成绩：(1) 对阿昌语陇川方言和梁河方言的语音、词汇和语法进行了系统地描写，帮助后学全面了解阿昌语的本体结构。(2) 采取选点的方法，对阿昌语的语言功能进行研究，使学界对阿昌语语言功能的认识更为清楚。(3) 语言接触对阿昌语的语言使用状况以及语音和语法系统产生了深远影响。这些成果为后学的研究奠定了良好的基础。但我们也看到阿昌语的本体研究还很薄弱，存在以下诸多问题：(1) 文献资料匮乏。阿昌语由于没有文字，民族文化多依靠耳传口授，可参考的历史材料非常有限。已有的研究大多为概况性的介绍，未做深入细致的分析。词汇方面的研究还是阙如。(2) 研究方法单一。阿昌语研究目前尚处于静态的平面描写阶段，立足语言本身进行研究，视角比较单一，针对阿昌语的地理分布、语音演变、类型归纳等的研究凤毛麟角。从侧面依然反映出阿昌语研究的薄弱，缺乏全面的对比考察，尚有较大的研究空间。

## 二 国内外地理语言学研究概况

地理语言学肇始于 19 世纪 80 年代的欧洲，创始人是温克尔和吉叶龙。而我国真正意义上的地理语言学研究成果出现于 20 世纪 40 年代，晚于欧洲近 100 年的时间。最早将国外地理语言学引入我国的是比利时的贺登崧（W.Grootaers），至今地理语言学已经过了近百年的发展，从最初的方言地图的绘制发展到透过某一语言现象在地理空间上的分布来揭示语言的历史演变特点。

---

① 戴庆厦、袁焱：《互补和竞争：语言接触的杠杆——以阿昌语的语音接触为例》，载《语言文字应用》2002 年第 1 期。
② 戴庆厦：《阿昌族语言使用现状及其演变》，商务印书馆 2008 年版。
③ 肖家成：《阿昌族亲属称谓结构及其社会文化背景》，载《民族语文》1992 年第 5 期。

（一）国外地理语言学的研究成果

1876 年，温克尔依据当时新语法学派倡导的"语音演变无例外"的假说，试图在高地德语和低地德语之间画一条分界线。在分析地图过程中，他意外地发现音位变化的规律因词而异、同语线也错综复杂，因而不能画出一条明确的方言边界线。否定了新语法学派"一种语音变化会以同一方式影响所有词"的理论。1902 年，来自瑞士的吉叶龙和他的助手通过绘制、编纂《法国语言地图集》，发现"每一个词都有它的历史"。他在图中描绘了语言的各种生态、提出词的分布与传播、民间语源等理论。由此，地理语言学在温克尔和吉叶龙方言调查的基础上诞生了。

此后，欧美各国陆续出版了大量的语言地图集。地理语言学也随之进入蓬勃发展的时期。例如：1895 年费希尔（H.Fischer）绘制了《施瓦本区（Schwaben）语言地图（28 幅）》；1909 年根德（G.Veigand）绘制了《罗马尼亚地图》；1912 年班尼克（V.Bennick）和克里斯顿生（M.Kristensen）绘制了《丹麦语言地图》；1923 年格里拉（A.Griera）绘制了《加塔罗尼亚（Gatalonia）语言地图》；1924 年乐路（P.Le Roux）绘制了《不列塔尼（Brittany）语言地图》；1926 年芮德（F.Wrede）绘制了《德国语言地图集》（6 册）；1928 年雅博尔格（K.Jaberg）和俅德（J.Jud）绘制了《意大利瑞士语言地图集》；1943 年库拉斯（H.Kurath）绘制了《新英格兰方言地图集》；1966 年拉波夫（W.Labov）绘制了《北美方言地图》。从以上可以看出，西方的地理语言学研究产生之初就与方言地图的绘制与解释紧密相连。

此外，瑞士的结构主义语言学家索绪尔（Saussure）在他的《普通语言学教程》[①]中专设第四编"地理语言学"讨论地理对语言分布的影响。他认为："语言学中最先看到的就是地理上的差异。"美国语言学家布龙菲尔德（Lenard Bloomfield）的《语言论》第十九章"方言地理学"中提到"方言地理学研究一个言语区域内的地方分歧，可以辅助比较法的运用"。全章用丰富多样的语言地图呈现不同方言之间的语音差别。

在亚洲，日本是地理语言学研究的先驱。最早是上田万年将西方的地理语言学理论引入日本。1868 年日本明治维新之后，为加快现代化进程的发展，日本政府提出要设定全国通用的标准语言。当时的文部省设置的国语调查委员会通过全国各地的自治体收集方言信息，出版了《音韵分布图 1905，地图 29 张》与《口语法分布图》（1906，地图 37 张）。1906 年，在《口语法分布图》（1906）的基础上，又出版了《口语法调查报告书》。它以地图的形式客观考察日本全国各地的方言情况，阐明了日语的变异与地理

---

① [瑞士] 索绪尔：《普通语言学教程》，商务印书馆 2010 年版。

空间的关系。该报告奠定了日本地理语言学的基础。1930 年，日本民俗学家柳田国男出版《蜗牛考》（1930），该书考察了日本全国各地"蜗牛"的方言词形及其分布，提出了"方言周圈论"。1956 年，比利时传教士贺登崧将地理语言学中的语言地图绘制技术带到日本并进行推广。例如：词形整理的方式；用记号绘制地图的具体方法等。1966-1974 年，日本国立国语研究所编辑出版了《日本语言地图》（全 6 卷）。1969 年，柴田武《语言地理学的方法》（1969）的发表打破了日本地理语言学长久以来裹足不前的境况，具有划时代的里程碑意义。该书在前人方言调查的基础上，明确了地理语言学的研究目的以及具体研究方法。之后，日本国内又陆续发表了约 400 册语言地图集，合计约 30000 幅语言地图，800 多种学术论著。1998—2006 年，国立国语研究所再次发表了《方言语法全国地图》（全 6 卷），在了解语法变化与方言分布之间的关系、"语法化"理论方面取得了突破性的进展。至此，日本的语言地理学研究达到了鼎盛时期。

此外，国外的诸多语言学家用地理语言学的方法对我国的语言进行了研究，并出现了一些有影响力的成果。其中比较著名的有：

比利时的贺登崧（W.Grootaers）（1911-1999），借助在中国传教的机会，采用地理语言学方法研究汉语方言和民俗文化，被誉为"中国地理语言学的开拓者"。发表多篇附有方言地图的论文：《中国的语言地理学：汉语的语言学研究采用新方法的必要性，第 1 部分：语言地理学的方法》（1943）、《中国的语言地理学，第 2 部分：晋东北的一条方言边界线》（1945）、《汉语方言的语音差异：大同方言语言演变举例》（1946）等。

日本的学者岩田礼、大西拓一郎、桥本万太郎、平山久雄、平田昌司、松江崇、太田斋等都在汉语方言地理学的研究、译介、探索等方面做出了很大的努力。主要著作有：岩田礼《汉语方言"祖父"、"外祖父"称谓的地理分布——方言地理学在历史语言学研究上的作用》（1995）、岩田礼《论词汇变化的"非连续性"——类音牵引和同音冲突二例》（2012）、桥本万太郎《语言地理类型学》（1985）、太田斋《北方方言"蚯蚓"的对应词》（2014）、松江崇《浅谈扬雄〈方言〉中的语言层次问题——以"江淮"方言为例》（2014）等。

（二）国内地理语言学的研究成果

相对于国外的研究，我国的地理语言学表现出起步晚、基础弱、后劲足的特点。而且是先发展方言学，再发展地理语言学。虽然以前也有借助地图或根据地名研究方言的成果，但直到 20 世纪 40 年代，赵元任等编制的《湖北方言调查报告》[①]（1948）出版，才标志着现代语言学意义上的地

---

① 赵元任：《湖北方言调查报告》，商务印书馆 1948 年版。

理语言学研究的开始。

笔者对近年来我国已发表的地理语言学研究方面的文章进行了穷尽式地搜集,从 1948 年到 2017 年近 70 年的时间里,我国共发表地理语言学研究方面的论著共计 257 篇/部。横向对比国外地理语言学的兴盛,我国的地理语言学整体发展比较缓慢,仍处于发展的初级阶段。但纵向而言,2010 年至今,地理语言学研究方面的论著数量明显增多,地理语言学研究在我国有逐渐升温的趋势。从图 1.3 可以直观地窥探出我国地理语言学研究的轨迹和发展历程。

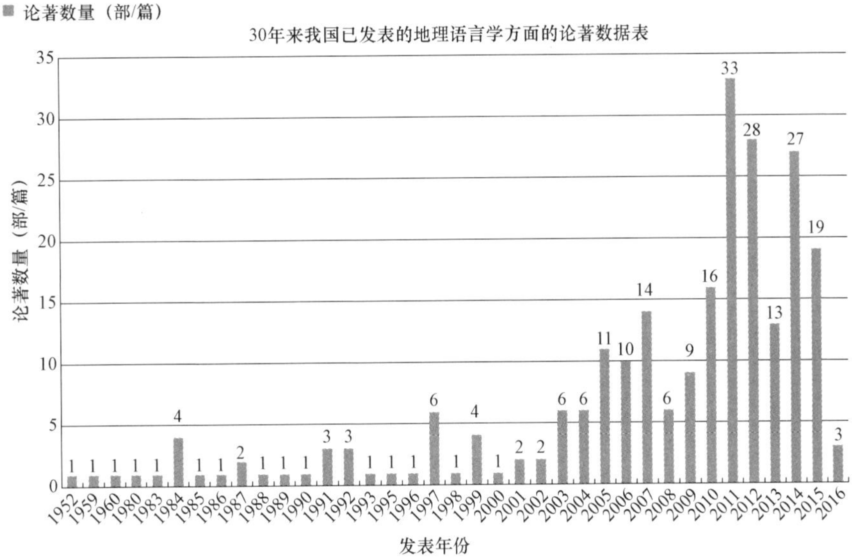

图 1.3 我国地理语言学研究的发展历程

1. 汉语的地理语言学研究

运用地理语言学理论对汉语及其方言进行研究的论著共有 162 篇/部,占成果总量的 63%。其中专著 9 部,单篇论文 153 篇。下文依据具体内容对有代表性的文章或著作进行介绍。

(1)"地理语言学"的定名

关于"地理语言学"的名称有方言学、地域语言学、地缘语言学、语言地理学、方言地理学、地理语言学等。我国经历了从"语言地理学"到"地理语言学"的更名过程。

早期,我国语言学界受日本语言地理学的影响,也将地理语言学称为"语言地理学"。直到 2010 年第一届"中国地理语言学国际学术研讨会"在北京语言大学召开,才将"地理语言学"这个名称正式设定为我国语言学学科的名称。从此,"地理语言学"逐渐在名称上取代"语言地理学",以避免使人产生其是地理学名称的错觉。

(2)"地理语言学"的概念

目前我国学术界对"地理语言学"的定义仍莫衷一是。比较有代表性的观点为以下几种:

《语言学名词解释》[①](1960)"方言地理学"条目:方言地理学也叫语言地理学。它通过有计划的调查,用绘制方言地图的方法研究某些语言现象(语音、词汇和语法)在各地人民口语里相同或互译的分布情况,或者说方言现象的地理分布情况,也就是某些语言特点在各地演变或发展的现状和动态。……方言地理学同方言地图的绘制和解释是分不开的。这门学问同语言史的研究有互相启发和互相补充的作用。

《中国大百科全书(语言文字卷)》(1980)"方言地理学"条目:方言学的一支,研究一种语言在不同地区的差异。过去,"方言学"一词专指方言地理学,现在方言学还另有一支即社会方言学,与方言地理学并立。方言地理学是传统名称,现在也称语言地理学、地理语言学或区域语言学。

《辞海》(2009)"方言学"条:用绘制方言地图的方法显示同时期内方言差异的地域分布,对研究历史方言学起辅助作用的,是方言地理学。

《地理语言学及其在中国的发展》[②](2004)一文中,曹志耘明确提出:"地理语言学(geographical linguistics)以众多地点的语言事实调查为基础,利用语言地图的方式描述语言现象的地理分布状况,结合社会文化因素解释这些分布的原因,探索语言变化的过程和机制。"

通过以上观点可以归纳出地理语言学研究方法的几个要点,即绘制方言地图、展现语言现象的地理分布、探索语言的地理演变过程。

(3)某一方言的地理语言学研究

20世纪30、40年代,中央研究院历史语言研究所曾先后对两广(1928—1929)、关中地区(1933)、皖南(1934)、江西(1935)、湖南(1935)、湖北(1936)、云南(1940)、四川(1940)进行方言大调查。在此基础上,赵元任等人编撰并相继出版了一系列方言调查报告,是我国最早的汉语方言特征地图。例如:《湖北方言调查报告》(1948)、《关中方言调查报告》(1954)、《云南方言调查报告》(1969)、《湖南方言调查报告》(1974)、《四川方言调查报告》(1984)。这些书侧重古音韵的历时比较,缺少跟共同语的平面比较。

---

① 北京大学语言学教研室:《语言学名词解释》,商务印书馆1960年版。

② 曹志耘:《地理语言学及其在中国的发展》,载《全国汉语方言学会第十二届年会暨学术研讨会第三届官话方言国际学术研讨会论文集》,北京语言大学出版社2004年版。

王辅世的《宣化方言地图》(1950)全文选材精当、描写细致、分析缜密、图文并茂,被评为我国"语言地理学的一个样本"。王辅世也是我国第一位践行西方地理语言学理论的学者。对后学具有重要的借鉴意义。

彭泽润的博士学位论文《衡山南岳方言的地理研究》①(2003)是在高密度调查和绘制方言特征地图基础上做特征地理研究的最早成果。该文从微观角度针对一个县级行政范围内的整个区域的 354 个地理语言学和湖南方言地理行政村做了调查,绘制了 90 幅地图,并在分区的基础上,详细描写了 90 个方言项目的超越分区界限的细微的地理分布情况,也使原来朦胧的分区,特别是其中的"夹山腔"区域得到清晰化。

王文胜的博士学位论文《处州方言的地理语言学研究》②(2004)运用地理语言学的研究方法对浙江省处州片区进行了方言调查,文章只讨论了语音和词汇的历史比较问题,未涉及语法方面的比较。

之后发表的学位论文大多延续类似的研究框架和理论方法:郭风岚《宣化方言变异与变化研究》(2005)、史皓元(Richard VanNess Simmons)、石汝杰、顾黔《江淮官话与吴语边界的方言地理学研究》(2006)、李智君《语言走廊:河陇近代语言地理研究》(2009)、李永新《湘江流域汉语方言地理学研究》(2009)、李智君《关山迢递:河陇历史文化地理研究》(2011)、王文胜《吴语处州方言的地理比较》(2012)等。

(4)某一词类或语法范畴的地理语言学研究

该类型是指针对某一方言词汇或某个词抑或某一语法范畴,从地理语言语言学的角度考察其分布,并从非语言学的视角做进一步的解释,最终为语言的演变提供实证。此类文章共收集到 32 篇。举例如下:

伍铁平的《语言词汇的地理分布》(1984)从跨地区、跨语系的视角考察"书""纸""糖""货物""同志"(同伙)等概念的词在世界主要语言中的分布情况。

王文胜的《"蜘蛛"的地理语言学研究》(2005)运用地理语言学的研究方法考察"蜘蛛"一词在吴语处州方言的地理分布状况,通过语言地图静态的横向地理比较,展示"蜘蛛"一词动态的纵向历史演变过程,并分析其地理和历史的变化原因。

孙益民的《"姑母"称谓在湘东北及湘中部分地区的地理分布》③(2009)展现了湘东北及湘中部分地区"姑母"称谓形式的地理分布状况,推导了各种称谓类型之间的竞争过程和演变趋势,同时,认为"to"类称谓形式中

---

① 彭泽润:《衡山南岳方言的地理研究》,博士学位论文,湖南师范大学,2003 年。
② 王文胜:《处州方言的地理语言学研究》,博士学位论文,北京语言大学,2004 年。
③ 孙益民:《"姑母"称谓在湘东北及湘中部分地区的地理分布》,载《民族语文》2009 年第 6 期。

语素"to"的本字就是读"唐佐切"的"大"。

侯精一的《山西、陕西沿黄河地区汉语方言第三人称代词类型特征的地理分布与历史层次》①（2012），认为第三人称"他"是山西、陕西沿黄河流域分布的23个县市的方言区别特征，绘制了沿黄河地区"他"声调类型分布图。进而依据近代文献和跨语言比较的材料，分析沿黄河流域分布的方言区的第三人称代词的历史起源和地理演变。

（5）某一语音现象的地理语言学研究

这一类型的文章共搜集到32篇。列举如下。

顾黔的《通泰方言韵母研究——共时分布及历时溯源》②（1997），文章对通泰方言的韵母进行了系统地共时描写，并进一步考察其历时演变情况。得出结论：江淮之间早期为吴语区，永嘉丧乱后大批北人历次南下，充实江淮间，使其间的方言性质发生了根本性的转移。因此，通泰方言与客、赣、晋西南方言同源而具有吴语色彩。通泰、吴湘（徽）方言间诸多相同之处不是"吴音西播"的结果，而是原来相同或相近的方言音素，在异地的共同保留。

王文胜《吴语处州方言非组声母读音历史层次的地理语言学分析》③（2006）通过实地调查，对吴语处州方言非组声母的读音特点做了详尽地描写。从地理语言学的角度对处州方言非组声母读音的历史层次进行分析，认为处州方言非组声母的今读状态，是其自身演变和受外来方言影响的结果。

张维佳在《汉语方言卷舌音类的地理共现与共变》④（2011）一文中指出，汉语卷舌音类在辅音和元音上均有表现，其在地理上大体呈南北分治的格局，北方多有卷舌音，南方卷舌音要少一些。通过分析两种卷舌音的地理共现，发现了二者之间的共变关系。

王莉宁在《汉语方言上声的全次浊分调现象》⑤（2012）文章中利用"汉语方言地图集数据库"和其他公开发表的材料，对汉语方言中全浊上与次浊上声调相分的现象进行考察，整理描写这种音变现象的类型，指出上声全次浊分调是一种官话型的音变，在方言地图上以"漏斗式"的演变模式向东南方言扩散，东南方言在完成上声全次浊分调的过程中，有数种不同

---

① 侯精一：《"山西、陕西沿黄河地区汉语方言第三人称代词类型的地理分布与历史层次》，载《民族语文》2009年第4期。
② 顾黔：《通泰方言韵母研究——共时分布及历时溯源》，载《民族语文》1997年第3期。
③ 王文胜：《吴语处州方言非组声母读音历史层次的地理语言学分析》，载《浙江师范大学学报》2006年第6期。
④ 张维佳：《汉语方言卷舌音类的地理共现与共变》，载《语言研究》2011年第4期。
⑤ 王莉宁：《汉语方言上声的全次浊分调现象》，载《语言科学》2012年第1期。

的演变类型。

张勇生的《鄂东南赣语 v 声母的来源及其分布》①（2013），利用语言地图的形式呈现出了鄂东南赣语[v]声母的两种类型：残存型和新生型，并从地图上得出前者表现出零碎、杂乱的分布特点；后者有自己固有的分布区域，在地域上呈连续性分布态，具有较强的规律性。由此，表明语音地图在考察汉语方言语音历史的过程中可以发挥重要的作用。

顾黔的《长江中下游沿岸方言"支微入鱼"的地理分布及成因》②（2016）一文，以长江中下游沿岸江苏、安徽、江西境内 57 个方言点的止摄"嘴""醉""喂"，蟹摄"岁"为例，调查"支微入鱼"的地理分布，发现"支微入鱼"分布在东西两端，中间呈断裂态势，南京、扬州、合肥等自古即为通都大邑，北人南迁的必经之地，"断裂带"是北方方言不断冲击的结果。

（6）方言地图类研究

上海申报馆出版的《中华民国新地图》（1934）其中有一幅"语言区域图"，这是我国第一次采用地图来研究语言，也是第一幅语言分区地图。

中国社会科学院跟澳大利亚人文科学院合作编纂的《中国语言地图集》（1987）包括汉语和非汉语，出版后在国内外影响很大。

曹志耘主编《中国方言地图集》③（2008）是我国第一部在统一实地调查基础上编制的、反映 20 世纪汉语方言基本面貌的原创性语言特征地图集。在中国地理语言学发展史上具有重要的意义。全书共收录了全国 930 个汉语调查点，绘制了 510 幅汉语方言语音、词汇、语法特征地图。

此外，还发表了一些有关方言地图绘制方法的文章，如陈章太、詹伯慧、伍巍的《汉语方言地图的绘制》（2001），张义的硕士学位论文《基于 MAPGIS 的中国历史方言地理信息系统（CHDGIS）设计与实现》（2006），张维佳的《建立汉语方言地理底图和坐标编号系统的设想》（2006），刘新中、张丽红《粤方言地图制作研究》（2011），秦绿叶、甘于恩《方言地图符号设计》（2014）等。

（7）综述类研究

该部分的文献共计 36 篇。主要有高年华、植符兰《方言与语言地理学》（1983），李慕寒《汉语方言的地理分布及其研究意义》（1992），曹志耘《老枝新芽：中国地理语言学研究展望》（2002），曹志耘《地理语言学及其在中国的发展》（2003），潘玉君、骆小所《语言研究的地理学范式——中国

---

① 张勇生：《鄂东南赣语 v 声母的来源及其分布》，载《中国方言学报》2013 年第 1 期。
② 顾黔：《长江中下游沿岸方言"支微入鱼"的地理分布及成因》，载《语言研究》2016 年第 1 期。
③ 曹志耘主编：《中国方言地图集》，商务印书馆 2008 年版。

云南语言地理学研究的基本构想》（2005），马德强《中国古代的语言地理观评介》（2007），张勇生《中国地理语言学发展的几点思考》（2011），孙宜志《语言地理学的理论及其在汉语中的实践》（2012），曹志耘《汉语方言研究愿景》（2012），项梦冰《方言地理、方言分区和谱系分类》（2012），胡迪、闾国年、温永宁、林伯工《我国方言地理学发展演变及问题分析》（2012），龚娜《汉语方言历史层次研究的回顾与前瞻》（2011），高晓虹《汉语方言地理学历史发展刍议》（2011），张振兴《〈方言〉与中国地理语言学》（2011），冯爱琴《地理语言学深化汉语方言研究》（2014）等。

从上面有关汉语方言地理语言学研究的概述中，能够看出地理语言学理论在我国发展的态势。尤其是最近几年从地理语言学视角研究汉语及其方言的景象蔚为大观，其研究的广度和深度已不仅仅拘泥于对方言点的基本描写和叙述，而是随着该理论在我国的普及和成熟，向探索语言变化的过程和机制方面扩展，这些也势必会为民族语相关方面的研究提供借鉴和研究动力。

2. 非汉语的地理语言学研究

本书所说的"非汉语"是指我国境内除汉语以外的其他少数民族语言。与汉语方言地理语言学研究的硕果累累相比，少数民族语的地理语言学研究还很薄弱。从中国期刊网、学校图书馆等途径共收集到相关论文和著作21篇/部，其中有关阿尔泰语系语言的论著有9篇/部（论文8篇，著作1部），有关汉藏语语系语言的论著有8篇/部（论文7篇，著作1部）。具有重要意义的论著主要有以下4部。

（1）《中国语言地图集》（1990）（以下简称《地图集》）：它由中国社会科学院和澳大利亚人文科学院合作编制，香港朗文（远东）有限公司出版，这是最早绘制的少数民族方言分区图。该《地图集》共有地图36幅，分A、B、C三个板块，其中A组是综合性地图（5幅）、B组是汉语方言图（17幅）、C组是少数民族语言图（14幅）。其中涉及少数民族语言的为A组和C组，共18幅地图，占《地图集》总数的一半。

（2）《中国拉祜语方言地图集》①（1992），由金有景主编。该书是我国第一部少数民族语言地图集，它填补了拉祜语地理语言学研究的空白。作者深入到云南省澜沧拉祜族自治县的252个调查点，绘制了366幅语言地图。全书分导论和题图两个部分。导论部分主要介绍了该书的编写目的、经过和方法，并对拉祜语方言学以及地理语言学的一些问题做了说明和论述。

---

① 金有景主编：《中国拉祜语方言地图集》，天津社会科学院出版社1992年版。

（3）《中国云南语言地理研究》（2011）是由骆小所、潘玉君共同主持的全国哲学社会基金项目"中国云南语言地理研究"的主要研究成果。作者在对云南语言地理特别是少数民族语言地理进行大量、系统田野调查的基础上，综合运用《中国的语言》和《中国少数民族》等文献中关于云南少数民族语言和地理资料，对区域语言地理研究范式、语言分布区类型、语言地图系统及其编制方法等理论问题和云南省语言谱系、云南省语言分布、云南省语言规划、云南省濒危语言、云南省语言保护规划等进行了较为系统的研究。

已发表的单篇论文主要有骆小所、太琼娥《云南壮侗语族语言地理分布探析》（2011）、王荣华《扎鲁特蒙古语土话地理研究》（2011）、其木格《苏尼特蒙古语土话方言地理研究》（2011）、仁增旺姆《藏语存在动词的地理分布特征》（2012）、舍秀存《Glottogram 在地理语言学研究中的应用——以撒拉语为例》（2013）、铃木博之《云南藏语土话中的特殊数词形式：其地理分布与历史来源》（2014）等。

## 第四节  研究设计

### 一  研究内容

（一）全面系统地描写和记录阿昌语语音系统

通过对德宏傣族景颇族自治州三个阿昌族聚居县 9 个点的重点调查和 15 个点的一般调查，研究阿昌语语音的共时特点和历时演变规律，用语言地图的形式来反映阿昌语语音的分布状况和演变特点，揭示阿昌语语音衰变的特点和规律。

（二）对阿昌语进行共时和历时的比较分析

通过对阿昌语语音与其他亲属语言语音进行共时和历时的比较，分析阿昌语语音的演变规律。

（三）对阿昌语地区进行语言接触、语言使用情况的调查研究

随着汉语借词的大量进入，阿昌语的语音也发生了某些变化。阿昌语使用的范围也逐渐缩小。对阿昌语言接触、语言使用情况的调查研究，有助于探讨影响阿昌语语音演变的原因及为阿昌语的语言与民族文化保护工作提供理论参考。

### 二  研究方法

本书综合采用多种语言研究方法进行研究。主要有：地理语言学的方

法、社会语言学的方法、共时比较法、田野调查法、量化分析法等。

（一）地理语言学的方法

对阿昌语进行地毯式高密度的调查。每一个阿昌族村作为一个调查点。用语言地图的形式，直观展现阿昌语语音、词汇、语法特征的分布状况。从宏观和微观的角度分析和探讨阿昌语的演变。

（二）人文地理学的方法

所谓人文地理学，是指以人地关系的理论为基础，探讨各种人文现象的地理分布、扩散和变化，以及人类社会活动的地域结构的形成和发展规律。"人文"二字泛指各种社会、政治、经济和文化现象。本书试图从人文地理学的角度，对阿昌语各方言的语音在地理空间上呈现出来的差异和演变规律进行解释。

（三）社会语言学的方法

这是研究语言与社会关系的语言学分支学科。社会性是语言的本质属性，语言的演变发展与社会现象息息相关。阿昌语在长期的发展历程中，不同程度地受到其他民族语言文化的影响，这种影响涉及语音、词汇、语法各个层面。本书将尝试从语言接触的角度解释阿昌语的一些语言变异现象，或通过阿昌语的语言变体及演变，解释相关的社会现象及其演变发展过程。

（四）共时比较法

从现有的阿昌语2000基本词汇表中筛选出表示同一概念、各点说法相近的词汇，通过这些词来分析阿昌语固有词的词源关系、汉语借词语音的共性和差异。根据一些差异确定面上调查点的调查条目。对阿昌语内部的一致性和差异性进行比较，通过描写和分析阿昌语在共时平面上的概貌，探讨阿昌语语音演变的规律。

（五）田野调查法

田野调查是地理语言学研究不可缺少的前期工作。阿昌语是没有传统文字的语言，信息传递、情感交流和文化传承都以口语为载体，因此，田野调查成为收集语料的唯一方式。调查前要对调查地点和调查项目进行抽样筛选工作，制定合理的调查大纲，包括调查点和发音人信息表、音系、语音、词汇、语法等内容。调查中通过读词表、提问、填问卷等方式对阿昌族聚居寨进行专门的语言调查，获取大量的第一手语料。

（六）量化分析法

统计是科学研究的基础之一。通过对阿昌语语料收集和归纳，能够反映不同方言之间语音的共性和差异，为定性研究提供事实依据。

### 三 研究步骤

**（一）文献梳理**

全面了解阿昌语研究的前期成果和背景材料。通过阅读藏缅语族语言研究文献，了解和掌握藏缅语演变的基本规律；查阅陇川、梁河、江东各县/乡的县志、民族文化、历史传说等文献资料，了解阿昌族的历史、族源、民族迁徙等人文历史背景；研读已发表的阿昌语材料，了解阿昌语概况，确定调查的 9 个代表点。

**（二）阿昌语语音地理信息数据的采集**

1. 确定发音人的选择标准

选择在当地土生土长、长期居住、以阿昌语为母语的发音人。

2. 调查点的选取

陈章太（2001）认为"调查的方言越多，方言点越密，绘制的方言地图就越精确，方言地图的标示，反映的方言及其特征的情况就越可靠，越有价值"。本书主要选取德宏傣族景颇族自治州的陇川县户撒阿昌族乡、梁河县囊宋阿昌族乡、九保阿昌族乡以及芒市江东乡为调查点，原因有三点：一是户撒、囊宋、九保、江东的阿昌族人口约占国内阿昌族总人口的 72.4%，是阿昌族人口的主要聚居区；二是这三个阿昌族乡阿昌族母语活力总体较高；三是保山市、大理白族自治州的阿昌族母语已基本转用当地汉语方言或白语。

初步筛查和重点调查。先调查 9 个代表点，每个点调查约 2000 个词汇，分析阿昌语内部的一致性和差异性特点。

确定面上的调查条目。根据 9 个点表现出来的差异和体现的演变规律，确定面上调查条目，制定面上调查的表格。面上调查条目主要包括阿昌语的固有词和汉语借词。

确定面上的调查点。调查点的选择原则是每个阿昌族聚居的自然村都作为一个调查点。陇川县的阿昌族主要聚居在户撒阿昌族乡，梁河县的阿昌族主要聚居在囊宋阿昌族乡和九保阿昌族乡，芒市江东乡的阿昌族自 2007 年底陆续搬迁至芒市近郊的风平镇龙昌移民村，只有常新寨、大岭干等村寨目前尚未搬迁完毕。为便于揭示地理要素对不同方言语音差异的影响，本书根据该方言区村寨间最初的地理分布格局，沿用 7 个村寨在江东乡时的地理位置。

本书以自然村为单位，共选取 24 个调查点。选点原则，一是阿昌族聚居分布的村寨；二是阿昌语是寨内居民的日常交际用语。这些调查点主要位于德宏傣族景颇族自治州和保山市两个市县，是其域内各乡镇下属的阿昌族聚居的行政村。这些乡镇的设立是 2010 年云南省行政区划确定的。其中选择户撒阿昌族乡的腊撒、朗光，曩宋阿昌族乡的关璋，九保阿昌族乡的丙盖、湾中、曩挤，高埂田村的杏万、高埂田，龙山镇的芒旦 9 个调查点作为重点调查点。其余 15 个点作为一般调查点。详见表 1.1（表中加粗字体为重点调查点）

表 1.1　　　　　　　　　　阿昌语调查点

| 所属市县 | 所属乡镇 | 数目 | 调查点 |
|---|---|---|---|
| 陇川县 | 户撒乡 | 8 | **腊撒**、曼炳、明社、户早、潘乐、隆光、**朗光**、曼捧 |
| 梁河县 | 曩宋乡 | 2 | **关璋**、弄别 |
| | 九保乡 | 3 | **丙盖**、横路、勐科 |
| | 芒东镇 | 1 | **湾中** |
| | 勐养镇 | 2 | **曩挤**、英傈 |
| 芒市 | 江东乡 | 7 | **高埂田**、遮告、小新寨、常新寨、大岭干、温乖、**杏万** |
| 龙陵县 | 龙山镇 | 1 | **芒旦** |

3. 调查方法

我们按照贺登崧的做法，运用"询问法"进行词汇的调查，即问发音人某某东西怎么说。处理采取传统的书面记录外，还采用了数字录音和摄像录制全面调查项目的声音视频文件。

4. 建立数据库

将所调查的材料进行分类整理，录入 Excel 表格，建立数据库，数据库分为重点数据库和一般数据库。曹志耘（2008）认为数据库的作用在于"一方面为方言材料的保存、修改、检索、提取、分析提供了极大的方便，同时也是电脑绘图不可缺少的一个基础"。

5. 绘制语言地图

地理语言学的一项重要工作是对调查所得的语料，进行整理分析，并绘制语言地图。曹志耘（2004）"方言地图是地理语言学特有的研究方法，也可以说是地理语言学的一个区别性特征"。

四　语料来源

本书语料来源主要有两个途径：一是现有的文献材料，二是笔者田野调查获得的第一手材料。这些材料已能对课题的研究提供必要的基础。

（一）文献材料

文献材料主要以论著和论文为主。论著有：《阿昌语概况》（戴庆厦、崔志超)、《阿昌语简志》(戴庆厦、崔志超)、《阿昌族语言使用现状及其演变》(戴庆厦主编)、《语言接触与语言演变——阿昌语个案调查研究》(袁焱)、《梁河阿昌语参考语法》(时建)、《阿昌族文化论集》(曹先强主编)、《阿昌族简史》等;单篇论文有:《阿昌语的清化鼻音》(戴庆厦)、《互补和竞争:语言接触的杠杆——以阿昌语的语言接触为例》(戴庆厦、袁焱)、《阿昌语的述宾结构》(袁焱)、《阿昌语亲属称谓结构及其社会文化背景》(肖家成)等。

(二)田野调查

在导师提供的阿昌语三大方言点音系、词汇的基础上,作者对阿昌语其他点进行地毯式高密度的调查,分析阿昌语内部的差异性和一致性。文中所使用的绝大多数语料为作者调查得来的第一手材料。2015年7—8月作者赴阿昌族主要聚居区域进行了为期两个月的语言调查,逐步走访了24个调查点,记录重点调查点的语音和词汇,获取文中所用的大部分语料。同时,考察阿昌族聚居的自然地理环境和人文地理环境。2016年7月,作者第二次深入阿昌族地区,进行语料的增补和修正。

# 第二章 阿昌语方言的分布及其音系

阿昌语分为陇川方言、梁河方言和芒市方言三个方言。从地理分布看，梁河方言是北部方言，芒市方言是中部方言，陇川方言是西部方言。详见图 2.1。

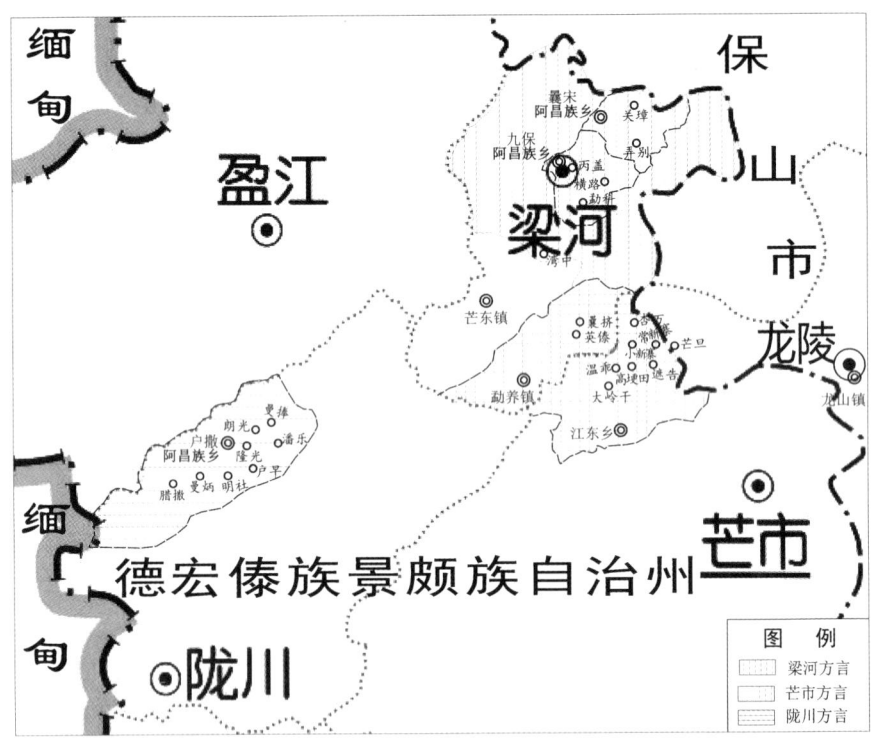

图 2.1 阿昌语方言分布示意

图 2.1 显示，梁河方言地域分布最广，居住在梁河县的阿昌族操这一方言。其次是陇川方言，居住在陇川县户撒乡的阿昌族都操这一方言。分布范围最窄的是芒市方言，只有居住在芒市江东乡和保山市龙山镇的阿昌族操这一方言。从使用人口来看，陇川方言使用人口最多，有 13242 人操这一方言。其次是梁河方言，有 13205 人操这一方言。最少的芒市方言，仅有 1500 人操这一方言。

这三个方言在语法上的差异很小，词汇上的差异主要是有近一半的异源词。最主要的差异是语音。三个方言之间很少有相同音值的语音对应的词，由此导致三个方言的通解度很低，难以通话。也就是说从语音上看，阿昌语的语音可以分为北部、中部和西部三个片区，这三个片区各有自己的语音特点，这些语音特点成为划分阿昌语不同方言的重要依据。下面我们依据使用人口的数量依序对陇川方言、梁河方言和芒市方言的音系进行描写分析。

## 第一节 陇川方言的分布及其语音系统

陇川方言只分布在陇川县户撒乡。该乡是我国仅有的三个阿昌族民族乡之一，也是阿昌族人口的主要聚居地。陇川阿昌族自称"mən$^{55}$sɔ$^{51}$"。据2010年第六次人口普查统计数据，全国阿昌族人口共39555人，其中约三分之一聚居在户撒乡。

户撒乡位于陇川县西北部，距县城章凤46公里，东靠清平乡，南邻城子镇、弄把镇，北连盈江县，西南与缅甸接壤，与坪山村委会仅一河之隔。国境线长达4.35公里，占全县国境线的8.54%。全乡总面积约251.9平方里。下辖曼捧、朗光、隆光、项姐、曼炳、腊撒、潘乐、户早、明社、保平、平山11个村委会、136个村民小组，人口5798户24705人，主要聚集阿昌族、汉族、傈僳族3个民族，其中少数民族人口17269人，阿昌族人口13242人，占户撒乡总人口的53.6%。除保平、项姐村委会汉族占主体外，其余9个村寨，均是阿昌族聚居寨。户撒乡包括户撒坝以及周围山区，全乡总体地理面貌是"两山夹一坝"的狭长小盆地。环乡公路贯通全乡，是户撒乡通往外界的一条主干道。户撒河穿境而过，11个村委会均匀分布于河流两侧。陇川方言内部一致性强，不存在次方言和土语的差别，分布在这一方言区的任何点均可以通话。稍有不同的是，户撒乡腊撒村委会所在的腊撒村的声调以及少量词汇与其他村稍有差别，但这并不影响通话。造成这一差别的原因在于与其他阿昌族村寨相距较远，交通不便有关。详见图2.2。

图2.2显示：陇川方言呈东北-西南走向的狭长分布，户撒河由东北流向西南，流经户撒乡所有的阿昌族村寨。为了深入了解该方言不同点的语音系统，我们沿户撒河而上，依次调查了腊撒、曼炳、明社、隆光、朗光、曼捧、潘乐、户早8个点，发现这些点的语音系统基本一致。这8个调查点中，朗光村的地理位置居中，阿昌族人口在寨中占优势，为此选择将该寨作为陇川方言的代表点。

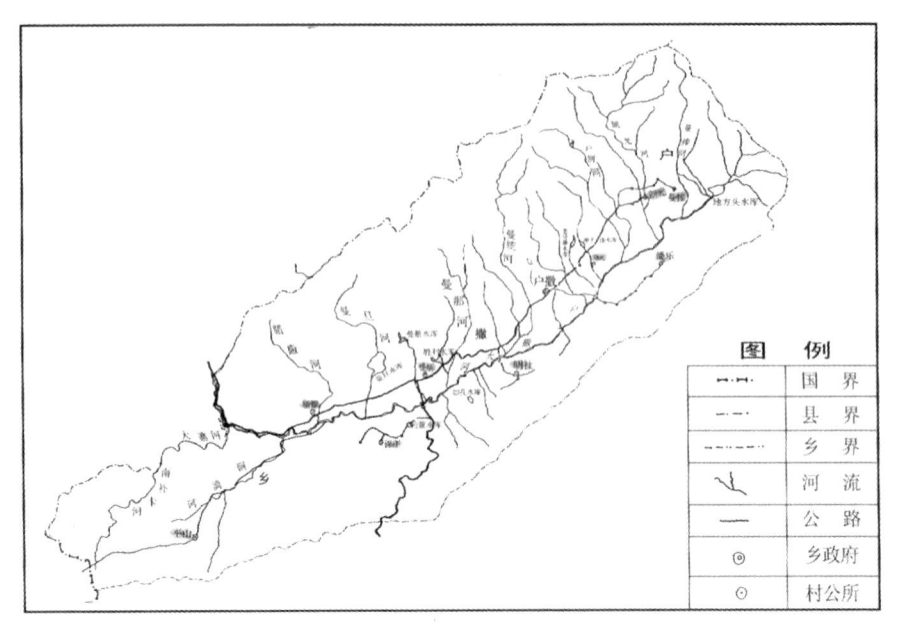

图 2.2　陇川方言分布

资料来源：陇川县史志办、政协陇川县文史委：《户撒史话》，云南民族出版社 2002 年版。

该村地处户撒乡西北边，距户撒乡政府所在地 6 公里，到乡道路为沥青路，交通方便。东靠潘乐村，西接盈江县，南邻隆光村，北连曼捧村。全村国土面积约 6.4 平方公里，海拔 1450 米。下辖 15 个村民小组，现有 717 户 3175 人，居住着阿昌族、汉族、傈僳族、傣族、景颇族等，其中阿昌族 1914 人，约占全村总人口的 60%。该寨的阿昌族都能说自己的母语。孩子的第一语言都是阿昌语，未发现丢失母语的现象。这个寨子不仅阿昌族保留了自己的母语，寨中的汉族大多能够听懂阿昌语，有的还会说。阿昌语是该寨阿昌族的语言交际工具。

本音系的发音人是杨荣洁，女，26 岁，是土生土长的朗光寨人，大学本科学历。第一语言是阿昌语，入学以后开始学习汉语。阿昌语水平较高。下面介绍该点的音系。

一　声母

陇川阿昌语有 38 个声母。声母系统的特点是：没有浊塞音声母，没有复辅音声母，双唇音、舌根音有卷舌和非卷舌的对立，鼻音有清化和非清化的对立。详见表 2.1。

表 2.1　　　　　　　　　　　　　陇川阿昌语声母

| 发音方法 \ 发音部位 | | 双唇 | | 唇齿 | 舌尖前 | 舌尖中 | 舌尖后 | 舌面前 | 舌根音 | |
|---|---|---|---|---|---|---|---|---|---|---|
| | | 非卷舌 | 卷舌 | | | | | | 非卷舌 | 卷舌 |
| 清塞音 | 不送气 | p | pẓ | | | t | | | k | kẓ |
| | 送气 | ph | phẓ | | | th | | | kh | khẓ |
| 清塞擦音 | 不送气 | | | | ts | | tʂ | tɕ | | |
| | 送气 | | | | tsh | | tʂh | tɕh | | |
| 鼻音 | 清 | m̥ | m̥ẓ | | | n̥ | | n̥ȵ | ŋ̥ | |
| | 浊 | m | mẓ | | | n | | ȵ | ŋ | |
| 边音 | 清 | | | | | l̥ | | | | |
| | 浊 | | | | | l | | | | |
| 擦音 | 清 | | | f | s | | ʂ | ɕ | x | xẓ |
| | 浊 | | | v | | | ẓ | ʑ | | |
| 半元音 | | w | | | | | | | | |

辅音声母例词：

| | | | | | | | | |
|---|---|---|---|---|---|---|---|---|
| p | pui⁵⁵ | 太阳 | paʔ³¹ | 伯母 | pum⁵⁵ | 山 | | |
| ph | phuaŋ³¹ | 放（牧） | phən³⁵ | 桌子 | phik⁵⁵ | 辣椒 | | |
| m | mi⁵⁵ | 被子 | mat³⁵ | 钎子 | mam³¹ | 嚼 | | |
| m̥ | m̥i⁵⁵ | 地 | m̥oʔ⁵⁵ | 鸟 | m̥ut⁵⁵ | 吹（喇叭） | | |
| pẓ | pẓən⁵⁵ | 疮/脓 | pẓuaʔ⁵⁵ | 假 | pẓau³¹ | （猪）肥 | | |
| phẓ | phẓo⁵⁵ | 白 | phẓan³⁵ | 穷 | phẓap⁵⁵ | 扁 | | |
| mẓ | mẓui⁵⁵ | 蛇 | mẓək⁵⁵ | 酸 | mẓən⁵⁵ | 响亮 | | |
| m̥ẓ | m̥ẓɔ³¹ | 席子 | m̥ẓan⁵⁵ | 高 | m̥ẓop⁵⁵ | 埋 | | |
| f | faʔ³¹tsaŋ⁵¹ | 发展 | fen³¹ | 分钟 | | | | |
| v | vaŋ⁵¹ | 网 | vet³⁵ | 溢（出来） | vai³¹ | 甜 | | |
| ts | tsen³⁵ | 蜻蜓 | tse³¹ | 衣服 | tsuŋ³¹ | 凿子 | | |
| tsh | tshan³¹ | 蚕 | tshai³¹ | 猜（谜） | tshet⁵⁵ | 包（药） | | |
| s | se⁵⁵ | 金子 | sək⁵⁵ | 二 | sam⁵⁵ | 水獭 | | |
| t | tuaŋ⁵⁵ | 笋筐 | ti⁵⁵ | 水 | tiak³¹ | 裂缝 | | |
| th | thən³⁵ | 犁 | thut⁵⁵ | 拔（草） | the⁵⁵ | 那 | | |
| n | nuaŋ⁵⁵ | 你 | no³¹ | 牛 | nui⁵⁵ | 藤子 | | |
| n̥ | n̥oŋ⁵⁵ | 池塘 | n̥ap⁵⁵ | 鼻涕 | n̥ək⁵⁵ | 岁/年 | | |
| l | lɔ³¹ | 老虎 | lui³⁵ | 石磨 | len³⁵ | 祖先 | | |

| | | | | | | | |
|---|---|---|---|---|---|---|---|
| l̥ | l̥in³⁵ | 缠（线） | l̥e³⁵ | 摆动 | l̥ɔ³¹ | 裤了 | |
| tɕ | tɕam⁵⁵ | 桥 | tɕo³¹ | 刺 | tɕɔk⁵⁵ | （一）滴（油） | |
| tɕh | tɕho³¹ | 盐 | tɕhip³⁵ | 剪（纸） | tɕhaŋ⁵⁵ | 象 | |
| ɕ | ɕɔ⁵⁵ | 舌头 | ɕam³⁵ | 薄 | ɕet⁵⁵ | 八 | |
| ʑ | ʑɔ⁵⁵ | 水田 | ʑoŋ³¹ | 短 | ʑau⁵⁵ | 漏（雨） | |
| ɲ | ɲi⁵⁵ | 小 | ɲek⁵⁵ | 竹笋 | ɲen³¹ | 日 | |
| ɲ̥ | ɲ̥ot⁵⁵ | 嘴 | ɲ̥ot⁵⁵ | 锄头 | ɲ̥ɔ³¹ | 药 | |
| tʂ | tʂuaŋ⁵⁵ | 寺庙 | tʂo⁵⁵ | 人 | tʂap⁵⁵ | （一）块（地） | |
| tʂh | tʂhaʔ³¹ | 茶 | tʂhau³¹ | 旧 | tʂhan⁵¹ | （嘴）馋 | |
| ʂ | ʂam⁵⁵ | 铁 | ʂək⁵⁵ | 婶婶 | ʂan³¹ | 虱子 | |
| ʐ | ʐɔ³⁵ | 来 | ʐuai⁵⁵ | 疤 | ʐua³¹ | 饱 | |
| k | kaŋ³⁵ | 彩虹 | ku³⁵ | 床 | kok⁵⁵ | 牛圈 | |
| kh | khak³⁵ | 刻 | khou³¹ | 抠 | khok⁵⁵ | 弄弯 | |
| x | xun⁵⁵ | 叔叔 | xui³¹ | 狗 | xoʔ⁵⁵ | （一）碗（饭） | |
| ŋ | ŋui⁵⁵ | 钱 | ŋɔ⁵⁵ | 肥料 | ŋɔ³¹ | 五 | |
| ŋ̥ | ŋ̥a³¹ | 懒 | ŋ̥eŋ³⁵ | 话 | ŋ̥ɔŋ³¹ | 错 | |
| kʐ | kʐuaʔ⁵⁵ | 鸡 | kʐɔ³¹ | 大 | kʐɔŋ³¹ | 枪 | |
| khʐ | khʐə⁵⁵ | 星星 | khʐəŋ⁵⁵ | 线 | khʐap⁵⁵ | （一）把（刀） | |
| xʐ | xʐɔʔ⁵⁵ | 六 | xʐop⁵⁵ | 缝 | xʐɔm³⁵ | 攒（钱） | |
| w | wu³¹nuʔ³¹ | 脑髓 | a³¹wu⁵⁵ | 肠子 | ʂan³¹wuʔ³¹ | 虮子 | |

声母说明：

陇川阿昌语的 4 个浊鼻音[m]、[n]、[ɲ]、[ŋ]和舌尖浊边音[l]皆发生清化现象，对应有 4 个清化鼻音[m̥]、[n̥]、[ɲ̥]、[ŋ̥]和清化边音[l̥]，发音时，略带送气成分。双唇音[p]、[ph]、[m]、[m̥]和舌根音[k]、[kh]、[x]普遍伴随有卷舌化现象，用"[ʐ]"标注，对应一组卷舌化双唇音[pʐ]、[phʐ]、[mʐ]、[m̥ʐ]和卷舌化舌根音[kʐ]、[khʐ]、[xʐ]。所谓卷舌化，就是发音时舌头略卷起，气流通过舌后时，带有轻微摩擦。

## 二 韵母

与声母系统相比，陇川阿昌语的韵母系统很丰富，共有 80 个韵母，可分为单元音韵母、复合元音韵母、带鼻音韵尾韵母和带塞音韵尾韵母四种类型。

### （一）单元音

此类韵母共有 8 个，包括 7 个舌面元音和舌尖元音[ɹ]。

表 2.2　　　　　　　　　陇川阿昌语单元音韵母

| 舌位<br>唇状 | 前元音 | | | 央元音 | 后元音 | | |
|---|---|---|---|---|---|---|---|
| | 高 | 半高 | 低 | 中 | 高 | 半高 | 半低 |
| 展唇元音 | i | e | a | ə | | | |
| 圆唇元音 | | | | | u | o | ɔ |

单元音韵母例词：

| | | | | | | |
|---|---|---|---|---|---|---|
| i | pi³¹ | 鸭子 | mi⁵⁵ | 被子 | ti⁵⁵ | 水 |
| e | se⁵⁵ | 金子 | tɕhe⁵⁵ | 十 | me³¹ | 妈妈 |
| a | sa⁵⁵ | 草 | ta³¹ | 一 | na⁵⁵ | 红 |
| ə | xə⁵⁵ | 船 | phə³¹ | 耙子 | tə⁵⁵ | 富有 |
| u | tu³¹ | 只 | pu⁵⁵ | 热 | ɕu³⁵ | 腐烂 |
| o | po⁵⁵ | 便宜 | ko³¹ | 难 | so³¹ | 流动 |
| ɔ | tɕɔ⁵⁵ | 饭 | lɔ⁵⁵ | 刮（风） | nɔ³¹ | 多 |
| ɿ | tsɿ⁵⁵ | 对 | tsɿ³¹ | 给 | sɿ⁵⁵ | 死 |

（二）复合元音韵母

此类韵母共有 10 个。其中二合元音韵母有[ei]、[ai]、[oi]、[ui]、[iu]、[au]、[ua]、[əu]8 个，三合元音韵母有[iau]、[uai]2 个。

复合元音韵母例词：

| | | | | | | |
|---|---|---|---|---|---|---|
| ei | mei³¹ | 煤 | mei⁵⁵koʔ³¹ | 美国 | | |
| ai | zai⁵⁵ | 旱地 | mai³⁵ | 痣 | xai⁵⁵ | 这 |
| oi | poi³¹ | 火 | tɕoi⁵⁵ | 牙齿 | toi³¹ | 绳子 |
| ui | ŋui⁵⁵ | 银子 | xui³¹ | 狗 | sui³¹ | 血 |
| iu | siu³⁵ | 锈 | tɕiu³⁵ | 救 | tiu³⁵ | 扔 |
| au | mau³¹ | 天 | nau³⁵ | 奶汁 | ȵau³¹ | 姓 |
| ua | kʐuaʔ⁵⁵ | 鸡 | ʂua³¹ | 肉 | ua⁵⁵ | 瓦 |
| əu | ʂəuʔ³¹ | 收到 | tshəu⁵⁵ | 瞄 | lɔ³¹xəu³⁵ | 落后 |
| iau | tiau³⁵ | 舀（水） | ɕɔʔ³¹ɕiau³⁵ | 学校 | tai³¹piau⁵¹ | 代表 |
| uai | zuai⁵⁵ | 疤 | uai³¹ | 甜 | xuai³¹ | 挂（墙上） |

（三）带鼻辅音尾韵母

此类韵母有 25 个，所带的鼻辅音韵尾有 [-m]、[-n]、[-ŋ]三个。这三个鼻音韵尾可以与单元音结合，也可以与复合元音结合。

-m：[im]、[em]、[am]、[ɔm]、[om]、[um]、[əm]、[iam]

-n：[in]、[en]、[an]、[ɔn]、[on]、[un]、[ən]、[uan]

-ŋ：[iŋ]、[eŋ]、[aŋ]、[ɔŋ]、[oŋ]、[uŋ]、[əŋ]、[iaŋ]、[uaŋ]
带鼻辅音尾韵母例词：

| | | | | | | |
|---|---|---|---|---|---|---|
| im | l̥im⁵⁵ | 轮子 | tɕim⁵⁵ | 水壶 | | |
| em | tɕem³¹ | 尖 | tem³¹tem³¹ | 满满地 | | |
| am | ʂam⁵⁵ | 铁 | tɕam⁵⁵ | 桥 | ɕam³⁵ | 薄 |
| ɔm | ɔm³¹ | 胃 | ɔm⁵⁵ | 熊 | sɔm³¹ | 瘪 |
| om | tɕhom³¹ | 水碓子 | kom³⁵ | 够 | zom³⁵ | 相信 |
| um | pum⁵⁵ | 山 | sum³¹ | 三 | lum³¹ | （一）个（蛋） |
| əm | təm⁵⁵ | 回（家） | thəm³¹ | 扣（扣子） | təm³¹ | 扣子 |
| iam | liam³¹ | 尖 | liam⁵⁵ | 交（朋友） | tiam³¹ | 写 |
| in | tɕin³¹ | （一）斤（肉） | l̥in³⁵ | 缠（线） | tɕin⁵⁵ | 浸泡 |
| en | tɕen³⁵ | 狼 | pen³¹ | 木板 | ȵen³¹ | 日 |
| an | tsan⁵⁵ | 夏天 | ʂan⁵⁵ | 虱子 | nan³¹ | 南方 |
| ɔn | mɔn³⁵ | 包围 | sɔn³⁵ | 织（毛衣） | | |
| on | ȵon⁵⁵ | 矮 | non⁵⁵ | （衣）皱 | mon³¹ | 灰色 |
| un | xun³⁵ | 叔叔 | mun³¹ | 万 | xun³¹ | （一）句（话） |
| ən | phən³⁵ | 桌子 | tən³¹ | 灯 | thən³⁵ | 犁 |
| uan | tsuan³¹ | 砖 | uan³¹ | 带（孩子） | tuan⁵⁵ | 劁（猪） |
| iŋ | xiŋ⁵¹ | 千 | liŋ³⁵ | 滚（下来） | tɕiŋ³¹ | 趴 |
| eŋ | tɕeŋ⁵⁵ | 三脚架 | ŋeŋ³⁵ | 话 | leŋ³¹ | 养（鸡） |
| aŋ | naŋ⁵⁵ | 姨妈 | n̥aŋ³¹ | 他 | aŋ³¹ | 菜 |
| ɔŋ | ȵɔŋ³¹ | 锄头 | tɔŋ⁵⁵ | 铜 | lɔŋ³⁵ | 爷爷 |
| oŋ | kzoŋ⁵⁵ | 黄鼠狼 | poŋ³¹ | 蒸（饭） | pzoŋ³¹ | （一）节（竹子） |
| uŋ | tsuŋ³¹ | 凿子 | uŋ³¹ | 卖 | thuŋ³¹ | 舂（米） |
| əŋ | khzəŋ⁵⁵ | 线 | ʂəŋ⁵⁵ | （一）条（河） | səŋ⁵⁵ | 长 |
| iaŋ | siaŋ³⁵ | 歌 | miaŋ⁵⁵ | 分（粮食） | liaŋ³⁵ | 自行车 |
| uaŋ | tsuaŋ⁵⁵ | 水獭 | nuaŋ⁵⁵ | （我）和（你） | tuaŋ⁵⁵ | 箩筐 |

（四）带塞音韵尾韵母

此类韵母共有 37 个，塞音韵尾类型主要有[-p]、[-t]、[-k]、[-ʔ]四种。这四个塞音韵尾可以与单元音和复合元音结合，构成以下韵母：

-p：[ip]、[ep]、[ap]、[ɔp]、[op]、[up]、[əp]、[iap]
-t：[it]、[et]、[at]、[ɔt]、[ot]、[ut]、[ət]、[uat]
-k：[ik]、[ek]、[ak]、[ɔk]、[ok]、[uk]、[ək]、[iak]、[uak]
-ʔ：[iʔ]、[eʔ]、[aʔ]、[ɔʔ]、[oʔ]、[uʔ]、[əʔ]、[aiʔ]、[uiʔ]、[auʔ]、[ouʔ]、[uaʔ]

**带塞音韵尾韵母例词：**

| | | | | | | | |
|---|---|---|---|---|---|---|---|
| ip | tɕip³⁵ | 剪（纸） | ɕip⁵⁵ | 杂乱 | ȵip⁵⁵ | 撵走 |
| ep | sep⁵⁵ | 打扮 | thep³⁵ | 踢 | | |
| ap | n̪ap⁵⁵ | 鼻涕 | ap⁵⁵ | 针 | nap⁵⁵ | 明天 |
| ɔp | phɔp⁵⁵ | 蚊子 | ɔp⁵⁵ | （一）把（米） | sɔp⁵⁵ | 脆 |
| op | op⁵⁵ | （一）捧（米） | sop³⁵ | 涩 | xzop⁵⁵ | 缝 |
| up | up⁵⁵ | （气味）香 | xup⁵⁵ | 哄（小孩） | sup⁵⁵ | （一）把（米） |
| əp | əp⁵⁵ | 淹没 | ləp³¹ləp³¹ | 疲沓 | | |
| iap | liap⁵⁵ | 舔 | tă³¹liap⁵⁵ | 刚才 | tiap⁵⁵ | 靠近 |
| it | ȵit⁵⁵ | 七 | pit⁵⁵ | 搬（家） | tsit⁵⁵ | 恨 |
| et | ɕet⁵⁵ | 八 | phet⁵⁵ | 湿 | set⁵⁵ | 包（药） |
| at | mat³⁵ | 钎子 | zat⁵⁵ | 紧 | pzat⁵⁵ | （线）断 |
| ɔt | nɔt⁵⁵ | 软 | tɕhɔt³⁵ | 光滑 | lɔt⁵⁵ | 逃脱 |
| ot | ȵot⁵⁵ | 嘴 | xot⁵⁵ | 做（事） | | |
| ut | kzut⁵⁵ | 乱 | thut⁵⁵ | 拔（草） | sut⁵⁵ | 擦（桌子） |
| ət | ət³⁵ | 堵（漏洞） | khzət³⁵ | 刮（毛） | kzət⁵⁵ | 乱 |
| uat | n̪uat⁵⁵ | （植物）嫩 | kzuat⁵⁵ | （天气）冷 | tuat³⁵ | 蜇（人） |
| ik | phik⁵⁵ | 辣椒 | lik⁵⁵ | 光滑 | | |
| ek | ȵek⁵⁵ | 竹笋 | tshek⁵⁵ | 辣 | tek³⁵ | 压 |
| ak | sak⁵⁵ | 二 | pak³⁵ | 百 | lak⁵⁵ | （一）里（路） |
| ɔk | tɕɔk⁵⁵ | （一）滴（油） | tɔk⁵⁵ | （一）瓶（酒） | pɔk⁵⁵ | （去一）次 |
| ok | kok⁵⁵ | （牛）圈 | khok⁵⁵ | 弄弯 | | |
| uk | muk³⁵ | 盖（房子） | muk³⁵ | 蒙（头） | tuk⁵⁵ | 轻舂 |
| ək | ʂək⁵⁵ | 婶婶 | ʂək⁵⁵ | 木头 | nək⁵⁵ | 年 |
| iak | tiak³⁵ | 裂缝 | piak³¹tseŋ⁵⁵ | 松鼠 | | |
| uak | suak³⁵ | （一）肘 | kuak⁵⁵ | （人）瘦 | tuak³⁵ | 剁 |
| iʔ | niʔ³¹ | 白天 | piʔ³¹ | 笔 | a³¹tsʅ³¹ | 核儿 |
| eʔ | tɕheʔ⁵⁵ | 浅 | teʔ⁵⁵ | 打（人） | ȵeʔ⁵⁵ | 是 |
| aʔ | paʔ³¹ | 伯母 | paʔ⁵⁵ | 羊 | taʔ⁵⁵ | 板式 |
| ɔʔ | tɕɔʔ³¹ | 角 | nɔʔ⁵⁵ | 早 | thɔʔ⁵⁵ | 锋利 |
| oʔ | xzoʔ⁵⁵ | 六 | oʔ⁵⁵ | 猪 | xoʔ⁵⁵ | （一）碗（饭） |
| uʔ | mu̟ʔ⁵⁵ | （桌子）下 | uʔ³¹ | 蛋 | phuʔ⁵⁵ | 翻（衣服） |
| əʔ | pəʔ³¹ | 北方 | səʔ⁵⁵ | 干 | səʔ⁵⁵ | （衣服）干了 |
| aiʔ | kaiʔ³¹ | 敢 | naiʔ⁵¹ | 外婆 | kaiʔ³⁵ | 可以 |
| uiʔ | kuiʔ³¹ | 芭蕉 | a³¹zuiʔ³¹ | 口水 | | |

| auʔ | pzu̥aʔ⁵⁵ | 假 | xzạuʔ³⁵ | 擤（鼻涕） | tauʔ³¹ | 酒瓶 |
| ouʔ | mouʔ⁵¹ | 妈妈 | thouʔ⁵⁵ | 开始 | | |
| uaʔ | tṣuaʔ⁵⁵ | 拆（房子） | kzu̥aʔ⁵⁵ | 鸡 | zu̥aʔ⁵⁵ | 织（布） |

### 三 声调

陇川阿昌语的声调有 4 个。调类、调值、例词如下：

| 调类 | 调值 | 国际音标 | 汉义 | 国际音标 | 汉义 | 国际音标 | 汉义 |
|---|---|---|---|---|---|---|---|
| 高平 | 55 | pui⁵⁵ | 太阳 | sɔm⁵⁵ | 瘦 | naŋ⁵⁵ | 姨妈 |
| 低降 | 31 | poi³¹ | 火 | sɔm³¹ | 蓝 | kaŋ³¹ | 宽 |
| 高升 | 35 | poi³⁵ | 背 | tɔm³⁵ | 美 | kaŋ³⁵ | 弓箭 |
| 全降 | 51 | tɕen⁵¹ | 生 | tṣham⁵¹ | 块 | vaŋ⁵¹ | 网 |

## 第二节 梁河方言的分布及其语音系统

梁河阿昌族自称"ŋa³¹tshaŋ³¹"。梁河方言主要分布在梁河县的九保和囊宋两个阿昌族乡，此外，在梁河县芒东镇的湾中村、河西乡的勐来村、勐养镇的芒回村等 8 个行政村也有少量分布。据最新统计数据（2010），梁河县阿昌族总人口为 13205 人，约占全县总人口的 8.1%。梁河阿昌族的人口分布类型为大杂居小聚居，阿昌族与周围汉、傣、傈僳、德昂、佤等民族或同寨杂居，或隔寨为邻。梁河县有 9 个乡级单位，其中九保和囊宋 2 个乡是阿昌族乡。该县共有 381 个自然村，其中有 16 个是阿昌族聚居的自然村，此外有 40 余个自然村是阿昌族与汉族杂居的村寨。即便是两个阿昌族自治乡所辖的 15 个行政村，也是村村都有汉族，只有九保阿昌族乡芒东行政村的阿昌族人口占 90%以上，是梁河县阿昌族人口分布最多的行政村。

九保阿昌族乡，地处梁河县的中部和西部，居于古丝绸之路的要冲，是通往缅甸的必经之路。明清之际，九保被称为"南甸"，曾属今腾冲县。全乡被县城遮岛镇分为东、西两个片区，属城乡接合部，与县城仅一河之隔。全乡总面积约 146 平方公里，地势东南高西北低，地貌为二台坡地和坝子，平均海拔 1637 米。下辖 1 个中心社区，即九保社区，5 个村民委员会，包括横路、丙盖、勐科、勐宋、安乐，39 个自然村，67 个村民小组。总人口为 15592 人，其中阿昌族有 3877 人，占全乡总人口的 26%。横路、丙盖、勐科为阿昌族聚居村。

囊宋阿昌族乡，位于梁河县东北部，南甸坝子上部，大盈江两岸。距离县城遮岛镇 10.7 公里。东接平山乡，西靠河西乡，南连九保阿昌族乡，北邻腾冲县荷花乡、新华乡。乡政府驻地囊宋。全乡国土面积约 116 平方公里，人口 24532 人。境内混居着阿昌、汉、傣、景颇等少数民族，其中阿昌族 4025 人，占全乡总人口的 16.3%。下辖曩宋、关璋、弄别、龙营、马茂、河东、瑞泉、芒东、芒林 9 个村委会。阿昌族主要分布在关璋村和弄别村，其中关璋村阿昌族人口 1549 人，占全村人口的 95%；弄别村阿昌族人口 1138 人，占全村总人口的 69%。

九保和曩宋这两个阿昌族乡分布在腾陇公路沿线，交际往来便捷频繁，形成较大的阿昌族片区。除了这两个连接成片的阿昌族社区外，还有少部分阿昌族散居在芒东镇的湾中行政村、勐养镇的芒回行政村、河西乡的勐来行政村。由于未发现梁河县的阿昌族出现群体性的母语丢失，我们根据该县阿昌族的分布绘制出了梁河方言分布图，并用阴影表示梁河方言分布区。

图 2.3 显示了梁河方言分布的几个特点：（1）梁河方言可分 4 个片区。（2）九保和曩宋这两个阿昌族乡形成了一个大的方言区。（3）芒东镇的湾中行政村、勐养镇的芒回行政村、河西乡的勐来行政村 3 个小片区呈零散分布。

图 2.3　梁河方言分布

由于图 2.3 显示的梁河方言语音几乎不存在内部差异，我们选取阿昌族人口数量较多的曩宋乡关璋村的阿昌语作为代表音系。因为这个村是一个很大的阿昌族聚居寨，该村的阿昌族都保留了自己的母语。该点的发音人是曹丽红，阿昌族，女，45 岁，从小在寨中生活，没有长期离开村寨的生活经历，至今熟练掌握阿昌语。

## 一　声母

梁河方言的声母有 34 个：

[p]、[ph]、[m]、[w]、[f]、[ts]、[tsh]、[s]、[t]、[th]、[n]、[l]、[tʂ]、[tʂh]、[ʂ]、[z]、[tɕ]、[tɕh]、[ɕ]、[ʑ]、[ɳ]、[k]、[kh]、[x]、[ŋ]、[m̥]、[n̥]、[ŋ̊]、[ɳ̊]、[l̥]、[pj]、[phj]、[mj]、[m̥j]。

与陇川阿昌语相比，25 个基本声母大致相同，且鼻音和边音都发生了清化，对应一组清化鼻音[m̥]、[n̥]、[ɳ̊]、[ŋ̊]和清化边音[l̥]。不同之处是，梁河阿昌语多了一个双唇浊半元音[w]，少了唇齿浊擦音[v]；梁河阿昌语的双唇音[p]、[ph]、[m]、[m̥]，发生有颚化现象，生成[pj]、[phj]、[mj]、[m̥j]4 个颚化双唇音，用"[j]"标示。所谓颚化，是指发某一辅音时，因舌面抬高，接近硬腭，具有舌面音色彩。而陇川阿昌语的双唇音则伴随有卷舌化现象。

辅音声母例词：

| | | | | | | | |
|---|---|---|---|---|---|---|---|
| p | pɛi³³ | 墓碑 | puŋ³¹ | 脓 | pəʔ³¹ | 鸭子 | |
| ph | phɛn³¹ | 桌子 | phã³¹ | 盘子 | phə³¹ | 耙子 | |
| m | mau³¹ | 雨 | mɛi³¹ | 煤 | muŋ⁵⁵ | 地方 | |
| m̥ | m̥a³¹ | 教（书） | | | | | |
| pj | pjɛʔ³¹ | 羊 | pju³¹ | 狼 | pji³¹ | 笔 | |
| phj | phjɛ³¹ | 梳子 | phjin³¹ | 平（的） | phji³³ | （一）片（叶） | |
| mj | mji³¹ | 火 | mjɛʔ³¹ | 竹笋 | mjau³¹ | 镰刀 | |
| m̥j | m̥jaŋ³¹ | 马 | m̥jit⁵⁵ | 捏 | m̥jin⁵⁵ | 低 | |
| f | fən³³ | 肥料 | fu³¹ | 佛 | faʔ³¹ | 浇（花） | |
| w | wa³³ | 寨子 | waʔ³¹ | 猪 | waŋ⁵⁵ | 网 | |
| ts | tsuŋ³¹ | 山 | tsui³³ | 牙齿 | tsu³³ | 人 | |
| tsh | tshaʔ⁵⁵ | 肚脐 | tshũ⁵⁵ | 麂子 | tshu³³ | 蛋黄 | |
| s | sui³¹ | 血 | sɛn³¹ | 虱子 | so³³ | 锁子 | |
| t | tən³¹ | 灯 | tu³¹ | 绳子 | ta³¹ | 一 | |
| th | thaʔ³¹ | （桌子）上 | thuŋ⁵⁵ | 水桶 | thun³³ | 犁 | |
| n | no³¹ | 牛 | nai³¹ | 日 | nuŋ³¹ | 少 | |
| ɳ | ɳɛʔ⁵⁵ | 是 | ɳak⁵⁵ | 鼻涕 | ɳuŋ³¹ | 动 | |

| l | luŋ³¹ | 龙 | lia³³ | 旱地 | laʔ³¹ | 手 |
| l̥ | l̥ə³³ | 炒 | l̥ə³¹ | 嚼 | l̥ak⁵⁵ | 晒（太阳） |
| tɕ | tɕaŋ³³ | 桥 | tɕa³³ | 饭 | tɕu³¹ | 刺 |
| tɕh | tɕha³¹ | 盐 | tɕhuɛ³³ | 尖 | tɕhuŋ³¹ | 雨伞 |
| ɕ | ɕu³³ | 锈 | ɕaŋ³¹ | （上）香 | ɕa⁵⁵ | 找 |
| ʑ | ʑin³³ | 房子 | ʑɛ³¹ | 月 | ʑu³¹ | （一）个（人） |
| ȵ | ȵa³¹ | 多 | ȵuɛʔ³¹ | 暖和 | ȵa³¹ka³³ | 吵架 |
|   | ȵaŋ³¹ | 夹（菜） | ȵɛ³¹ | 烧（火） |   |   |
| tʂ | tʂʅ³³ | 水 | tʂau³¹ | 集市 | tʂaŋ³³ | （一）张（纸） |
| tʂh | tʂhui³¹ | 锤子 | tʂhuã³³ | 串 | tʂhan³⁵ | （一）把（刀） |
| ʂ | ʂaŋ³³ | 铁 | ʂʅ³¹ | 果子 | ʂuk⁵⁵ | 木头 |
| ʐ | ʐau⁵⁵ | 旋转 | ʐɛn⁵⁵ | 忍受 |   |   |
| k | kaŋ³⁵ | 彩虹 | kɯ³¹ | 手镯 | kuaʔ³¹ | 老鼠 |
| kh | kha³¹ | 苦 | khui³¹ | 狗 | khiaŋ³³ | 什么 |
| x | xəu⁵⁵ | 那 | xa³³ | （一）下 |   |   |
| ŋ | ŋuŋ³³ | 含（口水） | ŋuai³¹ | 弯（的） | ŋa³³ | 我 |
|   | ŋaʔ⁵⁵ | 鸟 | ŋuŋ³¹ | 错 | ŋa³¹ | 借（钱） |

## 二 韵母

梁河方言共有 60 个韵母，可分为单元音韵母、复合元音韵母、带鼻音韵尾韵母和带塞音韵尾韵母四种类型。

### （一）单元音韵母

此类韵母共有 11 个，其中舌面元音韵母 10 个，舌尖元音[ʅ]一个。详见表 2.3。

表 2.3　　　　　　梁河方言单元音韵母

| 舌位<br>唇状 | 前元音 | | | | 央元音 | 后元音 | | | |
|---|---|---|---|---|---|---|---|---|---|
|  | 高 | 半低 | | 低 | 中 | 高 | 半高 | 低 | |
|  |  | 非鼻化 | 鼻化 |  |  |  |  | 非鼻化 | 鼻化 |
| 展唇元音 | i | ɛ | ɛ̃ | a | ə | ɯ |  | ɑ | ɑ̃ |
| 圆唇元音 |  |  |  |  |  | u | o |  |  |

表 2.3 显示：梁河阿昌语基本元音有 9 个，比陇川阿昌语多了 2 个鼻化元音，即[ɛ̃]和[ɑ̃]。

基本元音例词：

| | | | | | | | |
|---|---|---|---|---|---|---|---|
| i | mji³¹ | 火 | pji³¹ | 笔 | tɕi³³ | 记得 | |
| ɛ | mɛ³¹ | 孙子 | zɛ³¹ | 月 | phɛ³¹ | 梳子 | |
| a | ʂa³¹ | 肉 | na³¹ | 多 | ɕa³³ | 寻找 | |
| ə | tʂə³³ | 士兵 | ŋə³³ | 小 | phə³¹ | 耙子 | |
| ɯ | khɯ³³ | 脚 | khɯ³¹ | 粪 | kɯ³¹ | 手镯 | |
| ɑ | tɑ³¹ | 一 | wɑ³³ | 寨子 | xɑ⁵⁵ | 这 | |
| u | ŋu³³ | 金子 | fu³¹ | 佛 | tʂu³¹ | 害怕 | |
| o | ŋo³³ | 浑浊 | so³³ | 锁子 | ko³³ | 歌 | |
| ɿ | tʂɿ³³ | 水 | sɿ⁵⁵ | 二 | sɿ³¹ | 果子 | |
| ɛ̃ | nɛ̃³¹ | 乳房 | tɕɛ̃³³ | 麻袋 | pjɛ̃³¹ | 扁 | |
| ã | xã³³ | 霜 | tã³¹ | 水田 | pã³³ | （一）半 | |

（二）复合元音韵母

梁河阿昌语的复合元音共有 14 个，分为二合元音[iɛ]、[iɑ]、[iu]、[ɛi]、[ai]、[ɑu]、[əu]、[ui]、[uɛ]、[uɑ]、[iɛ̃]、[uã]，三合元音[iɑu]、[uɑi]。与陇川阿昌语的不同主要体现在含[ɛ]和[ɑ]的复合元音上。

复合元音韵母例词：

| | | | | | | | |
|---|---|---|---|---|---|---|---|
| iɛ | liɛ³¹ | 玩耍 | tiɛ³³liaŋ³³ | 蚯蚓 | | | |
| iɑ | liɑ³³ | 旱地 | | | | | |
| iu | sɿ³¹liu³⁵ | 石榴 | | | | | |
| ɛi | mɛi³¹ | 煤 | pɛi³³ | 墓碑 | ɛi⁵⁵ | 的 | |
| ai | ai³¹ | 近 | tsai³³ | 酒 | nai³¹ | 日 | |
| ɑu | ɑu³¹ | 锅 | tʂɑu³¹ | 集市 | lɑu³³ | 馋 | |
| əu | əu³³ | 叫 | kəu³³ | 钓（鱼） | pəu³³ | 腐烂 | |
| ui | sui³¹ | 血 | tsui³³ | 牙齿 | khui³¹ | 狗 | |
| uɛ | tɕhuɛ³³ | 尖 | tuɛ³³ | 活了 | ŋuɛ³¹ | 热（饭） | |
| uɑ | khuɑ³¹ | （一）碗（饭） | xuɑ³³ | 划（船） | suɑ³³ | 泼（水） | |
| iɛ̃ | tiɛ̃³⁵ | （一）滴（油） | liɛ̃³¹ | 连（我） | | | |
| uã | tshuã³³ | （一）串（珠子） | luã³³ | 乱 | thuã³¹ | 圆 | |
| iɑu | thiɑu³¹ | （一）条（河） | liɑu³³ | 扔 | thiɑu³³ | 跳 | |
| uɑi | tsuɑi⁵⁵ | 切（菜） | ŋuɑi³¹ | 歪 | kuɑi³³ | 热 | |

（三）带辅音尾韵母

梁河阿昌语的带辅音尾韵母同陇川阿昌语一样，也包括两种类型：带鼻辅音韵尾的韵母（12 个）和带塞音韵尾的韵母（23 个）。但其鼻辅音韵尾只有[-n]、[-ŋ]两种，塞音韵尾则少了[-p]。这五个辅音韵尾，除了同单元音结合外，[-ŋ]、[-t]两个韵尾还能同复元音[ia]、[ua]结合。

-n：[in]、[ɛn]、[ɑn]、[un]、[ən]

-ŋ：[ɛŋ]、[ɑŋ]、[əŋ]、[uŋ]、[ɯŋ]、[iaŋ]、[uaŋ]

-t：[it]、[at]、[ut]、[ət]、[uat]

-k：[ak]、[ok]、[uk]、[ɯk]、[ək]

-ʔ：[ŋʔ]、[iʔ]、[ɛʔ]、[aʔ]、[ɑʔ]、[oʔ]、[uʔ]、[əʔ]、[iaʔ]、[uiʔ]、[auʔ]、[uɛʔ]、[uaʔ]

带辅音尾韵母例词：

| | | | | | | |
|---|---|---|---|---|---|---|
| in | zin$^{33}$ | 家 | tɕhin$^{31}$ | 米 | lin$^{31}$ | 零 |
| ɛn | sɛn$^{31}$ | 虱子 | phɛn$^{31}$ | 桌子 | pɛn$^{33}$ | 锄（草） |
| ɑn | man$^{33}$ | 屯子 | kan$^{31}$ | 脆 | san$^{31}$ | 撒（种） |
| un | un$^{55}$ | 疯 | khun$^{35}$ | （一）句（话） | thun$^{33}$ | 犁 |
| ən | khən$^{33}$ | 坑 | tən$^{31}$ | 灯 | fən$^{33}$ | 肥料 |
| ɛŋ | ta$^{31}$khɛŋ$^{35}$ | （一）夜 | tɛŋ$^{33}$ɕɛ̃$^{33}$ | 蛹 | | |
| ɑŋ | ɑŋ$^{31}$ | 菜 | ʂaŋ$^{33}$ | 铁 | thaŋ$^{31}$ | 柴 |
| əŋ | khəŋ$^{33}$ | 线 | pəŋ$^{33}$ | 笋筐 | ləŋ$^{33}$ | 弄倒 |
| uŋ | uŋ$^{31}$ | 肚子 | luŋ$^{31}$ | 龙 | ŋuŋ$^{33}$ | 含（口水） |
| ɯŋ | tsɯŋ$^{31}$ | 山 | mɯŋ$^{55}$ | 地方 | pɯŋ$^{33}$ | 脓 |
| iaŋ | tiaŋ$^{31}$ | 跳 | khiaŋ$^{33}$ | 什么 | | |
| uaŋ | tshuaŋ$^{33}$ | 窗 | | | | |
| it | tɕit$^{31}$ | 瞎 | zit$^{31}$ | 睡 | mjit$^{31}$ | 忘记 |
| at | sat$^{55}$ | 杀（人） | | | | |
| ut | ut$^{31}$ | 穿（衣） | nut$^{31}$ | 拔（牙） | sut$^{31}$ | 擦（桌子） |
| ət | mət$^{31}$ | 吹（喇叭） | pət$^{55}$ | （线）断 | | |
| uat | ŋuat$^{31}$ | 点（头） | laʔ$^{31}$tuat$^{55}$ | 老师 | | |
| ak | ŋak$^{55}$ | 鼻涕 | ʂak$^{55}$ | 扇子 | l̥ak$^{55}$ | 晒（衣服） |
| ok | ʂok$^{55}$ | 缝 | xok$^{55}$ | 孵（小鸡） | ŋok$^{31}$ | 埋 |
| uk | tuk$^{31}$ | 藤子 | nuk$^{31}$ | 嫩 | tɕuk$^{55}$ | 说（话） |
| ɯk | ʂɯk$^{55}$ | 树 | lɯk$^{55}$ | 深 | tsɯk$^{55}$ | 编（辫子） |
| ək | ək$^{55}$ | 针 | pək$^{31}$ | 弹（棉花） | tɕək$^{55}$ | （狗）叫 |
| ŋʔ | tʂɿ$^{31}$ | （一）尺 | sɿ$^{55}$ | 先 | | |
| iʔ | tɕiʔ$^{31}$ | 给 | pjiʔ$^{55}$ | 破（了） | phjiʔ$^{55}$ | 弄破 |
| ɛʔ | pjɛʔ$^{31}$ | 羊 | mjɛʔ$^{55}$ | 竹笋 | nɛʔ$^{55}$ | 是 |
| aʔ | zaʔ$^{31}$ | 扫（地） | paʔ$^{55}$ | 打（人） | phjaʔ$^{31}$ | 哄 |
| ɑʔ | tshaʔ$^{55}$ | 肚子 | laʔ$^{31}$ | 手 | ŋaʔ$^{55}$ | 鸟 |

| | | | | | | | |
|---|---|---|---|---|---|---|---|
| oʔ | thoʔ⁵⁵ | 出去 | tɕoʔ³¹ | （一）角 | loʔ³¹ | 沉 | |
| uʔ | suʔ³¹ | 抽（烟） | zuʔ³¹ | （一）个（人） | puʔ³¹ | 包（药） | |
| əʔ | pəʔ³¹ | 鸭子 | məʔ³¹ | 四 | səʔ³¹ | 轻 | |
| iaʔ | liaʔ³¹ | 舔 | tɕa³³liaʔ⁵⁵ | 糍粑 | | | |
| uiʔ | khuiʔ⁵⁵ | 应该 | uiʔ³¹ | 包围 | | | |
| auʔ | kuauʔ³¹ | 老鼠 | zauʔ³¹ | 搓（绳子） | zauʔ⁵⁵ | 流（水） | |
| uɛʔ | tɕuɛʔ³¹ | 湿 | n̪uɛʔ³¹ | 暖和 | | | |
| uaʔ | tʂuaʔ³¹ | 砖 | khuaʔ⁵⁵ | 碗 | tuaʔ³¹ | 短 | |

### 三 声调

梁河阿昌语有 5 个声调：高平调（55）、中平调（33）、低降调（31）、高升调（35）、全降调（51）。

声调例词：

| | | | | | | | |
|---|---|---|---|---|---|---|---|
| 55 调 | muŋ⁵⁵ | （猫）叫 | n̪ut⁵⁵ | 嘴 | tɕa³³lia⁵⁵ | 粑粑 | |
| 33 调 | muŋ³³ | 响 | a³¹u³³ | 肠子 | tie³³liaŋ³³ | 蚯蚓 | |
| 31 调 | nuŋ³¹ | 少 | n̪ut³¹ | 拔（草） | liaʔ³¹ | 舔 | |
| 35 调 | laʔ³¹ʂuŋ³⁵ | 指甲 | a³¹sai³⁵ | 哥哥 | ku³¹liaŋ³⁵ | 棍子 | |
| 51 调 | lau⁵¹ʂɿ³¹ | 老实 | nau⁵¹mɛn³¹ | 额头 | aŋ³¹tʂa⁵¹ | 苦菜 | |

## 第三节 芒市方言的分布及其语音系统

阿昌语芒市方言主要分布在芒市江东乡一带，使用人口大约 1500 人。江东乡位于芒市西北部，辖区总面积 220.8 平方公里，地貌属深切割中山区。乡政府所在地（河头村），距离市政府所在地芒市 38 公里，东与保山市龙陵县河头乡相邻，南与梁河县勐养镇相连，西北与五岔路乡、轩岗乡接壤。是芒市唯一的阿昌族聚居地。江东乡下辖仙仁洞、芒龙、高埂田、花拉厂、大水井、河头村、大水沟、李子坪 8 个村民委员会，52 个自然村，108 个村民小组。阿昌族主要聚居在高埂田村委会。

高埂田村总人口 1931 人，其中阿昌族有 1286 人，约占全村总人口的 66.6%。该村下辖 10 个村民小组，即蚂蟥塘、高埂田、大岭干、温乖、小新寨、芒岭、杏万、遮告、常新寨、夺产山。除蚂蟥塘、芒岭、夺产山为汉族聚居寨外，其他 7 个均为阿昌族聚居的村寨。自 2007 年底，由于自然条件恶劣，这 7 个阿昌族寨陆续搬迁至芒市近郊的风平镇龙昌移民村，其中常新寨、大岭干等村寨异地迁居尚未完成。由于阿昌族人口数量在村寨中占优势，高埂田的阿昌族基本保留了自己的母语。除了高埂田的阿昌族保留了自己的母语以外，分布在梁河县勐养镇的曩挤村、英傣村以及保山市龙陵县龙山镇的芒旦村的阿昌族也保留了自己的母语。它们同属芒市方言。图2.4中的阴影部分都是芒市方言的分布区。

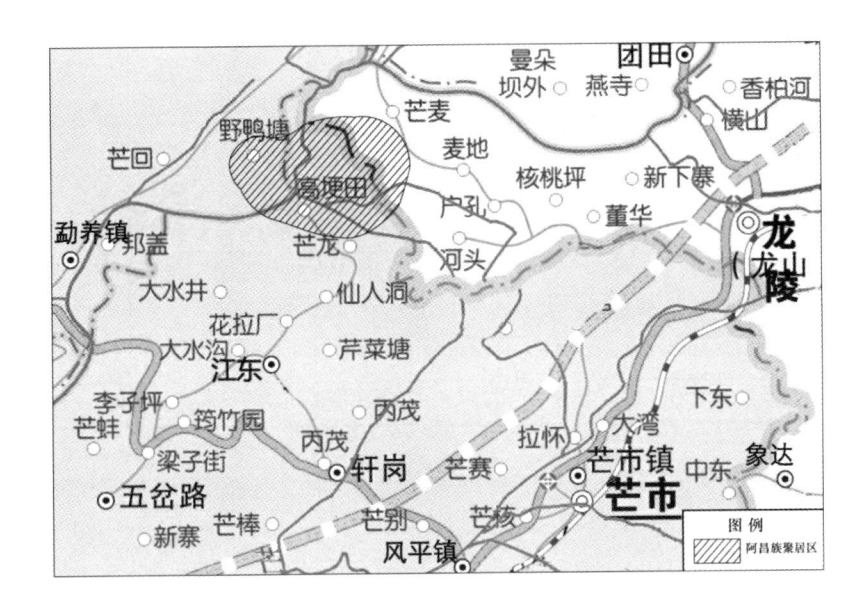

图 2.4　芒市方言分布

芒市方言的语音内部略有差异。为了体现芒市方言的语音特点，我们选择阿昌族聚居的高埂田行政村杏万小组作为调查点。杏万村位于高埂田村委会的北部，相距 9 公里。"杏万"，是傣语"住在江边的人"的意思，因为寨子位于龙川江边而得名。杏万全村共有48户，总人口为196人，其中阿昌族有175人，约占总人口的89.2%，傣族9人，汉族7人，傈僳族5人。阿昌语是杏万村村民最主要的交际工具，97.4%的阿昌族能够熟练使用自己的母语。母语活力度很高。故我们选择该村作为芒市方言的代表点。这里主要介绍杏万村音系。

## 一　声母

芒市方言有30个声母。与陇川方言和梁河方言相比，芒市方言声母的特点是：（1）声母有颚化和非颚化的对立。（2）没有清鼻音声母。（3）没有清化边音。详见表2.4。

表 2.4　　　　　　　　　芒市方言声母

| 发音方法 \ 发音部位 | 双唇 | | 唇齿 | 舌尖前 | 舌尖中 | 舌尖后 | 舌面前 | 舌根音 | |
|---|---|---|---|---|---|---|---|---|---|
| | 非颚化 | 颚化 | | | | | | 非颚化 | 颚化 |
| 清塞音　不送气 | p | pj | | | t | | | k | kj |
| 　　　　送气 | ph | phj | | | th | | | kh | khj |
| 清塞擦音　不送气 | | | | ts | | tʂ | tɕ | | |
| 　　　　　送气 | | | | tsh | | tʂh | tɕh | | |
| 鼻音 | m | mj | | | n | | ȵ | ŋ | |
| 边音 | | | | | l | | | | |
| 擦音　清 | | | f | s | | ʂ | ɕ | x | |
| 　　　浊 | | | | z | | ʐ | | | |
| 半元音 | w | | | | | | | | |

辅音声母例词：

| | | | | | | | |
|---|---|---|---|---|---|---|---|
| p | pu³⁵ | 刺猬 | pom³³ | 蓑衣 | pei⁵¹ | 鸭子 | |
| ph | phau⁵⁵ | 爷爷 | phən³⁵ | 桌子 | phu³⁵ | 白 | |
| m | man³³ | 草 | muɯ⁵¹ | 孙子 | mui³³ | 蛇 | |
| pj | pju³³ | 人 | pjaŋ⁵¹ | 耙 | pjit³¹ | 麻袋 | |
| phj | phjam³³tɕha⁵¹ | 钹 | phji?³¹ | 慢 | phjin³¹ | 平 | |
| mj | mji⁵¹ | 火 | mjaŋ⁵¹ | 马 | mjau³¹ | 姓 | |
| f | fo?³¹ | 佛 | | | | | |
| ts | tsui³³ | 牙齿 | tsɿ³³ | 水 | tsam³³ | 桥 | |
| tsh | tshək⁵⁵ | 羊 | tsha³³ | 盐 | tsham³⁵ | 头发 | |
| s | sam³⁵ | 铁 | sui⁵⁵ | 血 | sa³³ | 肉 | |
| z | zən³¹ | 人 | zɿ³¹ | 日 | zən³⁵wu³⁵ | 任务 | |
| t | tuaŋ⁵¹ | 洞 | tan⁵¹ | 水田 | tui³³ | 藤子 | |
| th | thai³⁵ | 犁 | thiap⁵⁵ | 踢 | thəŋ³³ | 线 | |
| n | nua⁵¹ | 牛 | nap⁵⁵ | 鼻涕 | nom³³ | 客人 | |
| l | luu³³ | 风 | la?³¹ | 手 | lia³⁵ | 舌头 | |
| tɕ | ʐa?³¹tɕaŋ³⁵ | 竹扫把 | tɕo³⁵tsɿ⁵⁵ | 锯子 | tɕi³¹liaŋ⁵¹ | 水槽 | |
| tɕh | tɕha⁵¹ | 肚脐 | tɕhau³⁵ | 甜 | tɕhi³⁵pja³³ | 这边 | |
| ɕ | ɕau³³ | 萧 | ɕaŋ³³ | （烧的）香 | ɕa⁵¹ | 一会儿 | |
| ʐ | ʐin³⁵ | 房子 | ʐa³³ | 奶奶 | ʐit⁵⁵ʐa?³¹ | 床 | |

| | | | | | | | |
|---|---|---|---|---|---|---|---|
| ȵ | ȵen³¹ | 乳房 | ȵit⁵⁵ | 七 | ȵi⁵¹ | （一）天 | |
| tʂ | tʂaŋ³³ | （一）张 | tʂa³⁵tʂʅ⁵⁵ | 榨子 | tʂʅ⁵⁵ma⁵⁵ | 芝麻 | |
| tʂh | tʂhʅ⁵⁵ | 洗（脸） | tʂha³¹to³³ | 扁豆 | tʂhaʔ³¹ | 茶 | |
| ʂ | ʂu⁵¹ | 喝（茶） | ʂui³³ | 带（孩子） | ʂua³³ | 倒掉 | |
| k | kɯ³⁵ | 星星 | kaŋ³⁵ | 彩虹 | kuaʔ³¹ | 老鼠 | |
| kh | khən³⁵ | 线 | khɯ³⁵ | 脚 | khui³³ | 狗 | |
| x | xɛ³⁵ | 汉族 | xa³³ | 这 | xuiʔ³¹ | （一）次 | |
| ŋ | ŋan³⁵ | 霜 | ŋui³³ | 金子 | ŋaʔ⁵⁵ | 鸟 | |
| kj | kjaʔ³¹ | 鸡 | kjaŋ³³ | 蜘蛛 | kjaŋ⁵¹ | 箩筐 | |
| khj | khjau³⁵ | 犄角 | khjau⁵¹ | 九 | khjam⁵⁵ | 劈（柴） | |
| w | wa³³ | 寨子 | waʔ³¹ | 猪 | wut⁵⁵ | 旱蚂蟥 | |

## 二 韵母

芒市方言的韵母共有 60 个。包括单元音韵母、复合元音韵母、带鼻音韵尾韵母和带塞音韵尾韵母。

### （一）单元音韵母

芒市阿昌语的基本元音与梁河方言大致相同，有 1 个舌尖元音[ʅ]和 7 个舌面元音，即[i]、[ɛ]、[a]、[ə]、[ɯ]、[u]、[o]，少了舌面后低不圆唇元音[ɑ]和两个鼻化元音[ɛ̃]、[ã]。

单元音韵母例词：

| | | | | | | | |
|---|---|---|---|---|---|---|---|
| i | ȵi⁵¹ | （一）天 | tɕhi³⁵ | 麂子 | zi³⁵ | 酒 | |
| ɛ | xɛ³⁵ | 汉族 | pɛ³³ | 梳子 | wɛ⁵¹ | 远 | |
| a | sa³³ | 肉 | za³³ | 奶奶 | wa³³ | 寨子 | |
| ə | tsə³³ | 士兵 | lə³¹ | 夹 | sə³⁵ | 牵 | |
| ɯ | ɯ³³ | 笑 | lɯ³³ | 风 | mɯ⁵¹ | 孙子 | |
| u | tsu⁵¹ | 刺 | pu³⁵ | 豪猪 | wu⁵⁵ | 松明子 | |
| o | no³¹ | 水蚂蟥 | so⁵¹ | 锁子 | mo³⁵ | 磨 | |
| ʅ | tsʅ³³ | 水 | tshʅ³¹ | （一）尺 | sʅ³³ | 果子 | |

### （二）复合元音韵母

芒市阿昌语的复合元音韵母共有 12 个，包括二合元音[ei]、[ai]、[ui]、[iu]、[au]、[ua]、[əu]、[ia]、[iɛ]、[uɛ]，三合元音[iau]、[uai]。芒市方言的复合元音与陇川方言差别不大，最为相近，仅是二合元音比陇川阿昌语多出了[ia]、[iɛ]、[uɛ]，其余完全相同。

复合元音韵母例词：

| ei | ŋei³³ | 细 | pei⁵¹ | 鸭子 | khei³⁵ | 歌 |
| --- | --- | --- | --- | --- | --- | --- |
| ai | ai³³ | 挨 | thai³⁵ | 犁 | kai³¹ | 勤快 |
| ui | ŋui³³ | 金子 | sui⁵⁵ | 血 | tui³³ | 藤子 |
| iu | siu³⁵ | 锈 | nua⁵¹liu⁵¹ | 水牛 | tɕhiu³¹ | 球 |
| au | au³³ | 锅 | phau⁵⁵ | 爷爷 | tsau⁵¹ | 官员 |
| ua | nua⁵¹ | 牛 | khua⁵¹ | 碗 | xua³⁵ | 画 |
| əu | khəu³³ | 坑 | təu⁵¹ | 了（完成） | tsəu³³ | 咒骂 |
| ia | lia³⁵ | 舌头 | lia³³ | （一）块（地） | lia⁵⁵ | 千 |
| iɛ | tiɛ³⁵ | 停止 | tiɛ⁵⁵ | 爹 | | |
| uɛ | kuɛ³³ | 热 | nuɛ³¹ | 暖和 | tɕuɛ³³ | 帮助 |
| iau | liau⁵¹ | 搓（绳） | tiau³⁵ | 钓（鱼） | liau⁵⁵ | 累 |
| uai | kuai⁵¹ | （一）肘 | puai³¹ | 放（牧） | ʐuai³¹ | 切（菜） |

（三）带辅音尾的韵母

与陇川方言和梁河方言一样，芒市方言的辅音尾也分为鼻音尾和塞音尾两类。鼻音尾有[-m]、[-n]、[-ŋ]三个，与单元音和复合元音组合。塞音韵尾有[-p]、[-t]、[-k]、[-ʔ]四个，也能与单元音和复合元音组合。这7个辅音尾与元音组合成以下40个韵母：

-m：[am]、[om]、[iam]

-n：[in]、[ɛn]、[an]、[un]、[ən]、[uan]、[iɛn]

-ŋ：[aŋ]、[oŋ]、[əŋ]、[iaŋ]、[uaŋ]、[ioŋ]

-p：[ap]、[op]、[iap]

-t：[it]、[at]、[ut]、[ət]、[uat]

-k：[ak]、[ok]、[ək]、[iak]

-ʔ：[iʔ]、[ɛʔ]、[aʔ]、[oʔ]、[uʔ]、[əʔ]、[iɛʔ]、[iaʔ]、[uaʔ]、[aiʔ]、[əuʔ]、[uaiʔ]

带辅音尾韵母例词：

| am | sam³⁵ | 铁 | ŋam⁵⁵ | 想 | tam⁵¹ | 灵魂 |
| --- | --- | --- | --- | --- | --- | --- |
| om | nom³³ | 客人 | om³⁵ | 葫芦 | pom³³ | 蓑衣 |
| iam | liam³⁵ | 割（地） | tiam³¹ | 跳舞 | | |
| in | ʑin³⁵ | 家 | tɕhin⁵¹ | （一）节（笋） | sin³⁵ | 信 |
| ɛn | nɛn³¹ | 乳房 | mɛn³¹ | 屯子 | tɕhɛn⁵¹ | 浅 |
| an | ŋan³⁵ | 霜 | tan⁵¹ | 水田 | man³³ | 草 |
| un | pun³¹ | 抱 | un⁵⁵ | 疯 | tshun³⁵ | （一）寸 |
| ən | sən³³ | 虱子 | tshən³⁵ | 米 | phən³⁵ | 桌子 |

| uaŋ | tshuaŋ³⁵ | （一）串（肉） | kuaŋ³⁵ | 摔 | thuaŋ³¹ | 圆 |
| iɛn | tiɛn³¹ | （一）滴（油） | thiɛn³³ | （秋）天 | | |
| aŋ | aŋ³³ | 菜 | kaŋ³⁵ | 生命 | naŋ⁵¹ | 蚕 |
| oŋ | noŋ³³ | 后（边） | koŋ³⁵ | 空 | tshoŋ³⁵ | 水碓子 |
| əŋ | tsəŋ⁵¹ | 山 | əŋ³⁵ | 长 | khəŋ³⁵ | 线 |
| iaŋ | liaŋ⁵¹ | （二）两（酒） | saŋ³³liaŋ³³ | 商量 | | |
| ioŋ | lioŋ⁵¹ | 短 | | | | |
| uaŋ | tuaŋ⁵¹ | 洞 | phuaŋ⁵¹ | 揭开 | tuaŋ³³ | （路）通 |
| ap | nap⁵⁵ | 鼻涕 | ap⁵⁵ | 针 | tap⁵⁵ | 戴 |
| op | op⁵⁵ | 收割 | top³¹ | 钝 | thsop⁵⁵ | 缝 |
| iap | thiap⁵⁵ | 踢 | liap³¹ | 站 | | |
| it | zit | 睡觉 | ņit⁵⁵ | 七 | phjit⁵⁵ | 辣椒 |
| at | khat⁵⁵ | （一）条（河） | pat³¹ | 撑（伞） | nat³³ | 点（头） |
| ut | nut⁵⁵ | 嘴 | wut⁵⁵ | 旱蚂蟥 | tsut³³ | 光滑 |
| ət | pjət⁵⁵ | 扁 | tsət⁵⁵ | 伸（手） | phət³¹ | 弄断 |
| uat | tuat³¹ | 活了 | luat³⁵ | 软 | | |
| ak | ak⁵⁵ | 二 | ʐak³¹ | 穷 | kjak⁵⁵ | 爬（山） |
| ok | ŋok³¹ | 跪 | lok⁵⁵ | 凹 | ņok³¹ | 尖（的） |
| ək | tshək⁵⁵ | 羊 | sək⁵⁵ | 树 | nək³¹ | 深 |
| iak | tiak⁵⁵ | 裂缝 | tiak³¹ | 量 | | |
| iʔ | pjiʔ³¹ | 笔 | piʔ³¹ | 撕破 | tiʔ³¹ | 滴 |
| ɛʔ | sɛʔ⁵⁵ | 懂 | tɕɛʔ³³ | 泡（茶） | kjɛʔ³¹ | 一起 |
| aʔ | laʔ³¹ | 手 | waʔ³¹ | 猪 | tsaʔ⁵⁵ | 连接 |
| oʔ | foʔ³¹ | 佛 | toʔ³¹ | 淋（雨） | loʔ³¹ | 沉 |
| uʔ | ʐuʔ³¹ | （一）个（人） | tuʔ³¹ | 读（书） | luʔ³¹ | 够 |
| əʔ | məʔ³¹ | 墨水 | pəʔ³¹ | 北 | tsəʔ⁵¹ | 窄 |
| iɛʔ | liɛʔ³¹ | 来 | tsʅ³³tiɛʔ⁵⁵ | （使）骑 | tiɛʔlaŋ³⁵ | 蚯蚓 |
| iaʔ | liaʔ⁵⁵ | 舔 | | | | |
| uaʔ | kuaʔ³¹ | 老鼠 | thuaʔ³¹ | 出去 | kuaʔ³¹ | 刮（毛） |
| aiʔ | thaiʔ³¹ | 台 | | | | |
| əuʔ | wan³³təuʔ³¹ | 豌豆 | thəuʔ³¹ | （洗）头 | | |
| uaiʔ | ŋuaiʔ³¹ | 弯 | uaiʔ³¹ | 喂（奶） | | |

### 三 声调

芒市方言与梁河方言相同，也有5个声调，即高平调(55)、中平调(33)、低降调（31）、高升调（35）、全降调（51）。比陇川阿昌语多了一个33调。

声调例词：

| | | | | | | | |
|---|---|---|---|---|---|---|---|
| 55调 | phau⁵⁵ | 爷爷 | khom⁵⁵lom³¹ | 喉咙 | sui⁵⁵ | 血 | |
| 33调 | mau³³li³³ | 驴 | om³³kaʔ³¹ | 胸脯 | sui³³ | 生（孩子） | |
| 31调 | mau³¹ | 菌子 | om³¹khui³³ | 狼 | xui³¹ | （一）次 | |
| 35调 | mau³⁵sau⁵⁵ | 书 | om³⁵ | 葫芦 | sui³⁵ | 碎（了） | |
| 51调 | mau⁵¹ | 天 | om⁵¹ | 敢 | ŋa³³mui⁵¹ | 黄鳝 | |

## 第四节　阿昌语方言音系的地理特征

阿昌语三个方言的音系，其音系构成要素中，有一些语音要素是三个方言均有分布，有一些语音要素是只有其中的一个或两个方言有分布。语音要素地理分布出现分布范围大小不一的地理特征。

### 一　声母分布的地理特征

（一）三个方言声母分布的共性

1. 有23个声母分布于三个方言

阿昌语三个方言的声母均由塞音、塞擦音、擦音、鼻音、边音等构成。其中 [p]、[ph]、[m]、[f]、[ts]、[tsh]、[s]、[t]、[th]、[n]、[l]、[tɕ]、[tɕh]、[ɕ]、[ʑ]、[ȵ]、[tʂ]、[tʂh]、[ʂ]、[k]、[kh]、[x]、[ŋ] 23个声母分布于三个方言。

2. 有部分声母在音节中的分布，三个方言一致

下面将在三个方言中分布一致的声母逐一列举说明。

[p]双唇不送气清塞音。多出现在词首和词尾。位于音节末尾时，作韵尾：

| | 太阳 | 胖 | 疮 | 眼泪 | 干部 | 铁匠 | 鸭子 |
|---|---|---|---|---|---|---|---|
| 陇川 | puɿ⁵⁵ | pʐau³¹ | pʐəŋ⁵⁵ | nɔʔ⁵⁵piʔ⁵⁵ | kan³⁵pu³⁵ | ʂam⁵⁵pat⁵⁵tʂo⁵⁵ | pi³¹ |
| 梁河 | pei³³ma³³ | pjau³¹ | puŋ³³na³³ | naʔ³¹pei³³ | ka³⁵pu³⁵ | ʂaŋ³³paʔ⁵⁵tsu³³ | pəʔ³¹ |
| 芒市 | pei⁵⁵ma³³ | pjau⁵¹ | pəŋ⁵¹na³³ | naʔ³¹puɿ³³ | kan³⁵pu³⁵ | sam³⁵pat⁵⁵ʑi⁵⁵ | pei⁵¹ |

[ph]双唇送气清塞音，仅出现在词首：

| | 断 | 打开 | 补（衣服） | 白菜 | 糠 | 桌子 | 白 |
|---|---|---|---|---|---|---|---|
| 陇川 | phzat³⁵ | phəŋ³⁵ | phɔ⁵⁵ | aŋ³¹phzo³⁵ | phuɿ⁵⁵ | phən³⁵ | phzo⁵⁵ |
| 梁河 | phət⁵⁵ | phuŋ³¹ | pha³³ | ɑŋ³¹phu³³ | phu³⁵ | phen³¹ | phu³³ |
| 芒市 | phət³¹ | phuan⁵¹ | pha³⁵ | aŋ³³phu³³ | phuɿ³³ | phən³⁵ | phu³⁵ |

阿昌语塞音和塞擦音的送气和不送气通常有区别意义的作用，例如：[kok⁵⁵]"弯（自动）"-"弄弯"[khok⁵⁵]。在有些词里则处于混读状态，从数量上来看不送气音明显多于送气音。部分词中，存在[p]-[ph]对应关系。举例如下：

|  | 月亮 | 臭虫 | 扁 | 袍子 | 蚊子 | 核桃 | 梳子 |
|---|---|---|---|---|---|---|---|
| 陇川 | phã³¹lɔʔ³¹ | phã³¹tɕhek³⁵⁵ | phet⁵⁵ | thui³¹phau³⁵ | phɔp⁵⁵ | maʔ³¹tɕi³⁵ | phẓa³¹ |
| 梁河 | pha³¹la³¹ | pau³¹naŋ³³ | pjɛ³¹ | thui³³pau³³ | zaŋ³¹m̥ɛi⁵⁵ | pha³³koʔ⁵⁵ | phjɛ³¹ |
| 芒市 | pau⁵⁵la³¹ | pau⁵¹nam³³ | pjet⁵⁵ | thui³⁵pau³³ | pop⁵⁵ | pa³³kop⁵⁵ | pɛ³³ |

[m]双唇浊鼻音，可出现在音节开头和末尾，在末尾时作韵尾。在少数词中能自成音节：

|  | 天 | 毛 | 拇指 | 母亲 | 女婿 | 蘑菇 | 不（吃） |
|---|---|---|---|---|---|---|---|
| 陇川 | mau³¹ | a³¹mui³¹ | lɔʔ⁵⁵mɔʔ³¹ | mouʔ⁵¹ | tsɔ³¹mɔʔ³¹ | mau⁵⁵ | ma³¹ |
| 梁河 | mau³¹ | a³¹mu³⁵ | laʔ³¹maʔ³¹ | mouʔ⁵¹ | tsa³¹maʔ³¹ | mau³³ | m³¹ |
| 芒市 | mau⁵¹ | a³¹mui³³ | laʔ³¹ma³³ | mouʔ⁵¹ | za⁵⁵maʔ³¹ | mau³¹ | m³¹ |

说明：[m]自成音节，主要出现在否定副词上，在语流中会受后一音节声母影响变读为[n]或[ŋ]。例如："不吃"[m³¹kɑi³⁵]-[ŋ³¹kɑi³⁵]、"不去"[m³¹la³⁵]-[n³¹la³⁵]。

[f]唇齿清擦音，位于音节开头：

|  | 岳父 | 寡妇 | 蝙蝠 | 肥料 | 二胡 | 南 | 佛 |
|---|---|---|---|---|---|---|---|
| 陇川 | zo³¹fu³⁵ | kua⁵¹fu³⁵ | pie³¹fu³⁵ | fən⁵⁵ | ə³⁵fu⁵⁵ | nan³¹faŋ⁵⁵ | fu³¹ |
| 梁河 | zo³¹fu³³ | kua³¹fu³⁵ | pjɛ³¹fu³⁵ | fən³³ | ə³⁵fu⁵¹ | na³¹faŋ³³ | fu³¹ |
| 芒市 | zo³¹fu³³ | kua³³fu³⁵ | pjɛʔ³¹fu³⁵ | fən³³ | ə³⁵fu⁵⁵ | nan³¹faŋ³³ | foʔ³¹ |

说明：从以上列举中可以看出，[f]绝大部分出现在汉语借词中，较少出现在本语词中。例如："醉"[fən⁵⁵]。在有些词中，[f]与[x]可自由变读。例如："划（船）"[xua³¹]-[faʔ³¹]、"画（画儿）"[xua³⁵]-[fa³⁵]。阿昌语早期深受傣语影响，傣语中有[f]声母，但阿昌语并未通过傣语借词来吸收[f]声母，而是后来受汉语影响增加的，属于后期语言影响引起的语音借贷。这说明，语音与词的借入并不是完全平行的。

[v]唇齿浊擦音，出现在词首：

|  | 疯子 | 网 | 远 | 疯 | 溢（出来） | 腰带 |
|---|---|---|---|---|---|---|
| 陇川 | tʂo⁵⁵vən⁵⁵ | vaŋ⁵¹ | ve³¹ | vən⁵⁵ | vet³⁵ | tɕu⁵⁵ve³¹tshe⁵⁵ |
| 梁河 | tsu³³wun³⁵ | waŋ⁵⁵ | wai³¹ | wun⁵⁵ | phɛn³¹ | tu³¹tɕi³⁵ |
| 芒市 | pju³³wun⁵⁵ | waŋ⁵¹ | wɛ⁵¹ | wun⁵⁵ | phən⁵⁵ | sai³⁵phjɛ³¹ |

说明：[v]主要分布在陇川户撒一带，对应于其他点的[w]。

[w]双唇浊半元音，出现在零声母音节开头：

| | 虮子 | 棉花 | 袜子 | 斧头 | 瓦 | 进（屋） | 莴笋 |
|---|---|---|---|---|---|---|---|
| 陇川 | ʂan³¹wuʔ³¹ | tu³¹wu⁵⁵ | wa³¹ | wu³¹tɕɔŋ³¹ | wa⁵⁵ | waŋ⁵⁵ | wo³¹sun⁵⁵ |
| 梁河 | ʂən³¹tsa³¹ | tu³¹u³¹ | wa³¹ | wu³¹tɕuŋ³¹ | waʔ⁵⁵ | waŋ³³ | wo³³wun⁵⁵ |
| 芒市 | sən³³wu⁵¹ | tu³¹wu⁵¹ | wa³¹ | wa³³tsoŋ⁵¹ | wa⁵¹ | waŋ³³ | wo³³sun⁵¹ |

说明：圆唇声母[w]和唇齿声母[v]既可以出现本语词中，又常出现在汉语借词中。在少数词上有混读现象。例如："网"[vaŋ⁵¹]有时也读作[waŋ⁵¹]。

[ts]舌尖前不送气塞擦音：

| | 稗子 | 褥子 | 箱子 | 灶 | 凿子 | 笛子 | 再 |
|---|---|---|---|---|---|---|---|
| 陇川 | pai³¹tsɿ³⁵ | zuʔ³¹tsɿ⁵¹ | siaŋ⁵⁵tsɿ⁵⁵ | tsau³⁵ | tsuŋ³¹ | tiʔ³¹tsɿ⁵¹ | tsai³⁵ |
| 梁河 | pai³³tsɿ³³ | zu³¹tsɿ³⁵ | ɕaŋ³³tsɿ⁵⁵ | tsau³³ | tso³¹tsɿ³⁵ | ti³¹tsɿ³⁵ | tsai³³ |
| 芒市 | pai³⁵tsɿ⁵⁵ | zuʔ³¹tsɿ³³ | ɕaŋ⁵⁵tsɿ⁵⁵ | tsau³⁵ | tsoʔ³¹tsɿ⁵⁵ | ti³¹tsɿ³³ | tsai³⁵ |

说明：[ts]在陇川方言中，多用于汉语借词。

[tsh]舌尖前送气塞擦音：

| | 肥皂 | 初一 | 脆 | 猜 | 旧 | 姜 | 米 |
|---|---|---|---|---|---|---|---|
| 陇川 | tʂhau³¹piau³¹ | tsho³¹ʐi³¹ | tshui³⁵ | tshai³¹ | tʂhau³¹ | tɕhaŋ³¹ | tshen⁵⁵ |
| 梁河 | tshau³³pjɑu³³ | tsho³³ʐi³³ | tshui³³ | tshai³³ | tshau³⁵ | tshaŋ³¹ | tɕhin³³ |
| 芒市 | tshau³⁵pjau³³ | tsho³³ʐi⁵¹ | tshui³⁵ | tshai⁵⁵ | tshau³³ | tɕhaŋ³³ | tshən³⁵ |

说明：[tsh]在方言之间，主要有三种语音对应关系：[tsh]-[tsh]、[tsh]-[tɕh]、[tsh]-[tʂh]。

[s]舌尖前清擦音：

| | 蒸汽 | 泼（水） | 三 | 血 | (鸟)窝 | 蒜 | 锁（门） |
|---|---|---|---|---|---|---|---|
| 陇川 | a³¹sɔʔ⁵⁵ | sua⁵⁵ | sum³¹ | sui³¹ | sut⁵⁵ | kã³¹sun³⁵ | so⁵⁵ |
| 梁河 | a³¹saʔ³¹ | suɑ³³ | suŋ³³ | sui³¹ | sut⁵⁵ | laʔ³¹suã³³ | so³³ |
| 芒市 | a³¹sa⁵¹ | sua⁵¹ | som³⁵ | sui⁵⁵ | sut⁵⁵ | la³¹suan³⁵ | so⁵¹ |

说明：[s]和[ɕ]在与[i]元音结合时，偶尔出现自由变读。例如："锈"[siu³⁵]也可读作[ɕiu³⁵]、"唱（歌）"[siaŋ⁵⁵]/[ɕiaŋ⁵⁵]"。

[z]舌尖前浊擦音：

|   | 人民 | 日本 | 任务 | 热爱 | 工人 |
|---|---|---|---|---|---|
| 陇川 | zən³¹min³¹ | zʐ³¹pən³¹ | zən³⁵u³⁵ | zə³¹ai³⁵ | koŋ⁵⁵zən⁵⁵ |
| 梁河 | zɛn³¹mjin³¹ | zʐ³¹pɛn³¹ | zɛn³⁵wu³⁵ | zɛ³⁵ai³⁵ | kuŋ⁵⁵zɛn⁵⁵ |
| 芒市 | zən³¹mjin³¹ | zʐ³¹pən³¹ | zən³⁵wu³⁵ | zə³¹ai³⁵ | koŋ⁵⁵zən⁵⁵ |

说明：[z]只在芒市阿昌语中存在，对应于陇川、梁河方言的[ʐ]。以[z]开头的词不多，多是汉语借词。梁河方言和陇川方言都有[ʐ]音，用来替代当地汉语方言中的[z]声母。但芒市方言中的[ʐ]音已归并入[z]音，因而在遇到汉语借词的[z]声母时，没有相近的替代音，同时，阿昌语原本存在清擦音[s]，于是很容易催生浊擦音[z]，与之清浊对应。这也符合语言的系统性原则。

[t]舌尖中不送气清塞音，只出现在词首：

|   | 洞 | 坟 | 身体 | 肚子 | 苦胆 | 翅膀 | 一 |
|---|---|---|---|---|---|---|---|
| 陇川 | toŋ³¹ | zʐ³¹tuŋ⁵⁵ | a³¹tu³¹ | ɔm³¹tau³¹ | tan⁵¹ | a³¹tuŋ⁵⁵ | ta³¹ |
| 梁河 | tuŋ³³ | lu³¹tuŋ³³ | ɑ³¹to³⁵ | uŋ³¹tau³¹ | ta³³ | ɑ³¹tuŋ³³ | tɑ³¹ |
| 芒市 | tuan⁵¹ | laʔ³¹tuŋ⁵⁵ | koŋ³³to³³ | om⁵¹tau⁵¹ | tan⁵¹ | a³¹tuŋ³³ | taʔ³¹ |

[th]舌尖中送气清塞音：

|   | 铜 | 棉絮 | 柴 | 袍子 | 犁 | 锋利 | 出去 |
|---|---|---|---|---|---|---|---|
| 陇川 | thuŋ³¹ | thai³¹tsʐ⁵⁵ | thuan³¹ | thui³¹phau³⁵ | thən³⁵ | thoʔ⁵⁵ | thoʔ³⁵ |
| 梁河 | thuŋ³¹ | thai³³tsʐ³³ | thaŋ³¹ | thui³³pau³³ | thun³³ | thaʔ³¹ | thoʔ⁵⁵ |
| 芒市 | thoŋ³¹ | thai³³tsʐ³³ | thaŋ⁵⁵ | thui³⁵pau³³ | thai³⁵ | tha⁵¹ | thua⁵¹ |

[n]舌尖中浊鼻音，可自成音节，也可出现在词首、词尾，在词尾时作韵尾：

|   | 鼻子 | 农民 | 水蛭 | 南 | 病 | 你 | 少 |
|---|---|---|---|---|---|---|---|
| 陇川 | ni³¹xoŋ⁵⁵ | nuŋ³¹min³¹ | nuʔ⁵⁵ | nan³¹ | nɔ⁵⁵ | nuaŋ⁵⁵ | nəŋ³¹ |
| 梁河 | na³¹khaŋ³³ | nuŋ³¹mjin³¹ | nu³³ | na³¹ | na³³ | naŋ³³ | nuŋ³¹ |
| 芒市 | naʔ⁵⁵kaŋ³⁵ | noŋ³¹mjin³¹ | no³¹ | nan³¹ | na³³ | naŋ³³ | nəŋ⁵¹ |

[l] 舌尖中浊边音，通常只出现在音节开头位置：

|   | 月亮 | 风 | 手 | 老师 | 儿子 | 老虎 | （一）粒（米）|
|---|---|---|---|---|---|---|---|
| 陇川 | pha̰³¹lɔʔ³¹ | l̥i⁵⁵ | lɔ⁵⁵ | lau⁵¹sɿ³¹ | tsɔ³¹lo³¹ | lɔ³¹ | lum³¹ |
| 梁河 | pha³¹la³¹ | lai³³ | laʔ³¹ | lau⁵⁵sɿ³¹ | tsa³¹lo³³ | laʔ³¹ | luŋ³⁵ |
| 芒市 | pau⁵⁵la⁵¹ | lu³³ | laʔ³¹ | lau⁵⁵sɿ³¹ | za⁵⁵lu⁵¹ | la⁵¹ | lom³³ |

说明：有些词中的清化浊边音[l̥]可以变读为[n̥]。例如："搓（绳子）"[l̥əŋ³⁵]可变读为[n̥əŋ³⁵]、"摆动"[l̥e³⁵]可变读为[n̥e³⁵]、"晒（太阳）"[l̥ɑk⁵⁵]可变读为[n̥ɑk⁵⁵]。

[tɕ]舌面前不送气清塞音：

|   | 国家 | 桥 | 蟋蟀 | 木匠 | 瞎子 | 姐姐 | 饭 |
|---|---|---|---|---|---|---|---|
| 陇川 | koʔ³¹tɕa³¹ | tɕam⁵⁵ | tɕã³¹ŋət³⁵ | mu³¹tɕaŋ³⁵ | nɔʔ⁵⁵tset⁵⁵ | zeʔ³¹ | tɕɔ⁵⁵ |
| 梁河 | koʔ³¹tɕa³³ | tɕaŋ³³ | tɕaŋ³³kuɯk⁵⁵ | mu³¹tɕaŋ³³ | na³¹tɕit³¹ | tɕɛ³³ | tɕa³³ |
| 芒市 | ko⁵¹kja³³ | tsam³³ | tɕaŋ³⁵kək⁵⁵ | mu⁵¹tɕaŋ³³ | na³¹tsət³³ | tɕɛ³³ | tsa³³ |

[tɕh]舌面前送气清塞音：

|   | 洗（碗）| 吐（痰）| 浅 | 球 | 姜 | 荞麦 | 脐带 |
|---|---|---|---|---|---|---|---|
| 陇川 | tɕhi³¹ | tɕho³¹ | tɕheʔ⁵⁵ | tɕhuʔ³¹ | tɕhaŋ³¹ | tɕhauʔ⁵⁵ | tɕha⁵¹ |
| 梁河 | tɕhi³¹ | tɕhu³¹ | tɕhe³³ | tɕhu³¹ | tshaŋ³¹ | tɕhau³¹ | tɕha⁵¹khəŋ⁵⁵ |
| 芒市 | tɕhi⁵⁵ | tu³³ | tɕhen⁵¹ | khju³¹ | tɕhaŋ³³ | khjau³¹ | tɕha⁵¹pji⁵⁵ |

说明：汉语借词的舌面音有的可以与舌根颚化音自由变读。例如："角"[khjau³⁵]/[tɕhau³⁵]、"橘子"[kjuʔ³¹tsɿ⁵⁵]/[tɕoʔ³¹tsɿ³⁵]、"（一）筐（菜）"[kjaŋ⁵¹]/[tɕaŋ³¹]、"裙子"[mən⁵⁵khjin⁵¹]/[tɕhin³¹tsɿ³⁵]。

[ɕ]舌面前清擦音：

|   | 锈 | 学校 | 舌头 | 英雄 | 象 | 虾 | 小米 |
|---|---|---|---|---|---|---|---|
| 陇川 | siu³⁵ | ɕɔʔ³¹ɕiau³⁵ | ɕɔ⁵⁵ | zin⁵⁵ɕoŋ³¹ | tɕhaŋ⁵⁵ | kɔŋ⁵¹ | ɕau³³mji³³ |
| 梁河 | ɕu³³ | ɕɔʔ³¹ɕau⁵⁵ | nut⁵⁵tsha⁵⁵ | zin³³ɕuŋ³¹ | lau³³ɕaŋ³³ | ɕa³³tsɿ³³ | ɕau³³mji³³ |
| 芒市 | siu³⁵ | ɕoʔ⁵¹ɕau³⁵ | lia³⁵ | zin³⁵ɕoŋ³⁵ | lau³³ɕaŋ³⁵ | ɕa³¹tsɿ³⁵ | ɕau³³mji⁵⁵ |

[ʑ]舌面前浊擦音：

|   | 痒 | 漏（雨）| （一）个（人）| 旁边 | 织布机 | 扫帚 | 火柴 |
|---|---|---|---|---|---|---|---|
| 陇川 | ʑɔ³¹ | ʑau⁵⁵ | ʑuʔ³¹ | a³¹ʑam⁵⁵ | ʑɔʔ³¹kan⁵¹ | ʑa̰⁵⁵pun³¹ | ʑaŋ³¹xo⁵⁵ |
| 梁河 | ʑa³¹ | ʑau³³ | ʑuʔ³¹ | a³¹ʑaŋ³³ | ʑa³¹ka³³ | ʑa³¹pen³⁵ | ʑaŋ³¹xo³⁵ |
| 芒市 | ʑaʔ⁵⁵ | ʑau³³ | ʑu³¹ | a³¹ʑam³³ | ʑaʔ³¹kan³³ | ʑaʔ³¹pun³³ | ʑaŋ⁵¹xo³¹ |

[ȵ]舌面前浊鼻音：

|  | 眉毛 | 眼泪 | 牛奶 | 这些 | 多 | 绿 | 种子 |
|---|---|---|---|---|---|---|---|
| 陇川 | ȵɔʔ⁵⁵mui³¹ | ȵɔʔ⁵⁵pi⁵⁵ | no³¹ȵan³¹ | xai⁵⁵ȵe³¹ | ȵɔ³¹ | ȵau⁵⁵ | a³¹ȵau³¹ |
| 梁河 | ȵa³¹mu³⁵ | ȵa³¹pei³³ | no³¹ȵɛ³¹ | xa⁵⁵ȵa³¹ | ȵa³¹ | ȵau³³ | ɑ³¹ȵɑu³⁵ |
| 芒市 | ȵaʔ³¹mui³³ | ȵa³¹pɯ³³ | nua⁵¹ȵɛn³¹ | tʂʅ³⁵ȵa⁵⁵ | ȵa⁵¹ | ȵau³³ | a³¹ȵau³¹ |

[tʂ]舌尖后不送气清塞擦音：

|  | （一）张 | 榨子 | 痣 | 喇嘛 | 官 | 筷子 | 芝麻 |
|---|---|---|---|---|---|---|---|
| 陇川 | tʂap⁵⁵ | tʂa³¹tsʅ⁵⁵ | tʂʅ⁵⁵ | xo⁵¹ʂaŋ³⁵ | tʂau³¹ | tʂo³¹ | tʂʅ⁵⁵ma⁵⁵ |
| 梁河 | tʂaŋ³³ | tʂa³³tsʅ³³ | tʂʅ³³ | xo³¹ʂaŋ³³ | tsau³¹ | tʂu³⁵ | tʂʅ³³mɑ³³ |
| 芒市 | tʂaŋ⁵⁵ | tʂa³⁵tsʅ³⁵ | tʂʅ⁵⁵ | xo⁵¹ʂaŋ³⁵ | tsau⁵¹ | tʂu⁵¹ | tʂʅ⁵⁵ma⁵⁵ |

说明：[tʂ]、[tʂh]主要用于汉语借词中。

[tʂh]舌尖后送气清塞擦音：

|  | 馋 | 茶 | 扁豆 | 窗子 | 尺子 | 洗 | 锤子 |
|---|---|---|---|---|---|---|---|
| 陇川 | tʂhan⁵¹ | tʂhaʔ³¹ | tʂha³¹to³⁵ | tʂhaŋ⁵¹tən³¹ | tʂhʅ³¹tsʅ⁵⁵ | tɕhi³¹ | tʂhuiʔ³¹ |
| 梁河 | tʂhɑn³¹ | tʂhaʔ³¹ | tʂha³¹to³³ | tʂhuaŋ³³tsʅ³³ | tʂhʅ³¹tsʅ³⁵ | tɕhi³¹ | tʂhuiʔ³¹ |
| 芒市 | tʂhan³¹ | tʂhaʔ³¹ | tʂha³¹to³³ | tʂhuaŋ³³tsʅ⁵⁵ | tʂhʅ³¹tsʅ³³ | tʂhʅ⁵⁵ | tʂhuiʔ³¹ |

[ʂ]舌尖后清擦音：

|  | 喝（茶） | 带（孩子） | 倒掉 | 虱 | 果子 | 石榴 | 肉 |
|---|---|---|---|---|---|---|---|
| 陇川 | ʂoʔ⁵⁵ | ʂoi³¹ | ʂua³¹ | ʂan³¹ | ʂə³¹ | ʂʅ³¹liu³⁵ | ʂua³¹ |
| 梁河 | ʂuʔ³¹ | ʂu³¹ | ʂuɑ³³ | ʂɛn³¹ | ʂʅ³¹ | ʂʅ³¹liu³⁵ | ʂa³¹ |
| 芒市 | ʂu⁵¹ | ʂui³³ | ʂua³³ | ʂən³³ | ʂʅ³³ | ʂʅ³³liu³⁵ | sa³³ |

说明：由于受到汉语的深刻影响，芒市方言新增了[tʂ]、[tʂh]、[ʂ]一组声母。这些卷舌音不仅在借词中出现，也已经浸入阿昌语本族词中。阿昌语各点本族词中都有卷舌音声母，只是卷舌化程度不同，卷舌化程度最深的是户撒地区。

[ʐ]舌尖后浊擦音：

|  | 褥子 | 皮肤 | 笑 | 嚷 | 骨头 | 织（布） | 肿 |
|---|---|---|---|---|---|---|---|
| 陇川 | ʐu³¹tsʅ³⁵ | a³¹ʐʅ⁵⁵ | ʐɔ⁵⁵ | ʐau³¹ | a³¹ʐau³¹ | ʐua⁵⁵ | ʐam³¹ |
| 梁河 | ʐu³¹tsʅ³⁵ | a³¹ɯ⁵⁵ | ɯ³³ | əu³³ | a³¹ʐau³⁵ | ʐaʔ³¹ | ʐam⁵¹ |
| 芒市 | ʐuʔ³¹tsʅ³³ | a³¹ɯ³³ | ɯ³³ | məŋ³³ | a³¹ʐau³⁵ | ʐaʔ³¹ | ʐam⁵¹ |

说明：[ʐ]普遍存在于陇川大盈江流域片区，对应于其他方言点的[ʑ]。

[k]舌根不送气清塞音，可出现在词首、词尾。位于词尾时作韵尾：

|  | 彩虹 | 石头 | 干部 | 老鼠 | （牛）圈 | 厚 | 喊（人） |
|---|---|---|---|---|---|---|---|
| 陇川 | kaŋ³⁵ | liŋ³¹kɔʔ⁵⁵ | kan³⁵pu³⁵ | kzɔʔ⁵⁵ | kok⁵⁵ | kan³¹ | kzə⁵⁵ |
| 梁河 | kaŋ³⁵ | ŋuŋ⁵⁵ka³¹ | ka³⁵pu³⁵ | kua³¹ | kok³¹ | ka³¹ | kɯ³³ |
| 芒市 | kaŋ³⁵ | laŋ⁵⁵ka⁵¹ | kan³⁵pu³⁵ | kuaʔ³¹ | kok³¹ | kan⁵¹ | kɯ³³ |

说明：陇川方言的不送气清塞音[k]有部分词与梁河方言、芒市方言的送气清塞音[kh]相对应。例如："硬"[kzak⁵⁵]-[khuŋ³³]/[khoŋ³⁵]、"啃"[kzat⁵⁵]-[khei⁵⁵]/[khə³¹]。

[kh]舌根送气清塞音，只出现在词首：

|  | 坑 | 矿 | 喉咙 | 角 | 线 | 刻 | 脱（衣） |
|---|---|---|---|---|---|---|---|
| 陇川 | khəu³³ | khuaŋ³⁵ | khzɔŋ³¹tʂo³⁵ | khzau⁵⁵ | khzəŋ⁵⁵ | khak³⁵ | khzək⁵⁵ |
| 梁河 | khəu³³ | khuaŋ³³ | khuŋ³¹ta³¹ | khjau³³ | khəŋ³³ | khə³¹ | khut³¹ |
| 芒市 | khəu³³ | khuaŋ³³ | khom³⁵lom³¹ | khjau³⁵ | khəŋ³³ | khəʔ³¹ | khut⁵⁵ |

[x]舌根清擦音，出现在音节开头：

|  | 狐狸 | 和尚 | 麻 | 黄瓜 | 狗 | 茄子 | 椅子 |
|---|---|---|---|---|---|---|---|
| 陇川 | xu³¹li³⁵ | xo⁵¹ʂaŋ³⁵ | xo⁵⁵maʔ³¹ | tian³¹xo³¹ | xui³¹ | maʔ³¹xə³⁵ | taŋ³¹xuʔ³¹ |
| 梁河 | xu³¹li³³ | xo³¹ʂaŋ³³ | xo³³ma³¹ | tuŋ³¹khua³³ | khui³¹ | mə³¹khə³³ | taŋ³¹khu³¹ |
| 芒市 | xu⁵¹li³¹ | xo⁵¹saŋ³¹ | xo³³maʔ³¹ | toŋ³¹khua³³ | khui³³ | ma⁵⁵khɯ³⁵ | taŋ⁵⁵khu³¹ |

说明：各方言点声母[x]完全对应的词大多为汉语借词。本族固有词中，语音对应关系主要是[x]-[kh]。

[ŋ]舌根浊鼻音，可出现在词首、词尾，位于词尾时作韵尾：

|  | 银子 | 丈夫 | 五 | 我 | 含（口水） | 哭 | 错 |
|---|---|---|---|---|---|---|---|
| 陇川 | ŋui⁵⁵ | ŋi³¹ŋau⁵⁵ | ŋɔ³¹ | ŋɔ⁵⁵ | ŋom⁵⁵ | ŋau⁵⁵ | ŋɔŋ³¹ |
| 梁河 | ŋu³³phu⁵⁵ | laʔ³¹ŋau³³ | ŋa³¹ | ŋa³³ | ŋuŋ³³ | ŋau³³ | ŋuŋ³¹ |
| 芒市 | ŋui³³phu³⁵ | la³¹ŋau³⁵ | ŋa⁵¹ | ŋa³³ | ŋom³³ | ŋau⁵⁵ | m³¹ŋut⁵⁵ |

（二）声母分布的地理差异

1. 清化鼻音[m̥]、[n̥]、[ŋ̊]和清化边音[l̥]的分布存在地理差异

梁河方言有清化鼻音[m̥]、[n̥]、[ŋ̊]和清化边音[l̥]。陇川方言和芒市方言没有这类声母。

2. 双唇颚化音[pj]、[phj]、[mj]、[m̥j]的分布有地理差异

此类声母在梁河方言和芒市方言存在，但陇川方言没有此类声母。

3. 卷舌音的分布有地理差异

陇川方言有卷舌化的双唇音[pʐ]、[phʐ]、[mʐ]、[m̥ʐ]和舌根音[kʐ]、[khʐ]、[xʐ]，而梁河方言和芒市方言没有此类声母。陇川方言的卷舌化双唇音[pʐ]、[phʐ]、[mʐ]、[m̥ʐ]在梁河方言和芒市方言读作颚化声母[pj]、[phj]、[mj]、[m̥j]。陇川方言卷舌化的舌根声母[kʐ]、[khʐ]、[xʐ]在梁河方言和芒市方言中读作非卷舌化的舌根声母[k]、[kh]、[x]或颚化声母[kj]、[khj]。

## 二　韵母分布的地理特征

阿昌语三个方言的韵母，有一些韵母是三个方言均有分布，有一些是只分布于当中的一个或两个方言。韵母分布的地理特征呈现出范围大小不同的特点。

### （一）分布在三个方言的韵母

从阿昌语三个方言的韵母系统来看，都包括以下几种类型的韵母：单元音韵母、带韵尾的韵母，带韵尾的韵母又可分为带元音韵尾、鼻音韵尾和塞音韵尾三类。这三类韵母在三个方言中均有分布。

$$韵母 \to \begin{cases} 单元音韵母 \\ 带尾音韵母 \begin{cases} 元音尾韵 \\ 鼻音尾韵 \end{cases} \to 舒声韵 \\ \phantom{带尾音韵母} \ 塞音尾韵 \to 促声韵 \end{cases}$$

1. 分布在三个方言的单元音韵母

阿昌语三个方言的单元音韵母，均可分为舌尖元音、前元音、央元音、后元音、圆唇元音、展唇元音、低元音、高元音几种类型。在阿昌语中出现的单元音韵母除舌尖元音[ɿ]、[ʅ]外，还有 10 个舌面元音。这 10 个舌面元音根据不同的分类视角可分为不同的类别。根据舌位的前后可以分为前元音、央元音和后元音，即前元音：[i]、[e]、[ɛ]、[a]，央元音：[ə]，后元音：[u]、[o]、[ɔ]、[ɯ]、[ɑ]。根据唇形的圆展可以分为圆唇元音和展唇元音，即圆唇元音：[u]、[o]、[ɔ]，展唇元音：[i]、[e]、[ɛ]、[a]、[ɯ]、[ɑ]、[ə]。根据唇状的开合可分为高元音、半高元音、半低元音和低元音，即高元音：[i]、[ɯ]、[u]，半高元音：[e]、[o]，半低元音：[ɛ]、[ɔ]，低元音：[a]、[ɑ]。

这些单元音韵母中有[ɿ]、[ʅ]、[i]、[a]、[ə]、[u]、[o] 7 个分布在三个方言中。下面用例词来证明这 7 个单元音韵母在三个方言中的分布。

[ɿ]舌尖前卷舌元音，出现在词末：

|  | 麦子 | 核儿 | 眼睛 | （一）尺 | 骑（马） | 老师 | 箱子 |
|---|---|---|---|---|---|---|---|
| 陇川 | mə$^{31}$tsɿ$^{51}$ | tsɿ$^{31}$ | ɳɔʔ$^{55}$tsɿ$^{31}$ | tʂʰɿʔ$^{31}$ | tsɿ$^{31}$ | lau$^{51}$sɿ$^{31}$ | siaŋ$^{55}$tsɿ$^{55}$ |
| 梁河 | mə$^{35}$tsɿ$^{33}$ | tɕit$^{31}$ | na$^{31}$tɕit$^{31}$ | tʂʰɿ$^{31}$ | tɕhi$^{31}$ | lau$^{55}$sɿ$^{31}$ | ɕaŋ$^{33}$tsɿ$^{33}$ |
| 芒市 | mə$^{31}$tsɿ$^{33}$ | tsɿ$^{33}$ | na$^{31}$tsɿ$^{51}$ | tʂʰɿʔ$^{31}$ | tsɿ$^{33}$ | lau$^{55}$sɿ$^{33}$ | ɕaŋ$^{55}$tsɿ$^{55}$ |

说明：[ɿ]大多出现在汉语借词中。

[ʅ]舌尖后卷舌元音，出现在词尾：

|  | 芝麻 | 桃子 | 洗（脸） | 痣 | 奶汁 | 河 | 死 |
|---|---|---|---|---|---|---|---|
| 陇川 | tʂʅ$^{55}$ma$^{55}$ | ʂʅ$^{31}$om$^{31}$ | ɕi$^{31}$ | phai$^{35}$ | nau$^{35}$ | tʂʰã$^{55}$zoŋ$^{31}$ | ʂʅ$^{55}$ |
| 梁河 | tʂʅ$^{33}$ma$^{33}$ | ʂʅ$^{31}$uŋ$^{31}$ | tɕhi$^{31}$ | tsʅ$^{35}$ | nẽ$^{31}$tsʅ$^{33}$ | tsʅ$^{33}$ma$^{55}$ | ʂʅ$^{33}$ |
| 芒市 | tʂʅ$^{33}$ma$^{33}$ | ʂʅ$^{33}$om$^{33}$ | tʂʰʅ$^{55}$ | tsʅ$^{33}$ | nɛn$^{31}$tsʅ$^{33}$ | tsʅ$^{33}$nom$^{55}$ | ʂʅ$^{35}$ |

[i]前高不圆唇元音，出现在音节末尾，较少自成音节：

|  | 狐狸 | 问 | 洗（碗） | 在 | 笔 | 第一 | 早晨 |
|---|---|---|---|---|---|---|---|
| 陇川 | xu$^{31}$li$^{35}$ | ɲi$^{31}$ | tɕhi$^{31}$ | ni$^{55}$ | pi$^{31}$ | ti$^{31}$zi$^{35}$ | ni$^{31}$zua$^{31}$ |
| 梁河 | xu$^{31}$li$^{33}$ | mji$^{51}$ | mji$^{33}$ | nai$^{33}$ | pji$^{31}$ | ti$^{31}$zi$^{31}$ | nai$^{31}$ma$^{35}$ |
| 芒市 | xu$^{51}$li$^{35}$ | mji$^{31}$ | tɕhi$^{55}$ | ɲi$^{33}$ | pji$^{31}$ | ti$^{35}$zi$^{51}$ | ɲi$^{51}$na$^{35}$ |

说明：元音[i]的实际音值接近[ɪ]。

[a]舌面前低不圆唇元音，可出现在词尾，也可单独作词的前缀：

|  | 奶奶 | 哑巴 | 织（布） | 痒 | 眉毛 | 汗 | 肉 |
|---|---|---|---|---|---|---|---|
| 陇川 | za$^{31}$ | za$^{31}$pa$^{31}$ | zua$^{55}$ | zɔ$^{31}$ | ɳaʔ$^{55}$mui$^{31}$ | a$^{31}$xɔ$^{35}$ | ʂua$^{31}$ |
| 梁河 | za$^{33}$ | za$^{33}$pɑ$^{33}$ | zaʔ$^{31}$ | za$^{31}$ | na$^{31}$mu$^{35}$ | ɑ$^{31}$xɔ$^{31}$ | ʂa$^{31}$ |
| 芒市 | za$^{33}$ | za$^{33}$pa$^{33}$ | zaʔ$^{55}$ | zaʔ$^{55}$ | na$^{31}$mui$^{33}$ | a$^{31}$tsui$^{33}$ | sa$^{33}$ |

[ə]后高不圆唇元音，一般出现在词的末尾，偶尔可以自成音节：

|  | 麦子 | 耙 | 二月 | 茄子 | 兵 | 窄 | 炒 |
|---|---|---|---|---|---|---|---|
| 陇川 | mə$^{31}$tsɿ$^{35}$ | phə$^{31}$ | ə$^{35}$ʑu$^{31}$ | maʔ$^{31}$xə$^{35}$ | za$^{55}$tsə$^{31}$ | tsə$^{31}$ | lə$^{55}$ |
| 梁河 | mə$^{35}$tsɿ$^{33}$ | phə$^{31}$ | ə$^{35}$ʑɛ$^{31}$ | mə$^{31}$khə$^{33}$ | tsə$^{33}$ | tsə$^{31}$ | lə$^{33}$ |
| 芒市 | mə$^{31}$tsɿ$^{33}$ | phə$^{31}$ | ə$^{35}$ʑɛ$^{31}$ | ma$^{55}$khə$^{33}$ | tsə$^{33}$ | tsəʔ$^{51}$ | lei$^{35}$ |

说明：[ə]自成音节大多出现在汉语借词中。

第二章　阿昌语方言的分布及其音系

[u]舌面后高圆唇元音，可自成音节，也可充当语素，并出现于词的末尾：

|   | 肠子 | 蛋 | 枕头 | 斧头 | （一）个（人） | 棉花 | 抢夺 |
|---|---|---|---|---|---|---|---|
| 陇川 | a³¹u⁵⁵ | uʔ³¹ | u³¹thu³¹ | u³¹tɕoŋ³¹ | zuʔ⁵⁵ | tu³¹u⁵⁵ | lu³⁵ |
| 梁河 | ɑ³¹u³³ | u³¹ | u³¹khok³¹ | u³¹tɕuŋ³¹ | zuʔ³¹ | tu³¹u³¹ | lu³¹ |
| 芒市 | a³¹u³⁵ | u³³ | u⁵⁵khu⁵¹ | u³³tsoŋ⁵¹ | zuʔ³¹ | tu³³u⁵¹ | luʔ³¹ |

说明：以[u]和[u]开头的韵母与[tɕ]类声母结合时，[u]的实际音值是[y]。例如："黑暗"[tɕhun⁵⁵]读作[tɕhyn⁵⁵]。[i]和[u]，是缅语支诸语言都有的两个高元音。

[o]舌面后半高圆唇元音，多位于词的末尾，偶尔可以单独成词：

|   | 身体 | 寨子 | 国家 | 儿子 | 水蛭 | （两）只（鸟） | 走 |
|---|---|---|---|---|---|---|---|
| 陇川 | a³¹to³¹ | o⁵⁵ | koʔ³¹tɕa³¹ | tso³¹lo³¹ | nuʔ⁵⁵ | tu³¹ | so³¹ |
| 梁河 | a³¹to³⁵ | wɑ³³ | koʔ³¹tɕɑ³³ | tsɑ³¹loʔ³¹ | nu³³ | to³⁵ | so³¹ |
| 芒市 | a³¹to³³ | wa³³ | ko⁵¹kja³³ | za⁵¹lu⁵¹ | no³¹ | to³³ | sua³³ |

说明：[o]带辅音尾时，其实际音值为[uo]。例如："干（活）"[xot⁵⁵]实际发音为[xuot⁵⁵]；"嘴"[n̪ot⁵⁵]实际发音为[n̪uot⁵⁵]。

2. 分布在三个方言的复合元音韵母

阿昌语的复合元音主要来自汉语借词。阿昌族基本都兼用汉语，所以阿昌语深受汉语的影响。从地理分布来看，阿昌族主要居住在云南省德宏傣族景颇族自治州的陇川县、梁河县、芒市，处于汉语西南官话方言片区。阿昌族没有自己本民族的文字和书面语，所以受汉语的影响主要来自当地汉语方言。

阿昌语的复合元音主要有：[ei]、[ai]、[ui]、[iu]、[au]、[ua]、[əu]、[iau]、[uai]、[ia]、[iɛ]、[uɛ]。大部分如[ui]、[iu]、[au]、[ua]、[əu]、[iau]、[uai]、[ia]在三个方言中均有分布。可以分为两类：一类是汉语借词中的复合元音，另一类是非汉语借词中的复合元音。其中，[əu]、[iɛ]、[iu]、[iau]主要出现在汉语借词中，[ei]、[ai]、[ui]、[au]、[ua]、[ia]、[uɛ]、[uai]既可以出现在汉语借词中，又可以出现在非汉语借词中。

出现在非汉语借词中的复合元音：

|   | ai | ui | au | ua | ia | uai |
|---|---|---|---|---|---|---|
|   | 兔子 | 血 | 虫 | 泼（水） | 舔 | 切（菜） |
| 陇川 | pzaŋ⁵⁵tai⁵⁵ | sui³¹ | pau³¹ | sua⁵⁵ | liap⁵⁵ | tsuai⁵⁵ |
| 梁河 | paŋ³³tai⁵⁵ | sui³¹ | pɑu³¹ | suɑ³³ | liaʔ³¹ | tsuai⁵⁵ |
| 芒市 | paŋ³¹tai⁵¹ | sui⁵⁵ | pau³¹ | sua⁵¹ | liaʔ⁵⁵ | zuai³¹ |

出现在汉语借词中的复合元音：

|  | əu | iu | iau |
|---|---|---|---|
|  | 收到 | 石榴 | 肥皂 |
| 陇川 | ʂəu³¹ | sʅ³¹liu³⁵ | tshau³¹piau³¹ |
| 梁河 | ʂəu³¹ | sʅ³¹liu³⁵ | tshau³³pjɑu³³ |
| 芒市 | ʂəu³¹ | sʅ³³liu³⁵ | tshau³³pjɑu³³ |

3. 分布在三个方言的带辅音尾韵母

早期藏缅语的辅音韵尾数量丰富，类型多样，包括：塞音韵尾、塞擦音韵尾、擦音韵尾、鼻音韵尾、半元音韵尾等。随着时代的变迁，辅音韵尾发生了较大的变化，向由多到少，由繁到简，甚至消失的方向发展。方言之间也出现发展的不平衡性，有的方言辅音韵尾保留得比较完整，而有的方言却发展得比较快，朝着简化和消失的方向发展。即使是保留得比较完整的方言，也经历了合并和过渡阶段。

在调查的 24 个阿昌族村寨中，各点都保留了一些带辅音韵尾的词。通过与其他点的阿昌语以及亲属语言进行比较,发现现代缅语支语言的辅音韵尾类型仅存两类：鼻音韵尾和塞音韵尾；辅音韵尾与[i]、[ɛ]、[a]、[ə]、[u]、[ɔ]六个单元音结合最紧密，保留得最好，其中[a]、[u]、[ɔ]几乎能与所有的辅音韵尾相拼；鼻音韵尾中，[-m]尾退化最严重，[-n]和[-ŋ]发展速度相当,塞音韵尾中,[-p]韵尾发展进程最快，与元音结合度最低,[-t]、[-k]、[-ʔ]三个韵尾进化程度较一致。阿昌语在缅语支诸语言中属于辅音韵尾较发达型语言，其方言内部辅音韵尾的发展情况由强及弱可以表示为：陇川方言＞芒市方言＞梁河方言。各带辅音尾韵母在三个方言点的分布情况举例如下。

[in]、[un]、[ən]在三个方言中均有分布：

|  | 家 | 黄鳝 | 点（灯） | 莴笋 | （一）句（话） | 灯 |
|---|---|---|---|---|---|---|
| 陇川 | ʑin⁵⁵ | ŋa³¹tɕin³¹ | thun³¹ | wo³¹sun⁵⁵ | xun³¹ | tən³¹ |
| 梁河 | ʑin³³ | kɑ³¹tɕin³¹ | thun³³ | wo³³sun⁵⁵ | khun³⁵ | tən³¹ |
| 芒市 | ʑin³⁵ | ŋa³¹tɕin³¹ | tun³³ | wo³³sun³³ | khun³³ | tən³³ |

带[-ŋ]韵尾的韵母中，只有[əŋ]韵母三个方言都有：

|  | 芒果 | 线 | 跌倒 | 溢（出）/满（了） |
|---|---|---|---|---|
| 陇川 | mak³¹məŋ³¹ | khzəŋ⁵⁵ | ləŋ⁵⁵ | pzəŋ³⁵ |
| 梁河 | mɑ³¹məŋ⁵⁵ | khəŋ³³ | ləŋ³³ | pəŋ³¹ |
| 芒市 | mak³¹məŋ⁵⁵ | khəŋ³⁵ | ləŋ⁵¹ | pəŋ⁵¹ |

[ut]、[ət]分布于三个方言中：

|  | 拔（草） | 擦（桌子） | 穿/戴 | 干活 | （鸟）窝 | 伸（手） |
|---|---|---|---|---|---|---|
| 陇川 | thut⁵⁵ | sut⁵⁵ | xut⁵⁵ | kut⁵⁵ | sut⁵⁵ | tshət⁵⁵ |
| 梁河 | nut³¹ | sut³¹ | ut³¹ | khut³¹ | sut⁵⁵ | tshət⁵⁵ |
| 芒市 | nut³¹ | sut⁵⁵ | wut³¹ | kut⁵⁵ | sut⁵⁵ | tsət⁵⁵ |

[ok]在三个方言中都有分布，含[ok]韵母的例词较少，如"（牛）圈"，陇川方言读作"[kok⁵⁵]"，梁河方言读作"[kok³¹]"，芒市方言读作"[kok³¹]"。
[iʔ]、[oʔ] [uʔ]、[əʔ] 在三个方言中都有出现：

|  | 笛子 | 学校 | （一）盒 | 发（芽） | （一）个 | 母亲 | 麦子 |
|---|---|---|---|---|---|---|---|
| 陇川 | tiʔ³¹tsɿ⁵¹ | ɕoʔ³¹ɕiau³⁵ | xoʔ³¹ | thoʔ⁵⁵ | zuʔ⁵⁵ | mouʔ⁵¹ | məʔ³¹tsɿ⁵¹ |
| 梁河 | tiʔ³¹tsɿ³⁵ | ɕoʔ³¹ɕau⁵⁵ | xoʔ³¹ | thoʔ⁵⁵ | zuʔ³¹ | mouʔ⁵¹ | məʔ³¹tsɿ³³ |
| 芒市 | tiʔ³¹tsɿ⁵¹ | ɕoʔ⁵¹ɕau³⁵ | xoʔ³¹ | ȵoʔ⁵⁵ | zuʔ³¹ | mouʔ⁵¹ | məʔ³¹tsɿ⁵⁵ |

（二）仅分布在一个或两个方言中的韵母

1. 仅分布在一个或两个方言中的单元音韵母

[e]舌面半高不圆唇元音，可自成音节，并出现在音节末尾：

|  | 也 | 睡 | 输 | 系（腰带） | 到达 | 老 | 远 |
|---|---|---|---|---|---|---|---|
| 陇川 | ze³¹ | e³¹ | se³⁵ | tshe³¹ | te³⁵ | tɕe³⁵ | ve³¹ |
| 梁河 | zɛ³³ | zit³¹ | ʂu³¹ | phu³¹ | tɕɛʔ³¹ | tɕɛ³³ | wɑi³¹ |
| 芒市 | zɛ³³ | zit⁵⁵ | su⁵⁵ | tshŋ³³ | tɕuɛʔ³¹ | kjɛ⁵¹ | wɛ⁵¹ |

说明：[e]元音只在阿昌语陇川方言中出现。陇川方言的[e]元音通常对应梁河方言、芒市方言的[ɛ]元音。[e]的实际音值接近[iɛ]，中间增生介音[i]，例如："板子"[pen³¹]读作[piɛn³¹]。

[ɛ]舌面半低不圆唇元音，主要位于音节末尾：

|  | 月 | 红 | 浅 | 扁 | 懂 | 梳（头发） | 闲 |
|---|---|---|---|---|---|---|---|
| 陇川 | zɛ³¹ | na⁵⁵ | tɕhɛʔ⁵⁵ | phzap̯⁵⁵ | sa³⁵ | phza̱³¹ | ɕen³¹ |
| 梁河 | zɛ³¹ | nɛ³³ | tɕhɛ³³ | pjɛ³¹ | ɕɛ³¹ | phjɛ³¹ | ɕɛ³¹ |
| 芒市 | zɛ³¹ | nɛ³¹ | tɕhen⁵¹ | pɛ⁵¹ | sɛʔ⁵⁵ | pjɛ³³ | ɕen³¹ |

说明：[ɛ]是藏缅语中除阿昌语陇川方言没有之外，其余语种均保留的一个元音。

[ɑ]后低不圆唇元音，通常位于音节末尾或独立构成前缀：

|  | 蒸汽 | 一 | 我 | 网 | 病 | 这 | 张（嘴） |
|---|---|---|---|---|---|---|---|
| 陇川 | a³¹sɔʔ⁵⁵ | ta³¹ | ŋɔ⁵⁵ | vaŋ⁵¹ | nɔ⁵⁵ | xai⁵⁵ | xɔ³⁵ |
| 梁河 | ɑ³¹sa³¹ | tɑ³¹ | ŋɑ³³ | waŋ⁵⁵ | nɑ³³ | xa⁵⁵ | xɑ³¹ |
| 芒市 | a³¹sa⁵¹ | taʔ³¹ | ŋa³³ | waŋ⁵¹ | na³³ | xa³³ | xa⁵¹ |

说明：[ɑ]元音，在缅语支语言中，仅出现在阿昌语梁河方言中。在梁河方言中，[a]与[ɑ]是对立音位，对立大多发生在单独做韵母时；与舌面音[tɕ]、[tɕh]、[ɕ]、[z]相拼时，[a]与[ɑ]对立不明显，实际音值介于二者之间；在复合元音、带辅音韵尾韵母（除与喉塞音结合的复合元音）中，只有[ɑ]，没有[a]。

[ɯ]舌面后高不圆唇元音，通常位于音节末尾，也可自成音节，独立成词：

|  | 星星 | 脚 | 跳蚤 | 笑 | 长（大） | 皮肤 | 鞋 |
|---|---|---|---|---|---|---|---|
| 陇川 | khzə⁵⁵ | tɕhi⁵⁵ | li³¹ | zə⁵⁵ | kzə³¹ | a³¹z̩⁵⁵¹ | kap³¹tin⁵⁵ |
| 梁河 | kɯ³³ | khɯ³³ | khɯɑ³¹lai³¹ | ɯ³³ | kɯ³¹ | ɑ³¹ɯ³³ | khɯ³³tin³³ |
| 芒市 | kɯ³⁵ | khɯ³⁵ | khui⁵⁵lɯ⁵⁵ | ɯ³³ | kɯ⁵¹ | a³¹ɯ³³ | khɯ³⁵/³¹nɛ³³ |

说明：[ɯ]元音仅在阿昌语梁河方言、芒市方言和仙岛语中出现。[ɯ]单独成词时，前面要带[ɣ]。例如："皮"[a³¹ɯ³³]实际发音为[a³¹ɣɯ³³]。

[ɔ]舌面后半低圆唇元音，主要出现于音节末尾：

|  | 张（嘴） | 有（钱） | 痒 | 休息 | 去 | 教（书） | 过（桥） |
|---|---|---|---|---|---|---|---|
| 陇川 | xɔ³⁵ | pɔ⁵⁵ | zɔ³¹ | nɔ³¹ | lɔ⁵⁵ | m̥ɔ³⁵ | kzɔ³¹ |
| 梁河 | xa³¹ | pa³³ | za³¹ | naʔ³¹ | laʔ³¹ | ma³¹ | ko³³ |
| 芒市 | xa⁵¹ | pa³³ | zaʔ⁵⁵ | na⁵¹ | laʔ³¹ | ma³¹ | ko³⁵ |

说明：[ɔ]元音仅出现在阿昌语陇川方言中，但普遍存在于缅语支其他语言中。

2. 仅分布在一个或两个方言中的复合元音韵母

阿昌语的大多数复合元音在三个方言中都有分布，只有个别几个复合元音分布在一个或两个方言中，如[iɛ]、[uɛ]只在梁河方言和芒市方言中出现，[ei]分布于陇川方言和芒市方言，而[oi]仅存在于陇川方言。举例如下。

|  | iɛ | | uɛ | | ei | | oi | |
|---|---|---|---|---|---|---|---|---|
|  | 虫 | 蚯蚓 | 暖和 | 丝瓜 | 太阳 | 煤 | 火 | 牙齿 |
| 陇川 | pau³¹ | ta⁵⁵ | lum⁵⁵ | mă³¹nuai⁵⁵ | pei⁵⁵ | mei³¹ | poi³¹ | tɕoi⁵⁵ |
| 梁河 | pɑu³¹ | tiɛ³³liɑŋ³³ | ȵuɛʔ³¹ | muɯŋ³³nuɛ³³ | pei³³mɑ³³ | mei³¹ | mji³¹ | tsui³³ |
| 芒市 | pau⁵¹ | tiɛʔ³¹laŋ³⁵ | nuɛ³¹ | mun³¹nuɛ³⁵ | pei⁵⁵ma³³ | meiʔ³¹ | mji⁵¹ | tsui³³ |

**3. 仅分布在一个或两个方言中的带辅音尾韵母**

阿昌语的 7 个辅音韵尾在各方言中发展很不平衡，其中梁河方言演进速度最快，丢失了[-m]和[-p]韵尾，陇川方言仍完整保留 7 个辅音韵尾，带辅音韵尾的韵母也最丰富。下面分别举例来展现分布在一个或两个方言中的带辅音尾韵母。

阿昌语带[-m]韵尾的韵母主要有[im]、[em]、[am]、[ɔm]、[om]、[um]、[əm]、[iam]，其中[am]、[om]、[iam]分布在陇川方言和芒市方言，其余韵母都只在陇川方言有。梁河方言没有带[-m]韵尾的韵母。

|  | 旁边/附近 | 臭 | 分（粮） | 葫芦 | 桃子 | 水碓子 | 写 | 割（肉） |
|---|---|---|---|---|---|---|---|---|
| 陇川 | a³¹ʐam⁵⁵ | nam⁵⁵ | kam⁵⁵ | om⁵⁵ | ʂɿ⁵⁵om³¹ | tɕhom³¹ | tiam³¹ | xa³¹ |
| 梁河 | a³¹ʐaŋ³³ | naŋ³³ | kaŋ³³ | uŋ³³ | ʂɿ³¹uŋ³³ | tɕhoŋ³³ | thau³³ | zaŋ³¹ |
| 芒市 | a³¹ʐam³¹ | nam³³ | kam³³ | om³⁵ | ʂɿ⁵⁵om³³ | tshom³⁵ | lai⁵⁵ | liam³⁵ |

阿昌语带[-n]韵尾的韵母主要有[in]、[en]、[an]、[ɔn]、[on]、[un]、[ən]、[uan]、[ɛn]、[iɛn]，其中[uan]分布在陇川方言和芒市方言，[ɛn]分布在梁河方言和芒市方言，[iɛn]仅在芒市方言有，[en]、[ɔn]、[on]则只在陇川方言有。

|  | 额头 | 乳房 | 宽 | 劁（猪） | （一）滴 | 春 |
|---|---|---|---|---|---|---|
| 陇川 | ŋǎ³¹tha³⁵ | nau³⁵tʂu³⁵ | kaŋ³¹ | tuan⁵⁵ | tɕɔk⁵⁵ | lən³¹sam³¹ |
| 梁河 | nau⁵¹mɛn³¹ | nɛ̃³¹ | khuɑ³¹ | tuɑ³¹ | tiẽ³⁵ | ʂuk⁵⁵ȵu³¹fa³¹mja³³ |
| 芒市 | lau³³mɛn³¹thəuʔ³¹ | nɛn³¹ | khuan³³ | tuan⁵⁵ | tien⁵¹ | tshun³³thiɛn³³ |

[-ŋ]是阿昌语各方言保留最稳固的鼻音韵尾。带[-ŋ]韵尾的韵母主要有[iŋ]、[eŋ]、[aŋ]、[ɔŋ]、[oŋ]、[uŋ]、[əŋ]、[iaŋ]、[uaŋ]、[ioŋ]、[ɛŋ]、[ɯŋ]，其中[iŋ]、[eŋ]、[ɔŋ]只在陇川方言中出现，[ɛŋ]、[ɯŋ]仅分布在梁河方言，[ioŋ]只在芒市方言有。[uŋ]韵母分布在陇川方言和梁河方言。

|  | 春（米） | 卖 | 空 | 含（口水） |
|---|---|---|---|---|
| 陇川 | thuŋ³¹ | uŋ³¹ | kzuŋ⁵⁵ | ŋom⁵⁵ |
| 梁河 | thuŋ³¹ | uŋ³¹ | kuŋ³¹ | ŋuŋ³³ |
| 芒市 | thoŋ³³ | oŋ⁵⁵ | koŋ³⁵ | ŋom³³ |

[-p]是阿昌语变化最快的一个塞音韵尾。梁河方言[-p]韵尾已完全脱落。带[-p]韵尾的一系列韵母中，除[ap]、[op]、[iap]陇川方言和芒市方言共有外，[ip]、[ep]、[ɔp]、[up]、[əp]只在陇川方言中出现。

|  | 黏（住） | 鼻涕 | 针 | 埋 | 缝 | 舔 | 站 |
|---|---|---|---|---|---|---|---|
| 陇川 | tʂap³⁵ | n̥ap⁵⁵ | ap⁵⁵ | m̥zɔp⁵⁵ | xzɔp⁵⁵ | liap⁵⁵ | zap⁵⁵ |
| 梁河 | tək³¹ | n̥ak⁵⁵ | ək⁵⁵ | ŋok³¹ | ʂok⁵⁵ | liaʔ³¹ | zək⁵⁵ |
| 芒市 | tap³¹ | nap⁵⁵ | ap⁵⁵ | mop⁵⁵ | tshop⁵⁵ | liaʔ⁵⁵ | liap³¹ |

带[-t]尾的韵母中，[it]、[at]、[ut]、[ət]、[uat]在三个方言中均有分布，其余的[et]、[ɔt]、[ot]三个韵母只在陇川方言中出现。

|  | 编（辫子） | 瞎 | 肚脐 | 软 | 做（事） | 嘴（口） |
|---|---|---|---|---|---|---|
| 陇川 | net³⁵ | tset⁵⁵ | tɕhi³¹tɔt⁵⁵ | n̥ɔt⁵⁵ | xot⁵⁵ | n̥ot⁵⁵ |
| 梁河 | tsɯk⁵⁵ | tɕit³¹ | tshɑʔ⁵⁵ | pjet³¹ | khut³¹ | n̥ut⁵⁵ |
| 芒市 | tsuk³¹ | tsəʔ³¹ | tɕha⁵¹ | nu⁵¹ | kut⁵⁵ | nut⁵⁵ |

阿昌语的[-k]韵尾共有 10 个，即[ik]、[ek]、[ak]、[ɔk]、[ok]、[uk]、[ək]、[iak]、[uak]、[ɯk]。其中[ak]、[ok]、[ək]三个方言中均有分布。[uk]分布于陇川方言和梁河方言，[iak]分布在陇川方言和芒市方言，[ɯk]仅在梁河方言中出现。其余都只在陇川方言中有。

|  | 藤子 | 嫩（植物） | 盖（房子） | 说（话） | 肋骨 |
|---|---|---|---|---|---|
| 陇川 | nui⁵⁵ | n̥uat⁵⁵ | muk³⁵ | kzai⁵⁵ | luk³¹khan³¹tʂham⁵¹ |
| 梁河 | tu³¹nuk³¹ | nuk³¹ | phu³¹ | tɕuk⁵⁵ | uŋ³¹zɑu³¹ |
| 芒市 | tui³³ | nu⁵¹ | kai³⁵ | tsop³¹ | lɔ³¹pa³³ku⁵¹ |

阿昌语带[-ʔ]韵尾的韵母最丰富，例词最多。[aiʔ]分布在陇川方言和芒市方言。[eʔ]、[ɔʔ]、[aiʔ]、[uiʔ]、[ouʔ]只有陇川方言有。[iɛʔ]、[iaʔ]、[əuʔ]、[uaiʔ]仅分布在芒市方言。[uɛʔ]只分布在梁河方言。

|  | 藤子 | 锄刀 | 敢 | 弯[自动] |
|---|---|---|---|---|
| 陇川 | nui⁵⁵ | zi̠t⁵⁵mɔʔ³¹ | kaiʔ³¹ | kok⁵⁵ |
| 梁河 | tu³¹nuk³¹ | mjau³¹ŋuai³¹ | uŋ³³ | ŋuŋ³¹ |
| 芒市 | tui³³ | mjau⁵¹ŋuaiʔ³¹ | om⁵¹ | ŋaiʔ³¹ |

### 三　声调分布的地理特征

阿昌语各方言的声调系统大致相同：都有高平（55）、低降（31）、全降（51）、高升（35）四个调，梁河方言和芒市方言比陇川方言多一个中平调（33）。促声韵在本调里只出现在高平（55）和低降（31）两个调上，舒声韵则主要出现在中平（33）、高升（35）、全降（51）三个调上。其中，高平（55）、中平（33）、低降（31）是三个基本调，全降调（51）和高升调（35）主要出现在变调和借词上。阿昌语的变调现象较丰富，都有十多种变调类型。变调现象除了出现在多音节词内部的音节之间，还出现在各种词组与词之间。

（一）分布在三个方言中的调值

1. 高平调（55）

陇川方言的高平调（55）主要对应梁河方言、芒市方言的中平调（33）和低降调（31）；少部分词中，声调相同。

|  | 池塘 | 鼻涕 | 太阳 | 风 | 坑 | 月亮 | 手 |
|---|---|---|---|---|---|---|---|
| 陇川 | n̥oŋ⁵⁵ | n̥ap⁵⁵ | pui⁵⁵ | li⁵⁵ | khəu⁵⁵ | phã³¹lɔʔ³¹ | lɔʔ⁵⁵ |
| 梁河 | tsɿ³³n̥uŋ⁵⁵ | n̥ak⁵⁵ | pei³³ma³³ | lai³³ | khən³³ | pha³¹la³¹ | laʔ³¹ |
| 芒市 | tsɿ³³nom⁵⁵ | nap⁵⁵ | pei⁵⁵ma³³ | lu³³ | khəu³³ | pau⁵⁵la³¹ | laʔ³¹ |

2. 低降调（31）

在汉语借词中，各方言点的低降调（31）保持一致。本族固有词中，陇川方言、梁河方言的低降调（31）通常与芒市方言的全降调（51）、中平调（33）相对应。

|  | 国家 | 学校 | 孙子 | 鸭 | 刺儿 | 盐 | 奶奶 |
|---|---|---|---|---|---|---|---|
| 陇川 | kɔʔ³¹tɕa³¹ | ɕɔʔ³¹ɕau³⁵ | mi³¹ | pi³¹ | tɕo³¹ | tɕhɔ³¹ | ʑa³¹ |
| 梁河 | koʔ³¹tɕa³³ | ɕoʔ³¹ɕau⁵⁵ | mə³¹ | pəʔ³¹ | tɕu³¹ | tɕha³¹ | ʑa³¹ |
| 芒市 | ko³¹kja³³ | ɕo⁵¹ɕau³⁵ | mu⁵¹ | pei⁵¹ | tsu⁵¹ | tsha³³ | ʑa³³ |

### 3. 全降调（51）

芒市方言的全降调（51），在一部分词中对应陇川方言和梁河方言的高升调（35）。

|  | 拇指 | 筷子 | 扁担 | 熟悉 | 下（蛋） | 溢（出） | 张（嘴） |
|---|---|---|---|---|---|---|---|
| 陇川 | lɔʔ⁵⁵mɔʔ³¹ | tʂo³¹ | kan³¹ | sa³⁵ | u³⁵ | pzəŋ³⁵ | xɔ³⁵ |
| 梁河 | lɑʔ³¹mɑ³⁵ | tsu³⁵ | kɑ³⁵ | ɕɛ³¹ | u³¹ | pəŋ³¹ | xɑ³¹ |
| 芒市 | lɑʔ³¹mɑ⁵¹ | tsu⁵¹ | kan⁵¹ | ɕɛ⁵¹ | u⁵¹ | pəŋ⁵¹ | xɑ⁵¹ |

### 4. 高升调（35）

各方言点的高升调（35）完全对应多出现在借词中。陇川方言的高升调（35），在梁河方言、芒市方言中一部分词读为低降调（31）或中平调（33）。

|  | 酸腌菜 | 乳房 | 油 | 茄子 | 锈 | 白菜 | 驼子 |
|---|---|---|---|---|---|---|---|
| 陇川 | aŋ³¹tɕheŋ³⁵ | nau³⁵ | tɕhu³⁵ | mǎʔxə³⁵ | siu³⁵ | aŋ³¹phzo³⁵ | ŋuŋ³⁵ |
| 梁河 | aŋ³¹tsheŋ³¹ | nɛ³¹ | tɕhu³¹ | mə³¹khu³³ | siu³³ | aŋ³¹phu³³ | ŋuŋ³¹ |
| 芒市 | aŋ³³tɕin³¹ | nɛn³¹ | tshu³¹ | ma⁵⁵khu³⁵ | siu³³ | aŋ³³phu³³ | ŋuŋ⁵⁵ |

### （二）仅分布在两个方言中的调值

中平调（33）只在梁河和芒市方言中出现，陇川方言的高平调（55）与之相对应。

|  | 走 | 锅 | 染（布） | 在 | 鞋 | 有（钱） | （一）句（话） |
|---|---|---|---|---|---|---|---|
| 陇川 | so³¹ | au³¹ | tʂhau³¹ | ni⁵⁵ | kap³¹tin⁵⁵ | pɔ⁵⁵ | xun³¹ |
| 梁河 | so³¹ | ɑu³¹ | tshau³¹ | nɔ³³ | khu³³tin³³ | pa³³ | khun³⁵ |
| 芒市 | sua³³ | au³³ | tshau³³ | ni³³ | khu³¹nɛ³³ | pa³¹ | khun³³ |

## 四　音节分布的地理特征

阿昌语各方言的音节基本相同，其结构类型在三个方言中均有分布。与缅语支大多数语言一样，阿昌语中的词可以是单音节的，也可以是多音节的，并出现双音化的趋势。绝大多数音节都必须有元音。阿昌语中音节结构主要有以下几种类型（V 代表元音韵母，C 代表辅音声母）。

| 1 | V | uʔ³¹ | 蛋 | oʔ⁵⁵ | 猪 |
|---|---|---|---|---|---|
| 2 | VV | oi⁵⁵ | 买 | au³¹ | 锅 |

续表

| 3 | VC | om³⁵ | 葫芦 | ək⁵⁵ | 针 |
| --- | --- | --- | --- | --- | --- |
| 4 | CV | tɕha⁵¹ | 脐带 | me³¹ | 母亲（他称） |
| 5 | CVV | mzua⁵⁵ | （吃一）顿 | tui³¹ | 绳子 |
| 6 | CVVV | muai³¹ | 累 | ŋuɑi³¹ | 弯曲 |
| 7 | CVC | tɕhet⁵⁵ | 麂子 | toŋ³¹ | 讨（饭） |
| 8 | CVVC | suan³⁵ | 大蒜 | nuaŋ⁵⁵ | 你 |
| 9 | VVC | uaŋ³¹ | 菜 | uan³¹ | 领 |
| 10 | C | m̩³¹ | 没 | | |

上述这些结构形式中，4、5、7三种音节在阿昌语中比较常见，6、8两种音节类型随着汉语借词的影响在逐渐发展。

在阿昌语中，单音节词和双音节词构成了词汇系统的主要部分。三音节及以上的词大多数为派生词和复合词。

# 第三章 从地理分布差异看阿昌语韵母的演变

阿昌语是没有传统文字的语言,无法从文献来考察其历时演变。我们只能通过方言比较,从三个方言韵母分布的差异来观察和发掘阿昌语的语音演变规律。从三个方言均有分布的韵母中,我们能够观察到哪些韵母是古藏缅语韵母的保留,哪些韵母是语言接触后出现的共同创新,能够观察到古藏缅语韵母系统的基本结构。从韵母分布的差异中,我们能够看到哪些韵母已经出现了变化,变化的方向是什么,这些变化对阿昌语的韵母系统是否有根本性的影响。从地理分布上看,阿昌语方言的韵母呈现出以下共同点:一是三个方言的韵母系统都远比声母系统丰富;二是其韵母系统都由元音韵母和带辅音尾韵母两个子系统构成;三是有 40 个韵母在三个方言中均有分布。这些共同点说明阿昌语的韵母系统仍然保留了古藏缅语的基本特点。差异主要有以下两点:一是韵母的丰富度有差异,陇川方言的韵母系统最为丰富,有 80 个,而梁河方言和芒市方言都只有 60 个韵母。二是保留原始藏缅语的[-p]、[-t]、[-k]塞音韵尾存在数量差异和稳固性差异。数量差异体现在陇川方言和芒市方言都保留了[-p]、[-t]、[-k]三个韵尾,而梁河方言的[-p]韵尾已经消失,只保留了[-t]、[-k]。稳固性差异体现在虽然陇川方言和芒市方言都保留了[-p]、[-t]、[-k]三个韵尾,但陇川方言这三个塞音韵尾的分布范围最广,能与[i]、[e]、[a]、[ɔ]、[o]、[u]、[ə]、[ia]、[ua]、[au]、[ou]等韵母相结合,体现出较强的稳固性,而芒市方言的[-p]、[-t]、[-k]分布较窄,只能与[a]、[o]、[u]、[ə]、[ai]等少量的元音结合。这说明芒市方言的[-p]、[-t]、[-k]已经出现松动,稳固性明显不及陇川方言。

韵母分布的方言差异是我们关注的重点,因为从这些差异中可以发现有些是已经完成变化,如梁河方言的塞音韵尾[-p]已经消失。有的是正在变化,如芒市方言虽然有[-p]、[-t]、[-k]尾的例词,但例词的数量远不及陇川方言和梁河方言多。用韵母在方言分布的差异看阿昌语韵母的历时演变,是应用了拉波夫(W.Labov)在《根据现在的用法解释过去》(*On the Use of the Present to Explain the Past*)中提出的一致性原则(uniformitarian principle):历史记载中曾经起过作用的音变力量和现在起作用的音变力量是相同的,因此可以根据现在已经得到充分证明的原则为历史上已经完成的音变做出一些合理的解释，用现在去说明过去，正像我们用过去说明现在一样。拉波夫提出来的第二条原则是伴随性原则，即一组相互有联系的变化从这一群人扩展到那一群人的时候，不同的因素也会随之发生迅速的变化，从而使结构发生一定程度的变动（徐通锵2001：313）。

从阿昌语韵母的研究价值看，韵母系统在地理分布上的差异越大其研究价值越大，差异越小其研究价值越小。因为韵母系统在地理分布上的较大差异不仅能够观察到阿昌语韵母演变的路径，还能为藏缅语族语言韵母演变的规律提供参考。为此，我们以差异度的大小为序，来描写阿昌语韵母系统的演变。

## 第一节 从地理分布差异看阿昌语塞音韵尾的演变

带有[-p]、[-t]、[-k]韵尾是藏缅语族语言的共同特征，藏缅语中存在辅音韵尾的语言（方言）多达 29 种[①]，缅语支的阿昌语、仙岛语、载瓦语、浪速语、波拉语、勒期语等语言均存在辅音韵尾。缅语在中古时期、近古时期及近代时期也曾存在过大量的辅音韵尾。表 3.1 列出一些同源词以显示阿昌语与同语支语言都存在塞音韵尾。

表 3.1　　　　　　　　藏缅语塞音尾例词

| | 陇川 | 梁河 | 芒市 | 仙岛 | 载瓦 | 浪速 | 波拉 | 茶山 | 勒期 | 缅语 |
|---|---|---|---|---|---|---|---|---|---|---|
| 针 | ap$^{55}$ | ək$^{55}$ | ap$^{55}$ | ap$^{55}$ | ap$^{55}$ | ŋɛʔ$^{55}$ | ŋɛʔ$^{55}$ | ŋap$^{55}$ | ŋap$^{55}$ | ap$^{4}$ |
| 六 | xzoʔ$^{55}$ | khu$^{31}$ | tshu$^{51}$ | khjuʔ$^{55}$ | khju$^{55}$ | khjauk$^{55}$ | khjauʔ$^{55}$ | khjuk$^{55}$ | khjuk$^{55}$ | khrok$^{4}$ |
| 吹 | m̥ut$^{55}$ | mət$^{31}$ | mut$^{31}$ | m̥ut$^{55}$ | mut$^{31}$ | mat$^{31}$ | mɔt$^{31}$ | mɔt$^{55}$ | muɔt$^{55}$ | mu:t$^{31}$ | hmut$^{4}$ |
| 睡 | e$^{31}$ | zit$^{31}$ | zit$^{55}$ | it$^{55}$ | jup$^{55}$ | jap$^{31}$ | jap$^{55}$ | jɛt$^{55}$ | ju:p$^{55}$ | ip$^{4}$ |
| 新 | ṣək$^{55}$ | suɯk$^{55}$ | sək$^{55}$ | ṣuk$^{55}$ | sik$^{55}$ | sak$^{31}$ | sak$^{55}$ | saik$^{55}$ | ʃəːk$^{55}$ | sats$^{4}$ |
| 闻 | nam$^{31}$ | naŋ$^{31}$ | nam$^{51}$ | nam$^{31}$ | nam$^{51}$ | nẽ$^{31}$ | nẽ$^{55}$ | nam$^{33}$ | na:m$^{31}$ | nam$^{3}$ |
| 马 | m̥zaŋ$^{31}$ | mjaŋ$^{31}$ | mjaŋ$^{51}$ | m̥zaŋ$^{31}$ | mjaŋ$^{31}$ | mjɔ̃$^{35}$ | mjɔ̃$^{31}$ | njaŋ$^{31}$ | mjaŋ$^{33}$ | mraŋ$^{3}$ |
| 花 | kan$^{53}$tam$^{31}$ | phjin$^{31}$taŋ$^{31}$ | phjin$^{31}$tam$^{33}$ | pan$^{55}$tam$^{33}$ | pan$^{31}$ | pəŋ$^{35}$ | pẽ$^{31}$pɔ$^{55}$ | pan$^{33}$ | pan$^{33}$ | pan$^{3}$ |
| 脓 | pzəŋ$^{55}$ | puɯŋ$^{33}$ | pəŋ$^{31}$ | puɯŋ$^{55}$ | pjin$^{51}$viŋ$^{31}$ | pjaŋ$^{31}$kjɔʔ$^{55}$ | pjaŋ$^{31}$ɣaŋ$^{55}$ | xuɔt$^{55}$ | xuat$^{55}$ | pran$^{2}$ |

---

[①] 藏缅语中存在辅音韵尾的语言（方言）是：藏文、拉萨藏语、巴塘藏语、夏河藏语、阿力克藏语、错那门巴语、墨脱门巴语、羌语、嘉戎语、道孚语、却域语、吕苏语、景颇语、独龙语、阿侬怒语、达让僜语、格曼僜语、卜尕尔珞巴语、义都珞巴语、缅文、阿昌语、仙岛语、载瓦语、浪速语、波拉语、勒期语、怒苏怒语、基诺语、纳木兹语。有辅音韵尾的语言占纳入统计范围 mẽ 语言（方言）的 58%。

一般认为，缅文在一定程度上反映了中古时期的语音状况，缅文与同语支语言在辅音韵尾上的一致性表明它们有共同的来源。阿昌语的辅音韵尾按发音部位分类，可以分为塞音韵尾[-p]、[-t]、[-k]、[-ʔ]，鼻音韵尾[-m]、[-n]、[-ŋ]等。这 7 个韵尾结合其前面的韵母元音，依据藏缅语言学传统，又可分为舒声韵和促声韵两类。舒声韵中的阳声韵[am]、[ɔm]、[um]、[in]、[an]、[un]、[ən]、[ɛn]、[uan]、[aŋ]、[oŋ]、[əŋ]、[iaŋ]、[uaŋ]等；而促声韵则有[ap]、[op]、[iap]、[it]、[at]、[ut]、[ət]、[uat]、[ak]、[ok]、[ək]、[iak]、[iʔ]、[aʔ]、[oʔ]、[uʔ]、[əʔ]、[ɛʔ]、[aiʔ]、[uaʔ]等。有关阿昌语鼻音韵尾的演变情况将在下节具体阐述。

可见，[-p]、[-t]、[-k]、[-ʔ]塞音韵尾的保留体现了阿昌语韵母演变的速度，因此，我们根据塞音韵尾的保留情况将阿昌语的韵母划分为塞音韵尾发达型和塞音韵尾欠发达型两种类型。阿昌语方言之间差异较大，但各方言内部比较一致，无土语之分。其中陇川、芒市方言有 4 个塞音韵尾[-p]、[-t]、[-k]、[-ʔ]，梁河方言只有[-t]、[-k]、[-ʔ]3 个塞音韵尾。各方言的塞音韵尾在与单元音的结合度上各有差异。阿昌语在各方言中所出现的元音有[i]、[e]、[a]、[ɔ]、[o]、[u]、[ə]、[ɿ]、[ɛ]、[ɯ]、[ɑ]、[ɛ̃]、[ɑ̃]，其中[ɛ̃]、[ɑ̃]只在梁河方言中出现，故本节只涉及[i]、[e]、[a]、[ɔ]、[o]、[u]、[ə]、[ɿ]、[ɛ]、[ɯ]、[ɑ] 11 个元音。

综上所述，陇川方言基本完整保留了原始藏缅语共同的塞音韵尾，且与元音的结合度最高；梁河方言[-p]尾韵已销声匿迹，[-t]、[-k]两个尾韵也出现同样的衰变；芒市方言虽仍保留[-p]、[-t]、[-k]三个塞音韵尾，但能相拼的元音所剩无几，呈现逐渐减弱的趋势；喉塞音尾[-ʔ]被视为韵尾简化过程中的一种过渡现象，在三个方言中与元音的拼合能力相当。在汉语借词中，最常出现的塞音韵尾是[-ʔ]。

就词汇系统中含有塞音韵尾的基本词数量来看，不同方言也有较大差别。在塞音韵尾有对应关系的 90 个基本词中，陇川方言保留的塞音韵尾最多，约占总数的 87%，其次是芒市方言，梁河方言带塞音韵尾的例词最少。塞音韵尾数与有塞音韵尾词的数量大致成正比，保留 4 个塞音韵尾的方言，其塞音韵尾词就多，反之，则要少一些。

## 一　塞音韵尾的演变类型

通过对阿昌语带塞音尾韵母的梳理，可以看出阿昌语各方言的塞音韵尾都正处于变化的发展进程中，对应情况多种多样。在地理空间上，交错分布。其演变类型大致可分为[-p]-[-k]、[-t]-[-k]、[-ʔ]的脱落三种类型。

（一）[-p]演变为[-k]的方言分布

这一类型主要表现为原始塞音韵尾[-p]在陇川方言、芒市方言中仍然保留，但在梁河方言[-p]韵尾演变为[-k]。举例如下：

表 3.2　　　　　　　阿昌语塞音韵尾对比词表[-p]-[-k]型

| 方言 | 调查点 | 捧 | 埋（头） | 鼻涕 | 针 | 明天 | （晾）晒 | 孵（化） | 缝（补） |
|---|---|---|---|---|---|---|---|---|---|
| 陇川方言 | 腊撒 | op$^{55}$ | m̥zop$^{55}$ | n̥ap$^{55}$ | ap$^{55}$ | nap$^{55}$ | l̥ap$^{55}$ | up$^{55}$ | xzop$^{55}$ |
| | 朗光 | op$^{55}$ | m̥zop$^{55}$ | n̥ap$^{55}$ | ap$^{55}$ | nap$^{55}$ | l̥ap$^{55}$ | up$^{55}$ | xzop$^{55}$ |
| | 曼捧 | ɔp$^{55}$ | m̥zɔp$^{55}$ | n̥ap$^{55}$ | ap$^{55}$ | nap$^{55}$ | l̥ap$^{55}$ | up$^{55}$ | xzɔp$^{55}$ |
| | 户早 | ɔp$^{55}$ | m̥zɔp$^{55}$ | n̥ap$^{55}$ | ap$^{55}$ | nap$^{55}$ | l̥ap$^{55}$ | up$^{55}$ | xzɔp$^{55}$ |
| 梁河方言 | 关璋 | kok$^{55}$ | ŋok$^{31}$ | n̥ak$^{55}$ | ək$^{55}$ | kha$^{33}$nuk$^{55}$ | l̥ak$^{55}$ | xok$^{55}$ | ʂok$^{55}$ |
| | 弄别 | kok$^{55}$ | ŋok$^{31}$ | n̥ak$^{55}$ | ək$^{55}$ | kha$^{33}$nuk$^{55}$ | l̥ak$^{55}$ | xok$^{55}$ | sok$^{55}$ |
| | 丙盖 | kok$^{55}$ | ŋok$^{31}$ | n̥ak$^{55}$ | ək$^{55}$ | kha$^{33}$nuk$^{55}$ | l̥ak$^{55}$ | xok$^{55}$ | sok$^{55}$ |
| | 横路 | kok$^{55}$ | ŋok$^{31}$ | n̥ak$^{55}$ | ək$^{55}$ | kha$^{33}$nuk$^{55}$ | l̥ak$^{55}$ | xok$^{55}$ | sok$^{55}$ |
| | 勐科 | kok$^{55}$ | ŋok$^{31}$ | n̥ak$^{55}$ | ək$^{55}$ | kha$^{33}$nuk$^{55}$ | l̥ak$^{55}$ | xok$^{55}$ | sok$^{55}$ |
| | 湾中 | kok$^{55}$ | ŋok$^{31}$ | n̥ak$^{55}$ | ək$^{55}$ | kha$^{33}$nuk$^{55}$ | l̥ak$^{55}$ | xok$^{55}$ | sok$^{55}$ |
| 芒市方言 | 杏万 | kop$^{55}$ | mop$^{55}$ | nap$^{55}$ | ap$^{55}$ | kha$^{51}$nap$^{55}$ | lap$^{55}$ | xop$^{55}$ | tshop$^{55}$ |
| | 遮告 | kop$^{55}$ | mop$^{55}$ | nap$^{55}$ | ap$^{55}$ | kha$^{51}$nap$^{55}$ | lap$^{55}$ | xop$^{55}$ | tshop$^{55}$ |
| | 温乖 | khop$^{55}$ | mop$^{55}$ | nap$^{55}$ | ap$^{55}$ | kha$^{51}$nap$^{55}$ | lap$^{55}$ | xop$^{55}$ | tshop$^{55}$ |
| | 芒旦 | xɔp$^{55}$ | mop$^{55}$ | nan$^{51}$ | ap$^{55}$ | khɯ$^{51}$na$^{55}$ | lap$^{55}$ | xop$^{55}$ | tshop$^{55}$ |
| | 曩挤 | kop$^{55}$ | mop$^{55}$ | nap$^{55}$ | ap$^{55}$ | kha$^{51}$nap$^{55}$ | lap$^{55}$ | xop$^{55}$ | tshop$^{55}$ |
| | 英倴 | kop$^{55}$ | mop$^{55}$ | nap$^{55}$ | ap$^{55}$ | kha$^{51}$nap$^{55}$ | lap$^{55}$ | xop$^{55}$ | tshop$^{55}$ |

阿昌语梁河方言[-p]韵尾已全部脱落。陇川方言、芒市方言的[-p]韵尾在梁河方言中显示为[-k]韵尾。例如："埋头""针""孵（化）""缝（补）"等词的元音韵尾，户撒、勐养、江东、龙山等地发音为[-p]，在曩宋、九保、芒东等地区发音为[-k]，形成整齐的[-p]-[-k]对应。但同时，在芒市方言内部也存在特殊现象，龙山镇的芒旦寨部分词的元音韵尾与其他调查点不同，发生单点的变异。例如："鼻涕"[nan$^{51}$]、"明天"[khɯ$^{51}$na$^{55}$]。目前来看，[-p]韵尾流行于阿昌族聚居的大部分地区，地理分布范围较广。阿昌语中以[-p]结尾的例词数量尚存不多，[-p]-[-k]是其主流的演变类型。此外，还有个别例词体现[-p]-[-ʔ]的对应关系，比如"（碗）破（了）"[kzɔp$^{55}$]-[khop$^{55}$]-[pjiʔ$^{55}$]、"舔"[liap$^{55}$]-[liaʔ$^{55}$]-[liɑʔ$^{31}$]。其中[-p]韵尾主要分布在户

撒和江东两个方言片区，囊宋和九保则演变为喉塞音[-ʔ]。"[-p]-[-ʔ]"型在筛选出的有对应关系的例词中，为数不多。

（二）[-t]演变为[-k]的方言分布

虽然带有[-t]韵尾的例词在三个方言中例词相对于其他塞音韵尾较多，但也存在[-t]韵尾向[-k]演变的用例。阿昌语三个方言[-t]韵尾完全对应的例词数量最丰富，诸如"拔（草）"[thut⁵⁵]-[n̯ut³¹]-[n̯ut³¹]、"穿（衣）/戴（帽）"[xut⁵⁵]-[ut³¹]-[wut³¹]、"嘴"[n̯ot⁵⁵]-[n̯ut⁵⁵]-[n̯ut⁵⁵]、"做（事情）"[xot⁵⁵]-[khut³¹]-[kut⁵⁵]、"（线）断了"[pz̩at⁵⁵]-[pət⁵⁵]-[pət³¹]等。[-t]韵尾的演变类型有两种：[-t]-[-k]型和[-t]-[-ʔ]型。其中，[-t]-[-k]型是现阶段的主要形式。这说明[-t]韵尾也出现了松动。为了体现[-t]的松动，我们用表3.3中的例词作为例证。

表3.3　　　　　阿昌语塞音韵尾对比词表[-t]-[-k]型

| 方言 | 调查点 | 辣 | 脱（衣） | （植物）嫩 | 打/敲 | 辣椒 |
|---|---|---|---|---|---|---|
| 陇川方言 | 腊撒 | tshek⁵⁵ | khz̩ək⁵⁵ | n̯uat⁵⁵ | pək⁵⁵ | phik⁵⁵ |
| | 朗光 | tshek⁵⁵ | khz̩ək⁵⁵ | n̯uat⁵⁵ | pək⁵⁵ | phik⁵⁵ |
| | 曼捧 | ɕek⁵⁵ | khz̩ək⁵⁵ | n̯uat⁵⁵ | pək⁵⁵ | phik⁵⁵ |
| | 户早 | sek⁵⁵ | khz̩ək⁵⁵ | n̯uat⁵⁵ | pək⁵⁵ | phik⁵⁵ |
| 梁河方言 | 关璋 | tshuɯk⁵⁵ | khut³¹ | nuk³¹ | puɯk³¹ | tshuɯk⁵⁵ |
| | 弄别 | tshuɯk⁵⁵ | khut³¹ | nuk³¹ | puɯk³¹ | tshuɯk⁵⁵ |
| | 丙盖 | tshuɯk⁵⁵ | khut³¹ | nuk³¹ | puɯk³¹ | tshuɯk⁵⁵ |
| | 横路 | tshuɯk⁵⁵ | khut³¹ | nuk³¹ | puɯk³¹ | tshuɯk⁵⁵ |
| | 勐科 | tshuɯk⁵⁵ | khut³¹ | nuk³¹ | puɯk³¹ | tshuɯk⁵⁵ |
| | 湾中 | tshuɯk⁵⁵ | khut³¹ | nuk³¹ | puɯk³¹ | tshuɯk⁵⁵ |
| 芒市方言 | 囊挤 | phjit⁵⁵ | khut⁵⁵ | nu⁵¹ | pat³¹ | phjit⁵⁵ |
| | 英俫 | phjit⁵⁵ | khut⁵⁵ | nu⁵¹ | pat³¹ | phjit⁵⁵ |
| | 杏万 | phjit⁵⁵ | khut⁵⁵ | nu⁵¹ | pat³¹ | phjit⁵⁵ |
| | 遮告 | phjit⁵⁵ | khut⁵⁵ | nu⁵¹ | pat³¹ | phjit⁵⁵ |
| | 温乖 | phjit⁵⁵ | khut⁵⁵ | nu⁵¹ | pat³¹ | phjit⁵⁵ |
| | 芒旦 | phjit⁵⁵ | khut⁵⁵ | nu⁵¹ | pat³¹ | phjit⁵⁵ |

从上列例子中，我们比较清楚地看到，[-t]-[-k]型呈现三种地理分布类型，第一种情况是芒市方言与陇川方言、梁河方言对应，例如："辣"[phjit⁵⁵]-[tshek⁵⁵]/[ɕek⁵⁵]/[sek⁵⁵]/[tshuɯk⁵⁵]、"打/敲"[pat³¹]-[pək⁵⁵]/[puɯk³¹]、"辣椒"[phjit⁵⁵]-[phik⁵⁵]/[tshuɯk⁵⁵]等；第二种情况是梁河方言、芒市方言与陇川方言

对应，例如："脱（衣）"[khut⁵⁵]/[khut³¹]-[khzək⁵⁵]；第三种情况是陇川与梁河对应，例如："（植物）嫩"[n̻uat⁵⁵]-[nuk³¹]，该词在芒市方言塞音韵尾发生脱落，读音为[nu⁵¹]，声调为高降调51。在[-t]-[-k]型的对应中，芒市方言与陇川方言、梁河方言的对应占大多数，最具典型性。其余两种则只占到少数，但也透露出[-t]韵尾在各方言中发展速度相当。[-t]韵尾除了向[-k]韵尾演变外，还有向喉塞音[-ʔ]发展。例如："呕吐"[phat⁵⁵]-[phaʔ³¹]-[phat⁵⁵]、"瞎"[tset⁵⁵]-[tɕit³¹]-[tsəʔ³¹]等。[-t]-[-ʔ]型只分布在少数例词中，反映出梁河方言、芒市方言的[-t]韵尾已开始向[-ʔ]演变。

（三）[-ʔ]的脱落

[-ʔ]韵尾是阿昌语四个塞音韵尾中出现频率最高的一种。促声韵尾脱落后通常会弱化为喉塞音[-ʔ]，同时，[-ʔ]也是促声韵演变为舒声韵过程中，会经历的最后一个环节。[-ʔ]再向前发展，即为塞音韵尾的彻底消失，韵母部分变为全由元音构成的阴声韵。[-ʔ]-[无]型是阿昌语[-ʔ]演变的唯一形式，但其内部具体的地理分布状况复杂多样。见表3.4。

表3.4　　　　　　阿昌语塞音韵尾对比词表[-ʔ]脱落型

| 方言 | 调查点 | 脸 | 爬（树） | 出去 | 锋利 | 国家 | 水蛭 | 我们 | 竹子 | 别 | 乌鸦 |
|---|---|---|---|---|---|---|---|---|---|---|---|
| 陇川方言 | 腊撒 | ŋɔʔ⁵⁵ŋɔ⁵⁵ | tɔʔ⁵⁵ | thoʔ³¹ | thɔʔ⁵⁵ | kɔʔ³¹tɕa³¹ | nuʔ⁵⁵ | ŋɔ⁵⁵tuʔ³⁵ | oʔ³¹ | taʔ³¹ | kha³¹nɔ⁵⁵ |
| | 朗光 | ŋɔʔ⁵⁵ŋɔ⁵⁵ | tɔʔ⁵⁵ | thoʔ³⁵ | thɔʔ⁵⁵ | kɔʔ³¹tɕa³¹ | nuʔ⁵⁵ | ŋɔ⁵⁵tuʔ³⁵ | oʔ³¹ | taʔ³¹ | kha³¹nɔ⁵⁵ |
| | 曼棒 | ŋɔʔ⁵⁵ŋɔ⁵⁵ | tɔʔ⁵⁵ | thoʔ³⁵ | thɔʔ⁵⁵ | kɔʔ³¹tɕa³¹ | nuʔ⁵⁵ | ŋɔ⁵⁵tuʔ³⁵ | oʔ³¹ | taʔ³¹ | kha³¹nɔ⁵⁵ |
| | 户早 | ŋɔʔ⁵⁵ŋɔ⁵⁵ | tɔʔ⁵⁵ | thoʔ³⁵ | thɔʔ⁵⁵ | kɔʔ³¹tɕa³¹ | nuʔ⁵⁵ | ŋɔ⁵⁵tuʔ³⁵ | oʔ³¹ | taʔ³¹ | kha³¹nɔ⁵⁵ |
| 梁河方言 | 关璋 | na³¹lia³³ | to³¹ | thoʔ⁵⁵ | thaʔ³¹ | ko³¹tɕa³³ | nu³³ | ŋo³¹tuŋ³¹ | waʔ³¹paŋ³¹ | ka³³ | naʔ⁵⁵ |
| | 弄别 | na³¹lia³³ | to³¹ | thoʔ⁵⁵ | thaʔ³¹ | ko³¹tɕa³³ | nu³³ | ŋo³¹tuŋ³¹ | waʔ³¹paŋ³¹ | ka³³ | naʔ⁵⁵ |
| | 丙盖 | na³¹lia³³ | to³¹ | thoʔ⁵⁵ | thaʔ³¹ | ko³¹tɕa³³ | nu³³ | ŋo³¹tuŋ³¹ | waʔ³¹paŋ³¹ | ka³³ | naʔ⁵⁵ |
| | 横路 | na³¹lia³³ | to³¹ | thoʔ⁵⁵ | thaʔ³¹ | ko³¹tɕa³³ | nu³³ | ŋo³¹tuŋ³¹ | waʔ³¹paŋ³¹ | ka³³ | naʔ⁵⁵ |
| | 勐科 | na³¹lia³³ | to³¹ | thoʔ⁵⁵ | thaʔ³¹ | ko³¹tɕa³³ | nu³³ | ŋo³¹tuŋ³¹ | waʔ³¹paŋ³¹ | ka³³ | naʔ⁵⁵ |
| | 湾中 | na³¹lia³³ | to³¹ | thoʔ⁵⁵ | thaʔ³¹ | ko³¹tɕa³³ | nu³³ | ŋo³¹tuŋ³¹ | waʔ³¹paŋ³¹ | ka³³ | naʔ⁵⁵ |
| 芒市方言 | 曩挤 | naʔ³¹na³⁵ | taʔ³¹ | thua⁵¹ | tha⁵¹ | ko³¹kja³³ | no³¹ | ŋo³³to³³ | waʔ⁵⁵paŋ³¹ | taʔ³¹ | ka³³na⁵¹ |
| | 英傣 | naʔ³¹na³⁵ | taʔ³¹ | thua⁵¹ | tha⁵¹ | ko³¹kja³³ | no³¹ | ŋo³³to³³ | waʔ⁵⁵paŋ³¹ | taʔ³¹ | ka³³na⁵¹ |
| | 杏万 | naʔ³¹na³⁵ | taʔ³¹ | thua⁵¹ | tha⁵¹ | ko³¹kja³³ | no³¹ | ŋo³³to³³ | waʔ⁵⁵paŋ³¹ | taʔ³¹ | ka³³na⁵¹ |
| | 遮告 | naʔ³¹na³⁵ | taʔ³¹ | thua⁵¹ | tha⁵¹ | ko³¹kja³³ | no³¹ | ŋo³³to³³ | waʔ⁵⁵paŋ³¹ | taʔ³¹ | ka³³na⁵¹ |
| | 温乖 | naʔ³¹na³⁵ | taʔ³¹ | thua⁵¹ | tha⁵¹ | ko³¹kja³³ | no³¹ | ŋo³³to³³ | waʔ⁵⁵paŋ³¹ | taʔ³¹ | ka³³na⁵¹ |
| | 芒旦 | naʔ³¹na³⁵ | taʔ³¹ | thua⁵¹ | tha⁵¹ | ko³¹kja³³ | no³¹ | ŋo³³to³³ | waʔ⁵⁵paŋ³¹ | taʔ³¹ | ka³³na⁵¹ |

表 3.4 中，例词"脸""爬（树）"反映了陇川方言、芒市方言的[-ʔ]，在梁河方言中消失，韵母部分只剩单元音；例词"出去""锋利""国家"是陇川方言、梁河方言的[-ʔ]，在芒市方言中消失，演变为单元音韵母；例词"水蛭""我们"，[-ʔ]韵母只在陇川方言中有，其他两个方言的[-ʔ]韵尾或已消失、或向鼻音韵尾演化；例词"竹子""乌鸦"是梁河方言、芒市方言保留[-ʔ]，陇川方言丢失；例词"别（走）"的[-ʔ]韵尾则是芒市方言留存，陇川方言和梁河方言已不见踪影。从中可以看出阿昌语[-ʔ]韵尾复杂多变的地理分布类型，以及各方言的[-ʔ]韵尾都不稳定，处于急剧的变化中。

二 塞音韵尾演变的地理分布

（一）[-p]演变为[-k]的地理分布

[-p]韵尾在各方言中分布很不平衡。陇川方言除[ɿ]外，[-p]韵尾能与所有的元音结合，保留比较完整；芒市方言则只保留了[a]韵、[o]韵；而梁河方言带[-p]韵尾的韵母已全部消失。

图 3.1 中，"针"主要有两种读音：[ap$^{55}$]和[ak$^{55}$]，构成整齐的[-p]-[-k]

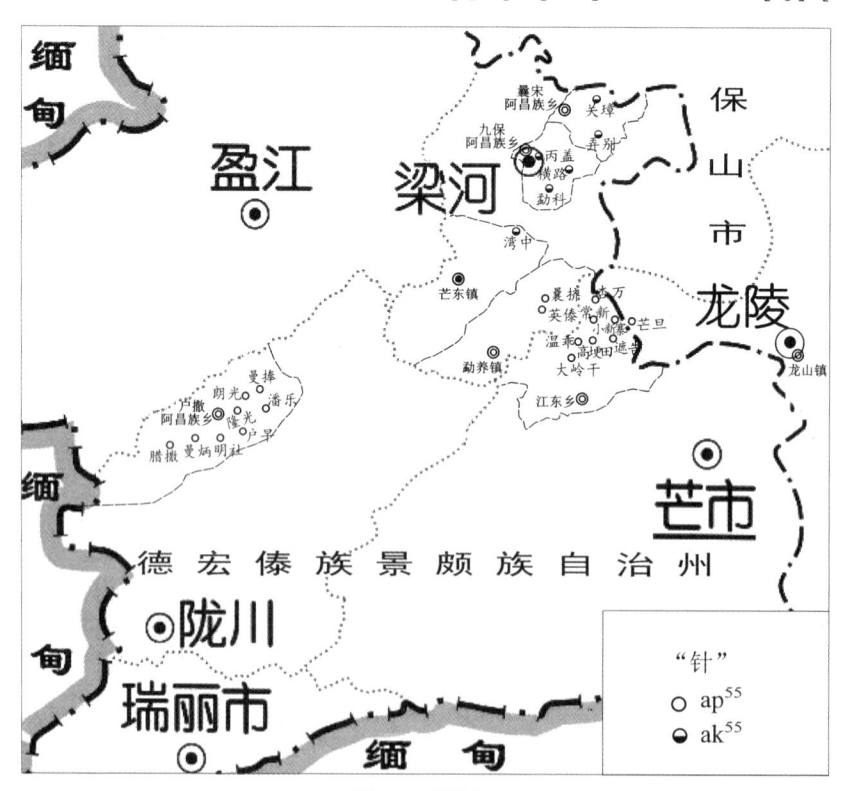

图 3.1 "针"

南北对应。其中[ak⁵⁵]仅分布在梁河地区，[ap⁵⁵]分布于阿昌语的大部分地区。户撒、江东、龙山等地的[-p]韵尾，在曩宋、九保等地大都变为[-k]。"[-p]-[-k]"型是[-p]韵尾演变类型中出现频率最高、数量最多的一种。

图 3.2 中，"鼻涕"的读音类型有[nap⁵⁵]、[nɑk⁵⁵]和[nan⁵¹]三种类型。其中，[nap⁵⁵]分布范围广，覆盖阿昌族分布的大部分区域；[nɑk⁵⁵]主要分布在梁河方言区内，构成陇川、芒市与梁河方言[-p]-[-k]的南北对应。[nan⁵¹]仅在芒市方言内的龙山镇芒旦寨出现，其他点的塞音韵尾在该调查点表现为鼻音韵尾。目前反映此类情况的例词很少，所以系偶然情况还是普遍演变规律，有待进一步考察。

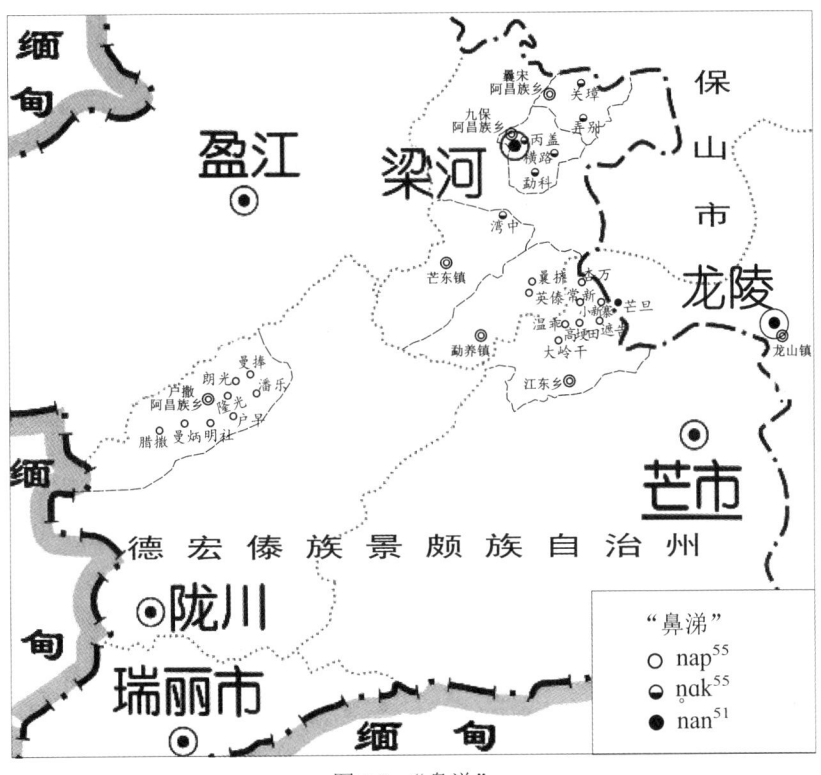

图 3.2 "鼻涕"

图 3.3 中是"明天"的三种读音类型：第一种类型是[nap⁵⁵]和[khɑ⁵¹nap⁵⁵]，分布在户撒、勐养、江东地区；第二种类型是[khɑ³³nuɯk⁵⁵]，分布于曩宋、九保、芒东等地；第三种类型是[khɯ⁵¹na⁵⁵]，只分布在龙山镇芒旦寨，呈孤点分布。调查中发现，芒市方言内部[-p]韵尾整体保留情况较理想，但唯独芒旦寨这个点，常常出现例外，有的例词[-p]韵尾直接脱落，有的例词[-p]韵尾向鼻音尾演化，这预示着[-p]韵尾未来演变的可能方向。

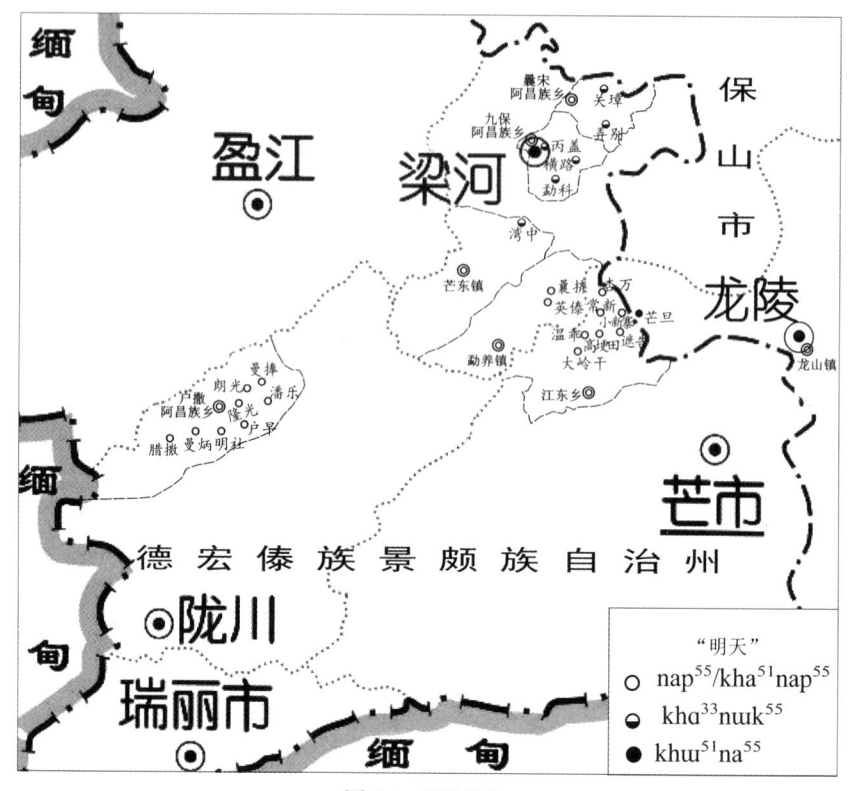

图 3.3 "明天"

地图图例：
"明天"
○ nap⁵⁵/kha⁵¹nap⁵⁵
◐ khɑ³³nɯk⁵⁵
● khu⁵¹na⁵⁵

（二）[-t]演变为[-k]的地理分布

[-t]尾韵在陇川方言中除了不能与元音[ŋ]结合以外，能够与其余的 8 个元音结合，构成带[-t]尾的韵母。这说明陇川方言的词依然全部稳定保留；与陇川方言相比，梁河方言和芒市方言的[-t]尾组合能力下降，只能与[i]、[a]、[u]、[ə] 4 个元音组合，这说明古阿昌语分布其余元音上其余的[-t]尾韵已全部消失了，演变成舌面后塞音尾[-k]。下面我们用图 3.4、图 3.5、图 3.6 来体现这一演变。

图 3.4 反映的是"（植物）嫩"的三种发音类型：[n̠uat⁵⁵]、[nuk³¹]和[nu⁵¹]。[n̠uat⁵⁵]分布在户撒及周边地区；[nuk³¹]主要分布在曩宋、九保及芒东地区；[nu⁵¹]仅分布于芒市、勐养和龙山。在地理分布上，[n̠uat⁵⁵]和[nuk³¹]处于中心区域，[nu⁵¹]围绕中心区域分布于局部地区。说明[-t]韵尾已有脱落的迹象。

图 3.5 为"脱（衣）"的两种读音类型：[khut³¹]、[khut⁵⁵]和[khzək⁵⁵]。[-t]韵尾占有明显的优势，占据阿昌族聚居的大部分地区。而[khzək⁵⁵]主要分布于户撒地区。形成典型的梁河、芒市与陇川的东西对应。

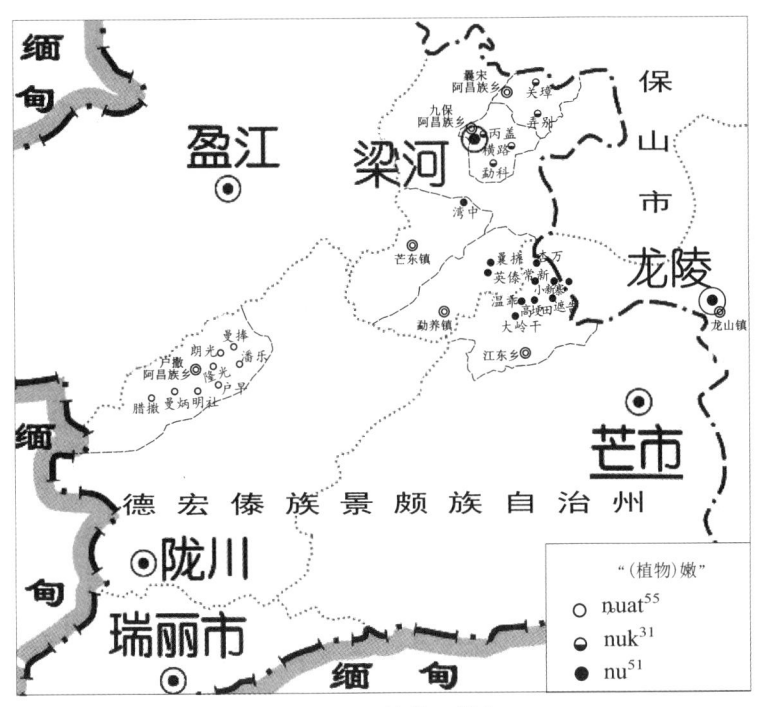

第三章　从地理分布差异看阿昌语韵母的演变　　79

图 3.4 "（植物）嫩"

"（植物）嫩"
○ nuat⁵⁵
⊖ nuk³¹
● nu⁵¹

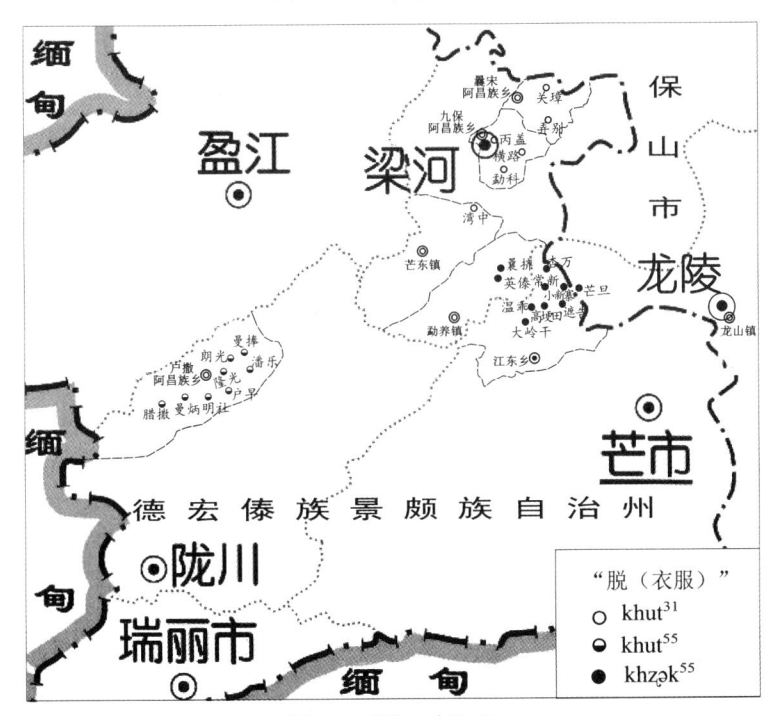

图 3.5 "脱（衣）"

"脱（衣服）"
○ khut³¹
⊖ khut⁵⁵
● khzək⁵⁵

图 3.6 为"辣"的两种读音类型。第一种类型是[phjit⁵⁵]，仅在芒市方言区分布。第二种类型是[tshek⁵⁵]/[ɕek⁵⁵]/[sek⁵⁵]/[tshuk⁵⁵]，分布在户腊撒、囊宋、九保、芒东等地，各调查点韵尾相同，辅音发音却不太稳定，有混读的现象。在地理分布上，构成芒市和陇川、梁河的对应。

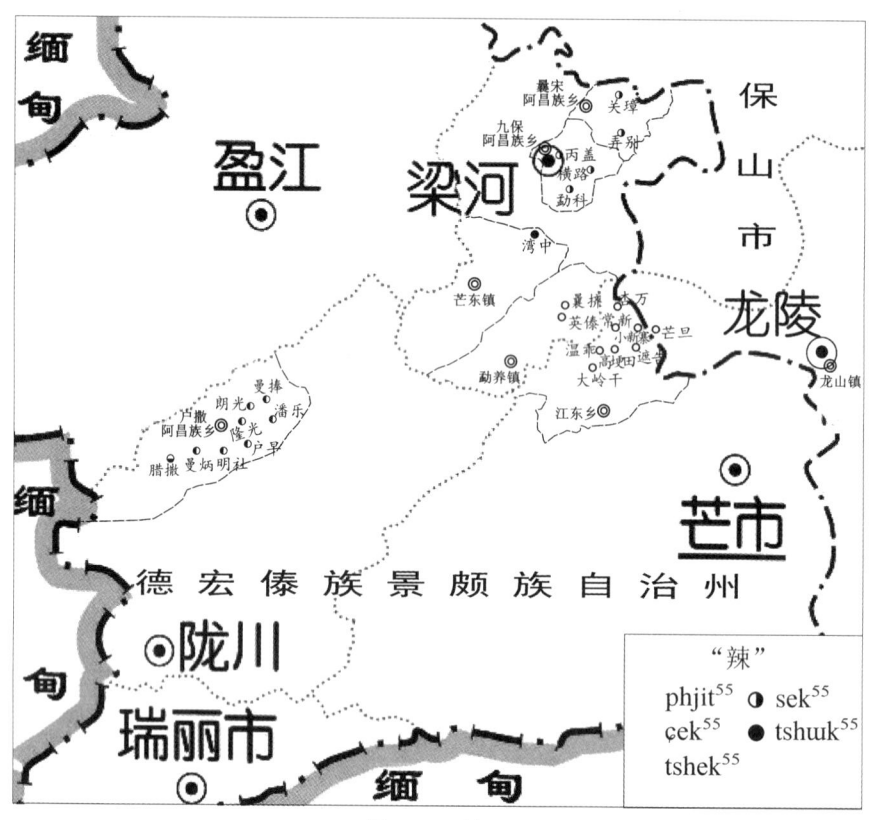

图 3.6 "辣"

(三)[-ʔ]脱落的地理分布

阿昌语的三个方言虽然都保留了[-ʔ]，但不同方言的[-ʔ]尾在与元音结合的能力上存在差异。在陇川方言中[-ʔ]尾能够与所有的单元音韵母和部分复合元音韵母结合，构成[iʔ]、[eʔ]、[aʔ]、[ɔʔ]、[oʔ]、[uʔ]、[əʔ]、[aiʔ]、[uiʔ]、[auʔ]、[ouʔ]、[uaʔ]12 个带[-ʔ]的韵母。而在梁河方言中，[-ʔ]只能与个别元音相结合，构成[iʔ]、[ɛʔ]、[ɑʔ]、[oʔ]、[uʔ]、[əʔ]、[uiʔ]、[iɑʔ] 8 个带[-ʔ]的韵母。在芒市方言中[-ʔ]韵尾能同元音构成[iʔ]、[aʔ]、[ɛʔ]、[oʔ]、[uʔ]、[əʔ]、[aiʔ]、[iaʔ]、[uaiʔ] 9 个带[-ʔ]的韵母。[-ʔ]尾在三个方言中与元音结合能力的差异，体现了[-ʔ]尾由多到少，乃至脱落的演变趋势。下面我们用图 3.7、图 3.8、图 3.9、图 3.10、图 3.11 例词的地理分布情况来反映阿昌语[-ʔ]韵尾演化的进程。

图 3.7 为"爬（树）"的三种读音：[tɔʔ⁵⁵]、[to³¹]和[taʔ³¹]，其中陇川方言的[tɔʔ⁵⁵]和芒市方言的[taʔ³¹]属于[-ʔ]韵尾保留型，梁河方言读作[to³¹]，属于[-ʔ]韵尾丢失型。在地理分布上，形成陇川方言、芒市方言与梁河方言的南北对应。

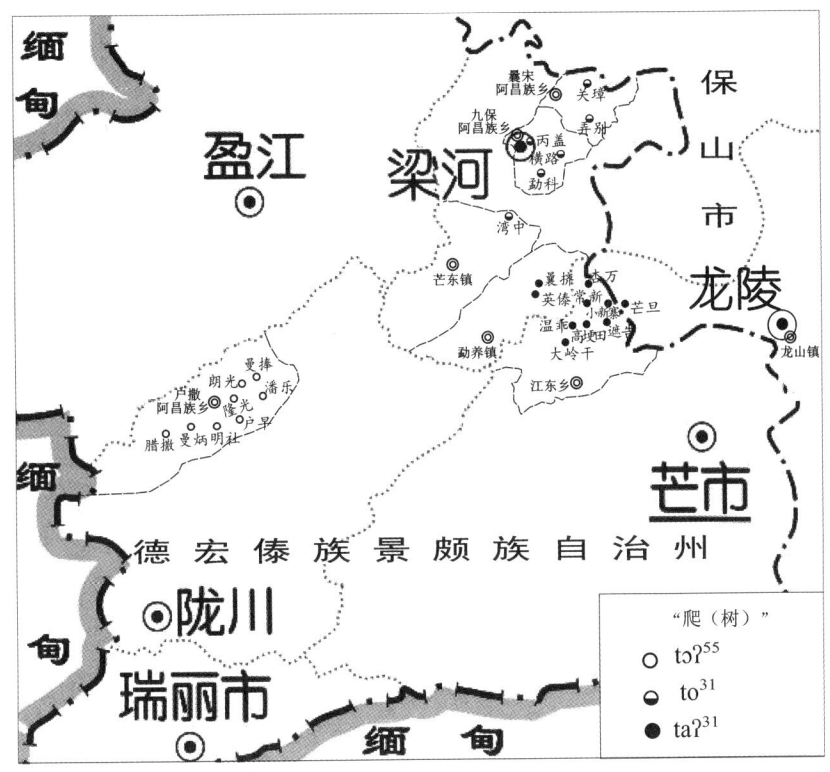

图 3.7 "爬（树）"

图 3.8 中，"锋利"有两种读音类型：[thɔʔ⁵⁵]/[thɑʔ³¹]和[tha⁵¹]，其中陇川方言和梁河方言的读音有喉塞音[ʔ]，芒市方言的读音[tha⁵¹]，[ʔ]韵尾已脱落，韵母结构发生变化，由"元音+辅音"变成"元音"。在地理分布上，形成陇川方言、梁河方言与芒市方言的东西对应。

图 3.9 展示了例词"我们"的三种发音，只有陇川方言的读音"[ŋɔ⁵⁵tuʔ³⁵]"还留有喉塞音[ʔ]、梁河方言的发音"[ŋo³¹tuŋ³³]"，音节末为鼻音韵尾[ŋ]，而芒市方言的发音"[ŋo³³to³³]"，则已变为单元音[o]，塞音韵尾已丢失。韵母的结构特点都发生了改变。在地理分布上，形成陇川方言同梁河方言、芒市方言的东西对应。

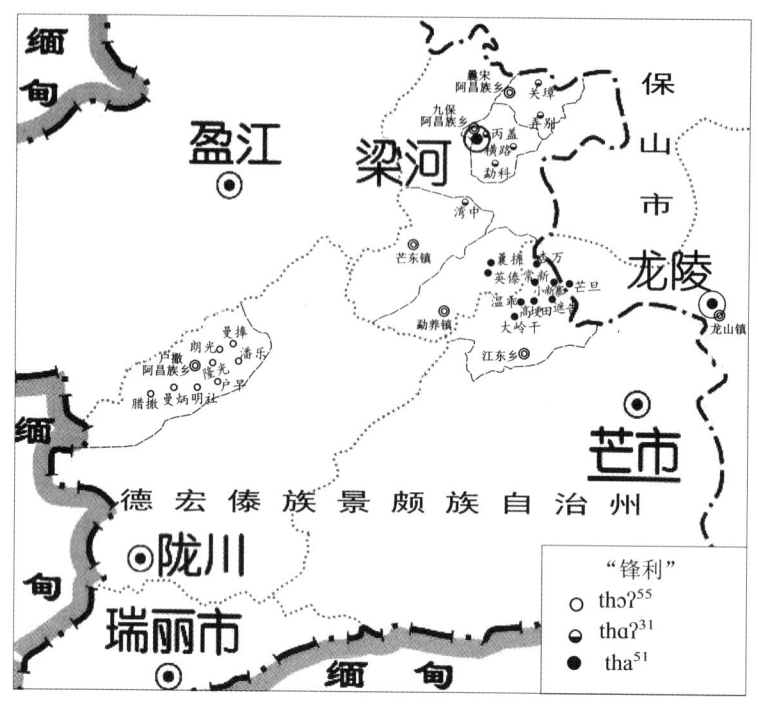

图 3.8 "锋利"

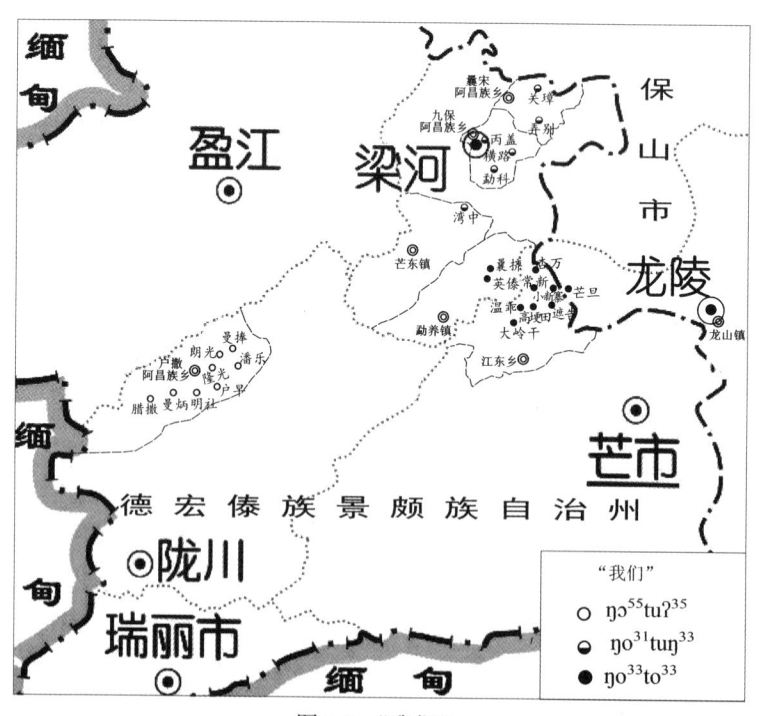

图 3.9 "我们"

图 3.10 中,"乌鸦"有两种读音类型,第一种类型是[kɑ$^{33}$nɑʔ$^{55}$],第二种类型是[khɑ$^{31}$nɔ$^{55}$]和[kɑ$^{33}$na$^{51}$]。第一种类型"[kɑ$^{33}$nɑʔ$^{55}$]"仅分布在梁河方言一带,第二种类型主要分布在陇川方言和芒市方言片区,分布范围广。塞音韵尾[ʔ]只在梁河方言区留存,其余方言区已消失。在地理分布上,形成梁河方言与陇川方言、芒市方言的对应。

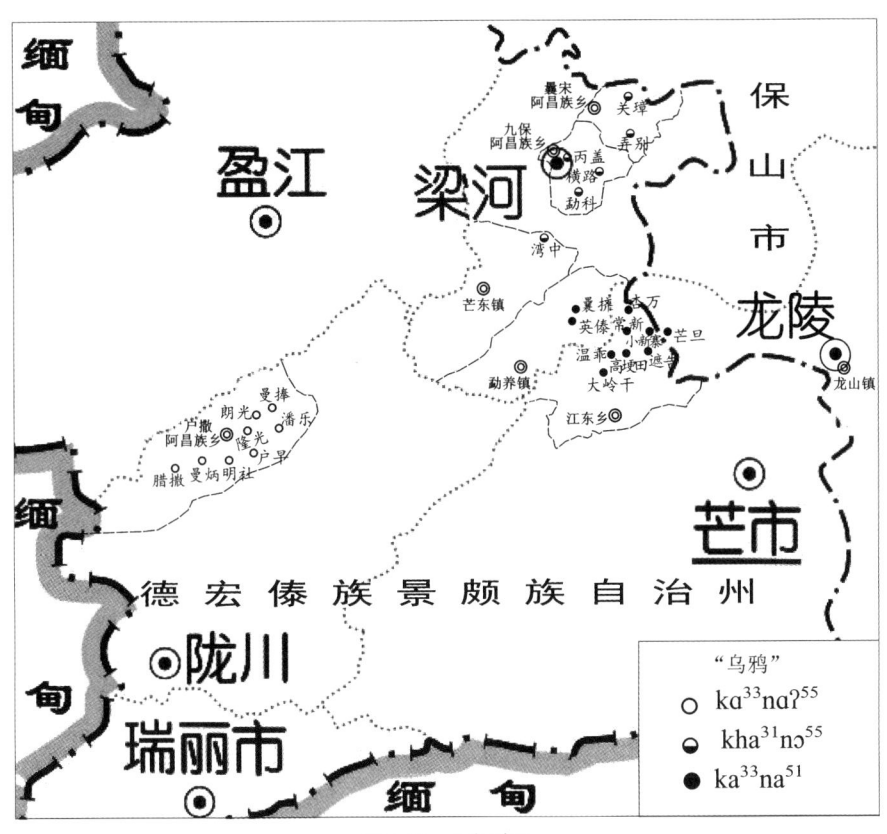

图 3.10 "乌鸦"

图 3.11 显示了"别"的两类读音,即[taʔ$^{31}$]和[tɑ$^{31}$]/[ta$^{31}$]。其中,芒市方言读作[taʔ$^{31}$],陇川方言读作[ta$^{31}$],梁河方言读为[tɑ$^{31}$]。[ʔ]韵尾只分布在芒市方言区,陇川方言和梁河方言都已丢失。在地理分布上,形成芒市方言和陇川方言、梁河方言的对应。

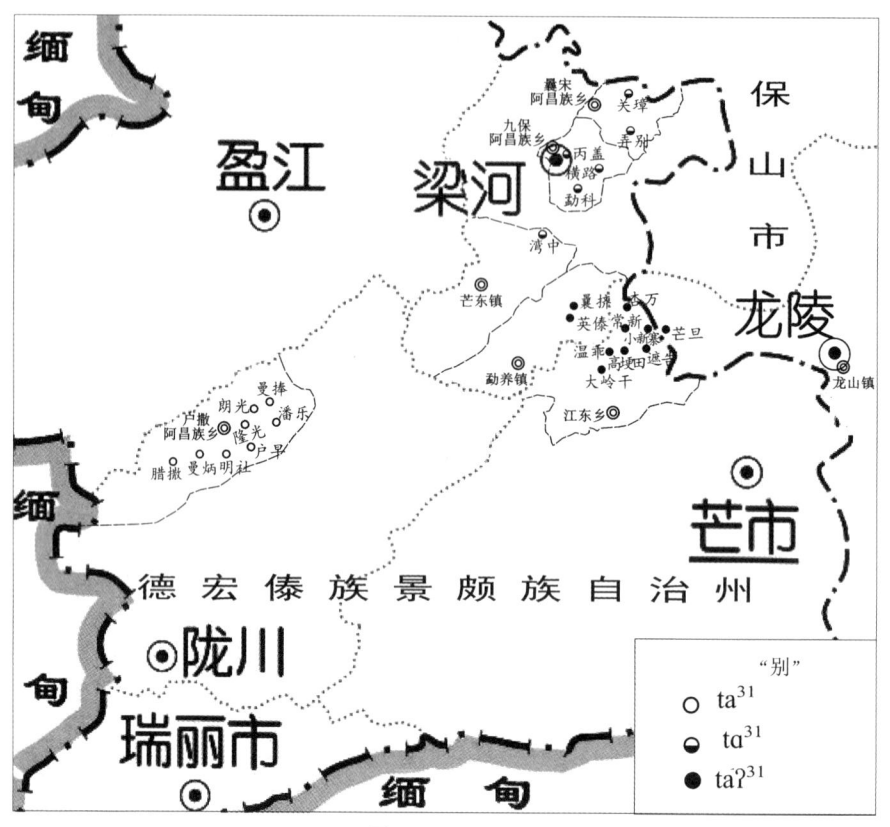

图 3.11 "别"

### 三 小结

从地理分布来看，阿昌语塞音韵尾的地域发展不平衡，主要体现在塞音韵尾的简化程度上。位于北部的梁河方言的塞音韵尾的演化速度最快，其所辖的曩宋、九保、湾中等地的[-p]韵尾已完全脱落，分化为[-k]和[-ʔ]，[-t]、[-k]也只能与少数几个韵母相拼。芒市方言中[-p]、[-t]、[-k]仍保留，但与韵母的组合能力明显变弱，纷纷向[-ʔ]韵尾推移。陇川方言塞音韵尾保留情况最好，[-p]、[-t]、[-k]、[-ʔ]几乎能与所有的单元音韵母相拼，始终是韵母结构的重要组成因素。阿昌语方言内部塞音韵尾的发展情况由弱及强可以表示为：梁河方言＜芒市方言＜陇川方言。

从塞音韵尾的发展趋势来看，整个缅语支语言的塞音韵尾均呈简化、脱落的趋势。在阿昌语三个方言中，只有陇川方言保留的塞音韵尾较多，系统性较强。而其他两个方言的塞音韵尾已出现不同程度的脱落。其他辅音韵尾也都是如此，往往是陇川方言保留得更完好，如梁河方言已无[-p]

韵尾。芒市方言虽保留与陇川方言相同的辅音词尾，但在分布上已不整齐。这种现象完全符合缅语支语言语音发展的总趋势。

从塞音韵尾的演化路径来看，阿昌语的[-p]韵尾目前处于向[-k]韵尾的演变阶段。从三个方言[-p]韵尾共时平面的变化，可推测阿昌语[-p]韵尾的演变路径为[-p]→[-k]→[-ʔ]；[-t]是[-p]、[-t]、[-k]三个古塞音韵尾中，相对比较稳定的，保持相同对应类型的例词数量最多，说明该韵尾保留情况较好，发展较缓慢。其演变可能有两条路线：一是舌位逐渐向后，经由[-k]韵尾演变到[-ʔ]韵尾，二是直接演变到[-ʔ]韵尾；[-k]韵尾的演变进程较快，三个方言以[-k]结尾的例词都不太多。相比于其他方言，[-k]韵尾在陇川方言中保留较好，在芒市方言、梁河方言中则发展更快一步，已演化到[-ʔ]韵尾，甚至消失。

戴庆厦在《藏缅语族辅音韵尾的发展》（1989）[①]一文中，通过与古代藏语、古代缅语等亲属语言的对比认为，藏缅语的[-ʔ]是后起的塞音韵尾，阿昌语也不例外。从上文[-ʔ]韵尾的地理分布和演变类型可知，阿昌语方言内部均已出现[-ʔ]韵尾，并具有普遍性。且相同音值的演变类型占优势，说明阿昌语的塞音韵尾正经历从[-p]、[-t]、[-k]分别向[-ʔ]演变的阶段，从不同的部位转化为[-ʔ]。部分词汇的喉塞音也已脱落，意味着韵母结构发生了根本性的转变，由促声韵变为口元音韵母。用图式可以表示如下：[-p]、[-t]、[-k]（多种塞音韵尾）→[-ʔ]（单一塞音韵尾）→元音（无塞音韵尾）。

## 第二节　从地理分布差异看阿昌语鼻音韵尾的演变

阿昌语各方言鼻音韵尾的发展很不平衡，其对应不及塞音韵尾那样整齐有规律，呈现出不同的特点。陇川方言完整保留[-m]、[-n]、[-ŋ]三个鼻辅音韵尾，且能与几乎所有的单元音和复合元音相拼，芒市方言韵母系统也包含[-m]、[-n]、[-ŋ]三个鼻音韵尾，但能与之搭配的元音很有限，梁河方言只有[-n]、[-ŋ]两个鼻音韵尾，[-m]韵尾已消失，新增了鼻化元音。由此，依据鼻音韵尾的发达程度，可将阿昌语的三个方言进行排序，由强及弱表示为：陇川方言＞芒市方言＞梁河方言。下面我们将具体介绍[-m]、[-n]、[-ŋ]韵尾的演变类型及其地理分布。

### 一　鼻音韵尾的演变类型

阿昌语鼻音韵尾的演变类型主要有两类：[-m]-[-ŋ]型、[-n]-鼻化元音

---

[①] 戴庆厦：《藏缅语族辅音韵尾的发展》，《戴庆厦文集》（第二卷），中央民族大学出版社2012年版。

型。主要表现为以户撒为代表的陇川方言、以高埂田为代表的芒市方言与以曩宋为代表的梁河方言形成的南北地区差异。

（一）[-m]演变为[-ŋ]的方言分布

[-m]-[-ŋ]型主要表现为陇川方言、芒市方言的[-m]韵尾对应梁河方言的[-ŋ]韵尾。举例如下：

表 3.5　　　　　　阿昌语鼻音韵尾对比词表[-m]-[-ŋ]型

| 方言 | 调查点 | 桥 | 分（粮） | 想 | 三 | 葫芦 | （一）双（鞋） | 池塘 | 瘪 |
|---|---|---|---|---|---|---|---|---|---|
| 陇川方言 | 腊撒 | tɕam⁵⁵ | kam⁵⁵ | sam⁵⁵ | sum³¹ | om⁵⁵ | tɕɔm³¹ | n̥ɔŋ⁵⁵ | som⁵⁵ |
| | 朗光 | tɕam⁵⁵ | kam⁵⁵ | sam⁵⁵ | sum³¹ | om⁵⁵ | tɕɔm³¹ | n̥ɔŋ⁵⁵ | som⁵⁵ |
| | 曼捧 | tɕam⁵⁵ | kam⁵⁵ | sam⁵⁵ | sum³¹ | om⁵⁵ | tɕɔm³¹ | n̥ɔŋ⁵⁵ | som⁵⁵ |
| | 户早 | tɕam⁵⁵ | kam⁵⁵ | sam⁵⁵ | sum³¹ | om⁵⁵ | tɕɔm³¹ | n̥ɔŋ⁵⁵ | som⁵⁵ |
| 梁河方言 | 关璋 | tɕaŋ³³ | kaŋ³³ | ŋaŋ³¹ | suŋ³¹ | uŋ³³ | tɕuŋ³¹ | n̥uŋ⁵⁵ | suŋ³³ |
| | 弄别 | tɕaŋ³³ | kaŋ³³ | ŋaŋ³¹ | suŋ³¹ | uŋ³³ | tɕuŋ³¹ | n̥uŋ⁵⁵ | suŋ³³ |
| | 丙盖 | tɕaŋ³³ | kaŋ³³ | ŋaŋ³¹ | suŋ³¹ | uŋ³³ | tɕuŋ³¹ | n̥uŋ⁵⁵ | suŋ³³ |
| | 横路 | tɕaŋ³³ | kaŋ³³ | ŋaŋ³¹ | suŋ³¹ | uŋ³³ | tɕuŋ³¹ | n̥uŋ⁵⁵ | suŋ³³ |
| | 勐科 | tɕaŋ³³ | kaŋ³³ | ŋaŋ³¹ | suŋ³¹ | uŋ³³ | tɕuŋ³¹ | n̥uŋ⁵⁵ | suŋ³³ |
| | 湾中 | tɕaŋ³³ | kaŋ³³ | ŋaŋ³¹ | suŋ³¹ | uŋ³³ | tɕuŋ³¹ | n̥uŋ⁵⁵ | suŋ³³ |
| 芒市方言 | 杏万 | tsam³³ | kam³³ | ŋam⁵⁵ | som³⁵ | om³⁵ | tsom⁵¹ | nom⁵⁵ | som³⁵ |
| | 遮告 | tsam³³ | kam³³ | ŋam⁵⁵ | som³⁵ | om³⁵ | tsom⁵¹ | nom⁵⁵ | som³⁵ |
| | 温乖 | tsam³³ | kam³³ | ŋam⁵⁵ | som³⁵ | om³⁵ | tsom⁵¹ | nom⁵⁵ | som³⁵ |
| | 芒旦 | tsam³³ | kam³³ | ŋaŋ⁵⁵ | som³⁵ | om³⁵ | tsom⁵¹ | nom⁵⁵ | som³⁵ |
| | 曩挤 | tsam³³ | kam³³ | ŋam⁵⁵ | som³⁵ | om³⁵ | tsom⁵¹ | nom⁵⁵ | som³⁵ |
| | 英傣 | tsam³³ | kam³³ | ŋam⁵⁵ | som³⁵ | om³⁵ | tsom⁵¹ | nom⁵⁵ | som³⁵ |

陇川方言和芒市方言的韵尾[-m]在梁河为[-ŋ]。例如："桥""分（粮）""三""葫芦""（一）双（鞋）""瘪"等词的音节末尾，户撒、腊撒、高埂田、芒旦曩挤、英傣等地为双唇浊鼻音[-m]，在曩宋、九保、湾中等地区为舌根浊鼻音[-ŋ]。在地理分布上，构成[-m]-[-ŋ]的整齐对应，这也是[-m]韵尾的主要演变类型。芒旦地区比较特殊，部分词韵尾与芒市方言其他调查点不同，却与梁河方言一致。如：动词"想"[ŋaŋ⁵⁵]等。在调查中，我们发现芒旦调查点的鼻音韵尾时而与梁河方言相同，时而与芒市方言一致。究其原因，与该点所处的地理位置有关，芒旦位于梁河方言和芒市方言的中

# 第三章 从地理分布差异看阿昌语韵母的演变

间地带，其语言表现出明显的过渡性质。[-m]韵尾分化为[-m]和[-ŋ]两个，其中大部分同[-m]对应，少量同[-ŋ]对应。

阿昌语的[-m]韵尾是直接演变为[-ŋ]韵尾还是经由[-n]再到[-ŋ]，我们可以通过与同语支亲属语言的对比来探究。例如：

| 例词 | 陇川 | 梁河 | 芒市 | 仙岛 | 载瓦 | 浪速 | 波拉 | 茶山 | 勒期 | 缅语 |
|---|---|---|---|---|---|---|---|---|---|---|
| 铁 | ṣam⁵⁵ | ṣaŋ³³ | sam³⁵ | ṣam⁵⁵ | ʃam⁵¹tɔʔ⁵⁵ | ʃɛ̃³¹tɔʔ⁵⁵ | ʃɛ̃⁵⁵taʔ⁵⁵ | tʃʰje³¹ | tʃɔʔ³¹tɔʔ⁵⁵ | tθam² |
| 臭 | nam³¹ | naŋ³¹ | nam⁵¹ | nam³¹ | nam⁵¹ | nɛ̃³¹ | nɛ̃⁵⁵ | nam³³ | na:m³¹ | nam³ |
| 心脏 | n̥a⁵⁵lum³¹ | n̥o³¹luŋ³³ | nək⁵⁵lom³³ | n̥ɔʔ³¹lum³¹ | nik⁵⁵lum³¹ | nak⁵⁵lam³⁵ | nak⁵⁵lam³¹ | naik⁵⁵lom³³ | nək⁵⁵lom³³ | lum³ |
| 个 | lum⁵¹ | luŋ³⁵ | lom³³ | lum³¹ | tʃham³¹ | khjɛʔ⁵⁵ | khjɛʔ⁵⁵ | khjap⁵⁵ | khjap⁵⁵ | lum³ |
| 桃子 | ʂɿ⁵⁵om³¹ | ʂɿ³¹uŋ³¹ | ʂɿ⁵⁵om³³ | ʂɿ³¹xum³¹ | ʃɿ⁵⁵xum³¹ ʃɿ³¹ | ʃɿ³⁵xam³⁵ | ʃɿ³⁵xam³⁵ | ʃɿ⁵⁵wɔm⁵⁵ | ʃɿ⁵⁵xɔm⁵⁵ | mak⁴mon² |
| 池塘 | nɔŋ⁵⁵ | nuŋ⁵⁵ | nom⁵⁵ | thaŋ³⁵ | thum³⁵ | nɔŋ⁵⁵ | nɔŋ⁵⁵ | thɔm⁵⁵ | thɔm⁵⁵ | oŋ² |
| 桥 | tɕam⁵⁵ | tsam³³ | tɕaŋ³³ | kjam⁵⁵ | tsam⁵¹ | tsɛ̃³¹ | tsɛ̃⁵⁵ | tsam³¹ | tsam³¹ | tam²ta³ |
| 旁边 | a³¹ʑam⁵⁵ | a³¹ʑaŋ³¹ | a³¹ʑam³¹ | zɔ³⁵mɔ³¹ | tʃaŋ⁵⁵jam³¹ | jɛ̃³¹ | tʃɔ³⁵jɛ̃³¹ | a³¹jam³¹ | a³¹jam³¹ | a¹na³ |
| 三 | sum³¹ | tɕuŋ³¹ | suŋ³¹ | sum³¹ | sum³¹ | sam³¹ | sam⁵⁵ | sɔm³³ | sɔm⁵⁵ | tθum³ |
| 水碓 | tɕhom³¹ | tɕhoŋ³³ | tshom³⁵ | khjom⁵⁵ | tshum³⁵ | tsham³¹ | tsham³¹ | tʃɔi³¹tshom³³ | kjei³¹tshom³³ | mɔŋ³ |
| 分配 | kam⁵⁵ | kaŋ³³ | kam³³ | meŋ³⁵ | kam⁵¹ | kɛ̃³¹ | kɛ̃⁵⁵ | kaŋ³¹ | ka:m⁵³ | we² |

通过上述比较可以看出，陇川方言和芒市方言更接近其他缅语支语言。缅语支大部分语言（如阿昌语陇川方言和芒市方言、仙岛语、载瓦语、茶山语、勒期语、现代缅语等）的[-m]韵尾发展比较稳定，保留状况良好。梁河方言的[-m]已完全转化为[-ŋ]韵尾，处于发展的中间阶段。浪速语和波拉语则变化最快，类型最丰富。所列举的例词中，部分韵尾仍保留[-m]，如"心脏"[nak⁵⁵lam³⁵]/[nak⁵⁵lam³¹]、"个"[khjɛʔ⁵⁵]/[khjɛʔ⁵⁵]、"桃子"[ʃɿ³⁵xam³⁵]/[ʃɿ³⁵xam³⁵]；部分演变为[-ŋ]，如"池塘"[nɔŋ⁵⁵]/[nɔŋ⁵⁵]；部分随着鼻音韵尾的消失，出现了鼻化元音，如"铁"[ʃɛ̃³¹tɔʔ⁵⁵]/[ʃɛ̃⁵⁵taʔ⁵⁵]、"臭"[nɛ̃³¹]/[nɛ̃⁵⁵]、"桥"[tsɛ̃³¹]/[tsɛ̃⁵⁵]、"旁边"[jɛ̃³¹]/[tʃɔ³⁵jɛ̃³¹]、"分配"[kɛ̃³¹]/[kɛ̃⁵⁵]，形成鼻音韵尾[-m]、[-ŋ]与鼻化元音并存的现象。同时，[-ŋ]韵尾已在缅语支语言中

零星出现，如仙岛语的"池塘"[thaŋ³⁵]、"分配"[meŋ³⁵]，茶山语的"分配"[kaŋ³¹]。由此，可以推断阿昌语[-m]韵尾的演变路径为：[-m]→[-ŋ]→鼻化元音，未经历[-m]→[-n]的演变阶段。

（二）[-n]演变为鼻化元音的方言分布

[-n]韵尾在阿昌语各方言中，少部分例词保持相同音值的对应，多数情况是陇川方言和芒市方言的舌尖中[-n]韵尾，在梁河方言地区往往表现为鼻化元音，鼻音韵尾已脱落。根据调查结果，我们选取若干调查点来说明[-n]-鼻化元音型的对应情况。详见表3.6。

表3.6　阿昌语[-n]-鼻化元音型对比

| 方言 | 调查点 | 霜 | 蚂蚁 | 扁担 | 大雁 | 豖（猪） | 浅 | 乳房 | 砍（树） |
|---|---|---|---|---|---|---|---|---|---|
| 陇川方言 | 腊撒 | ȵan⁵⁵ | tɕhi⁵⁵man⁵⁵ | kan³¹ | lau⁵⁵kʐuan³⁵ | tuan⁵⁵ | tɕhen⁵⁵ | ȵau³⁵ | tɕen³¹ |
| | 朗光 | ȵan⁵⁵ | tɕhi⁵⁵man⁵⁵ | kan³¹ | lau⁵⁵kʐuan³⁵ | tuan⁵⁵ | tɕhen⁵⁵ | ȵau³⁵ | tɕen³¹ |
| | 曼捧 | ȵan⁵⁵ | tɕhi⁵⁵man⁵⁵ | kan³¹ | lau⁵⁵kʐuan³⁵ | tuan⁵⁵ | tɕhen⁵⁵ | ȵau³⁵ | tɕen³¹ |
| | 户早 | ȵan⁵⁵ | tɕhi⁵⁵man⁵⁵ | kan³¹ | lau⁵⁵kʐuan³⁵ | tuan⁵⁵ | tɕhen⁵⁵ | ȵau³⁵ | tɕen³¹ |
| 梁河方言 | 关璋 | xã³³ | tɕa³¹m̥ãʔ³¹ | kã³⁵ | lau³¹kuã³⁵ | tuã³¹ | tɕhẽ³³ | nẽ³¹ | tɕẽ³¹ |
| | 弄别 | xã³³ | tɕa³¹m̥ãʔ³¹ | kã³⁵ | lau³¹kuã³⁵ | tuã³¹ | tɕhẽ³³ | nẽ³¹ | tɕẽ³¹ |
| | 丙盖 | xã³³ | tɕa³¹m̥ãʔ³¹ | kã³⁵ | lau³¹kuã³⁵ | tuã³¹ | tɕhẽ³³ | nẽ³¹ | tɕẽ³¹ |
| | 横路 | xã³³ | tɕa³¹m̥ãʔ³¹ | kã³⁵ | lau³¹kuã³⁵ | tuã³¹ | tɕhẽ³³ | nẽ³¹ | tɕẽ³¹ |
| | 勐科 | xã³³ | tɕa³¹m̥ãʔ³¹ | kã³⁵ | lau³¹kuã³⁵ | tuã³¹ | tɕhẽ³³ | nẽ³¹ | tɕẽ³¹ |
| | 湾中 | xã³³ | tɕa³¹m̥ãʔ³¹ | kã³⁵ | lau³¹kuã³⁵ | tuã³¹ | tɕhẽ³³ | nẽ³¹ | tɕẽ³¹ |
| 芒市方言 | 杏万 | ŋan³⁵ | tɕaŋ⁵⁵man³¹ | kan⁵¹ | lau⁵¹kuan³⁵ | tuan⁵⁵ | tɕhen⁵¹ | nɛn³¹ | tsen³¹ |
| | 遮告 | ŋan³⁵ | tɕaŋ⁵⁵man³¹ | kan⁵¹ | lau⁵¹kuan³⁵ | tuan⁵⁵ | tɕhen⁵¹ | nɛn³¹ | tsen³¹ |
| | 温乖 | ŋan³⁵ | tɕaŋ⁵⁵man³¹ | kan⁵¹ | lau⁵¹kuan³⁵ | tuan⁵⁵ | tɕhen⁵¹ | nɛn³¹ | tsen³¹ |
| | 芒旦 | ŋan³⁵ | tɕaŋ⁵⁵man³¹ | kan⁵¹ | lau⁵¹kuan³⁵ | tuan⁵⁵ | tɕhen⁵¹ | nɛn³¹ | tsen³¹ |
| | 曩挤 | ŋan³⁵ | tɕaŋ⁵⁵man³¹ | kan⁵¹ | lau⁵¹kuan³⁵ | tuan⁵⁵ | tɕhen⁵¹ | nɛn³¹ | tsen³¹ |
| | 英傣 | ŋan³⁵ | tɕaŋ⁵⁵man³¹ | kan⁵¹ | lau⁵¹kuan³⁵ | tuan⁵⁵ | tɕhen⁵¹ | nɛn³¹ | tsen³¹ |

表3.6的例词中，陇川方言和芒市方言的鼻音韵尾比较一致，都是舌尖中浊鼻音[-n]作韵尾，与梁河方言的鼻化元音形成[-n]-鼻化元音严整的对应

第三章 从地理分布差异看阿昌语韵母的演变

关系。同时，梁河方言的鼻化元音，主要集中在[ɑ]元音，少量为[ɛ]。也就是说，当[-n]作[ɑ]或[ɛ]元音的韵尾时，其消失后使韵母变成了鼻化元音[ã]或[ɛ̃]。

阿昌语的[-n]韵尾除了脱落演变为鼻化元音外，还有一部分词的[-n]韵尾在三个方言中仍都保留，读音相同，而与之相结合的元音均为单元音，且主要是两个高元音[u]和[i]。这说明阿昌语梁河方言[ɑ]元音和[ɛ]元音后面的[-n]韵尾已全部脱落，并影响元音的变化（如[ɑn]→[ã]、[ɛn]→[ɛ̃]）。

我们再与亲属语言进行比较，阿昌语的[-n]/鼻化元音在其他亲属语言中的对应关系如表3.7所示：

表3.7　　　　　　　　缅语支语言同源词比较

| 例词 | 陇川 | 梁河 | 芒市 | 仙岛 | 载瓦 | 浪速 | 波拉 | 茶山 | 勒期 | 缅语 |
|---|---|---|---|---|---|---|---|---|---|---|
| 牁（猪） | tuan⁵⁵ | tuã³¹ | tuan⁵⁵ | tɔn⁵⁵ | tɔn³¹ | jauŋ⁵⁵ | jauŋ³⁵ | tɔŋ³³ | tɔːŋ³³ | tθɑŋ³ |
| 霜 | ŋ̊an⁵⁵ | xã³³ | ŋan³⁵ | ŋ̊an⁵⁵ | ŋan⁵¹phju⁵¹ | ŋən³¹ | ŋɛ̃⁵⁵ | kju³³ | ŋan³³ phju³³ | hnaŋ³khai³ |
| 扁担 | kan³¹ | kã³⁵ | kan⁵¹ | jen³¹ tam³⁵ | xap³¹lɔʔ³¹ | xap³¹ lɔʔ³¹ | xap⁵⁵ laʔ³¹ | pjen³¹ tan³¹ | xap⁵⁵ | tham³po³ |
| 织布机 | kan⁵¹ | kã³⁵ | kan³³ | zɔʔ⁵⁵ kan³¹ tʃak³¹ | pan⁵⁵vɔʔ³¹ | ɣɔʔ³¹ kan³¹ | ɣaʔ³¹ kɛ̃³¹ | jɔʔ³¹ kan³³ | jɔʔ³¹ kan³³ | jak⁴kan³ sak⁴ |
| 涩 | phan⁵⁵ | phã³³ | phan³⁵ | phan⁵⁵ | pan̠⁵¹ | pɔn³¹ | pɛ̃³¹ | pan̠³³ | pa:n³³ | phan² |
| 橡子 | tʂhuan³¹ | tʂuã³¹ | tshuan³¹ | khzaŋ⁵⁵ | khjaŋ⁵¹ | khjɔ̃³¹ | khjɔ̃⁵⁵ | khjaŋ³³ | khjaŋ³³ | dɔn³ |
| 砍（树） | tɕen³¹ | tɕɛ̃³¹ | tsɛn³¹ | tɛn³¹ | thuʔ⁵⁵ | thau³¹ | thu⁵⁵ | tsan³³ | khɔːŋ⁵³ | khut⁴ |
| 乳房 | ŋ̊au³⁵ | nɛ̃³¹ | nɛn³¹ | ŋjɔn³⁵ | nau⁵⁵ | nuk⁵⁵ | nau³⁵ | nau⁵⁵ | nou⁵⁵ | no¹um² |

从表3.7可以看出，缅语支语言基本保持[-n]韵尾，阿昌语的陇川方言、芒市方言也保持[-n]韵尾，梁河方言则比较特殊。在部分例词中，缅语支有些语言的韵尾显示为[-ŋ]，例如"牁（猪）"，浪速语（[jauŋ⁵⁵]）、波拉语（[jauŋ³⁵]）、茶山语（[tɔŋ³³]）、勒期语（[tɔːŋ³³]）、现代缅语（[tθɑŋ³]）；"霜"，浪速语（[ŋən³¹]）、现代缅语（[hnaŋ³khai³]）；"织布机"，浪速语（[ɣɔʔ³¹kan³⁵]）、现代缅语（[jak⁴kan³sak⁴]）；"橡子"，仙岛语（[khzaŋ⁵⁵]）、载瓦语（[khjaŋ⁵¹]）、茶山语（[khjaŋ³³]）、勒期语（[khjaŋ³³]）、现代缅语（[dɔn³]）；其韵尾均为舌根浊鼻音[-ŋ]。可以推测阿昌语[-n]韵尾在向鼻化元音演化过程中，曾经历[-n]到[-ŋ]的阶段，形成渐进式的演变链：[-n]→[-ŋ]→鼻化元音。

## 二 鼻音韵尾演变的地理分布

（一）[-m]演变为[-ŋ]的地理分布

图 3.12 中，"分（粮）" [kam$^{55}$]、[kam$^{33}$]和[kaŋ$^{33}$]的鼻音韵尾[-m]和[-ŋ]不同，其中[-m]型主要分布在陇川方言和芒市方言的大部分区域，[-ŋ]型则主要分布于梁河方言地区。显然，[-m]型的分布范围要比[-ŋ]型广。

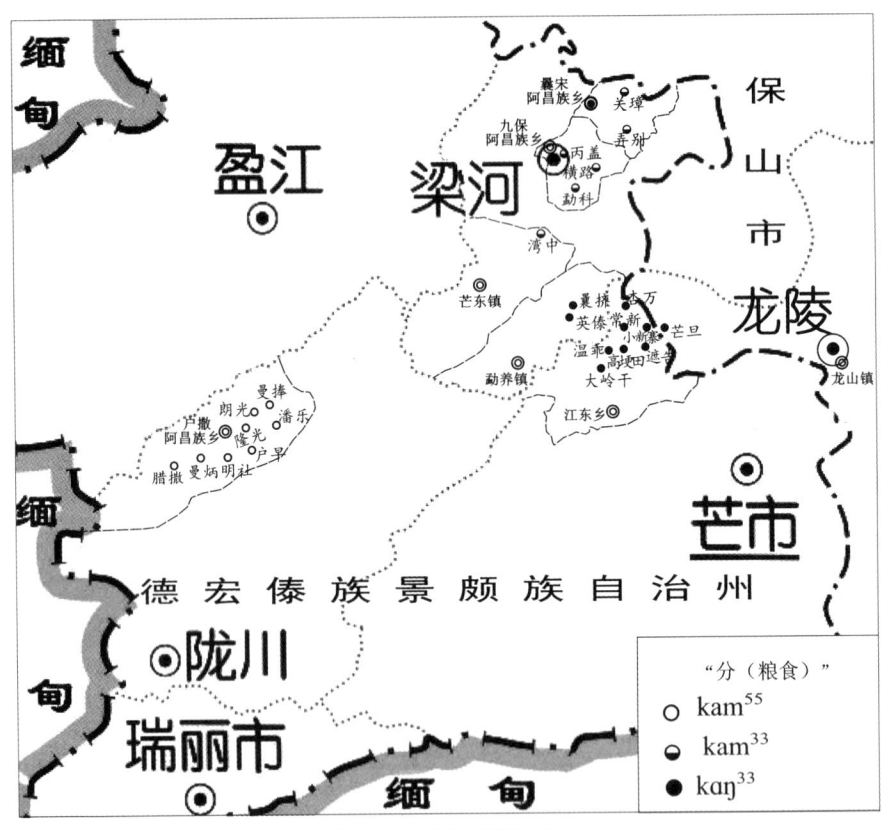

图 3.12 "分（粮）"

图 3.13 表明，"(一)双（鞋）"分两种类型，第一种类型是[tɕuŋ$^{31}$]，第二种类型是[tɕom$^{31}$]和[tsom$^{51}$]。第一种类型分布于户撒和高埂田的大部分地区，第二种类型主要分布于囊宋、九保、湾中等地区。构成陇川方言、芒市方言和梁河方言（[-m]-[-ŋ]）的南北对应。每一种类型下因元音[ɔ]-[o]不同，又有不同的地理分布。

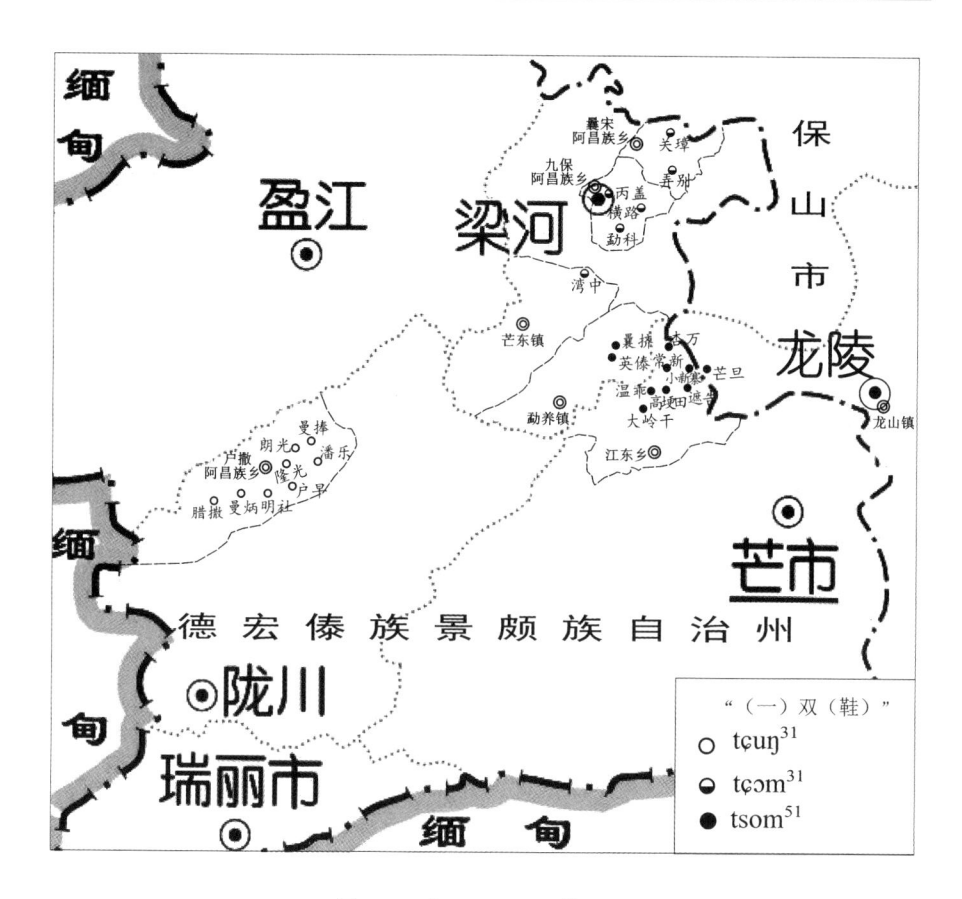

第三章　从地理分布差异看阿昌语韵母的演变

图 3.13 "（一）双（鞋）"

图 3.14 中，"池塘"的读音有[ŋuŋ⁵⁵]和[nom⁵⁵]两种。其中[ŋuŋ⁵⁵]分布范围广，覆盖陇川方言、梁河方言等阿昌族聚居的大部分地区。[nom⁵⁵]主要分布于高埂田地区，龙山镇的芒旦、勐养镇的曩挤和英俫也有零星分布。从这个词的对应中可以看出，陇川方言的[-m]韵尾也已开始向[-ŋ]韵尾转化。

图 3.15 中，"瘪"的读音有两种类型：第一种类型是[suŋ³³]，第二种类型是[sɔm⁵⁵]和[som³⁵]。第一种类型[suŋ³³]仅分布于梁河地区。第二种类型中的[sɔm⁵⁵]主要分布在陇川方言，[som³⁵]分布在芒市方言。在地理分布上，[suŋ³³]分布于中心区域，[sɔm⁵⁵]和[som³⁵]围绕中心区域分布于局部地区。

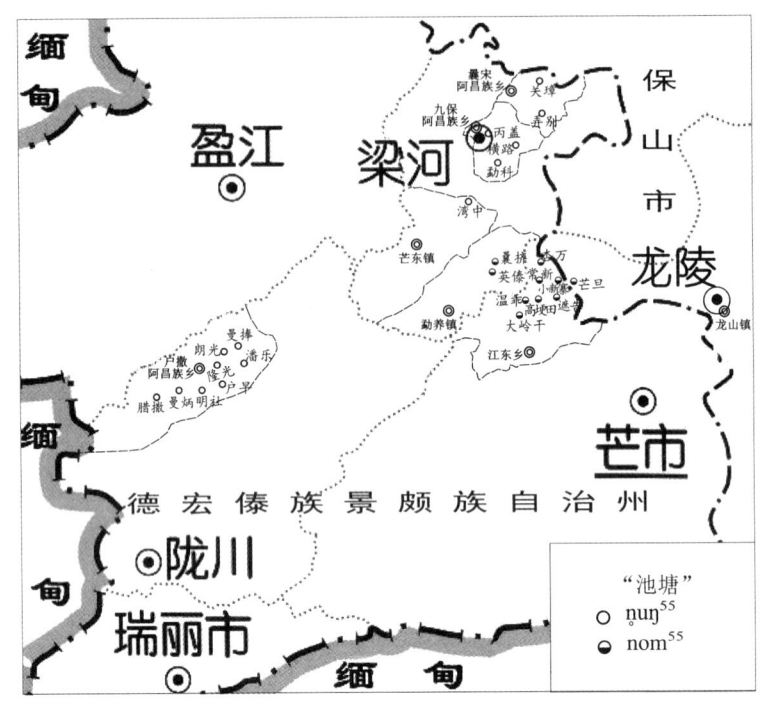

图 3.14 "池塘"

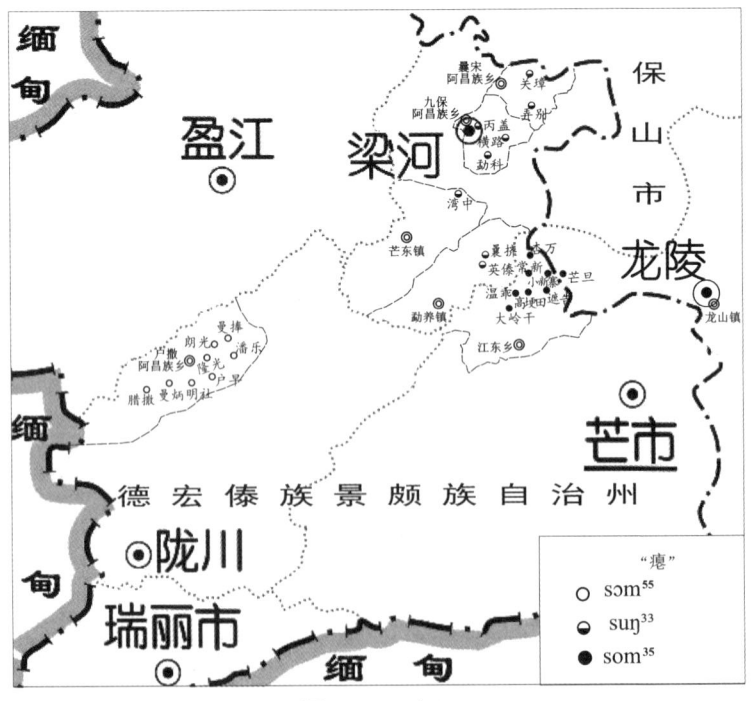

图 3.15 "瘟"

## （二）[-n]演变为鼻化元音的地理分布

图 3.16 中，"蚂蚁"的读音有两种类型：[tɕhi⁵⁵man⁵⁵]、[tɕaŋ⁵⁵man³¹]和[tɕɑ³¹m̥ã ʔ³¹]。其中，[tɕhi⁵⁵man⁵⁵]分布在陇川方言，[tɕaŋ⁵⁵man³¹]分布在芒市方言，这两种读音属于同一种类型，目标音节均以[-n]作为韵尾。[tɕɑ³¹m̥ã ʔ³¹]则只在梁河方言中分布。带[-n]韵尾的读音分布范围广泛，占有明显的优势，占据大部分阿昌语分布区。[tɕhi⁵⁵man⁵⁵]、[tɕaŋ⁵⁵man³¹]和[tɕɑ³¹m̥ã ʔ³¹]也是典型的陇川方言、芒市方言和梁河方言的南北对应。

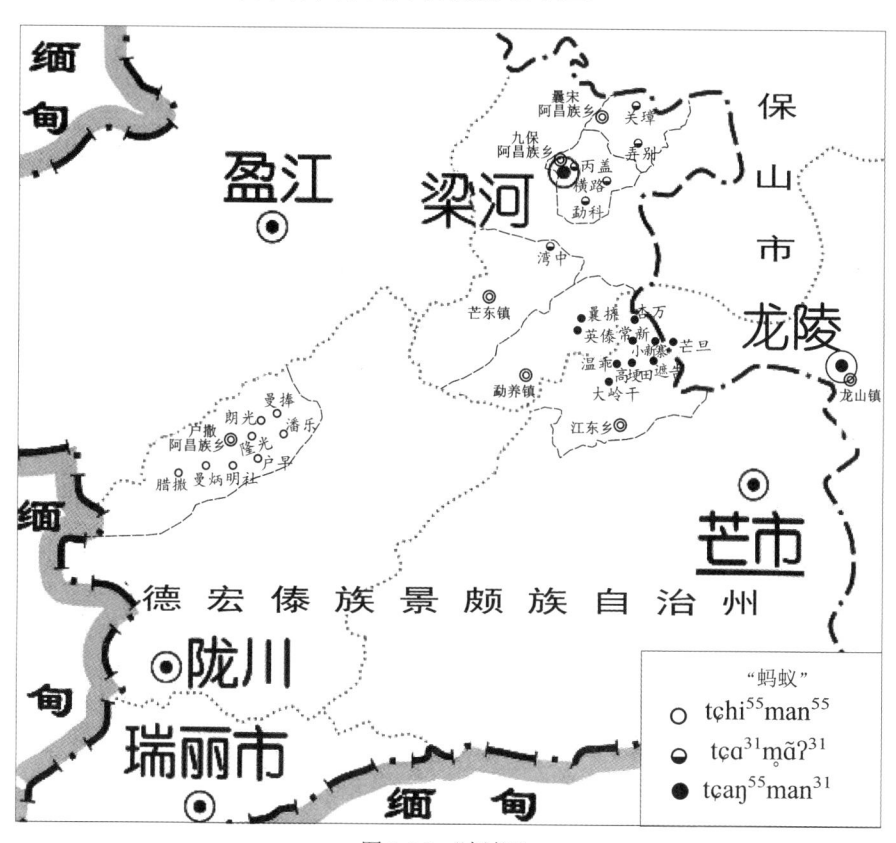

图 3.16 "蚂蚁"

图 3.17 为"豿（猪）"的两种读音：[tuan⁵⁵]和[tuã³¹]。陇川方言和芒市方言读音同为[tuan⁵⁵]。[tuã³¹]则主要分布在阿昌语的北部梁河方言区。这类例词发生在三合元音[uan]上，[-n]韵尾脱落，演变成复合元音，韵腹[a]鼻化为[ã]。在地理分布上，属于典型的陇川方言、芒市方言和梁河方言的南北对应。

图 3.17 "刣（猪）"

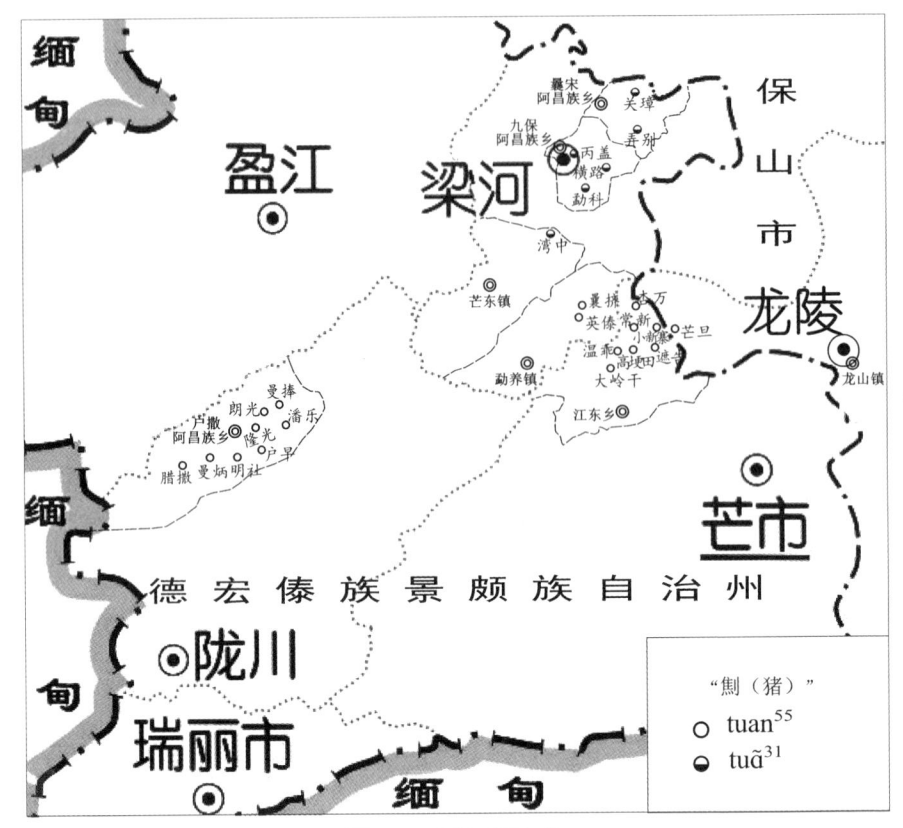

图 3.18 为"浅"的两类读音：[tɕhen⁵⁵]、[tɕhen⁵¹]和[tɕhɛ̃³³]。从读音看出[tɕhen⁵⁵]、[tɕhen⁵¹]和[tɕhɛ̃³³]属于汉语借词，[tɕhen⁵⁵]、[tɕhen⁵¹]主要分布于南部的陇川方言和芒市方言片区，[tɕhɛ̃³³]则分布于梁河及周边大部分地区。[ɛn]-[ɛ]的南北对应不仅体现在固有词里，也同样反映在汉语借词里。

图 3.19 是"砍（树）"的三种读音：[tɕen³¹]、[tɕɛ̃³¹]和[tsen³¹]。其中，陇川方言的[tɕen³¹]与芒市方言的[tsen³¹]属同一种类型，即韵尾均为鼻音[-n]，[tɕɛ̃³¹]分布在梁河方言地区。目前，梁河方言的元音系统中，发生鼻化的只有单元音[ɛ]和[ɑ]，其中[ɑ]元音鼻化的现象更为普遍，包含鼻化元音[ɛ̃]的例词则较少。

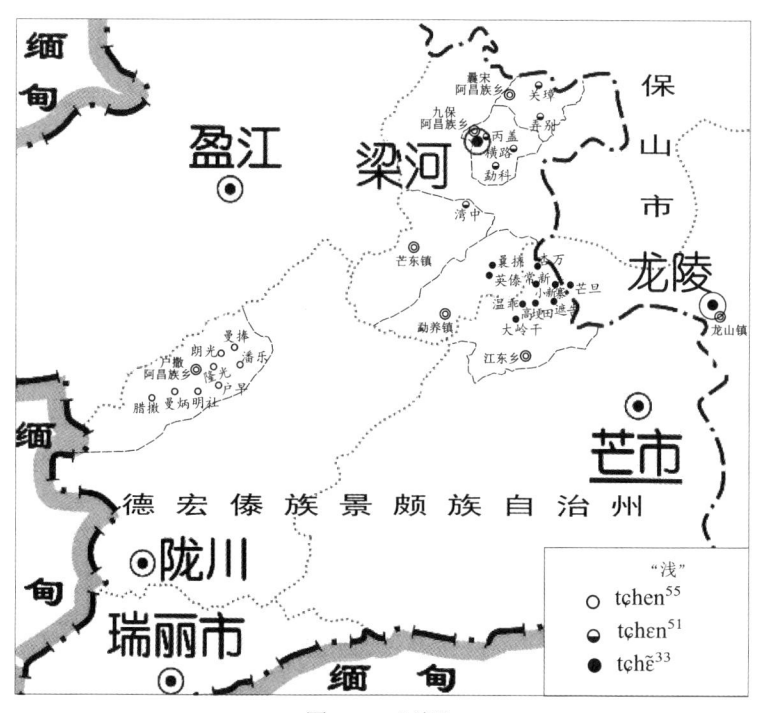

第三章　从地理分布差异看阿昌语韵母的演变　　95

"浅"
○ tɕhen⁵⁵
◐ tɕhen⁵¹
● tɕhẽ³³

图 3.18 "浅"

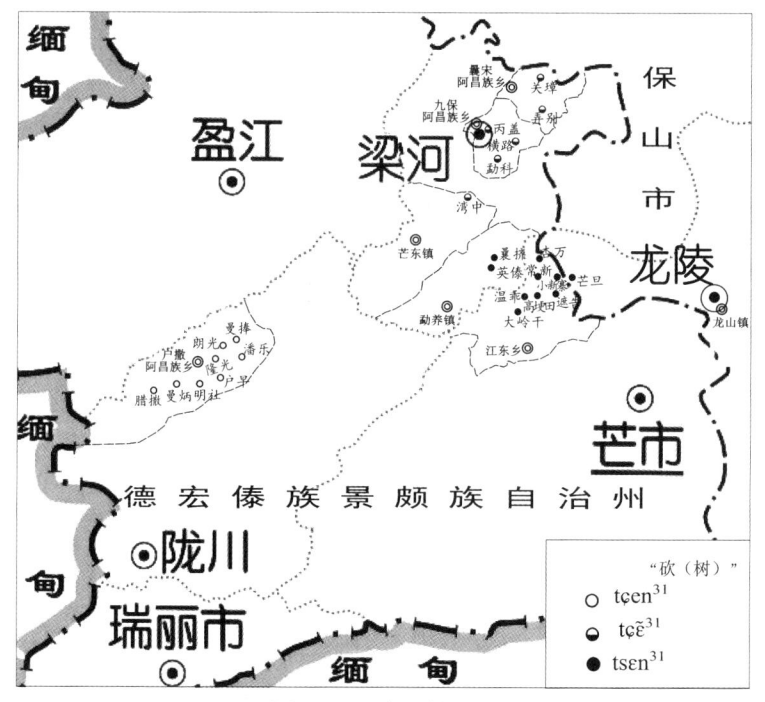

"砍（树）"
○ tɕen³¹
◐ tɕẽ³¹
● tsen³¹

图 3.19 "砍（树）"

## 三 小结

阿昌语的鼻辅音韵尾是逐渐演变的，而且在各方言中的演变呈现出不平衡性，有些方言演变的速度快一些，而有些方言中演变速度慢一些，有些方言中的鼻辅音韵尾还保留得比较完整，而有些方言中不断地合并并逐渐消失。鼻音韵尾的逐渐消失，使韵母系统发生了变化。三个鼻音韵尾中，[-m]韵尾衰变最快，梁河方言已完全丢失，陇川方言和芒市方言虽仍保留，但例词数量相较于[-n]、[-ŋ]明显变少。[-ŋ]韵尾稳固性最好，各方言均未出现脱落的情况，且例词分布最广泛。三个方言中，梁河方言的鼻音韵尾发展最为超前，表现在[-m]韵尾已消失，[-n]韵尾大多演变为鼻化元音。梁河方言的鼻化元音可以出现在所有的声调上，说明韵尾的脱落只影响元音的变化（如[ɑŋ]→[ã]），而不影响声调的分化。

阿昌语鼻音韵尾的发展与其他藏缅语一样，遵循着由繁到简、由多到少的发展规律。其演变规律主要有简化、转化、脱落三种形式。带鼻音韵尾韵母的发展规律是鼻音韵尾发音部位的后移，体现为鼻音韵尾向鼻化元音的转化。同时，地位不稳定的韵尾要向地位稳定的韵尾转移，如[m]尾、[n]尾并入[ŋ]尾。

此外，由于鼻化元音普遍存在于当地汉语方言中，而梁河方言又是三个方言中受汉语方言影响最深的阿昌语，这无疑加快了梁河方言鼻音韵尾脱落向鼻化元音演变的速度。陇川方言则是三个方言中受傣语影响最大、最深的，其中不少带鼻音韵尾的词都借自傣语。例如：

| 鼻音韵尾 | 傣语 | 阿昌语（陇川方言） | 汉义 |
| --- | --- | --- | --- |
| -m | lɔm$^6$lim$^2$ | năm$^{31}$lim$^{55}$ | 肾 |
|  | tɛm$^3$ | tiam$^{31}$ | 写 |
|  | sɔm$^5$ | sɔm$^{31}$ | 蓝 |
| -n | wan$^6$ | man$^{35}$ | 昨天 |
|  | ti$^1$tɛn$^6$ | ti$^{51}$tɛn$^{55}$ | 蚱蜢 |
|  | tɔn$^6$ | tuan$^{55}$ | 阉 |
| -ŋ | hɛŋ$^1$ | xiŋ$^{51}$ | 千 |
|  | lɔŋ$^1$ | nɔŋ$^{35}$ | 池塘 |
|  | xaŋ$^1$ | xaŋ$^{31}$ | 横 |

从以上例子可以看出，在陇川方言的3个鼻音韵尾[-m]、[-n]、[-ŋ]中，

傣语带鼻音韵尾的词在陇川方言中均能找到借词。阿昌语自身就是一个鼻音韵尾较丰富的语言，傣语鼻音韵尾的借词巩固了陇川方言鼻音韵尾的格局。这说明语言接触对一种语言既可能产生异化作用，又在有的情况下产生强化作用。

## 第三节　从地理分布差异看阿昌语高元音韵母的演变

阿昌语的高元音[i]、[ɯ]不稳定，容易发生变化。主要表现为分布在西部地区的陇川方言和分布在东部地区的梁河方言和芒市方言存在差异。

### 一　高元音韵母的演变类型

高元音的演变类型主要有两种：[i]演变为[ɯ]、[ə]演变为[ɯ]。例如：

|  | [i]-[ɯ]<br>蹄子 | [ə]-[ɯ]<br>老大 |
|---|---|---|
| 陇川方言 | tɕhi⁵⁵ | a³¹kzə³¹ |
| 梁河方言/芒市方言 | khɯ³⁵/khɯ³³ | a³¹kɯ⁵¹/ɑ³¹kɯ³¹ |

（一）[i]演变为 [ɯ] 的方言分布

[i]演变为[ɯ]型主要表现为陇川方言的[i]对应梁河方言和芒市方言的[ɯ]。举例如下：

表 3.8　　　　　　　　　[i]演变为 [ɯ] 的对比

| 方言 | 调查点 | 蹄子 | 粪 | 孙子 | 四 | 解开 | 皮肤 | 眼泪 |
|---|---|---|---|---|---|---|---|---|
| 陇川方言 | 腊撒 | tɕhi⁵⁵ | tɕhi³¹ | mi³¹ | mi³¹ | phi⁵⁵ | a³¹zi̩⁵⁵ | nɔʔ⁵⁵pi⁵⁵ |
|  | 朗光 | tɕhi⁵⁵ | tɕhi³¹ | mi³¹ | mi³¹ | phi⁵⁵ | a³¹zi̩⁵⁵ | nɔʔ⁵⁵pi⁵⁵ |
|  | 曼捧 | tɕhi⁵⁵ | tɕhi³¹ | mi³¹ | mi³¹ | phi⁵⁵ | a³¹zi̩⁵⁵ | nɔʔ⁵⁵pi⁵⁵ |
|  | 户早 | tɕhi⁵⁵ | tɕhi³¹ | mi³¹ | mi³¹ | phi⁵⁵ | a³¹zi̩⁵⁵ | nɔʔ⁵⁵pi⁵⁵ |
| 梁河方言 | 关璋 | khɯ³³ | khɯ³¹ | mɯ³¹ | mɯʔ³¹ | phɯʔ⁵⁵ | a³¹ɯ⁵⁵ | na̠ʔ³¹pɯ³³ |
|  | 弄别 | khɯ³³ | khɯ³¹ | mɛ³¹ | mɯʔ³¹ | phɯʔ⁵⁵ | a³¹ɯ⁵⁵ | na̠ʔ³¹pɯ³³ |
|  | 丙盖 | khɯ³³ | khɯ³¹ | mɯ³¹ | mɯʔ³¹ | phɯʔ⁵⁵ | a³¹ɯ⁵⁵ | na̠ʔ³¹pɯ³³ |
|  | 横路 | khɯ³³ | khɯ³¹ | mɯ³¹ | mɯʔ³¹ | phɯʔ⁵⁵ | a³¹ɯ⁵⁵ | na̠ʔ³¹pɯ³³ |
|  | 勐科 | khɯ³³ | khɯ³¹ | mɛ³¹ | mɛʔ³¹ | phɯʔ⁵⁵ | ɑ³¹ɯ⁵⁵ | na̠ʔ³¹pɯ³³ |
|  | 湾中 | khɯ³⁵ | khɯ³¹ | mɛ³¹ | mɛʔ³¹ | phɯʔ⁵⁵ | ɑ³¹ɯ⁵⁵ | na̠ʔ³¹pɯ³³ |

续表

| 方言 | 调查点 | 蹄子 | 粪 | 孙子 | 四 | 解开 | 皮肤 | 眼泪 |
|---|---|---|---|---|---|---|---|---|
| 陇川方言 | 曩挤 | khɯ³⁵ | khɯ³³ | mɯ⁵¹ | mɯ³³ | phɯ³⁵ | a³¹ɯ³³ | ɲaʔ³¹pɯ³³ |
| | 英倈 | khɯ³⁵ | khɯ³³ | mɯ⁵¹ | mɯ³³ | phɯ³⁵ | a³¹ɯ³³ | ɲaʔ³¹pɯ³³ |
| | 杏万 | khɯ³⁵ | khɯ³³ | mɯ⁵¹ | mɯ³³ | phɯ³⁵ | a³¹ɯ³³ | ɲaʔ³¹pɯ³³ |
| | 遮告 | khɯ³⁵ | khɯ³³ | mɯ³¹ | mɯ³³ | phɯ³⁵ | a³¹ɯ³³ | ɲaʔ³¹pɯ³³ |
| | 温乖 | khɯ³⁵ | khɯ³³ | mɯ³³ | mɯ³³ | phɯ³⁵ | a³¹ɯ³³ | ɲaʔ³¹pɯ³³ |
| | 芒旦 | khɯ³⁵ | khɯ³³ | mɯ⁵¹ | mɯ⁵¹ | phɯ³⁵ | a³¹ɯ³³ | ɲaʔ³¹pən³³ |

户撒的高元音[i]在曩宋、江东一带为[ɯ]。例如："蹄子""粪""解开""皮肤""眼泪"等词的元音，腊撒、朗光、户早等地发音为[i]，在曩宋、九保、勐养、江东等地发音为[ɯ]。九保的勐科和芒东的湾中比较特殊，个别词的元音与曩宋等地不同，如"孙子""四"等词的元音，发音为[ɛ]。元音[ɯ]分布于梁河、芒市及周边大部分阿昌族地区，分布范围广。元音[i]仅分布在陇川地区，分布范围较小。

要证明[i]和[ɯ]这两个元音，哪个音是早期特征，是[i]向[ɯ]演变，还是[ɯ]向[i]演变。我们采用借助同语支亲属语言进行比较的方法来论证。请看表 3.9 中同源词的韵母在阿昌语和亲属语言中的读音。

表 3.9                   [i]演变为[ɯ]的同源词

| 例词 | 陇川 | 梁河 | 芒市 | 仙岛 | 载瓦 | 浪速 | 波拉 | 茶山 | 勒期 | 缅语 |
|---|---|---|---|---|---|---|---|---|---|---|
| 蹄子 | tɕhi⁵⁵ | khɯ³⁵ | khɯ³³ | khji⁵⁵ | khji⁵¹ | khjik³¹ | khji⁵⁵ | khjəi³³ | khjei³³ | khre²thɔk⁴ |
| 粪 | tɕhi³¹ | khɯ³³ | khɯ³³ | khɯ³¹ | khji³¹ | khjik⁵⁵ | khji³⁵ | khjəi⁵⁵ | khjei⁵⁵ | khje³ |
| 解开 | phi⁵⁵ | phɯʔ⁵⁵ | phɯ⁵⁵ | phi⁵⁵ | phji⁵¹ | phji³¹ | laʔ⁵⁵phi⁵⁵ | phəi³¹ | phɔːi³¹ | phrut⁴ |
| 皮肤 | a³¹ʑi⁵⁵ | a³¹ɯ⁵⁵ | a³¹ɯ³³ | a³¹ʑi³³ | ʃõ³¹kuʔ⁵⁵ | ʃõ³⁵kauk⁵⁵ | ʃã³⁵kauʔ⁵⁵ | ʃɔ⁵⁵kuk⁵⁵ | ʃõ⁵⁵kuk⁵⁵ | a¹tθa³a¹re² |
| 眼泪 | nɔ⁵⁵pi⁵⁵ | ɲa³¹pɯ³³ | ɲa³¹pɯ³³ | ɲjoʔ⁵⁵pi⁵⁵ | ɲau⁵¹pji³¹ | ɲuk³¹pjik³¹ | ɲau⁵⁵pi⁵⁵ | ɲjoʔ³¹tji³¹ | ɲou³¹pi³¹ | mjak⁴raɲ² |

通过上述比较可以看出，户撒阿昌语更接近其他缅语支语言。梁河、芒市片区的阿昌语元音发生了舌位后移现象[i]→[ɯ]。这种元音舌位向后迁移的现象在整个阿昌语里比较普遍。目前阿昌语里[ɯ]型特征已扩散至

绝大部分阿昌族地区，[i]型仅保留在户撒地区。[i]型特征属于元音舌位后移过程中的剩余现象。偏安一隅的户撒地区因特殊的地理地形较好地保存了阿昌语原有的语言特征。梁河、芒市等大部分地区呈现出的是一种创新特征。

（二）[ə]演变为[ɯ]的方言分布

[ə]向[ɯ]演变存在两种不同类型的地理分布。第一种是陇川方言和芒市方言的半高元音[ə]，在梁河方言演变为[ɯ]。第二种是陇川方言的半高元音[ə]在芒市方言和梁河方言中读为[ɯ]。这两种不同的地理分布类型，其主要差别体现在芒市方言将陇川方言的[ə]读为[ə]和[ɯ]两个元音，读为[ə]更为常见。下面我们用表3.10中的例词说明这一演变。

表3.10　　　　　　　　　　[ə]演变为[ɯ]的对比词表

| 方言 | 村寨 | 新 | 响 | 木头 | 指甲 | 疮 | 少 | 深 |
|---|---|---|---|---|---|---|---|---|
| 陇川方言 | 腊撒 | ʂək⁵⁵ | mzəŋ⁵⁵ | ʂək⁵⁵ | lɔʔ⁵⁵ʂəŋ⁵¹ | pzəŋ⁵⁵ | nəŋ³¹ | lək⁵⁵ |
| | 朗光 | ʂək⁵⁵ | mzəŋ⁵⁵ | ʂək⁵⁵ | lɔʔ⁵⁵ʂəŋ⁵¹ | pzəŋ⁵⁵ | nəŋ³¹ | lək⁵⁵ |
| | 曼棒 | ʂək⁵⁵ | mzəŋ⁵⁵ | ʂək⁵⁵ | lɔʔ⁵⁵ʂəŋ⁵¹ | pzəŋ⁵⁵ | nəŋ³¹ | lək⁵⁵ |
| | 户早 | ʂək⁵⁵ | mzəŋ⁵⁵ | ʂək⁵⁵ | lɔʔ⁵⁵ʂəŋ⁵¹ | pzəŋ⁵⁵ | nəŋ³¹ | lək⁵⁵ |
| 梁河方言 | 关璋 | a³¹ʂuk⁵⁵ | muŋ³³ | ʂuk⁵⁵ | la³¹ʂuŋ³⁵ | puŋ³³na³³ | nuŋ³¹ | luk⁵⁵ |
| | 弄别 | a³¹ʂuk⁵⁵ | muŋ³³ | ʂuk⁵⁵ | la³¹ʂuŋ³⁵ | puŋ³³na³³ | nuŋ³¹ | luk⁵⁵ |
| | 丙盖 | a³¹ʂuk⁵⁵ | muŋ³³ | ʂuk⁵⁵ | la³¹ʂuŋ³⁵ | puŋ³³na³³ | nuŋ³¹ | luk⁵⁵ |
| | 横路 | a³¹ʂuk⁵⁵ | muŋ³³ | ʂuk⁵⁵ | la³¹ʂuŋ³⁵ | puŋ³³na³³ | nuŋ³¹ | luk⁵⁵ |
| | 勐科 | a³¹ʂuk³¹ | muŋ³³ | ʂuk⁵⁵ | la³¹ʂuŋ³⁵ | puŋ³³na³³ | nuŋ³¹ | luk⁵⁵ |
| | 湾中 | a³¹ʂuk³¹ | muŋ³³ | ʂuk⁵⁵ | la³¹ʂuŋ³⁵ | puŋ³³na³³ | nuŋ³¹ | luk⁵⁵ |
| 芒市方言 | 曩挤 | sək⁵⁵ | məŋ³³ | sək⁵⁵ | laʔ³¹suŋ³⁵ | pəŋ⁵¹na³³ | nəŋ⁵¹ | nək³¹ |
| | 英傣 | sək⁵⁵ | məŋ³³ | sək⁵⁵ | laʔ³¹suŋ³⁵ | pəŋ⁵¹na³³ | nəŋ⁵¹ | nək³¹ |
| | 杏万 | sək⁵⁵ | məŋ³³ | sək⁵⁵ | laʔ³¹səŋ³³ | pəŋ⁵¹na³³ | nəŋ⁵¹ | nək³¹ |
| | 遮告 | sək⁵⁵ | məŋ³³ | sək⁵⁵ | laʔ³¹səŋ³⁵ | pəŋ⁵¹na³³ | nəŋ⁵¹ | nək³¹ |
| | 温乖 | sək⁵⁵ | məŋ³³ | sək⁵⁵ | laʔ³¹səŋ³⁵ | pəŋ⁵¹na³³ | nəŋ⁵¹ | nək³¹ |
| | 芒旦 | sək⁵¹ | məŋ³³ | sək⁵⁵ | laʔ³¹səŋ³³ | pəŋ⁵¹na³³ | nəŋ⁵¹ | nək³¹ |

从表 3.10 可以看出，[ə]-[ɯ]呈现出比较整齐的对应关系。[ə]主要分布在户撒、江东、勐养、龙山一带，[ɯ]主要分布在曩宋、九保及周边地区。例如"木头"，户撒、江东是[ʂək⁵⁵]/[sək⁵⁵]，曩宋、湾中是[ʂuk⁵⁵]/[ʂuk⁵⁵]。可见，阿昌语词汇[ə]-[ɯ]型的对应，主要表现为户撒、江东与梁河的南北对应。

我们再来看陇川方言的半高元音[ə]在芒市方言和梁河方言中读为[ɯ]的用例。此类例词不多，我们仅发现"笑""喊""星星""茄子""长（大）"

"大"等少数例词。见表 3.11。

表 3.11　陇川方言的[ə]在芒市方言和梁河方言演变为[ɯ]的例词

|   | 笑 | 喊 | 星星 | 茄子 | 长（大） |
|---|---|---|---|---|---|
| 陇川 | zə⁵⁵ | kzə⁵⁵ | khzə⁵⁵ | mă?³¹xə³⁵ | kzə³¹ |
| 梁河 | ɯ³³ | kɯ³³ | pha³¹kɯ³³ | mə³¹khɯ³³ | kɯ³¹ |
| 芒市 | ɯ³³ | kɯ³³ | kɯ³⁵ | ma⁵⁵khɯ³⁵ | kɯ⁵¹ |

我们认为陇川方言的[ə]韵母之所以在芒市方言中读为[ə]和[ɯ]两个韵母，与两个因素有关：第一个因素是芒市方言与陇川方言一样，保留了古阿昌语的韵母[ə]，从而形成与梁河方言的对立。第二个因素是芒市与梁河毗邻，而梁河方言的使用人口远比芒市方言多，梁河方言读[ɯ]的例词容易扩散到芒市方言。据王士元的词汇扩散理论：词汇的扩散是逐渐的[①]。也就是说，梁河方言读[ɯ]的词有一部分扩散到了芒市方言，有一部分尚未扩散到芒市方言。梁河方言读[ɯ]的例词是否会全部扩散到芒市方言，替代芒市方言中读[ə]的例词，则存在两可性。若梁河方言读[ə]的词继续扩散，没有受到干扰，则有可能使芒市方言读[ə]的词全部被替换掉。若受到干扰，则会停止扩散，形成扩散中的残余。为了说明芒市方言将古阿昌语的[ə]读为[ə]和[ɯ]是由于分布在陇川方言和梁河方言之间，并毗邻梁河方言。我们列出图 3.20 以显示芒市方言的地理位置。

图 3.20　阿昌语芒市方言所在位置

---

[①] 王士元：《语言学论文集》，商务印书馆 2002 年版。

当然要说明元音[ə]比[ɯ]更古老,演变的方向是[ə]演变为[ɯ],而不是相反,则需要用阿昌语的[ə]/[ɯ]在其他亲属语言中的对应关系来加以说明。请看表3.12。

表3.12 　　　　　阿昌语的[ə]/[ɯ]在亲属语言中的分布

| 例词 | 户撒 | 囊宋 | 江东 | 仙岛 | 载瓦 | 浪速 | 波拉 | 茶山 | 勒期 | 缅语 |
|---|---|---|---|---|---|---|---|---|---|---|
| 指甲 | lɔʔ⁵⁵ʂən³¹ | la³¹ʂɯŋ³¹ | laʔ³¹sən³³ | lɔʔ⁵⁵ʂuŋ³¹ | lɔʔ³¹sən³¹ | lɔʔ³¹san³⁵ | laʔ³¹san³⁵ | lɔʔ³¹san³¹ | lɔʔ³¹sən⁵⁵ | lak⁴tθan³ |
| 疮 | pzən⁵⁵ | pɯŋ³³na³³ | pəŋ⁵¹na³³ | pɯŋ⁵⁵ | pjiŋ⁵¹ | pjaŋ³¹ | pjaŋ⁵⁵ | tam³¹ | pjiŋ³¹ | wɑi³ |
| 少 | nəŋ³¹ | nɯŋ³¹ | nəŋ⁵¹ | nɤŋ³¹ | ʃau³¹ | ʃau³¹ | ʃau⁵⁵ | naiŋ³³ | ʃa:u⁵⁵ | nɑn³ |
| 深 | lək⁵⁵ | luk⁵⁵ | nək³¹ | nuk⁵⁵ | nik³¹ | nɔʔ³¹ | naʔ³¹ | nau⁵⁵ | nə:k³¹ | nɑk⁴ |
| 木头 | ʂək⁵⁵ | ʂuk⁵⁵ | sək⁵⁵ | pɛn³¹ | sək⁵⁵thuŋ³¹ | sak⁵⁵thauŋ³¹ | sak⁵⁵ | səik⁵⁵lɔm³³ | sək⁵⁵tɔm⁵³ | tθas⁴tum³ |

缅语支语言的共同语来自早期的原始缅语。表3.12中,"指甲""疮""深""木头"等词的元音在缅语中为[ɑ],并保留在大多数缅语支语言中。阿昌语陇川方言及载瓦语、勒期语的部分词中的元音则已演变为[ə]。阿昌语梁河方言、仙岛语则演变为元音[ɯ],并表现出扩散趋势,波及阿昌语芒市方言。由此,可以推演出[a]→[ə]→[ɯ]的元音高化演变链。

## 二　高元音韵母演变的地理分布

（一）[i]演变为[ɯ]的地理分布

前元音[i]主要分布在陇川方言区,[ɯ]主要分布于梁河和芒市方言区,另外在芒东、勐养、龙山等地区也成片分布。[ɯ]型的分布范围比[i]型要广。形成西部陇川方言的[i]演变为东部梁河、芒市方言的[ɯ]路径。图3.21中的"蹄子"[tɕhi⁵⁵]和[khɯ³³]/[khɯ³⁵]的元音韵母[i]和[ɯ]不同。

图3.22表明,"孙子"的发音有三种类型：第一种类型是[mi³¹],第二种类型是[mɯ³¹],第三种类型是[mɛ³¹]。第一种类型分布于户撒地区,第二种类型分布于囊宋的关璋、九保的丙盖和横路、勐养、江东、龙山片区。第三种类型仅在囊宋的弄别、九保的勐科、芒东的湾中零星分布。

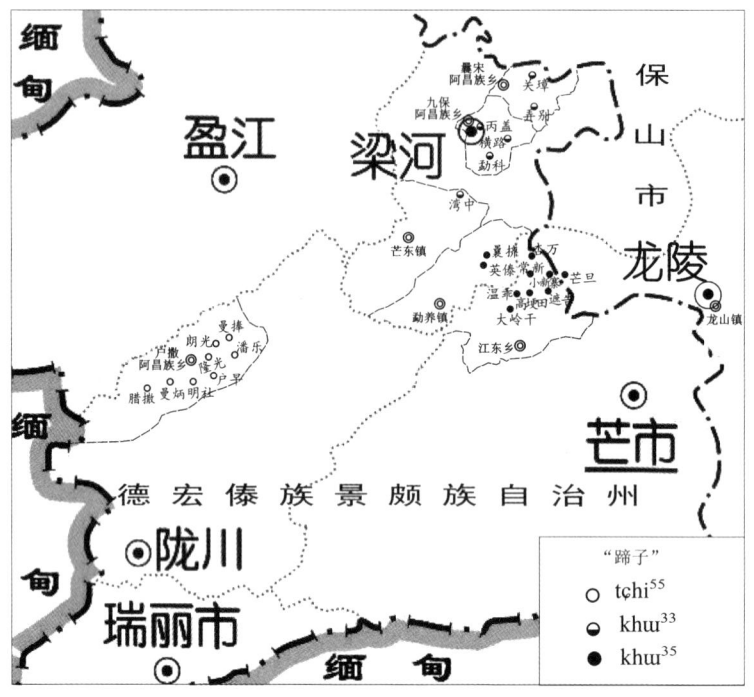

图 3.21 "蹄子"

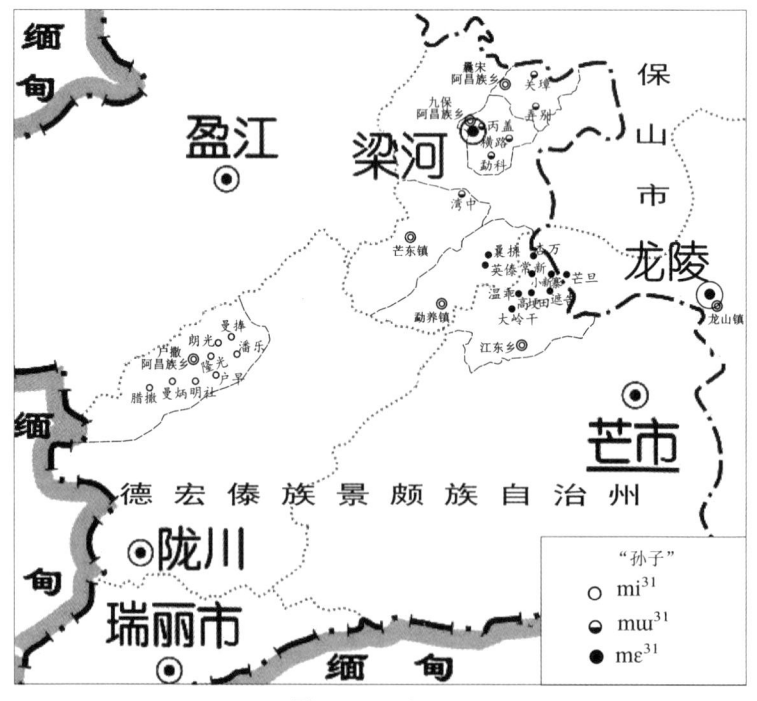

"蹄子"
○ tɕhi⁵⁵
◐ khɯ³³
● khɯ³⁵

图 3.22 "孙子"

"孙子"
○ mi³¹
◐ mɯ³¹
● mɛ³¹

图 3.23 中，"四"分三种类型：[mi³¹]、[muʔ³¹]和[mɛʔ³¹]。[muʔ³¹]的分布范围广，覆盖阿昌语东部的大部分地区。[mi³¹]主要分布于户撒地区。[mɛʔ³¹]只在九保的勐科和芒东的湾中分布，这两个调查点，地理空间上毗邻，语音特点相近。[mi³¹]和[muʔ³¹]也基本属于陇川方言和梁河、芒市方言[i]-[ɯ]型东西对应。

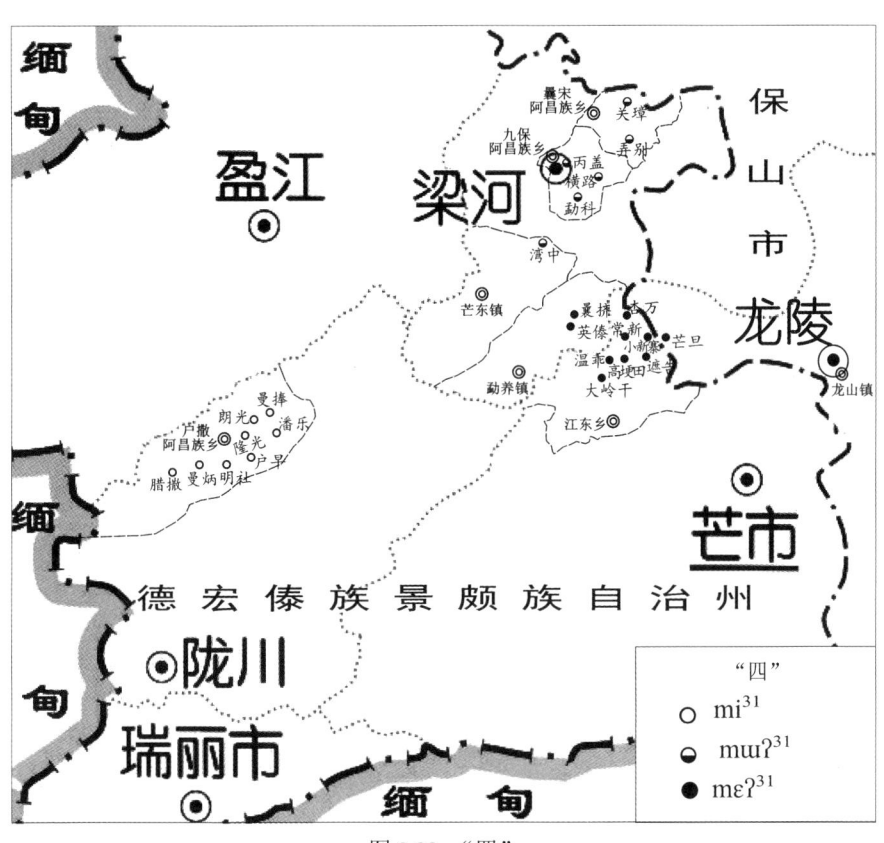

图 3.23 "四"

图 3.24 中,"眼泪"的读音有三种类型：第一种类型[nɔʔ⁵⁵pi⁵⁵],分布在户撒坝地区,第二种类型[ŋaʔ³¹pɯ³³],主要分布在曩宋、九保、江东等东部方言片区,分布范围较广,属于优势音。第三种类型[ŋaʔ³¹pən³³],只在龙山镇的芒旦寨孤点分布,受语言接触影响,已由单元音演化为复元音。

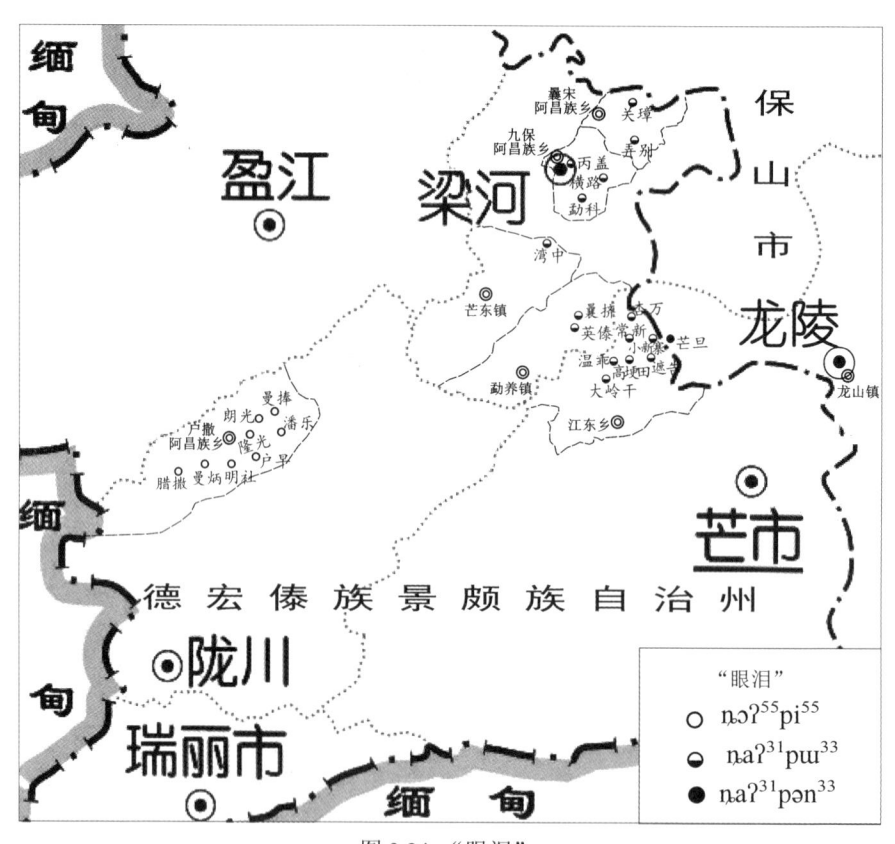

图 3.24 "眼泪"

图 3.25 为"风"的三种读音：[li⁵⁵]、[lɯ³³]和[lai³³]。其中，[li⁵⁵]分布在户撒地区，[lɯ³³]分布在江东、勐养、龙山地区，[lai³³]则分布在曩宋、九保、湾中等地。陇川方言依然保留了原始缅语的[i]，在其他两个方言区则发生了不同程度的演变，其中梁河方言发展进程最快，演化为复元音[ɑi]。形成[i]→[ɯ]→[ɑi]的演变路径。

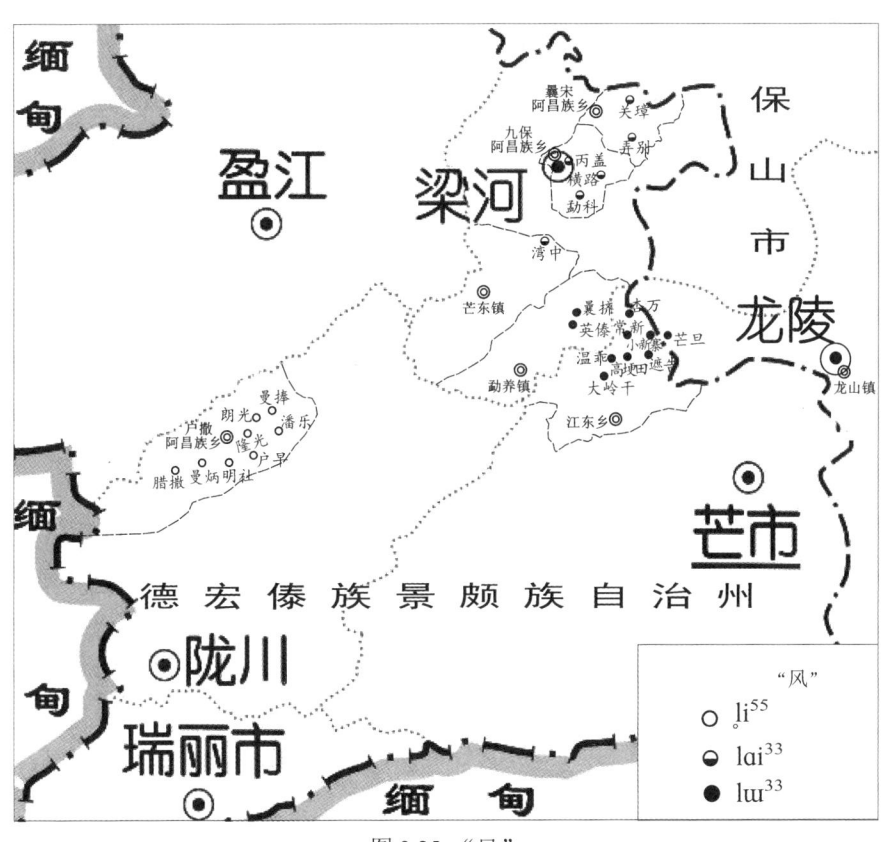

图 3.25 "风"

（二）[ə]演变为[ɯ]的地理分布

陇川方言的[ə]在芒市方言与梁河方言中演变为[ɯ]。如图 3.26 为"响"的读音：[mzəŋ⁵⁵]/[məŋ³³]和[muɯŋ³³]，存在元音[ə]-[ɯ]的南北对应。[mzəŋ⁵⁵/məŋ³³]主要分布在芒市以南的大部分地区，[muɯŋ³³]分布于芒市东北部的梁河地区。

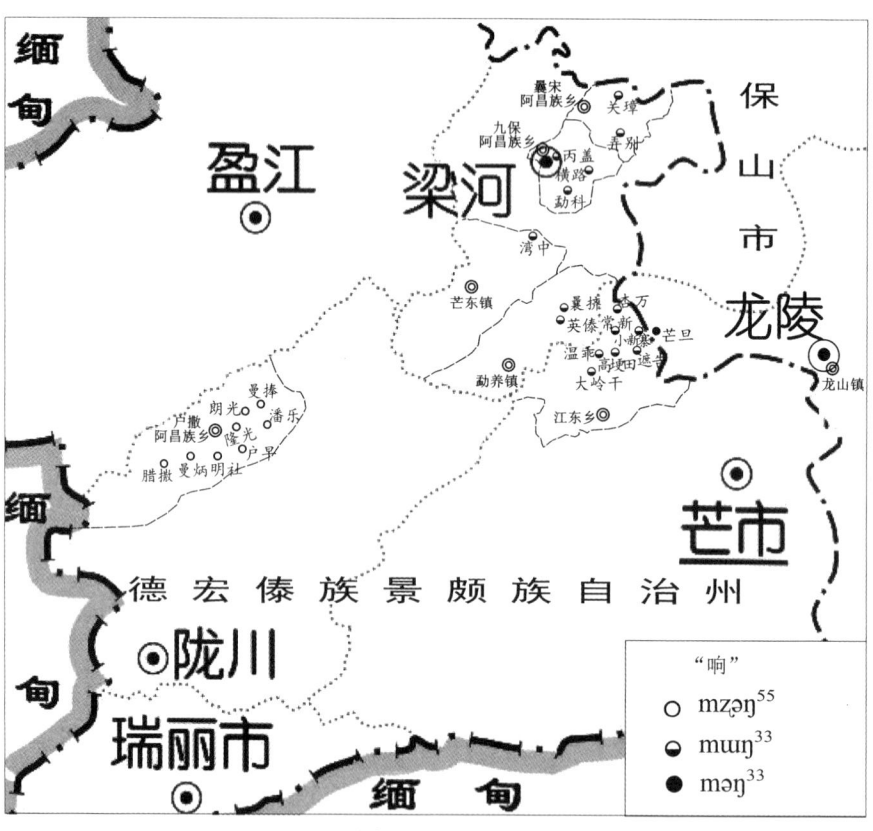

图 3.26 "响"

图 3.27 中,"指甲"有两种基本读音类型:[lɔʔ⁵⁵ʂəŋ⁵¹]/[laʔ³¹səŋ³³]和[lɑ³¹ʂɯŋ³⁵]。从地理分布来看,这两种基本读音形式的分布范围大体相当,[lɔʔ⁵⁵ʂəŋ⁵¹]/[laʔ³¹səŋ³³]分布在户撒、江东和龙山地区,[lɑ³¹ʂɯŋ³⁵]则分布在曩宋、九保、湾中、勐养一带。[ə]-[ɯ]型的代表词中,勐养调查点有的词元音为[ə],如"新"读作[sək⁵⁵]、"响"读作[məŋ³³],有的词元音为[ɯ],如"指甲"发音为[laʔ³¹sɯŋ³⁵]、"茄子"发音为[ma⁵⁵khɯ³⁵]。勐养位于梁河和芒市两个方言区之间,表现出明显的地域过渡性。也说明[ɯ]是强势音,有向周围区域扩散之势。

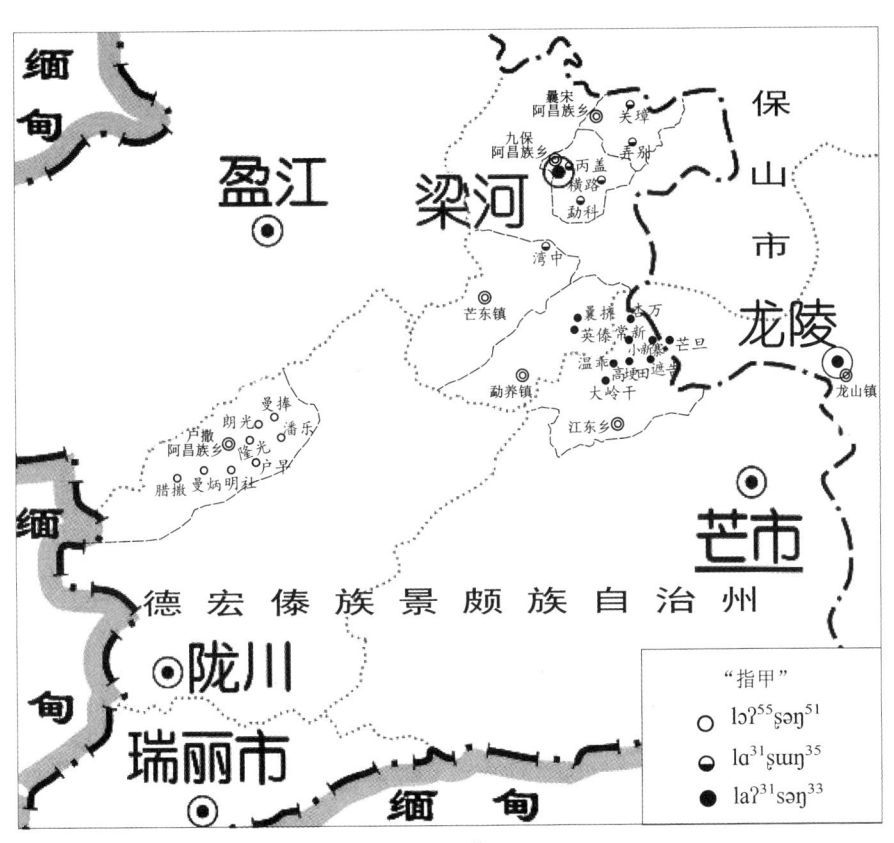

图 3.27 "指甲"

图 3.28 为"深"的三种读音：[lək⁵⁵]、[nək³¹]和[luɯk⁵⁵]，词间元音[ə]-[ɯ]的南北对应。通过与亲属语言进行比较，可以看出阿昌语"深"一词已借用傣语[lək⁸]。傣族是德宏傣族景颇族自治州人口最多的少数民族，在历史上也曾是统管该地的吐司首领。人口的优势、政治的统治以及长期的民族交往，极易对其他民族的语言和文化产生深刻影响，阿昌族也不例外。[ə]-[ɯ]对应不仅体现在固有词里，也同样反映在借词里。

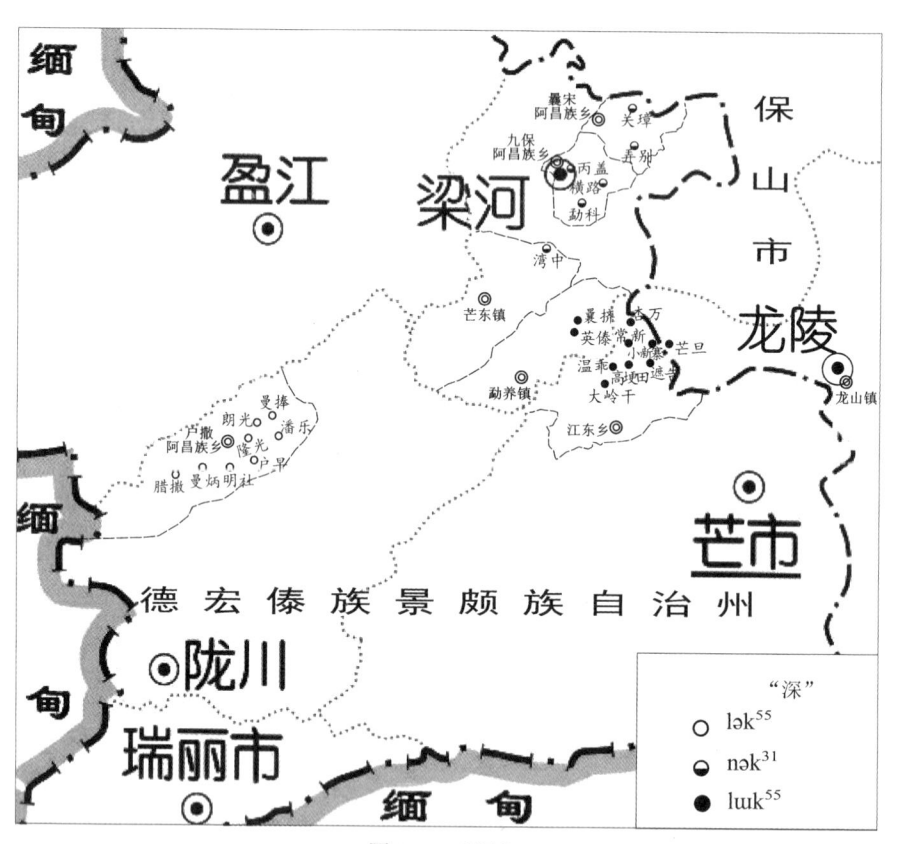

图 3.28 "深"

图3.29中反映的是"星星"读音的两种基本类型：[khzə⁵⁵]和[pʰɑ³¹kɯ³³]/[kɯ³⁵]。[khzə⁵⁵]只分布在大盈江支流户撒河流域附近，[pʰɑ³¹kɯ³³]/[kɯ³⁵]则分布在阿昌语大部分方言片区，包括梁河的曩宋、九保、湾中、曩挤、英倈，芒市的芒东，保山的龙山等地。在地理分布上，[pʰɑ³¹kɯ³³]/[kɯ³⁵]属于主流形式。值得注意的是，阿昌语中有少部分词呈现出[ə]-[ɯ]的东西对应，说明元音[ə]在向后高元音[ɯ]演进。

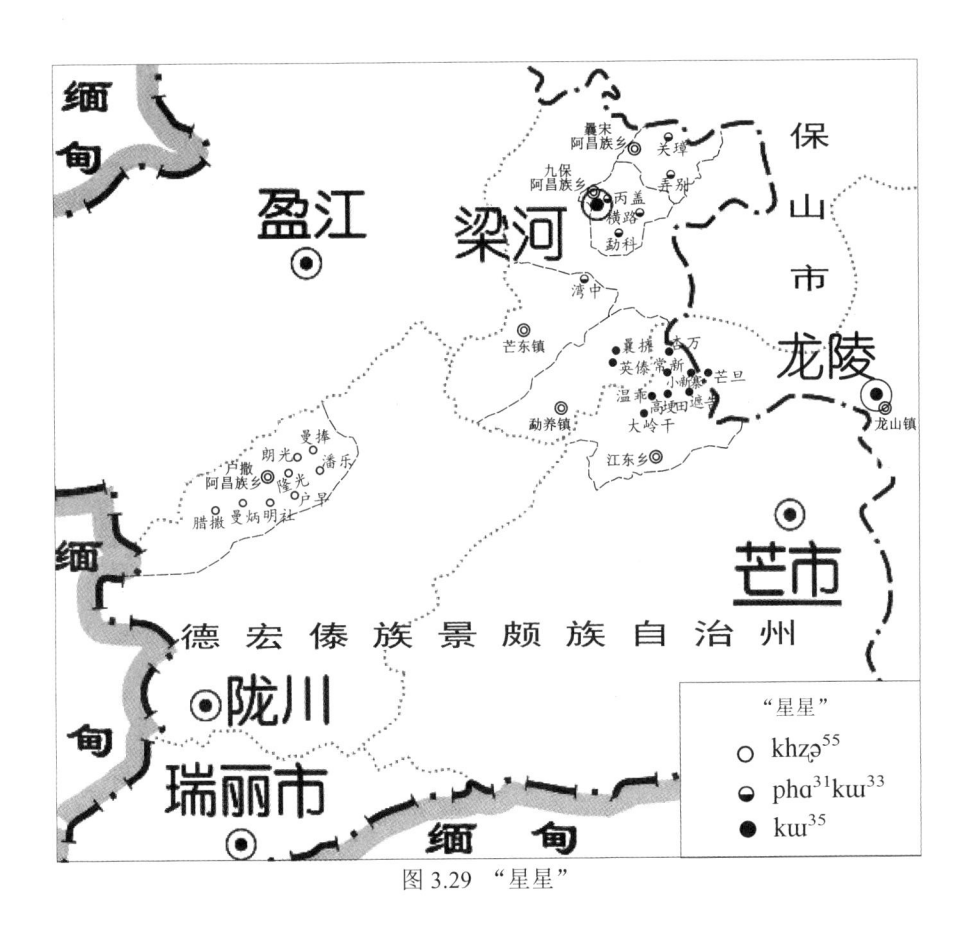

图 3.29 "星星"

### 三 小结

阿昌语高元音的演变有 [i]演变为[ɯ]和[ə]演变为[ɯ]两种类型，呈现出不同的地理分布，表现陇川方言与梁河方言和芒市方言的差异。参见表 3.13。

表 3.13　　阿昌语高元音的地理分布（户撒-非户撒）

| 例词 | | 类型 | 点数 | 地理分布 |
|---|---|---|---|---|
| 蹄子 | tɕhi⁵⁵ | [i]-[ɯ] | 8 | 户撒乡 |
| | khɯ³³/khɯ³⁵ | | 16 | 曩宋乡、九保乡、芒东镇、勐养镇、江东乡、龙山镇 |
| 喊 | kzə⁵⁵ | [ə]-[ɯ] | 8 | 户撒乡 |
| | kɯ³³ | | 16 | 曩宋乡、九保乡、芒东镇、勐养镇、江东乡、龙山镇 |

此外，芒市江东地区的阿昌语有时与陇川方言保持一致，这与它所处的地理位置有关。江东乡位于整个阿昌族分布区的东部，在地理上更靠近梁河方言片区，所以语言特征有时会被强势的梁河阿昌语所覆盖，但在有些词语里仍与户撒阿昌语保持一致，保留旧有的形式。在地理分布上就形成了梁河与陇川、芒市的差异。参见表 3.14。

表 3.14　　阿昌语高元音的地理分布（梁河-陇川、芒市）

| 例词 | | 类型 | 点数 | 地理分布 |
|---|---|---|---|---|
| 鼓 | tsɯŋ³¹ | ɯ | 8 | 曩宋乡、九保乡、芒东镇、勐养镇 |
| | tɕəŋ⁵⁵/tsəŋ³³ | ə | 16 | 户撒乡、江东乡、龙山镇 |
| 脓 | pɯŋ³³ | ɯ | 6 | 曩宋乡、九保乡、芒东镇 |
| | pzə⁵⁵/pəŋ³¹ | ə | 18 | 户撒乡、江东乡、勐养镇、龙山镇 |

说明：梁河方言的辐射力，可能会逐渐扩散到江东地区。临近江东的勐养、龙山等川水地区也会向主流形式梁河方言靠拢。

阿昌语高元音的易变除了与自身的音值有关以外，还与语言接触密切相关。

1. 音值的不稳定

阿昌语高元音[i]、[ɯ]的音值不是很稳定。同样的词，在各调查点的表现不一致，容易发生变化。高元音的演变路径大致有两种：一是继续高化为舌面后元音[ɯ]，例如：动词"长（大）"[kzə³¹]-[kɯ⁵¹]-[kɯ³¹]；二是裂化为复合元音[i]→[ɯ]→[ɑi]，例如："跳蚤"[ʝi³¹]-[khui⁵⁵lɯ⁵⁵]-[khuɑ³¹lɑi³¹]。当然阿昌语复合元音的出现不一定是高元音高化后进一步高顶出位裂化形成的。阿昌语高元音[i]、[ɯ]音值的不稳定性，不仅表现在各调查点的差异中，就是同一个人的阿昌语中也会存在这种音值的差异。高元音音值的不稳定与辅音声母也有很大的关系。例如"树"[saŋ³¹tsəŋ⁵⁵]-[sək⁵⁵]-[ʂuk⁵⁵]，高元音前的声母也不尽相同。

## 2. 语言接触

我们观察到语言接触是导致阿昌语高元音演变的又一重要因素。阿昌语梁河方言、芒市方言包含后高元音[ɯ],唯独陇川方言缺失该元音,与之相对应的是央元音[ə],即[ə]-[ɯ]。[ɯ]元音在梁河方言保留情况最佳,例词丰富;芒市方言次之,[ɯ]已开始向[ə]演变;陇川方言中则全部由[ə]替代。在梁河方言中,[ə]目前主要出现在汉语借词中。同时,与阿昌语亲属关系最近的仙岛语中只有[ɯ],未有[ə]。由此可以推测,[ɯ]应该是阿昌语固有的一个元音,而[ə]则是在语言接触中过程中形成的。纵观阿昌族的民族交往史,其语言主要受汉语和傣语的影响较深。[ɯ]普遍存于傣语芒市方言中,而汉语只有[ə],没有[ɯ],故[ə]极可能是与汉语接触发生变异的产物。举例如下:

| | 笑 | 喊 | 脓 | 线 | 新 | 麦子 | 北 |
|---|---|---|---|---|---|---|---|
| 陇川 | zə̩$^{55}$ | kzə̩$^{55}$ | pzə̩ŋ$^{55}$ | khzə̩ŋ$^{55}$ | ʂək$^{55}$ | mə$^{31}$tsɿ$^{51}$ | pəʔ$^{31}$ |
| 梁河 | ɯ$^{33}$ | kɯ$^{33}$ | pɯŋ$^{33}$ | khɯŋ$^{55}$ | a$^{31}$ʂuk$^{55}$ | mə$^{35}$tsɿ$^{33}$ | pəʔ$^{31}$ |
| 芒市 | ɯ$^{33}$ | kɯ$^{33}$ | pəŋ$^{31}$ | khəŋ$^{35}$ | sək$^{55}$ | mə$^{31}$tsɿ$^{33}$ | pəʔ$^{31}$ |
| 仙岛 | zu$^{55}$ | kɯ$^{55}$ | pɯŋ$^{55}$ | khɯŋ$^{55}$ | suk$^{55}$ | mu$^{31}$tsɿ$^{51}$ | pɯʔ$^{31}$ |

"笑""喊""脓"三个词语,只有陇川方言保留[ə]韵母,其余方言均是[ɯ]。"线""新"两词中,[ə]元音已扩散到芒市方言。"麦子""北"等汉语借词中,阿昌语三个方言韵母保持一致,都为[ə]。从上表可看出,高元音[ɯ]在阿昌语中呈逐渐被央化的趋势。

## 第四节 从地理分布差异看阿昌语半高元音韵母和低元音韵母的演变

阿昌语半高元音和低元音分布的地理差异,显示了两条演变规律:一是陇川方言的半高元音[e]和低元音[a]在梁河方言和芒市方言中合并为半低元音[ɛ];二是陇川方言的半低元音[ɔ]在梁河方言中演变为[ɑ],在芒市方言中演变为[a]。下面从演变的两种类型及其地理分布来进行分析。

### 一 半高元音韵母和低元音韵母的演变类型

(一)[e]/[a]演变为[ɛ]的方言分布

陇川方言的舌面前半高元音[e]和舌面前低元音[a]在梁河和芒市两个方言中合并为半低元音[ɛ]。[e]/[a]-[ɛ]的对应一般是在词中。我们用表3.15中的同源词来证明陇川方言的[e]在梁河方言和芒市方言中均演变为[ɛ]。

表 3.15　　　　　　　　[e]演变为[ɛ]的例词

| 方言 | 村寨 | 剥 | 母亲（他称） | 父亲（面称） | 新年 | 老 | 远 | 玩耍 |
|---|---|---|---|---|---|---|---|---|
| 陇川方言 | 腊撒 | tɕhe⁵⁵ | me³¹ | ze³³ | sʅ³¹ȵe⁵⁵ | tɕe³⁵ | we³¹ | tseʔ⁵⁵ |
| | 朗光 | tɕhe⁵⁵ | me³¹ | ze³³ | ɕi³¹ȵe⁵⁵ | tɕe³⁵ | we³¹ | tseʔ⁵⁵ |
| | 曼捧 | tɕhe⁵⁵ | me³¹ | ze³³ | ɕi³¹ȵe⁵⁵ | tɕe³⁵ | we³¹ | tseʔ⁵⁵ |
| | 户早 | tɕhe⁵⁵ | me³¹ | ze³³ | ɕi³¹ȵe⁵⁵ | tɕe³⁵ | we³¹ | tɕeʔ⁵⁵ |
| 梁河方言 | 关璋 | tɕhɛ³⁵ | mɛ³⁵ | zɛ³³ | sʅ³¹ȵɛ³¹ | tɕɛ³³ | wɛ³¹ | lɛ³¹ |
| | 弄别 | tɕhɛ³⁵ | mɛ³⁵ | zɛ³³ | sʅ³¹ȵɛ³¹ | tɕɛ³³ | wɛ³¹ | lɛ³¹ |
| | 丙盖 | tɕhɛ³⁵ | mɛ³⁵ | zɛ³³ | sʅ³¹ȵɛ³¹ | tɕɛ³³ | wɛ³¹ | lɛ³¹ |
| | 横路 | tɕhɛ³⁵ | mɛ³⁵ | zɛ³³ | sʅ³¹ȵɛ³¹ | tɕɛ³³ | wɛ³¹ | lɛ³¹ |
| | 勐科 | tɕhɛ³⁵ | mɛ³⁵ | zɛ³³ | sʅ³¹ȵɛ³¹ | tɕɛ³³ | wɛ³¹ | lɛ³¹ |
| | 湾中 | tɕhɛ³⁵ | mɛ³⁵ | zɛ³³ | sʅ³¹ȵɛ³¹ | tɕɛ³³ | wɛ³¹ | lɛ³¹ |
| 芒市方言 | 曩挤 | tɕhɛ³⁵ | mɛ³¹ | zɛ³⁵ | ɕi³¹ȵɛ³¹ | tɕɛ⁵¹ | wɛ⁵¹ | ȵɛ⁵⁵ |
| | 英俸 | tɕhɛ³⁵ | mɛ³¹ | zɛ³⁵ | ɕi³¹ȵɛ³¹ | tɕɛ⁵¹ | wɛ⁵¹ | ȵɛ⁵⁵ |
| | 杏万 | tɕhɛ³⁵ | mɛ³⁵ | zɛ³⁵ | ɕi³¹ȵɛ³¹ | tɕɛ⁵¹ | wɛ⁵¹ | ȵɛ⁵⁵ |
| | 遮告 | tɕhɛ³⁵ | mɛ³¹ | zɛ³⁵ | ɕi³¹ȵɛ³¹ | tɕɛ⁵¹ | wɛ⁵¹ | ȵɛ⁵⁵ |
| | 温乖 | tɕhɛ³⁵ | mɛ³⁵ | zɛ³⁵ | ɕi³¹ȵɛ³¹ | tɕɛ⁵¹ | wɛ⁵¹ | ȵɛ⁵⁵ |
| | 芒旦 | tɕhɛ³⁵ | mɛ³¹ | zɛ³⁵ | ɕi³¹ȵɛ³¹ | tɕɛ⁵¹ | vɔ⁵¹ | ȵɛ⁵⁵ |

表 3.15 的例词中，户撒、腊撒等地阿昌语的元音比较一致，都是舌面半高元音[e]，与曩宋、九保、芒东、勐养、江东、龙山等地阿昌语元音[ɛ]形成对应。从整体上来看，陇川方言属于[e]型，梁河、芒市方言则同属一个片区，为[ɛ]型。

陇川方言的舌面前低元音[a]在梁河和芒市两个方言中均演变为半低元音[ɛ]。我们用表 3.16 中的同源词来证明陇川方言[a]在梁河方言和芒市方言中均演变为[ɛ]。

表 3.16　　　　　　　　[a]演变为[ɛ]的例词

| 方言 | 村寨 | 梳子 | 明白 | 红色 | 背后 | 知道 |
|---|---|---|---|---|---|---|
| 陇川方言 | 腊撒 | phʐa³¹ | sa³⁵ | na⁵⁵ | ŋ̍oŋ³¹pa⁵¹ | sa³⁵ |
| | 朗光 | phʐa³¹ | sa³⁵ | na⁵⁵ | ŋ̍oŋ³¹pa⁵⁵ | sa³⁵ |
| | 曼捧 | phʐa³¹ | sai³⁵ | na⁵⁵ | ŋ̍oŋ³¹pa⁵⁵ | sa³⁵ |
| | 户早 | phʐa³¹ | sa³⁵ | na⁵⁵ | ŋ̍oŋ³¹pa⁵¹ | sa³⁵ |

续表

| 方言 | 村寨 | 梳子 | 明白 | 红色 | 背后 | 知道 |
|---|---|---|---|---|---|---|
| 梁河方言 | 关璋 | phjɛ³¹ | sɛ³¹ | nɛ³³ | noŋ³¹pjɛ³³ | ɕɛ³¹ |
| | 弄别 | phjɛ³¹ | sɛ³¹ | nɛ³³ | noŋ³¹pjɛ³³ | ɕɛ³¹ |
| | 丙盖 | phjɛ³¹ | sɛ³¹ | nɛ³³ | noŋ³¹pjɛ³³ | ɕɛ³¹ |
| | 横路 | phjɛ³¹ | sɛ³¹ | nɛ³³ | noŋ³¹pjɛ³³ | ɕɛ³¹ |
| | 勐科 | phjɛ³¹ | sɛ³¹ | nɛ³³ | noŋ³¹pjɛ³³ | ɕɛ³¹ |
| | 湾中 | phjɛ³¹ | sɛ³¹ | nɛ³³ | noŋ³¹pjɛ³³ | ɕɛ³¹ |
| 芒市方言 | 曩挤 | pɛ³³ | ɕɛ³¹ | nɛ³³ | noŋ³¹pja³¹ | ɕɛ³¹ |
| | 英傣 | pɛ³³ | ɕɛ³¹ | nɛ³³ | noŋ³¹pja³¹ | ɕɛ⁵¹ |
| | 杏万 | pɛ³³ | sɛʔ⁵¹ | nɛ³³ | noŋ³¹pja³¹ | ɕɛ⁵¹ |
| | 遮告 | pɛ³³ | sɛʔ⁵¹ | nɛ³³ | noŋ³¹pja³¹ | ɕɛ⁵¹ |
| | 温乖 | pɛ³³ | sɛʔ⁵¹ | nɛ³³ | noŋ³¹pja³¹ | ɕɛ⁵¹ |
| | 芒旦 | pə³³ | sə³¹ | nɛ³³ | noŋ³¹pja³¹ | sə⁵¹ |

表3.16中，户撒、腊撒等地阿昌语的[a]元音对应梁河、芒市方言片区的[ɛ]元音，在地理上，大致呈东西分布。但芒市方言内部存在不一致现象。例如"梳子""明白""知道"等词，芒市方言区其他调查点的元音为[ɛ]，而龙山镇芒旦寨则为央元音[ə]。再如表3.15中，"远"一词，芒市方言其他点的发音均为[wɛ⁵¹]，而芒旦寨的读音为[və⁵¹]。这些词的零星出现，预示该调查点的[ɛ]元音有分化的迹象。

要证明演变的方向是[e]或[a]向[ɛ]演变，而不是相反，只能借助亲属语言的比较。从表3.17可以看出现代缅语（仰光话）例词的主要元音基本保持[e]或[a]，阿昌语陇川方言也保持[e]或[a]，而梁河方言、芒市方言以及其他缅语支语言大多为[ɛ]，可以推测阿昌语陇川方言元音[e]和[a]有合并为半低元音[ɛ]的趋势。

表3.17　阿昌语[e]或[a]与亲属语言比较的例词

| 例词 | 户撒 | 曩宋 | 江东 | 仙岛 | 载瓦 | 浪速 | 波拉 | 茶山 | 勒期 | 缅语 |
|---|---|---|---|---|---|---|---|---|---|---|
| 玩耍 | tseʔ⁵⁵ | lɛ³¹ | nɛ⁵⁵ | tɕɛʔ⁵⁵ | ŋji⁵¹ kuŋ⁵¹ | na³¹ kum⁵⁵ | khɔ̃³⁵ kɔŋ³¹ | - | lu̠:³³ | ka¹sa³ |
| 剥 | tɕhe⁵⁵ | tɕhe³⁵ | tɕhɛ³¹ | xɛʔ⁵⁵ | tʃhɛ⁵⁵ | khjat⁵⁵ | khjɔt⁵⁵ | phuk⁵⁵ | phu:k⁵⁵ | khwaa² |
| 母亲 | me³¹ | me³⁵ | mɛ³¹ | mɛ³¹ | a⁵⁵nu³¹ | a³¹mji⁵⁵ | a³¹nuŋ⁵⁵ | a³¹ŋue³¹ | a⁵⁵mji⁵¹ | a¹me² |

续表

| 例词 | 户撒 | 曩宋 | 江东 | 仙岛 | 载瓦 | 浪速 | 波拉 | 茶山 | 勒期 | 缅语 |
|---|---|---|---|---|---|---|---|---|---|---|
| 父亲 | zɛ³³ | zɛ³³ | zɛ³⁵ | po³¹ | a⁵⁵va³¹ | a³¹phɔ⁵⁵ | a³¹va⁵⁵ | a³¹pa³³ | a⁵⁵phɔ⁵³ | ɑ¹phe² |
| 新年 | ɕi³¹ɲe⁵⁵ | ʂŋ³¹ɲɛ³¹ | ɕi³¹ɲɛ³¹ | ɕi³¹ɲɛ⁵⁵ | ɕi³¹ɲɛn³¹ | ɕi³¹ɲɛ⁵⁵ | ɕi³¹ɲɛʔ³¹ | ɕi³¹ɲɛʔ²⁵⁵ | ɕi³¹ɲɛ⁵⁵ | pwɑi³ne¹ |
| 老 | tɕe³⁵ | tɕɛ³³ | tɕe⁵¹ | a³¹kza³⁵ | san⁵¹ | mɔ̃³⁵ | sɛ̃⁵⁵ | maŋ³³ | maŋ³³tso⁵⁵ | raŋ¹ |
| 远 | wɛ³¹ | wɛ³¹ | wɛ⁵¹ | vɛ³¹ | vɛ³¹ | va³⁵ | vɛ³¹ | wɛ³³ | vɛː³³ | wɛ³ |
| 帮助 | tɕe⁵⁵ | tɕɛ³³ | tɕɛ³³ | te⁵⁵ | kě³¹ʒum⁵⁵ | kě³¹ʒum⁵⁵ | pɔ̃³⁵ | kɔ̃³¹ʒum⁵⁵ | kɔ̃³³ʒum⁵⁵ | ku²ɲi² |
| 梳子 | phza³¹ | phjɛ³¹ | pe³³ | phe³¹ | pjɛ³¹ | pjɛ³⁵ | pjɛ³⁵ | tje⁵⁵ | wo⁵⁵kjɔ̰ʔ⁵⁵ | bhi³ |
| 明白 | sa³⁵ | sɛ³¹ | sɛʔ⁵⁵ | sa³⁵ | sɛ⁵⁵ | sɛ⁵⁵ | sɛ³⁵ | sɛʔ²⁵⁵ | sɛː⁵³ | tθɑ¹bɔ³pɔk⁴ |
| 知道 | sa³⁵ | ɕɛ³¹ | ɕɛ⁵¹ | sa³⁵ | sɛ⁵⁵ | sɛ⁵⁵ | sɛ³⁵ | sɛʔ²⁵⁵ | sɛː³³ | tθi¹ |
| 背后 | ŋoŋ³¹pa⁵⁵ | noŋ³¹pje³³ | noŋ³¹pja³¹ | khji⁵⁵ŋoŋ³⁵ | nuʔ³¹phe³⁵ | thɔ̃³¹ | thɔ̃⁵⁵ | noŋ³¹thaŋ³¹ | nuŋ³¹thaŋ⁵³ | nɔk⁴ |
| 红 | na⁵⁵ | nɛ³³ | nɛ³³ | a³¹na⁵⁵ | nɛ⁵¹ | nɛ³¹ | nɛ⁵⁵ | nɛ³¹ | nɛː³¹ | ni² |

在缅语支语言中，[e]元音仅在阿昌语陇川方言、仙岛语、勒期语和现代缅语（仰光话）中存在，而[ɛ]元音则比较普遍，唯独阿昌语陇川方言没有。在与[ɛ]元音有语音对应关系的元音中，[e]为主要元音的例词最丰富，[a]次之。缅语支诸语言的共同语来自原始缅语，早期缅甸碑文中的单元音为5个，即[i]、[e]、[a]、[ɔ]、[u]，到现代缅甸语（仰光话）里演变为7个单元音，即[a]、[i]、[e]、[ɛ]、[ɔ]、[o]、[u]，新增了[ɛ]和[o]。也就是说[e]元音的来源之一是古缅语自有的，而[ɛ]元音是后来产生的。由此可以得出，阿昌语陇川方言存古特征更为明显，[e]元音保留稳定。但[ɛ]元音大范围存在于缅语支诸语言中，[e]→[ɛ]的元音低化现象会是阿昌语陇川方言未来的演变方向。探究[ɛ]元音产生的动因，发现与[ɛ]元音相拼的声母大多为舌面音[tɕ]、[tɕh]、[ɕ]、[ʑ]或具有舌面音特点的颚化音，可能受前置单辅音声母舌面化的影响，后面的元音被同化为开口度更相近的[ɛ]。

（二）[ɔ]演变为[a]/[ɑ]的方言分布

陇川方言的舌面后半低元音[ɔ]在梁河方言中演变为舌面后低元音[ɑ]，在芒市方言中演变为舌面前低元音[a]。表3.18中的例词可以显示这一演变规律。

表 3.18　　　　　　　　　[ɔ]演变为[ɑ]/[a]的例词

| 乡镇 | 村寨 | 我 | 月 | 饭 | 盐 | 石头 | 没有 | 手 | 眼睛 |
|---|---|---|---|---|---|---|---|---|---|
| 陇川 | 腊撒 | ŋɔ⁵⁵ | pau⁵¹lɔ³⁵ | tɕɔ⁵⁵ | tɕhɔ³¹ | liŋ³¹kɔ⁵⁵ | ma³¹pɔ³⁵ | lɔʔ⁵⁵ | nɔʔ⁵⁵ |
| | 朗光 | ŋɔ⁵⁵ | pau⁵¹lɔ³⁵ | tɕɔ⁵⁵ | tɕhɔ³¹ | liŋ³¹kɔ⁵⁵ | ma³¹pɔ³⁵ | lɔʔ⁵⁵ | nɔʔ⁵⁵ |
| | 曼棒 | ŋɔ⁵⁵ | pau⁵¹lɔ³⁵ | tɕɔ⁵⁵ | tɕhɔ³¹ | ləŋ³¹kɔ⁵⁵ | ma³¹pɔ³⁵ | lɔʔ⁵⁵ | nɔʔ⁵⁵ |
| | 户早 | ŋɔ⁵⁵ | pau⁵¹lɔ³⁵ | tɕɔ⁵⁵ | tɕhɔ³¹ | liŋ³¹kɔ⁵⁵ | ma³¹pɔ³⁵ | lɔʔ⁵⁵ | nɔʔ⁵⁵ |
| 梁河 | 关璋 | ŋɑ³³ | phɑ³¹lɑ³¹ | tɕɑ³³ | tɕhɑ³³ | ŋ̍uŋ⁵⁵kɑ³¹ | m̩³¹pɑ³⁵ | lɑʔ³¹ | nɑʔ³¹ |
| | 弄别 | ŋɑ³³ | phɑ³¹lɑ³¹ | tɕɑ³³ | tɕhɑ³³ | ŋ̍uŋ⁵⁵kɑ³¹ | m̩³¹pɑ³⁵ | lɑʔ³¹ | nɑʔ³¹ |
| | 丙盖 | ŋɑ³³ | phɑ³¹lɑ³¹ | tɕɑ³³ | tɕhɑ³³ | ŋ̍uŋ⁵⁵kɑ³¹ | m̩³¹pɑ³⁵ | lɑʔ³¹ | nɑʔ³¹ |
| | 横路 | ŋɑ³³ | phɑ³¹lɑ³¹ | tɕɑ³³ | tɕhɑ³³ | ŋ̍uŋ⁵⁵kɑ³¹ | m̩³¹pɑ³⁵ | lɑʔ³¹ | nɑʔ³¹ |
| | 勐科 | ŋɑ³³ | phɑ³¹lɑ³¹ | tɕɑ³³ | tɕhɑ³³ | ŋ̍uŋ⁵⁵kɑ³¹ | m̩³¹pɑ³⁵ | lɑʔ³¹ | nɑʔ³¹ |
| | 湾中 | ŋɑ³³ | phɑ³¹lɑ³¹ | tɕɑ³³ | tɕhɑ³³ | ŋ̍uŋ⁵⁵kɑ³¹ | m̩³¹pɑ³⁵ | lɑʔ³¹ | nɑʔ³¹ |
| 芒市 | 曩挤 | ŋɑ³³ | pau³⁵la⁵¹ | tsa³³ | tsha³³ | laŋ⁵⁵ka⁵¹ | m̩³¹pɑ³¹ | lɑʔ³¹ | nɑʔ³¹ |
| | 英僳 | ŋɑ³³ | pau³⁵la⁵¹ | tsa³³ | tsha³³ | laŋ⁵⁵ka⁵¹ | m̩³¹pɑ³¹ | lɑʔ³¹ | nɑʔ³¹ |
| | 杏万 | ŋɑ³³ | pau³⁵la⁵¹ | tsa³³ | tsha³³ | laŋ⁵⁵ka⁵¹ | m̩³¹pɑ³¹ | lɑʔ³¹ | nɑʔ³¹ |
| | 遮告 | ŋɑ³³ | pau³⁵la⁵¹ | tsa³³ | tsha³³ | laŋ⁵⁵ka⁵¹ | m̩³¹pɑ³¹ | lɑʔ³¹ | nɑʔ³¹ |
| | 温乖 | ŋɑ³³ | pau³⁵la⁵¹ | tsa³³ | tsha³³ | laŋ⁵⁵ka⁵¹ | m̩³¹pɑ³¹ | lɑʔ³¹ | nɑʔ³¹ |
| | 芒旦 | ŋɑ³³ | pau³⁵la⁵¹ | tsa³³ | tsha³³ | naŋ⁵⁵ka⁵¹ | m̩³¹pɑ³¹ | lɑʔ³¹ | nɑʔ³¹ |

从上述词的比较中看出，[a]/[ɑ]-[ɔ]型各方言内部一致性高，呈现陇川方言与梁河方言、芒市方言的东西部整齐对应。例如："饭"，陇川地区是[tɕɔ⁵⁵]，梁河、芒市等地是[tɕɑ³³]/[tsa³³]，同时部分词的辅音也形成了[ts]-[tɕ]的辅音对应。

与上述方法一样，我们还是采用阿昌语与其他缅语支语言进行比较，来论证演变的方向是[ɔ]向[ɑ]/[a]演变。从表 3.19 中的 17 个同源词的比较中可以看出，[ɔ]在亲属语言中分布较广，应该是较早的语音形式。

表 3.19　　　　　　　　　[ɔ]在阿昌语和亲属语言分布的例词

| 例词 | 陇川 | 梁河 | 芒市 | 仙岛 | 载瓦 | 浪速 | 波拉 | 茶山 | 勒期 | 缅语 |
|---|---|---|---|---|---|---|---|---|---|---|
| 有（钱） | pɔ⁵⁵ | pɑ³³ | pa³³ | pɔ⁵⁵ | vo⁵⁵ | ɣɔ⁵⁵ | ɣa³⁵ | jɔ⁵⁵ | jɔ:⁵⁵ | hri¹ |
| 富 | pɔ⁵⁵ | pɑ³³ | pa³³ | tɣ⁵⁵ | vo⁵⁵ | ɣɔ⁵⁵ | ɣa³⁵ | jɔ³³ | jɔ:⁵⁵ | tɕha⁴tθɑ⁴ |
| 补（票） | phɔ⁵⁵ | phɑ³³ | pha³⁵ | phɔ⁵⁵ | pho⁵¹ | tshuk⁵⁵ | pha⁵⁵ | phɔ³¹ | phɔ:³³ | phaɑ² |
| 上（车） | tɔʔ⁵⁵ | tɑʔ³¹ | ta?⁵⁵ | tɔʔ³⁵ | to?³¹ | thoʔ⁵⁵ | tha?⁵⁵ | thɔʔ⁵⁵ | thɔʔ⁵⁵ | tak⁴ |

续表

| 例词 | 陇川 | 梁河 | 芒市 | 仙岛 | 载瓦 | 浪速 | 波拉 | 茶山 | 勒期 | 缅语 |
|---|---|---|---|---|---|---|---|---|---|---|
| 锋利 | thɔʔ⁵⁵ | thɑʔ³¹ | tha⁵¹ | mat³⁵ | thɔʔ⁵⁵ | thɔʔ⁵⁵ | thaʔ⁵⁵ | thɔʔ⁵⁵ | thɔ:ʔ⁵⁵ | thak⁴ |
| 病 | nɔ⁵⁵ | nɑ³³ | na³³ | nɔ⁵⁵ | no⁵¹ | nɔ³¹ | na⁵⁵ | nɔ³¹ | nɔ:³¹ | phja³ |
| 休息 | nɔ³¹ | nɑʔ³¹ | na⁵¹ | nɔ³¹ | no³¹ | nɔ³⁵ | na³¹ | nɔ³³ | nɔ:³³ | na³ |
| 手 | lɔʔ⁵⁵ | lɑʔ³¹ | laʔ³¹ | lɔʔ⁵⁵ŋau³¹ | lo³¹ | lɔʔ³¹ | laʔ³¹ | lɔʔ³¹ | lɔʔ³¹ | lak⁴ |
| 回/去 | lɔ³⁵ | lɑʔ³¹ | laʔ³¹ | lɔ³⁵ | e⁵¹lo⁵⁵ | lɔ⁵⁵ | la³¹ | lɔ³³ | lɔ⁵⁵ | tθwa³ |
| 饭 | tɕɔ⁵⁵ | tɕɑ³³ | tsa³³ | kjɔ⁵⁵ | tsaŋ³¹ | tsɔ³¹ | ta⁵⁵ | tsɔ³¹ | wɔm³³ | tha³maŋ³ |
| 吃(饭) | tɕɔ³¹ | tɕɑ³¹ | tsa⁵¹ | tsɔ³¹ | tsɔ³¹ | tsɔ³¹ | ta³¹ | tsɔ³¹ | tsɔ:³³ | sa³ |
| 盐 | tshɔ³¹ | tshɑ³¹ | tsha³³ | khɔ³¹ | tsho⁵⁵ | tshɔ³⁵ | tha³⁵ | tshɔ³³ | tsho⁵⁵ | sha³ |
| 眼睛 | nɔʔ²⁵⁵tsʅʔ³¹ | ɲɑʔ³¹tɕit³¹ | ɲaʔ³¹tsʅ⁵¹ | ɲjɔʔ⁵⁵ | mjoʔ²¹tʃi⁵⁵ | mjɔʔ²¹tʃik⁵⁵ | mjaʔ³¹tʃi³⁵ | mjɔʔ³¹tʃɔi³³ | mjɔʔ³¹ | mjak⁴se¹ |
| 张(嘴) | xɔ³⁵ | xɑ³¹ | xa⁵¹ | xɔ³⁵ | xa⁵⁵ | xa³⁵ | ɣa³⁵ | xaʔ³¹ | xɔ:⁵³ | ha¹ |
| 咸 | xɔ³¹ | khɑ³¹ | kha⁵⁵ | xɔ³¹ | kho³¹ | khɔ³⁵ | kha³⁵ | ŋam³¹ | khɔ:³¹ | kha³ |
| 五 | ŋɔ³¹ | ŋɑ³¹ | ŋa⁵¹ | ŋɔ³¹ | ŋo³¹ | ŋɔ⁵⁵ | ŋa⁵⁵ | ŋɔ³¹ | ŋ³³ | ŋa³ |
| 鸟 | m̥ɔʔ⁵⁵ | ŋ̥ɑʔ⁵⁵ | ŋ̥aʔ⁵⁵ | ŋ̥ɔʔ⁵⁵ | ŋ̥oʔ⁵⁵ | ŋ̥ɔʔ⁵⁵ | ŋ̥aʔ⁵⁵ | ŋ̥ɔʔ⁵⁵ | ŋ̥ɔʔ⁵⁵ | hŋak⁴ |

西方学者在归纳元音演变规律时，提出了"链移"（chain shift）理论。这个理论最先用来解释辅音的变化，但相比之下元音链移式音变似乎更为常见。1954年，奥托·叶斯帕森（Otto Jespersen）首先提出"元音大转移"（the great vowel-shift）理论，详细分析了中古英语长元音的链式音变情况。1994年威廉·拉波夫（Willian Labov）在《语言学变化原理》一书中将元音链移归纳为三种情况：①长元音高化；②短元音低化；③后元音前化。他将此三种情况视为元音链式音移的普遍规则，指出以长元音高化最为常见。他指出，如果音系中没有长短元音对立，那么这一元音系列就会像长元音一样表现，服从第一项规则。根据拉波夫的理论，阿昌语元音的演变适合第一项规则，即元音高化。

[a]/[ɑ]是阿昌语中使用最广泛的元音，其变化也呈现出多样化发展趋势。以上这组例词，主要涉及缅语支语言的三个元音：[a]/[ɑ]、[ɔ]、[o]。其中阿昌语陇川方言、仙岛语、浪速语、茶山语、勒期语例词的韵腹为[ɔ]，阿昌语梁河方言及芒市方言、波拉语、缅语例词的主要元音为[a]/[ɑ]，[o]元音只出现在载瓦语当中。缅语代表缅语支语言较原始的语音形态，处于

这条元音演变链条的起点。[a]/[ɑ]属于低舌位元音,所以音变时只能朝高化方向发展。上述亲属语言之间的比较,清晰地表明从原始缅语到载瓦语,[a]/[ɑ]音正经历[a]/[ɑ]→[ɔ]→[o]的推链式元音转移。与其他两个方言相比,阿昌语陇川方言发展速度较快,已由[a]过渡到[ɔ]。

### 二 半高元音韵母和低元音韵母演变的地理分布

由于前文已经总结了半高元音和低元音演变的规律和方言分布。在这节里,我们主要是用一个例词一幅分布图的方式将演变规律用空间的方式展示出来,使读者对演变规律形成更为直观的认识。

(一)[e]演变为[ɛ]的地理分布

图 3.30 为"母亲(他称)"的两种读音:[me$^{31}$]和[mɛ$^{35}$]/[mɛ$^{31}$],韵母元音存在[e]-[ɛ]的不同。[me$^{31}$]分布于陇川户撒的大部分地区,各调查点发音完全相同。[mɛ$^{35}$]/[mɛ$^{31}$]分布在阿昌语其他方言区,仅声调略有差异。从地

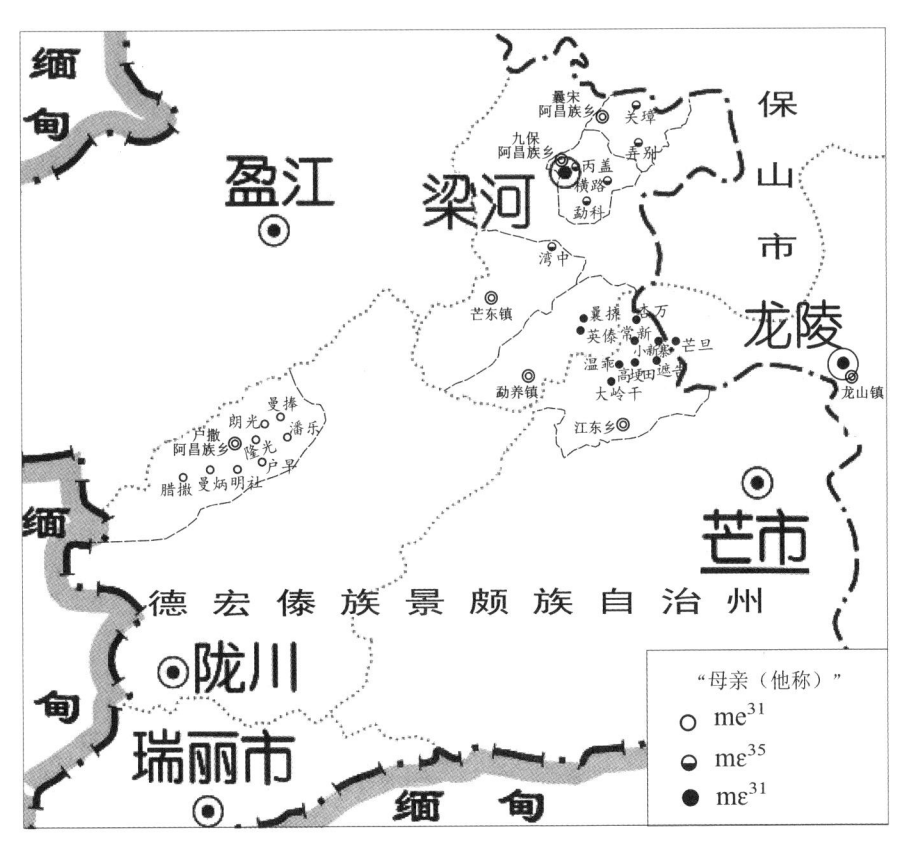

图 3.30 "母亲(他称)"

理分布来看，[ɛ]音分布范围广大，属于优势音。且[mɛ³¹]呈现出逐渐向周边局部地区扩散。元音低化是阿昌语语音变化的主要特征之一，在一些词里位于音节末尾的[e]容易低化为半低元音[ɛ]。同时，半高元音[e]发音相对松弛，时长短，听感含混，而半低元音发音时生理紧张，音时长，听感清晰，这促使元音由短促的[e]向清晰的[ɛ]演变。从亲属语言的比较中也可以看出，原始母语固有的[e]已从绝大多数缅语支语言中退出，被[ɛ]所取代，成为该语支语言元音系统中的主流元音之一。

图 3.31 为"远"的三种读音，即[we³¹]、[wɛ³¹]/[wɛ⁵¹]、[və⁵¹]。其中，[we³¹]分布在户撒、腊撒等地，[wɛ³¹]/[wɛ⁵¹]主要分布在梁河、芒市的大部分地区，[və⁵¹]则只在龙山镇芒旦寨出现。大部分区域依然是新形式[wɛ³¹]/[wɛ⁵¹]，少数地区保留旧有形式[we³¹]。芒旦调查点大多数例词的韵腹是[ɛ]，与主流发音形式保持一致，极个别例词显示为央元音[ə]。由于例词较少，其演变方向及影响力如何目前尚不能确定。

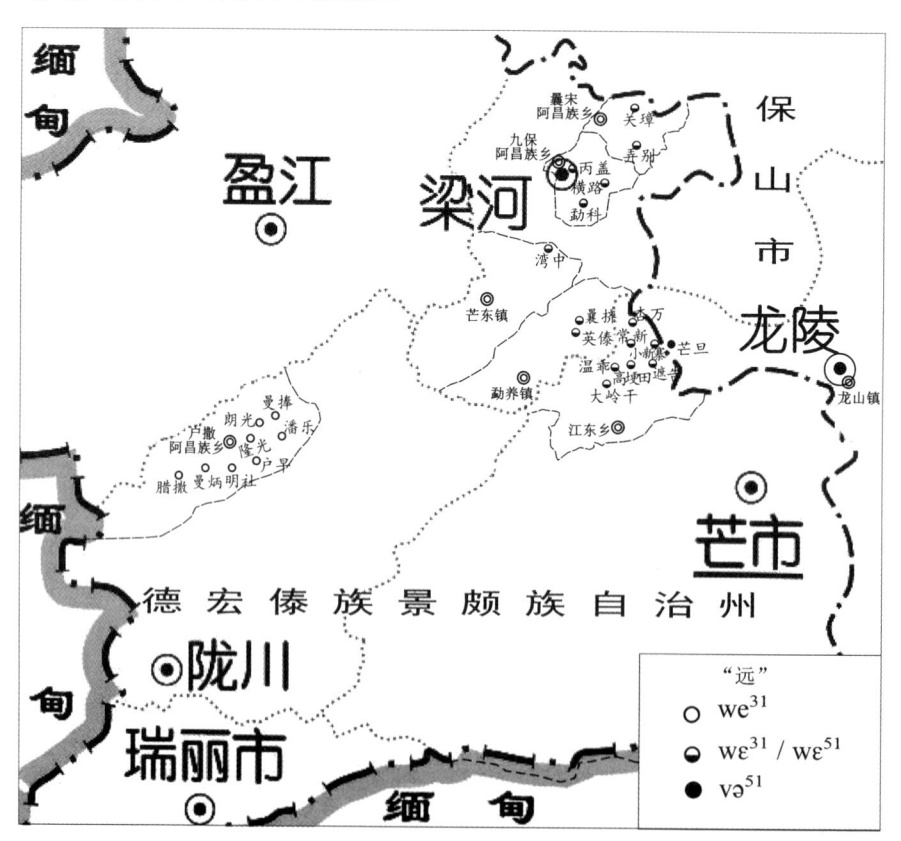

图 3.31 "远"

图 3.32 为"新年"的两种读音类型：[sʅ³¹ȵe⁵⁵]/[ɕi³¹ȵe⁵⁵]和[ɕi³¹ȵɛ³¹]/[sʅ³¹ȵɛ³¹]，主要元音存在[e]-[ɛ]的对应，辅音舌尖音[s]和舌面音[ɕ]有混读的现象，无区别词义的作用。从地理分布来看，也是局部地区保留旧有形式[sʅ³¹ȵe⁵⁵]/[ɕi³¹ȵe⁵⁵]，大部地带为创新形式[ɕi³¹ȵɛ³¹]/[sʅ³¹ȵɛ³¹]。半低元音[ɛ]的分布明显占有优势，以曩宋、九保、高埂田为中心向周边地带扩散。从语音形式可知"新年"为汉语借词，阿昌语各方言区利用自己的语音要素进行新造，依然形成[e]-[ɛ]的元音对应关系。这也在一定程度上说明[e]元音在陇川方言中保留较稳固。

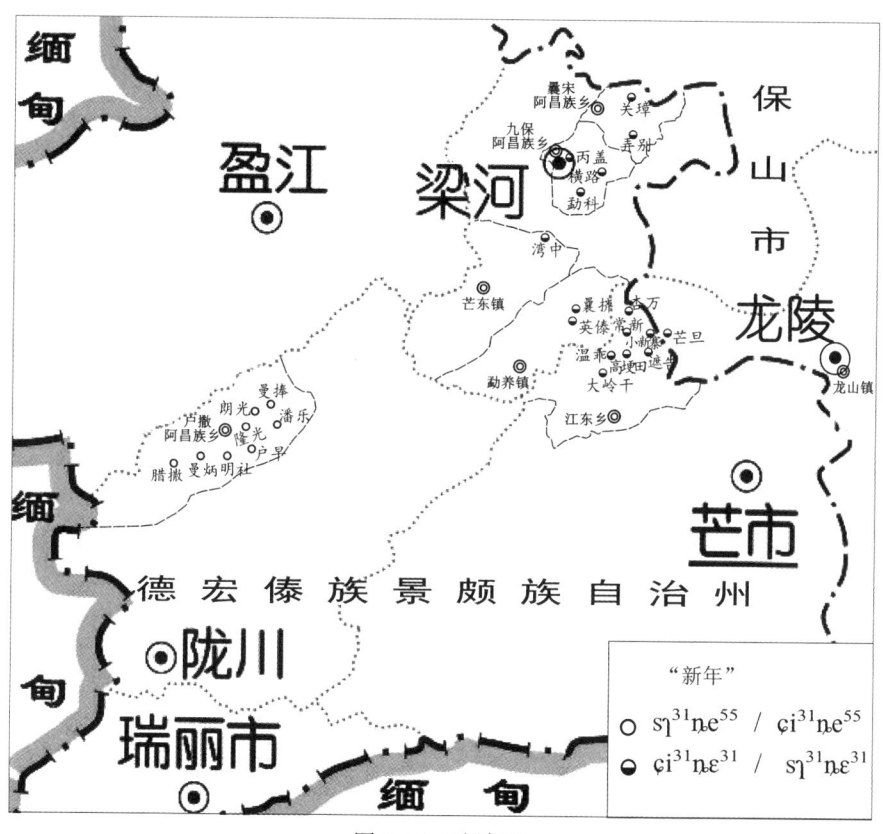

图 3.32 "新年"

（二）[a]演变为[ɛ]的地理分布

图 3.33 中，"知道"一词有三种发音类型，分别是[sa³⁵]、[ɕɛ³¹]/[ɕɛ⁵¹]、[sə⁵¹]。[sa³⁵]主要在陇川方言区使用，[ɕɛ³¹]/[ɕɛ⁵¹]在梁河方言区和芒市方言的大部分地区广泛应用，[sə⁵¹]仅在芒市方言的芒旦调查点存在。相比于[e]-[ɛ]对应类型中，芒旦寨阿昌语含[ə]音例词极少的情况，[a]-[ɛ]型中，芒

旦寨阿昌语含[ə]音的例词则多一些,例如:"梳子""熟悉""明白"等。由此可以推测芒旦阿昌语[a]元音有弱化为央元音[ə]的迹象。进一步考察阿昌语[a]→[ə]的弱化情况,发现其并不具有普遍性,尚属个别案例,并不影响对[a]-[ɛ]演化类型的判定。

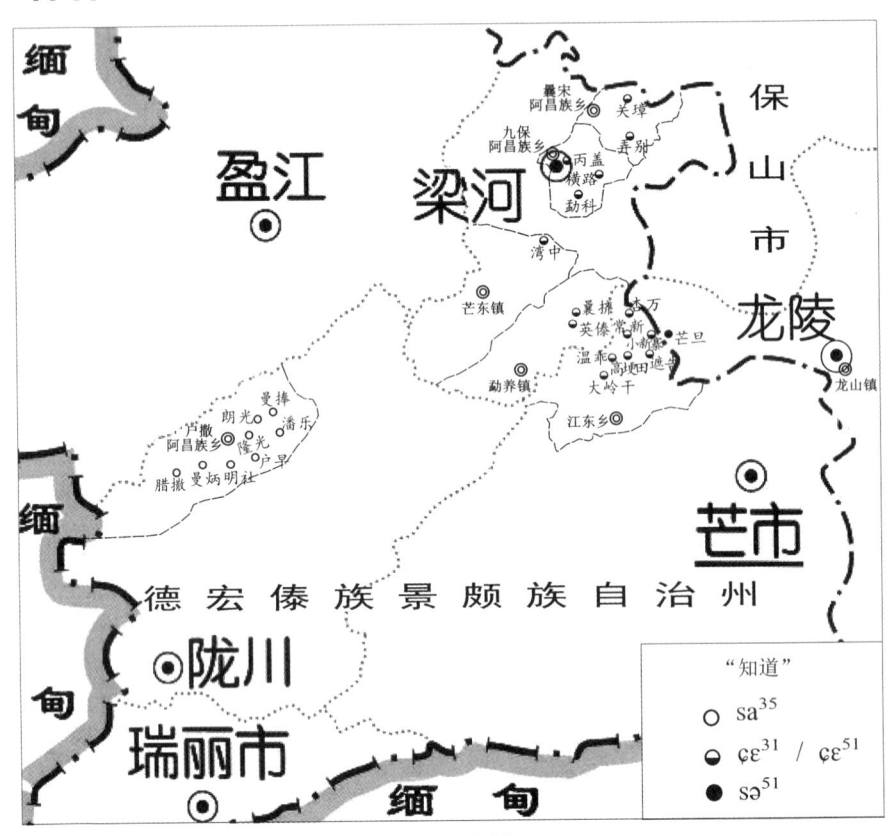

图 3.33 "知道"

图 3.34 中,"背后"有两种类型,第一种类型是[noŋ³¹pa⁵¹]和[noŋ³¹pja³¹],第二种类型是[noŋ³¹pjɛ³³]。第一种类型分布范围广泛,阿昌语大部分地区都是这种类型。其中[noŋ³¹pa⁵¹]主要分布在陇川户撒、腊撒及周边区域,[noŋ³¹pja³¹]则分布在勐养、江东、龙山一带。第二种类型[noŋ³¹pjɛ³³]分布在曩宋、九保、芒东等地。从地理分布来看,这两类说法形成南北对应。

总的来看,第一种类型[noŋ³¹pa⁵¹]和[noŋ³¹pja³¹]属于优势音,覆盖阿昌族聚居的大部地区,其中[noŋ³¹pja³¹]这种旧有形式应该是芒市方言低元音[a]向半低元音[ɛ]演变进程中的残余。由此,也体现出阿昌语内部[a]→[ɛ]演变速度的不平衡,陇川方言发展最缓慢,至今尚未产生[ɛ]元音;芒市方

第三章 从地理分布差异看阿昌语韵母的演变    121

言次之，[a]音仍保留在少数例词中；梁河方言变速最快，基本被[ɛ]音所替代。

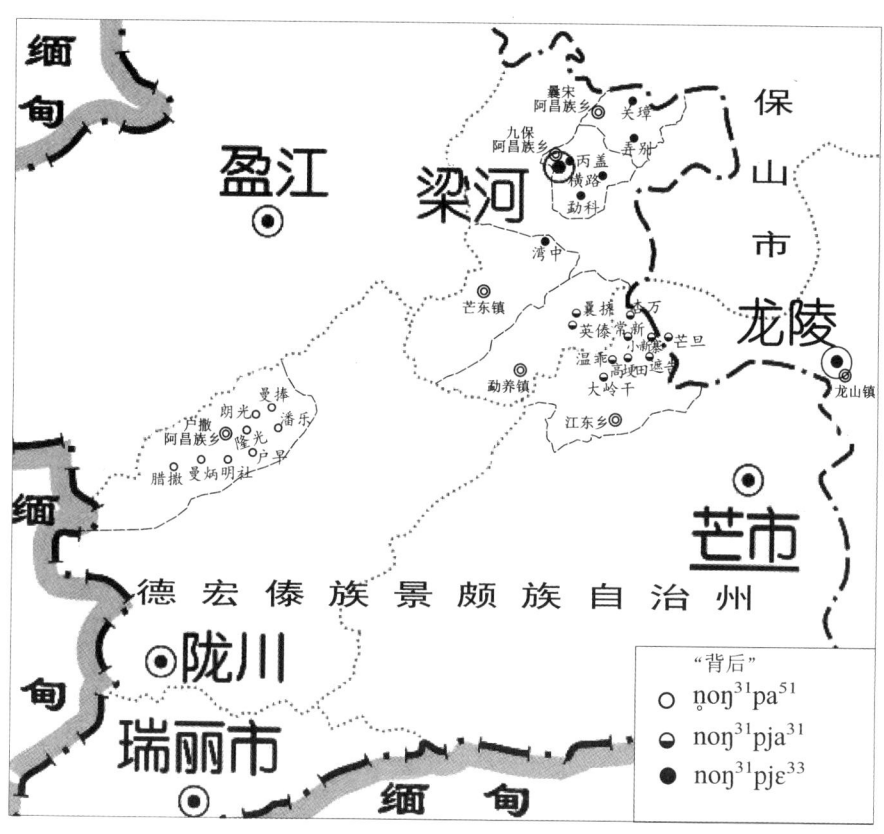

图 3.34 "背后"

（三）[ɔ]演变为[a]/[ɑ]的地理分布

图 3.35 是"月"的两种读音：[pau⁵¹lɔ³⁵]和[phɑ³¹lɑ³¹]/[pau³⁵la⁵¹]，[pau⁵¹lɔ³⁵]主要是陇川户撒地区的发音，[phɑ³¹lɑ³¹]/[pau³⁵la⁵¹]则是梁河、芒市方言片区的发音。二者在地理分布上，形成[a]/[ɑ]-[ɔ]的东西对应。与[e]/[a]-[ɛ]型相反，[a]/[ɑ]-[ɔ]这组对应关系中，梁河、芒市方言保留了旧有的形式[phɑ³¹lɑ³¹]/[pau³⁵la⁵¹]，陇川方言则为创新形式[pau⁵¹lɔ³⁵]。在我们的调查中注意到年轻人有向新形式靠拢的倾向。

图 3.36 为"石头"的两种读音类型：[liŋ³¹kɔʔ⁵⁵]和[n̥ɯŋ⁵⁵kɑ³¹]/[laŋ⁵⁵ka⁵¹]，目标音节存在元音[ɔ]、[ɑ]/[a]的不同。[liŋ³¹kɔʔ⁵⁵]分布在户撒坝地区，[n̥ɯŋ⁵⁵kɑ³¹]/[laŋ⁵⁵ka⁵¹]则是梁河、芒市及周边地区的语音形式。显然，[ɑ]/[a]分布范围更广，并辐射周边零星的阿昌族村寨。

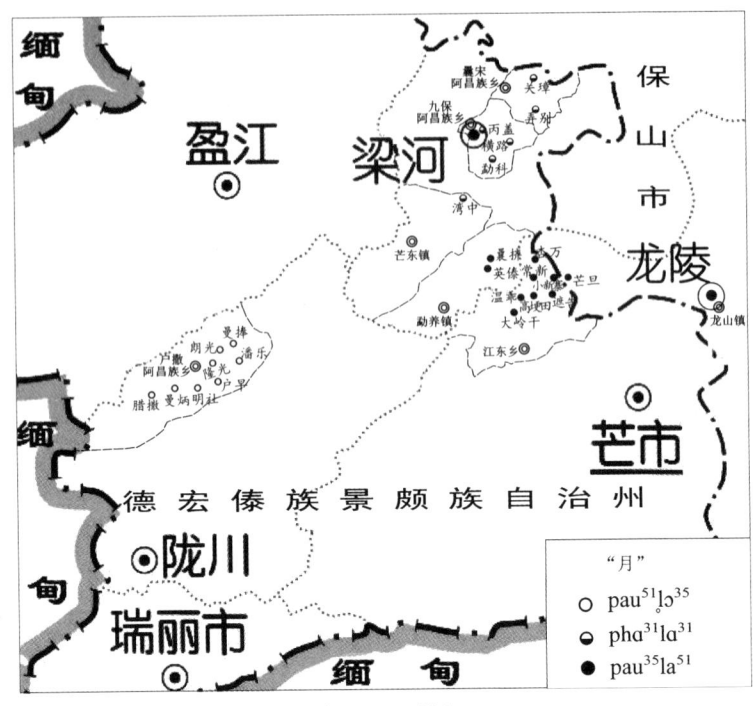

图 3.35 "月"

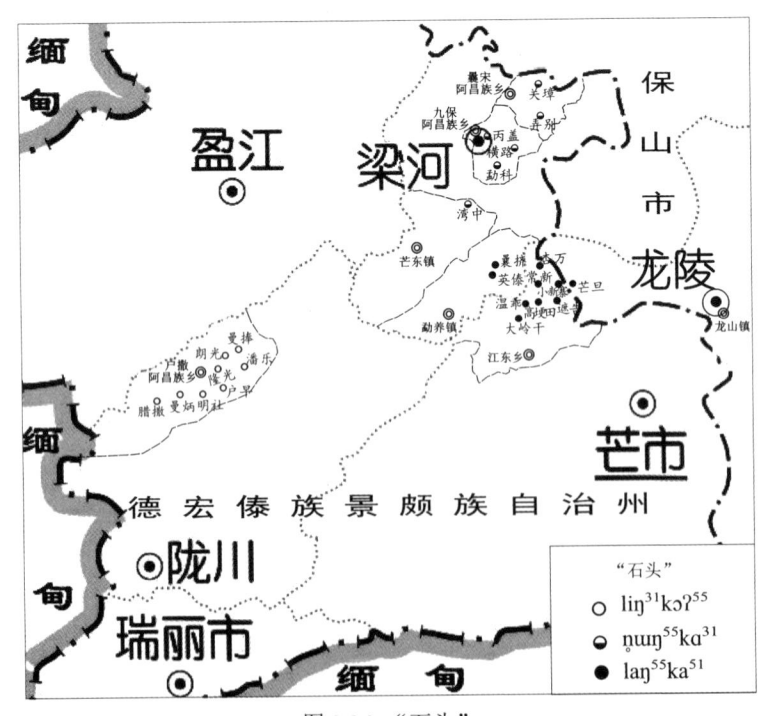

图 3.36 "石头"

## 三 小结

[e]/[a]-[ɛ]和[a]/[ɑ]-[ɔ]是关于阿昌语半低元音[ɛ]和[ɔ]演变的两种主要类型。但演化方向略有差异，其中[e]→[ɛ]是元音低化的表现，而[a]→[ɛ]以及[a]/[ɑ]→[ɔ]则是元音高化现象。

一般来说，[e]/[a]-[ɛ]型主要表现为陇川方言的[e]/[a]逐渐趋同对应梁河、芒市方言区的[ɛ]，形成明显的东西不同。可是实际并非如此整齐的对应。在[e]/[a]-[ɛ]型所列例词中，大多数例词呈典型对应分布，同时也出现了一些非典型对应情况。"远""梳子""熟悉""明白"等词的读音分布表现为芒旦的读音与其他调查点不同。例如："梳子"，芒旦是[pə³³]，其他地区是[phẓa³¹]/[phjɛ³¹]/[pɛ³³]。芒旦的[ə]对应其他地区的[a]或[ɛ]。由此看出，芒市方言内部存在不一致，其他方言内部则保持一致。

[a]/[ɑ]-[ɔ]型，阿昌语各方言内部一致性较高，对应严整。从亲属语言的比较中，能够清晰地看到低元音[a]/[ɑ]不断高化的进程，即[a]/[ɑ]→[ɔ]→[o]，甚至可以推测出[o]继续高化演变为高元音[u]，最终形成[a]/[ɑ]→[ɔ]→[o]→[u]的一条渐变式元音高化演变链。[o]→[u]演变的例证如下：

| | 陇川 | 梁河 | 芒市 | 仙岛 | 载瓦 | 缅语 |
|---|---|---|---|---|---|---|
| 白 | pẓo⁵⁵ | phu⁵⁵ | phu³⁵ | phẓu⁵⁵ | phju³¹ | phru² |
| 人 | tṣo⁵⁵ | pju³¹ | tṣu⁵⁵ | tṣu⁵⁵ | pju⁵⁵ | lu² |
| 失落 | tṣoʔ⁵⁵ | tshu⁵⁵ | - | tṣu⁵⁵ | kjo⁵⁵ | |

在"白""人""失落"等例词中，阿昌语陇川方言的基本元音为[o]，而缅语支其他语言以及阿昌语梁河、芒市方言则为[u]。

阿昌语内部[ɔ]-[o]的对应关系最先发生在汉语借词中。随着语言接触的深入，这种高化演变势必会扩散，进入民族固有词当中，促发元音系统的变异。举例如下：

| | 火柴 | 国家 | 学校 | 泡沫 | （一）角 | 甜木瓜 |
|---|---|---|---|---|---|---|
| 陇川 | zaŋ³¹xɔ⁵⁵ | kɔʔ³¹tɕa³¹ | ɕɔʔ³¹ɕau³⁵ | a³¹mzɔ⁵⁵ | tɕoʔ³¹ | mak³¹saŋ³⁵phɔ⁵⁵ |
| 梁河 | zaŋ³¹xo³⁵ | koʔ³¹tɕa³³ | ɕoʔ³¹ɕau³⁵ | a³¹mo³¹ | tɕoʔ³¹ | ma³¹saŋ⁵⁵pho⁵⁵ |
| 芒市 | zaŋ⁵¹xo²¹ | ko³¹kja³³ | ɕo⁵¹ɕau³⁵ | a³¹mo³¹ | tɕoʔ³¹ | mak³¹saŋ⁵⁵pho⁵⁵ |

链移性音变是一种理想化的连续性音变模式，强调的是"语音规律无例外"，其形成取决于语音共时线性结构条件。但事实上"每一个词都有它自己的历史"，词汇扩散理论①告诉我们，语言的历时非线性结构会导致离散式音变。对于语音中的特殊音变现象，还原其历史语音条件也许是一个很好的解决办法。

## 第五节 从地理分布差异看阿昌语圆唇元音韵母的演变

元音[o]和[u]都属于圆唇元音，区别就在于舌位的高低不同。阿昌语元音[o]和[u]经常处于自由交替状态。从地理分布来看，[o]-[u]不像[i]-[ɯ]那样整齐分布。[o]-[u]在地理上呈交错分布。但在一些词里[o]和[u]在地理上也构成陇川方言和梁河、芒市方言的[o]-[u]对应。

### 一 圆唇元音韵母的演变类型

元音[o]和[u]三个方言中均存在，不同的只是在这个方言中读[o]的词，其余的一个或两个方言中读为[u]，在这个方言中读[u]的词，其余的一个或两个方言中读为[o]。由于[o]和[u]的最小对立只有舌位高低一项，听感不大。有一些词，发音人自己也难以分辨是[o]还是[u]。我们只能根据收集到的同源词，归纳出[o]和[u]在三个方言中的例词分布。

表 3.20    阿昌语圆唇元音对比词表[o]-[u]型

| 方言 | 村寨 | 儿子 | 人 | 喝（茶） | 白 | 刺儿 | 筷子 | 抽（烟） | 水蚂蟥 | 着（火） | 身体 |
|---|---|---|---|---|---|---|---|---|---|---|---|
| 陇川方言 | 腊撒 | tsɔ³¹lo³¹ | tʂo⁵⁵ | ʂoʔ⁵⁵ | phzo⁵⁵ | tɕo³¹ | tʂo³¹ | ʂoʔ⁵¹ | nuʔ⁵⁵ | tu⁵¹ | a³¹tu³¹ |
| | 朗光 | tsɔ³¹lo³¹ | tʂo⁵⁵ | ʂoʔ⁵⁵ | phzo⁵⁵ | tɕo³¹ | tʂo³¹ | ʂoʔ⁵¹ | nuʔ⁵⁵ | tu⁵⁵ | a³¹tu³¹ |
| | 曼捧 | tsɔ³¹lo³¹ | tʂo⁵⁵ | ʂoʔ⁵⁵ | phzo⁵⁵ | tɕo³¹ | tʂo³¹ | ʂoʔ⁵¹ | nuʔ⁵⁵ | tu⁵⁵ | a³¹tu³¹ |
| | 户早 | tsɔ³¹lo³¹ | tʂo⁵⁵ | ʂoʔ⁵⁵ | phzo⁵⁵ | tɕo³¹ | tʂo³¹ | ʂoʔ⁵¹ | nuʔ⁵⁵ | tu⁵¹ | a³¹tu³¹ |
| 梁河方言 | 关璋 | tsa³¹loʔ³¹ | tsu³³ | suʔ³¹ | phu³³ | tɕu³¹ | tsu³⁵ | ʂuʔ³¹ | nu³³ | tu³¹ | a³¹to³⁵ |
| | 弄别 | tsa³¹loʔ³¹ | tsu³³ | suʔ³¹ | phu³³ | tɕu³¹ | tsu³⁵ | suʔ³¹ | nu³³ | tu³¹ | a³¹to³⁵ |
| | 丙盖 | tsa³¹loʔ³¹ | tsu³³ | suʔ³¹ | phu³³ | tɕu³¹ | tsu³⁵ | suʔ³¹ | nu³³ | tu³¹ | a³¹to³⁵ |
| | 横路 | tsa³¹loʔ³¹ | tsu³³ | suʔ³¹ | phu³³ | tɕu³¹ | tsu³⁵ | suʔ³¹ | nu³³ | tu³¹ | a³¹to³⁵ |
| | 勐科 | tsa³¹loʔ³¹ | tsu³³ | suʔ³¹ | phu³³ | tɕu³¹ | tsu³⁵ | suʔ³¹ | nu³³ | tu³¹ | a³¹to³⁵ |
| | 湾中 | tsa³¹loʔ³¹ | tsu³³ | suʔ³¹ | phu³³ | tɕu³¹ | tsu³⁵ | suʔ³¹ | nu³³ | tu³¹ | a³¹to³⁵ |

---

① 词汇扩散理论，又叫离散式音变，用以解释语言中的非线性变化，最先由王士元于 1969 年提出。

第三章　从地理分布差异看阿昌语韵母的演变

续表

| 方言 | 村寨 | 儿子 | 人 | 喝（茶） | 白 | 刺儿 | 筷子 | 抽（烟） | 水蚂蟥 | 着（火） | 身体 |
|---|---|---|---|---|---|---|---|---|---|---|---|
| 芒市方言 | 曩挤 | za⁵⁵lu⁵¹ | pju³³ | su⁵¹ | phu³⁵ | tṣu⁵¹ | tsu⁵¹ | su⁵¹ | no³¹ | to³¹ | a³¹tu⁵¹ |
| | 英傣 | za⁵⁵lu⁵¹ | pju³³ | su⁵¹ | phu³⁵ | tṣu⁵¹ | tsu⁵¹ | su⁵¹ | no³¹ | to³¹ | a³¹tu⁵¹ |
| | 杏万 | za⁵⁵lu⁵¹ | pju³³ | su⁵¹ | phu³⁵ | tṣu⁵¹ | tsu⁵¹ | su⁵¹ | no³¹ | to³¹ | a³¹to³³ |
| | 遮告 | za⁵⁵lu⁵¹ | pju³³ | ṣu⁵¹ | phu³⁵ | tṣu⁵¹ | tsu⁵¹ | su⁵¹ | no⁵¹ | to³¹ | a³¹to³³ |
| | 温乖 | za⁵⁵lu⁵¹ | pju³³ | su⁵¹ | phu³⁵ | tṣu⁵¹ | tsu⁵¹ | su⁵¹ | no³¹ | to³¹ | a³¹to³³ |
| | 芒旦 | za⁵⁵lu⁵¹ | pju³³ | ṣu⁵¹ | phu³⁵ | tṣu⁵¹ | tsu⁵¹ | ṣu⁵¹ | no³¹ | to³¹ | a³¹to³³ |

表 3.20 的例词中，"人""喝（茶）""抽（烟）""白""刺儿""筷子"六组词能构成比较整齐的东西对立。户撒等地区保持为[o]，梁河、芒市等东部方言片区保持为[u]。但是其他词的分布就显得有些凌乱。"儿子""水蚂蟥""着（火）""身体"，包括汉语借词"豆腐""输"，圆唇元音[o]和[u]的分布都不是很整齐。[o]和[u]两个元音比较相似，都属于舌面后圆唇元音，差别仅在于舌位的高低，开口度的大小。所以在没有标准语的阿昌语里常常处于自由交替的状态。

我们在归纳阿昌语的同源词时，发现其[o]/[u]对应于其他缅语支亲属语言的[u]/[au]。举例如下：

表 3.21　阿昌语的[o]/[u]对应于缅语支语言的[u]/[au]

| | 陇川 | 梁河 | 芒市 | 仙岛 | 载瓦 | 浪速 | 波拉 | 茶山 | 勒期 | 缅语 |
|---|---|---|---|---|---|---|---|---|---|---|
| 人 | tṣo⁵⁵ | tsu³³ | pju³³ | tṣu⁵⁵ | pju⁵¹ | pju³¹ | pju⁵⁵ | tju³¹ | pju³¹ | lu² |
| 喝（茶） | ṣoʔ⁵⁵ | ṣuʔ³¹ | su⁵¹ | ṣuʔ⁵⁵ | ʃuʔ⁵⁵ | ʃauk⁵⁵ | ʃauʔ⁵ | ʃuk⁵⁵ | ʃu:k⁵⁵ | tθɔk⁴ |
| 白 | phzo⁵⁵ | phu³³ | phu³⁵ | phzu³⁵ | phju⁵¹ | phju³¹ | phju⁵⁵ | thju³³ | phju:³³ | phru² |
| 刺儿 | tɕo³¹ | tɕu³¹ | tsu⁵¹ | kju³¹ | tsu³¹ | tsau³¹ | tu³¹ | tsəu³³ | tsu³³ | shu³ |
| 筷子 | tṣo³¹ | tsu³⁵ | tsu⁵¹ | tṣu³¹ | khoi⁵⁵tsɛ³¹ | khoi³⁵tsɛ³¹ | khoi³⁵tsɛ⁵¹ | tsəu³³ | tsə̱³³ŋjam⁵⁵ | tu² |
| 抽（烟） | ṣoʔ⁵¹ | ṣuʔ³¹ | su⁵¹ | ṣuʔ⁵⁵ | pok̚⁵⁵ | pauk⁵⁵ | pauʔ⁵⁵ | ta⁵⁵ | pa:ʔ⁵⁵ | tθɔk⁴ |

阿昌语的[o]/[u]主要对应其他缅语支亲属语言的[u]元音，[o]元音仅在阿昌语户撒方言里出现的频率较高。上古缅语的基本元音中只有[u]没有[o]，[o]发展到现代缅语时才出现，可见[u]元音是缅语支语言的基本元音，而[o]

是后起的。由于[o]和[u]发音接近，在容易发生混读。此外，其他缅语支亲属语言的[au]在阿昌语中也发生了分化，户撒为[o]，梁河、芒市为[u]，说明[o]/[u]有朝着复音化方向发展的可能。

## 二　圆唇元音韵母演变的地理分布

图 3.37 为"儿子"的两种读音类型：[tsɔ³¹lo³¹]/[tsa³¹loʔ³¹]和[ʐa⁵⁵lu⁵¹]。主元音存在[o]-[u]的不同。其中[tsɔ³¹lo³¹]/[tsa³¹loʔ³¹]分布于陇川和梁河方言区；[ʐa⁵⁵lu⁵¹]主要分布于芒市等地区。形成陇川、梁河与芒市的对应。两个片区都呈连续性分布，各方言内部一致性高。

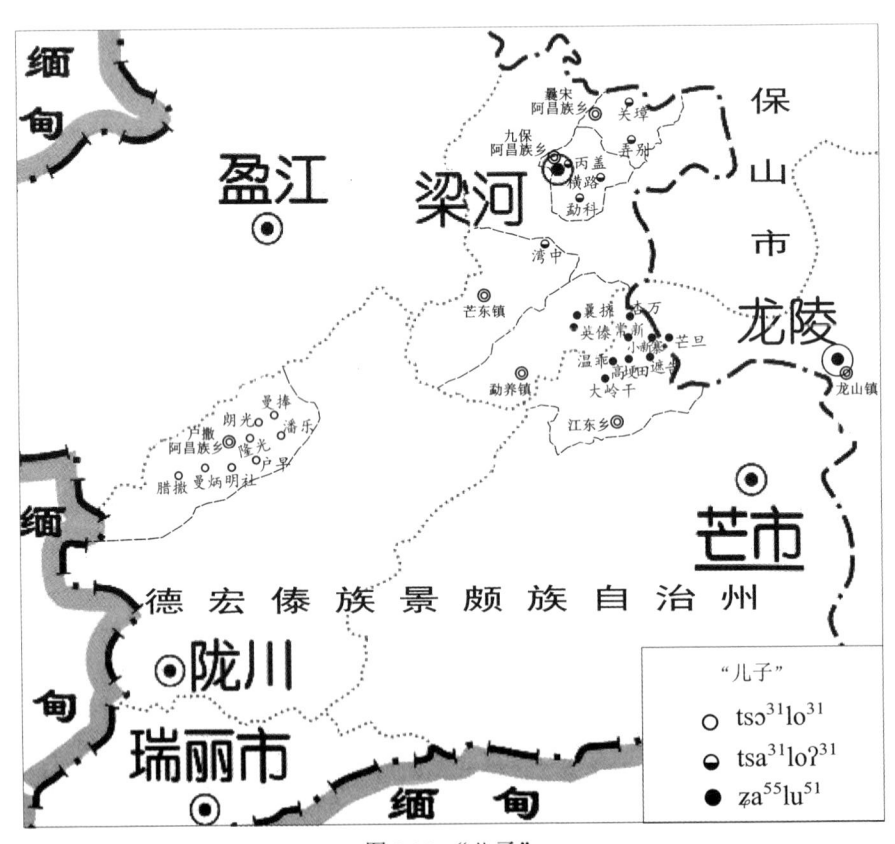

图 3.37　"儿子"

图 3.38 为"筷子"的两种读音类型：[tʂo³¹]和[tsu³⁵]/[tsu⁵¹]。词末元音存在[o]-[u]的不同。[tʂo³¹]仅在陇川及周边地区分布，[tsu³⁵]/[tsu⁵¹]分布于梁河和芒市的大部分地区。形成陇川与梁河、芒市的对应，这也是[o]-[u]的典型地理分布类型。梁河与芒市在地理上南北呼应，在一些特征上比较一致。阿昌语"筷子"的发音与古汉语"筷子"的读音"箸"相近。"箸"直到明代因古代船家避祸求福的忌讳才改称"筷子"，故"筷子"可能是阿昌语中比较早期的汉语借词。

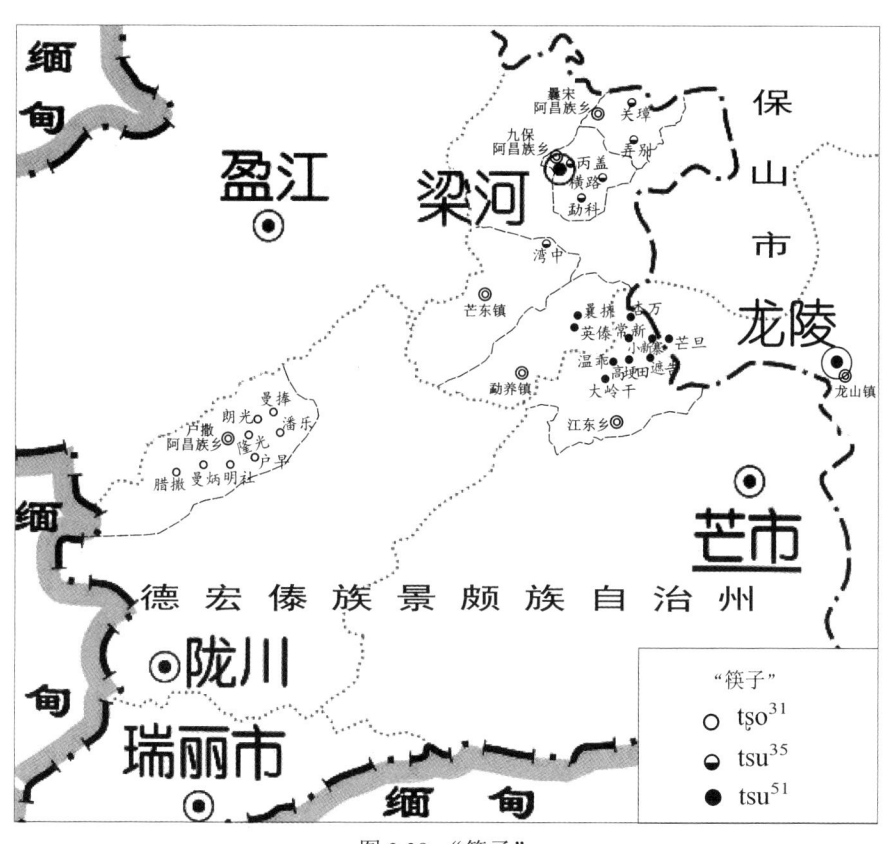

图 3.38 "筷子"

图 3.39 为"水蚂蟥"的两种类型，第一种类型是[nuʔ⁵⁵]和[nu³³]，第二种类型是[no³¹]和[no⁵¹]。第一种类型中的[nuʔ⁵⁵]分布在户撒坝地区、[nu³³]分布在梁河大盈江流域，第二种类型是芒市方言区内的两种语音形式，[no³¹]成片分布，而[no⁵¹]仅在遮告调查点孤点存在。在地理分布上，[nuʔ⁵⁵]/[nu³³]的地理范围有所扩大，占据整个阿昌语的一半区域，和[no³¹]、[no⁵¹]构成了芒市-陇川、梁河的对应。

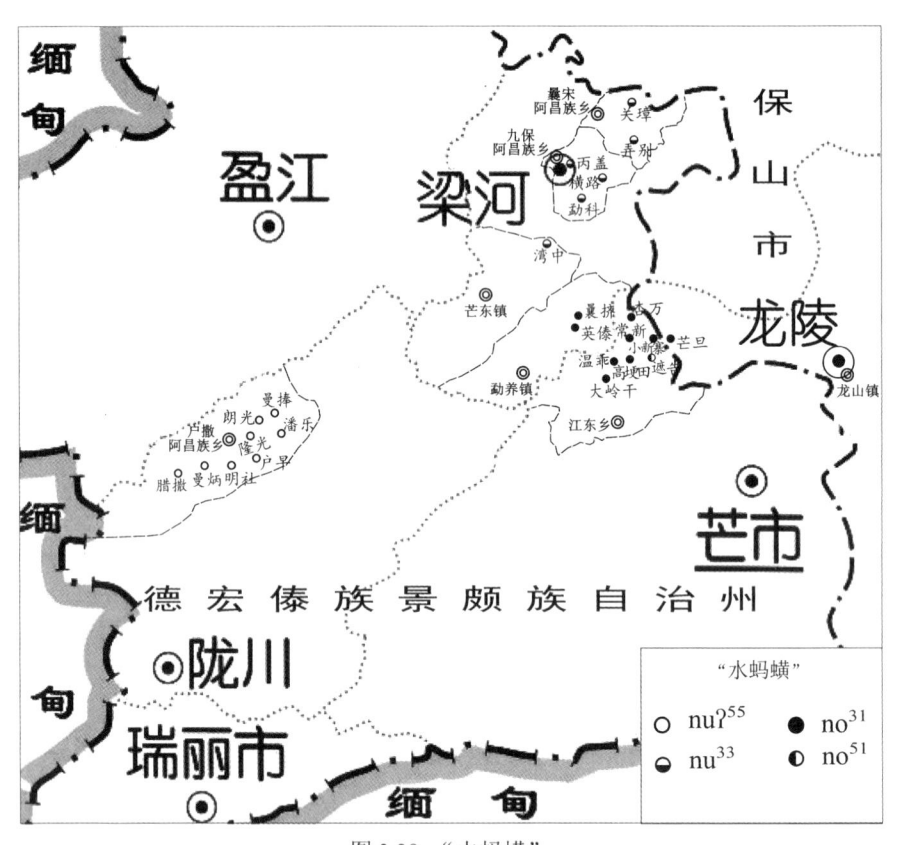

图 3.39 "水蚂蟥"

图 3.40 表明"身体"的两种读音类型：[a³¹tu³¹]/[a³¹tu⁵¹]和[ɑ³¹to³⁵]/[a³¹to³³]。两种类型在地理分布上不再是整齐的[o]-[u]东西或南北对应。从示意图上可以看出，[a³¹tu³¹]/[a³¹tu⁵¹]和[ɑ³¹to³⁵]/[a³¹to³³]呈现交错分布。芒市方言区内的曩挤和英傣打破了平衡，主要元音为[u]。这种现象在陇川和梁河方言区也都会出现。

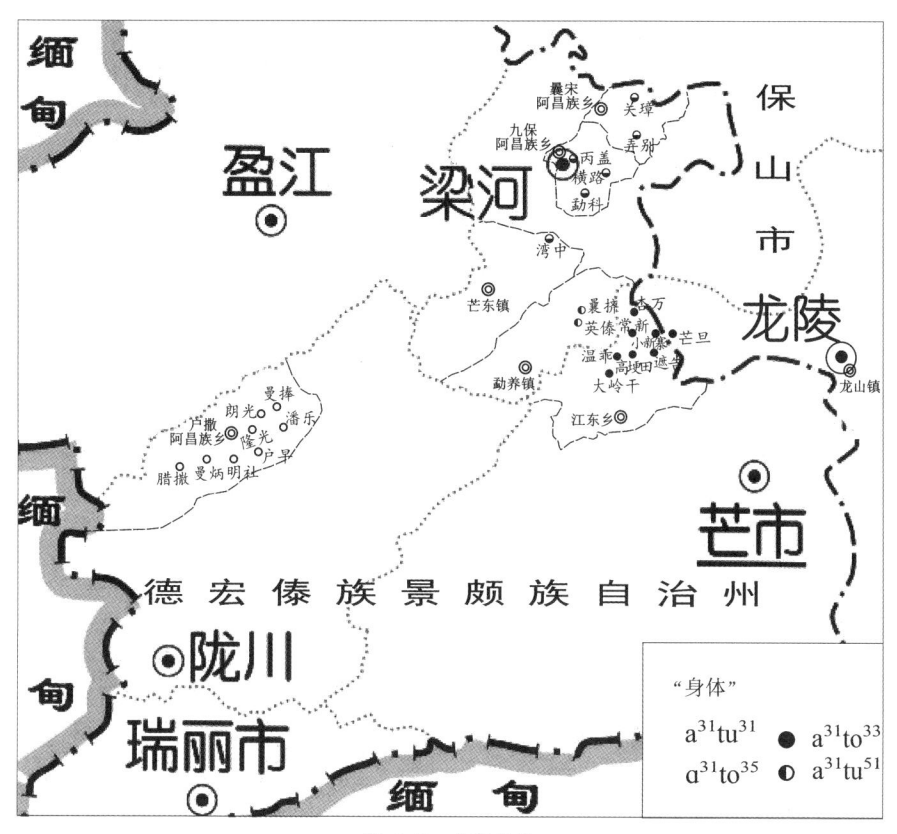

图 3.40 "身体"

### 三 小结

从地理分布来看，圆唇元音[o]和[u]的分布显得有些凌乱。这种"乱"也体现在同一个人所说的阿昌语里，我们调查时注意到，一些词的读音里[o]和[u]也经常会出现自由交替，连发音人自己也无法察觉。例如：

[taŋ³¹xoʔ³¹]-[taŋ³¹xuʔ³¹]　　　　　[zoʔ⁵⁵]-[zuʔ⁵⁵]
凳子　　　　　　　　　　　　　　个（一～人）
[to³¹o⁵⁵]-[tu³¹u⁵⁵]　　　　　　　　[kan³⁵po³⁵]-[kan³⁵pu³⁵]
棉花　　　　　　　　　　　　　　干部

由于阿昌语没有文字，也没有标准语，加之又处于汉藏语系包围之中，因此阿昌语呈现出一种衰落趋势。这种语音系统不稳定的"乱象"也是阿昌语衰落的表现之一。

## 第六节　从地理分布差异看阿昌语复合元音韵母的演变

在整个缅语支语言中，阿昌语的复合元音数量最多，类型最丰富。在阿昌语中，梁河方言的复合元音最多，共有 14 个；芒市方言次之，有 12 个；陇川方言最少，有 10 个。阿昌语主要的复合元音有[ei]、[ai]、[oi]、[ui]、[iu]、[au]、[ua]、[əu]、[iau]、[uai]、[ia]、[iɛ]、[uɛ]。其中[ei]、[ai]、[oi]、[ui]、[au]、[ua]、[ia]、[uɛ]、[uai]既可以出现在汉语借词中，又可以出现在本语词当中。[əu]、[iɛ]、[iu]、[iau]只出现在汉语借词中。复合元音在各点的表现也不是很一致。

### 一　复合元音韵母的演变类型

（一）[a]/[o]演变为[au]的方言分布

阿昌语的复合元音[au]主要有两个来源：一是来源于原始共同语；二是由单元音[a]/[o]复化而来。[a]/[o]与[au]的对应情况，详见表 3.22。

表 3.22　　　　阿昌语复合元音对比词表[a]/[o]-[au]型

| 方言 | 村寨 | 假 | 灵魂 | 听 | 鸡 | 编（篮子） | （一）顿 | 迟 | 走 | 牛 | 出去 | 爬 | 老鼠 |
|---|---|---|---|---|---|---|---|---|---|---|---|---|---|
| 陇川方言 | 腊撒 | pzuaʔ⁵⁵ | a³¹pzua⁵⁵ | kzua³¹ | kzuaʔ⁵⁵ | zua⁵⁵ | mzua⁵⁵ | mzua³⁵ | so³¹ | no³¹ | thoʔ³⁵ | to³¹ | kzɔʔ⁵⁵ |
| | 朗光 | pzuaʔ⁵⁵ | a³¹pzua⁵⁵ | kzua³¹ | kzuaʔ⁵⁵ | zua⁵⁵ | mzua⁵⁵ | mzua³⁵ | so³¹ | no³¹ | thoʔ³⁵ | to³¹ | kzɔʔ⁵⁵ |
| | 曼捧 | pzuaʔ⁵⁵ | a³¹pzua⁵⁵ | kzua³¹ | kzuaʔ⁵⁵ | zua⁵⁵ | mzua⁵⁵ | mzua³⁵ | so³¹ | no³¹ | thoʔ³⁵ | to³¹ | kzɔʔ⁵⁵ |
| | 户早 | pzuaʔ⁵⁵ | a³¹pzua⁵⁵ | kzua³¹ | kzuaʔ⁵⁵ | zua⁵⁵ | mzua⁵⁵ | mzua³⁵ | so³¹ | no³¹ | thoʔ³⁵ | to³¹ | kzɔʔ⁵⁵ |
| 梁河方言 | 关璋 | pjɑ³¹ | a³¹pjɑ³³ | tɕɑʔ³¹ | tɕɑʔ³¹ | ʐɑ³¹ | miɑ³⁵ | mjɑ³¹ | so³¹ | no³¹ | thoʔ⁵⁵ | to³¹ | kuɑʔ³¹ |
| | 弄别 | pjɑ³¹ | a³¹pjɑ³³ | tɕɑʔ³¹ | tɕɑʔ³¹ | ʐɑ³¹ | miɑ³⁵ | mjɑ³¹ | so³¹ | no³¹ | thoʔ⁵⁵ | to³¹ | kuɑʔ³¹ |
| | 丙盖 | pjɑ³¹ | a³¹pjɑ³³ | tɕɑʔ³¹ | tɕɑʔ³¹ | ʐɑ³¹ | miɑ³⁵ | mjɑ³¹ | so³¹ | no³¹ | thoʔ⁵⁵ | to³¹ | kuɑʔ³¹ |
| | 横路 | pjɑ³¹ | a³¹pjɑ³³ | tɕɑʔ³¹ | tɕɑʔ³¹ | ʐɑ³¹ | miɑ³⁵ | mjɑ³¹ | so³¹ | no³¹ | thoʔ⁵⁵ | to³¹ | kuɑʔ³¹ |
| | 勐科 | pjɑ³¹ | a³¹pjɑ³³ | tɕɑʔ³¹ | tɕɑʔ³¹ | ʐɑ³¹ | miɑ³⁵ | mjɑ³¹ | so³¹ | no³¹ | thoʔ⁵⁵ | to³¹ | kuɑʔ³¹ |
| | 湾中 | pjɑ³¹ | a³¹pjɑ³³ | tɕɑʔ³¹ | tɕɑʔ³¹ | ʐɑ³¹ | miɑ³⁵ | mjɑ³¹ | so³¹ | no³¹ | thoʔ⁵⁵ | to³¹ | kuɑʔ³¹ |
| 芒市方言 | 曩挤 | pjɑ⁵¹ | a³¹pjɑ³¹ | kjɑ⁵¹ | kjɑʔ³¹ | ʐɑ³¹ | mjɑ³¹ | mjɑ³¹ | sua³³ | nua⁵¹ | thua⁵¹ | tua³³ | kuɑʔ³¹ |
| | 英傣 | pjɑ⁵¹ | a³¹pjɑ³¹ | kjɑ⁵¹ | kjɑʔ³¹ | ʐɑ³¹ | mjɑ³¹ | mjɑ³¹ | sua³³ | nua⁵¹ | thua⁵¹ | tua³³ | kuɑʔ³¹ |
| | 杏万 | pjɑ⁵¹ | a³¹pjɑ³¹ | kjɑ⁵¹ | kjɑʔ³¹ | ʐɑ³¹ | mjɑ³¹ | mjɑ³¹ | sua³³ | nua⁵¹ | thua⁵¹ | tua³³ | kuɑʔ³¹ |
| | 遮告 | pjɑ⁵¹ | a³¹pjɑ³¹ | kjɑ⁵¹ | kjɑʔ³¹ | ʐɑ³¹ | mjɑ³¹ | mjɑ³¹ | sua³³ | nua⁵¹ | thua⁵¹ | tua³³ | kuɑʔ³¹ |
| | 温乖 | pjɑ⁵¹ | a³¹pjɑ³¹ | kjɑ⁵¹ | kjɑʔ³¹ | ʐɑ³¹ | mjɑ³¹ | mjɑ³¹ | sua³³ | nua⁵¹ | thua⁵¹ | tua³³ | kuɑʔ³¹ |
| | 芒旦 | pjɑ⁵¹ | a³¹pjɑ³¹ | kjɑ⁵¹ | kjɑʔ³¹ | ʐɑ³¹ | mjɑ³¹ | mjɑ³¹ | sua³³ | nua⁵¹ | thua⁵¹ | tua³³ | kuɑʔ³¹ |

表 3.22 归纳了单元音[a]和[o]与[au]之间的对应情况。从例词"假"[pzuaʔ⁵⁵]、"灵魂"[a³¹pzua⁵⁵]、"听"[kzua³¹]、"鸡"[kzuaʔ⁵⁵]、"编（篮子）"[zua⁵⁵]、"（吃一）顿"[mzua⁵⁵]、"迟"[mzua³⁵]可以看出，阿昌语的陇川方言多呈现复合元音，如腊撒、朗光、曼捧、户早等。梁河方言和芒市方言则保持了单元音[a]和[ɑ]，形成梁河方言、芒市方言与陇川方言[a]/[ɑ]-[au] 整齐的对应关系。例词"走"[so³¹]、"牛"[no³¹]、"出去"[thoʔ³⁵]、"爬"[to³¹]、"老鼠"[kzɔʔ⁵⁵]体现出陇川方言的韵母部分为单元音[o]，而梁河方言与陇川方言一致，芒市方言保持了复合元音[au]。这组例词对应也很严整，形成[o]-[au]的对应，没有出现例外现象。

但[a]/[o]与[au]之间是如何演变的，是单元音的复化还是复合元音的单音化，需要通过亲属语言之间的比较才能一探究竟。列表如表 3.23 所示：

表 3.23　　　　　阿昌语同亲属语言比较表[a]/[o]-[au]型

| 例词 | 陇川 | 梁河 | 芒市 | 仙岛 | 载瓦 | 浪速 | 波拉 | 茶山 | 勒期 | 缅语 |
|---|---|---|---|---|---|---|---|---|---|---|
| 假 | pzuaʔ⁵⁵ | pja³¹ | pja⁵¹ | n³¹kje⁵⁵ | a³¹pjo⁵⁵ | muk⁵⁵ | pjaʔ⁵⁵ | ma³¹ŋuɔt⁵⁵ | a³³ŋɔt⁵⁵ | tu¹ |
| 灵魂 | a³¹pzua⁵⁵ | a³¹pja³³ | a³¹pja³¹ | a³¹pzɔ⁵⁵ | sě³¹pjo⁵¹ | sǎ³¹pjɔ³¹ | pja⁵⁵ | tjɔ³¹ | sǎ⁵⁵pju³¹ | lip⁴prɑa² |
| 听 | kzua³¹ | tɕaʔ³¹ | kja⁵¹ | kjo³¹ | kjo³¹ | kjo³⁵ | lja³¹ | kjo³³ | kjoː³³ | na³thoŋ² |
| 鸡 | kzuaʔ⁵⁵ | tɕaʔ³¹ | kjaʔ³¹ | kzɔʔ⁵⁵ | voʔ³¹ | ɣɔʔ³¹ | ɣaʔ³¹ | kjoʔ³¹ | kjoʔ³¹pho⁵³ | krak⁴ |
| 编（篮子） | zua⁵⁵ | zaʔ³¹ | za³¹ | zɔʔ⁵⁵ | ʒaŋ⁵⁵ | ɣaʔ³¹ | ɣaʔ³¹ | tsai³¹ | nɘːk³¹ | jak⁴ |
| （一）顿 | mzua⁵⁵ | mia³⁵ | mja³¹ | mzɔʔ⁵⁵ | ma⁵¹ | ma⁵⁵ | ma⁵⁵ | tɔn³¹ | ma⁵⁵ | nap⁴ |
| 迟 | mzua³⁵ | mja³¹ | mja³¹ | loŋ⁵⁵noŋ⁵⁵ | than⁵¹kjo⁵⁵ | kjam³¹ | thɔ⁵⁵kja³⁵ | than³¹kjo³³ | nɛː⁵⁵ | nɔk⁴kja¹ |
| 走 | so³¹ | so³¹ | sua³³ | so³¹ | so³¹ | su³⁵ | sɔ³⁵ | su³³ | sɔː⁵⁵ | tθwa³ |
| 牛 | no³¹ | no³¹ | nua³¹ | no³¹ | no³¹ | nuŋ³⁵ | nɔ³¹ | nǔu³³ | no³³ | nwa³ |
| 出去 | thoʔ³⁵ | thoʔ⁵⁵ | thua⁵¹ | thoʔ³¹ | thoʔ⁵⁵ | thuk⁵⁵ | thɔʔ⁵⁵ | thu⁵⁵ | thuːʔ⁵⁵ | pɔ³thon³ |
| 爬 | to³¹ | to³¹ | tua³³ | to³¹ | to³¹ | tɔʔ³¹ | tɔ³¹ | tɔ³¹ | tɔː³¹ | twa³tθwa³ |
| 老鼠 | kzɔʔ⁵⁵ | kuɑ³¹ | kuɑʔ³¹ | kzɔʔ⁵⁵ | ŋě³¹no³¹ | ɣuk³¹nɔ³¹ | ɣɔ³¹na³¹ | kjuʔ³¹nɔ³¹ | kji³¹nɔ³¹ | krwɑk⁴ |

从表 3.23 的例词展示中，不难看出大多数缅语支语言韵母部分仍是单元音，[a]-[au]型中，只有阿昌语陇川方言是复合元音，[o]-[au]型中，阿昌语芒市方言为复合元音，梁河方言在个别词中为复合元音，例如"老鼠"[kuɑʔ³¹]。一般认为，缅文在一定程度上反映了缅甸蒲甘碑文时期（即中古时期）的语音状况，缅文与同语支亲属语言在韵母上的一致性，表明它们有共同的来源，且更接近原始共同语。这组例词中，缅文多为单元音[a]，

且同语支其他语言都为单元音[a]/[ɔ]/[o]/[u]，由此能够推演出一条低元音高化后又裂化为复合元音的路径，可用下列图式来表示：[a]→[ɔ]→[o]→[u]→[au]。单元音变成复合元音，使得阿昌语语音系统变得繁化。

（二）[oi]/[ui]演变为[u]的方言分布

表3.24　　　　阿昌语复合元音对比词表[oi]/[ui]-[u]型

| 方言 | 村寨 | 金子 | 糠 | 毛发 | 藤子 | 拴（牛） | 背（孩子） | 磨（刀） | 买 |
|---|---|---|---|---|---|---|---|---|---|
| 陇川方言 | 腊撒 | ŋui$^{55}$ | phui$^{51}$ | a$^{31}$mui$^{51}$ | nui$^{55}$ | tui$^{31}$ | poi$^{35}$ | ʂoi$^{31}$ | oi$^{55}$ |
| | 朗光 | ŋui$^{55}$ | phui$^{51}$ | a$^{31}$mui$^{51}$ | nui$^{55}$ | tui$^{31}$ | poi$^{35}$ | ʂoi$^{31}$ | oi$^{55}$ |
| | 曼捧 | ŋui$^{55}$ | phui$^{51}$ | a$^{31}$mui$^{51}$ | nui$^{55}$ | tui$^{31}$ | poi$^{35}$ | ʂoi$^{31}$ | oi$^{55}$ |
| | 户早 | ŋui$^{55}$ | phui$^{51}$ | a$^{31}$mui$^{51}$ | nui$^{55}$ | tui$^{31}$ | poi$^{35}$ | ʂoi$^{31}$ | oi$^{55}$ |
| 梁河方言 | 关璋 | ŋu$^{33}$ | phu$^{35}$ | ɑ$^{31}$mu$^{35}$ | tu$^{31}$ | tu$^{31}$ | pu$^{31}$ | su$^{31}$ | u$^{33}$ |
| | 弄别 | ŋu$^{33}$ | phu$^{35}$ | ɑ$^{31}$mu$^{35}$ | tu$^{31}$ | tu$^{31}$ | pu$^{31}$ | su$^{31}$ | u$^{33}$ |
| | 丙盖 | ŋu$^{33}$ | phu$^{35}$ | ɑ$^{31}$mu$^{35}$ | tu$^{31}$ | tu$^{31}$ | pu$^{31}$ | su$^{31}$ | u$^{33}$ |
| | 横路 | ŋu$^{33}$ | phu$^{35}$ | ɑ$^{31}$mu$^{35}$ | tu$^{31}$ | tu$^{31}$ | pu$^{31}$ | su$^{31}$ | u$^{33}$ |
| | 勐科 | ŋu$^{33}$ | phu$^{35}$ | ɑ$^{31}$mu$^{35}$ | tu$^{31}$ | tu$^{31}$ | pu$^{31}$ | su$^{31}$ | u$^{33}$ |
| | 湾中 | ŋu$^{33}$ | phu$^{35}$ | ɑ$^{31}$mu$^{35}$ | tu$^{31}$ | tu$^{31}$ | pu$^{31}$ | su$^{31}$ | u$^{33}$ |
| 芒市方言 | 曩挤 | ŋui$^{33}$ | phui$^{33}$ | a$^{31}$mui$^{31}$ | tui$^{33}$ | tui$^{33}$ | pu$^{51}$ | ʂui$^{33}$ | wui$^{33}$ |
| | 英傣 | ŋui$^{33}$ | phui$^{33}$ | a$^{31}$mui$^{31}$ | tui$^{33}$ | tui$^{33}$ | pu$^{51}$ | ʂui$^{33}$ | wui$^{33}$ |
| | 杏万 | ŋui$^{33}$ | phui$^{33}$ | a$^{31}$mui$^{31}$ | tui$^{33}$ | tui$^{33}$ | pu$^{51}$ | ʂui$^{33}$ | wui$^{33}$ |
| | 遮告 | ŋui$^{33}$ | phui$^{33}$ | a$^{31}$mui$^{31}$ | tui$^{33}$ | tui$^{33}$ | pu$^{51}$ | ʂui$^{33}$ | wui$^{33}$ |
| | 温乖 | ŋui$^{33}$ | phui$^{33}$ | a$^{31}$mui$^{31}$ | tui$^{33}$ | tui$^{33}$ | pu$^{51}$ | ʂui$^{33}$ | wui$^{33}$ |
| | 芒旦 | ŋui$^{33}$ | phui$^{33}$ | a$^{31}$mui$^{31}$ | tui$^{33}$ | tui$^{33}$ | pu$^{51}$ | ʂui$^{33}$ | wui$^{33}$ |

根据表3.24的例词，可以归纳出3种语音对应类型：

（1）[ui]-[u]，如"金子""糠""毛发""藤子""拴（牛）"等，陇川方言和芒市方言的读音依次为：[ŋui$^{55}$]/[ŋui$^{33}$]、[phui$^{51}$]/[phui$^{33}$]、[a$^{31}$mui$^{51}$]/[ɑ$^{31}$mui$^{31}$]、[nui$^{55}$]/[tui$^{33}$]、[tui$^{31}$]/[tui$^{33}$]，梁河方言的读音依次为[ŋu$^{33}$]、[phu$^{35}$]、[ɑ$^{31}$mu$^{35}$]、[tu$^{31}$]、[tu$^{31}$]。

（2）[oi]-[u]，如"背（孩子）"，陇川方言的读音为[poi$^{35}$]，梁河方言和芒市方言的读音为[pu$^{31}$]/[pu$^{51}$]。

（3）[oi]-[ui]-[u]，如"磨（刀）""买"，陇川方言的读音为[ʂoi$^{31}$]、[oi$^{55}$]，芒市方言的读音为[ʂui$^{33}$]、[wui$^{33}$]，梁河方言的读音为[su$^{31}$]、[u$^{33}$]。

从以上3种类型中可以看出复合元音[oi]/[ui]所对应的单元音比较单一，在各点的情况不太一致。复合元音[oi]/[ui]所覆盖的区域比较广，单元音基本呈现的是局部分布。总的趋势是单元音呈现扩散趋势将逐渐蔓延开来。

值得注意的是，与复合元音对应的都是高元音[u]，可见，阿昌语的高元音处于不稳定状态，极易发生变化。

阿昌语梁河方言的单元音对应其他缅语支语言的复合元音。举例如下：

表 3.25　　　　　阿昌语同亲属语言比较表[oi]/[ui]-[u]型

| 例词 | 陇川 | 梁河 | 芒市 | 仙岛 | 载瓦 | 浪速 | 波拉 | 茶山 | 勒期 | 缅语 |
|---|---|---|---|---|---|---|---|---|---|---|
| 金子 | ŋui$^{55}$ | ŋu$^{33}$ | ŋui$^{33}$ | seŋ$^{55}$ | xiŋ$^{51}$ | xaŋ$^{31}$ | xaŋ$^{55}$ | xjiŋ$^{31}$ | ʃəŋ$^{55}$ | hrwe$^2$ |
| 糠 | phui$^{55}$ | phu$^{35}$ | phui$^{33}$ | phu$^{31}$san$^{35}$ | phui$^{31}$nu$^{55}$ | phui$^{55}$ | phui$^{35}$ | phəi$^{55}$ | phə$^{55}$ | phwɑi$^3$ |
| 毛 | a$^{31}$mui$^{51}$ | ɑ$^{31}$mu$^{35}$ | a$^{31}$mui$^{31}$ | mui$^{51}$ | ʃõ$^{31}$mau$^{35}$ | ʃɔ̃$^{35}$muk$^{55}$ | ʃã$^{35}$mau$^{35}$ | mau$^{55}$ | ʃõ$^{55}$mou$^{55}$ | ɑ$^1$mwe$^3$ |
| 藤子 | nui$^{55}$ | tu$^{31}$ | tui$^{33}$ | a$^{31}$nui$^{55}$ | nui$^{31}$ | nɔi$^{31}$ | nø$^{55}$ | nui$^{31}$ | nə$^{31}$tʃhom$^{33}$ | ɑ$^3$nwaj$^2$ |
| 拴（牛） | tui$^{31}$ | tu$^{31}$ | tui$^{31}$ | tui$^{31}$ | tui$^{31}$ | tɔi$^{35}$ | tui$^{31}$ | tui$^{55}$ | tɤː$^{31}$ | khjaɲ$^2$ |
| 背（孩子） | poi$^{35}$ | pu$^{31}$ | pu$^{51}$ | paʔ$^{55}$ | num$^{51}$thaŋ$^{55}$ | vəŋ$^{31}$ | pau$^{31}$ | pau$^{33}$ | paːu$^{33}$ | po$^3$ |
| 磨（刀） | soi$^{31}$ | su$^{31}$ | sui$^{55}$ | sui$^{55}$ | sui$^{31}$ | sɔi$^{35}$ | sui$^{35}$ | sui$^{55}$ | sɿ$^{55}$ | tθwe$^3$ |
| 买 | oi$^{55}$ | u$^{33}$ | wui$^{33}$ | ui$^{55}$ | vui$^{51}$ | vai$^{31}$ | vɛ$^{55}$ | wui$^{31}$ | ɣɤː$^{31}$ | wɑj$^2$ |

上述词中，大部分缅语支语言都保持复合元音，阿昌语梁河方言始终都为单元音，芒市方言有时也会有单元音，例如"背（孩子）"[pu$^{51}$]。缅语支语言的[ui]/[ɔi]/[ai]韵母在梁河方言里演变为单元音韵母[u]。形成[ai]→[ɔi]→[oi]/[ui]→[u]的演变链。而[ai]链移为单元音化的原因在于[a]音本来就是低舌位音，其单元音化时，只能高化，且其后的[i]音为次要音，作为上滑性质的过渡音，它引领了[ai]高化的方向，最终到达舌位最高的[u]。

## 二　复合元音韵母演变的地理分布

（一）[a]/[o]演变为[au]的地理分布

图 3.41 中，"灵魂"的三种读音：[a$^{31}$pʐua$^{55}$]、[ɑ$^{31}$pjɑ$^{33}$]、[a$^{31}$pja$^{31}$]。依据其韵母的不同，可划分成两种类型：陇川方言的[a$^{31}$pʐua$^{55}$]读音属于一种类型，梁河方言的[ɑ$^{31}$pjɑ$^{33}$]和芒市方言的[a$^{31}$pja$^{31}$]属于一种类型，构成整齐的[a]-[au]的对应。陇川方言除了呈现出保守的一面之外，也会呈现出一些创新特征。其中复合元音就是一种创新形式。

图 3.42 中，"编（篮子）"有两种读音类型：[ʐua$^{55}$]和[ʐa$^{31}$]/[ʐɑ$^{31}$]，[ʐua$^{55}$]主要以户撒为中心高密度分布，[ʐa$^{31}$]和[ʐɑ$^{31}$]分布于梁河方言和芒市方言片区，包括曩宋、九保、湾中、高埂田、芒东等地区。复合元音类型除了分布于户撒、腊撒地区以外，其他各乡镇也有零星分布。未来复合元音有可能从周边向核心区扩散。

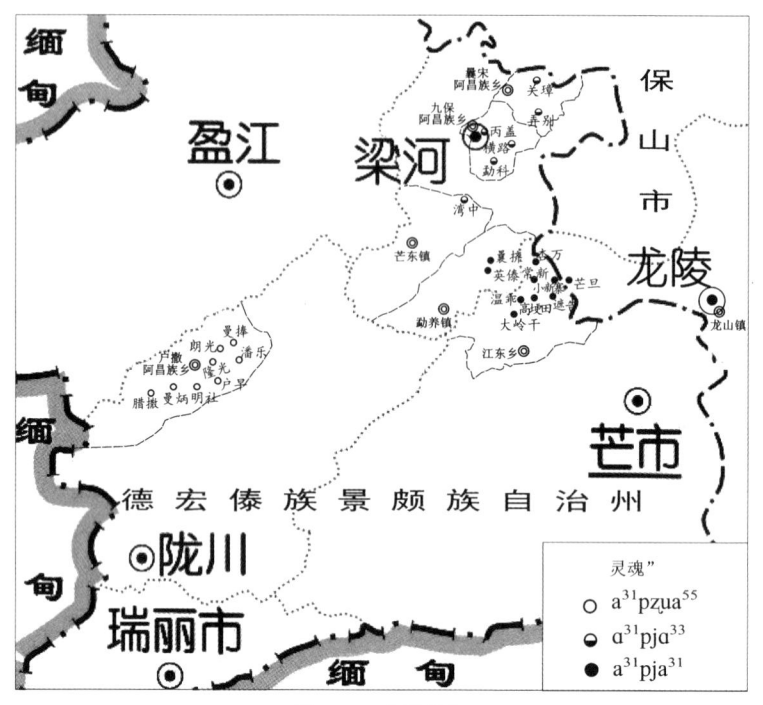

图 3.41 "灵魂"

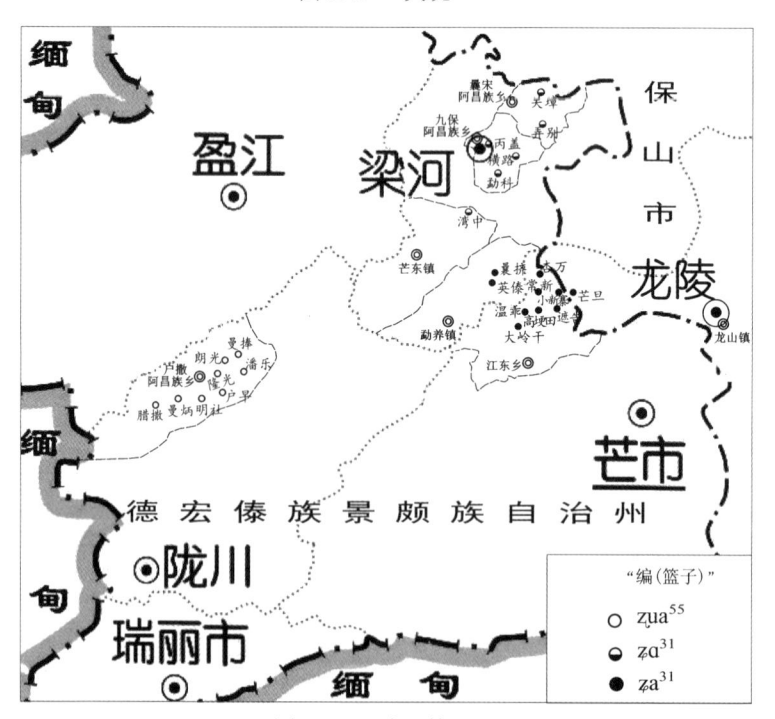

图 3.42 "编（篮子）"

图 3.43 中,"出去"的读音有三种:[thoʔ³⁵]、[thoʔ⁵⁵]、[thua⁵¹]。从单元音和复合元音的角度可分为两种类型:单元音类型分布于阿昌族聚居的大部分地区,单元音类型又因声调的不同分为不同的变体[thoʔ³⁵]/[thoʔ⁵⁵];复合元音类型[thua⁵¹]主要分布于芒市方言片区。

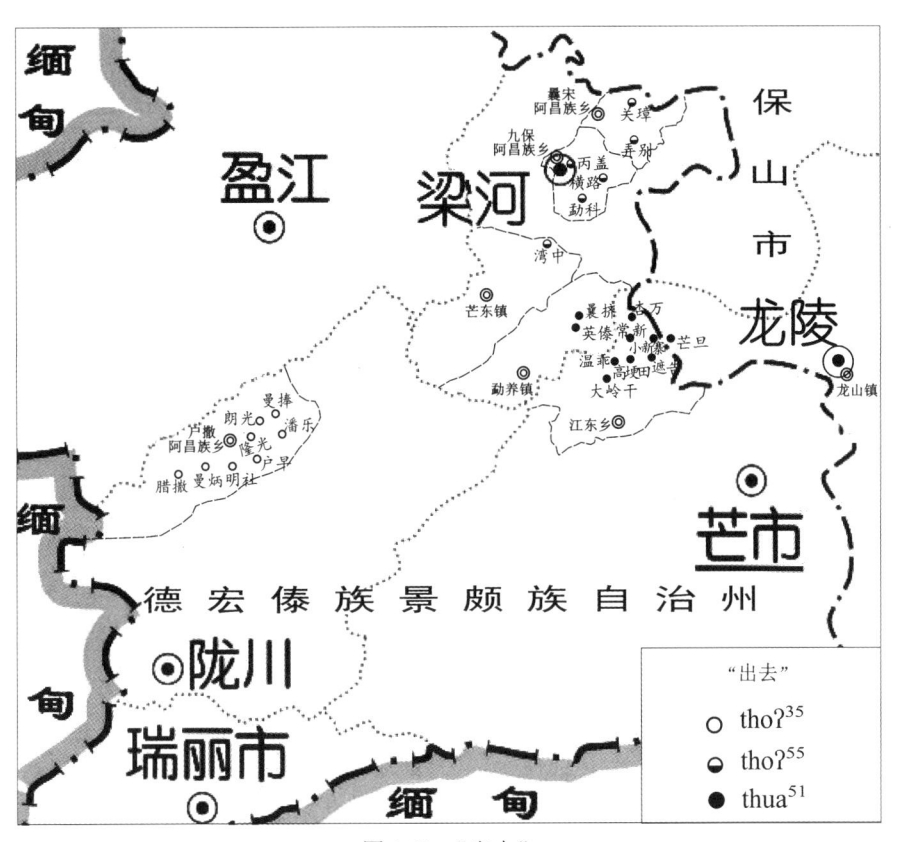

图 3.43 "出去"

图 3.44 中,"老鼠"的读音有两种类型:[kzo̠ʔ⁵⁵]和[kuaʔ³¹]/ [kuɑʔ³¹],词尾存在单元音和复合元音的不同。单元音[kzo̠ʔ⁵⁵]主要分布在陇川方言;复合元音类型[kuaʔ³¹]/[kuɑʔ³¹]分布于梁河方言和芒市方言,构成整齐的东西对应。

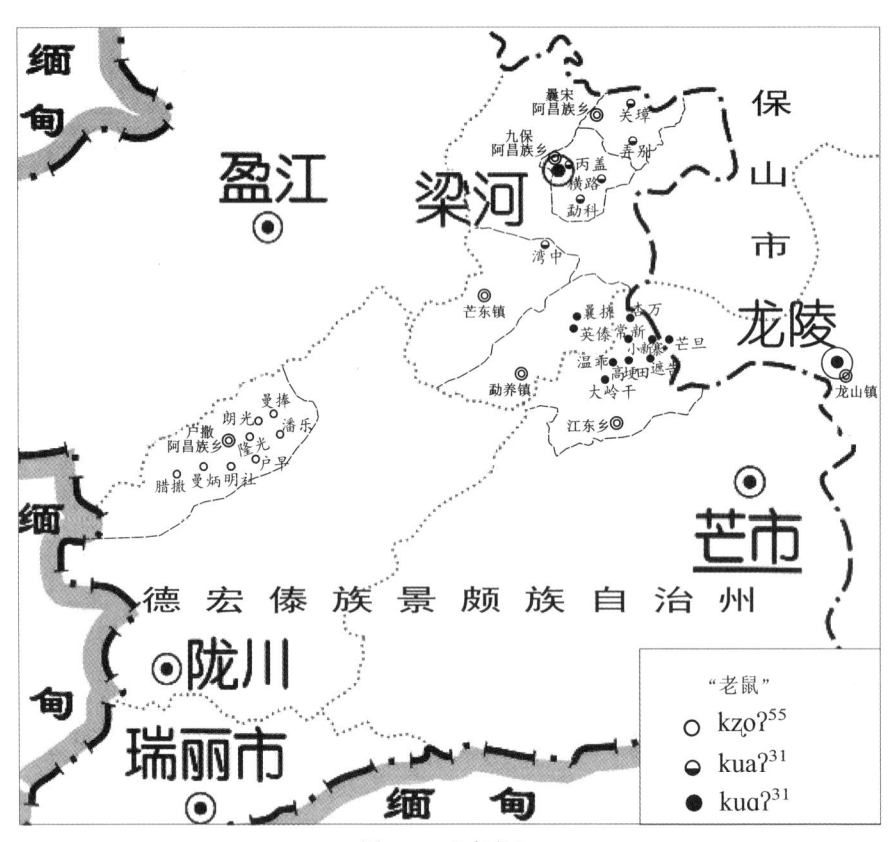

图 3.44 "老鼠"

（二）[oi]/[ui]演变为[u]的地理分布

图 3.45 中，"糠"的读音有[phui⁵¹]/[phui³³]和[phu³⁵]两种类型。单元音类型[phu³⁵]分布较少，仅分布在梁河方言的几个村寨，而[phui⁵¹]/[phui³³]则分布在陇川方言和芒市方言。[ui]-[u]是这组对应关系中最普遍的一种类型。

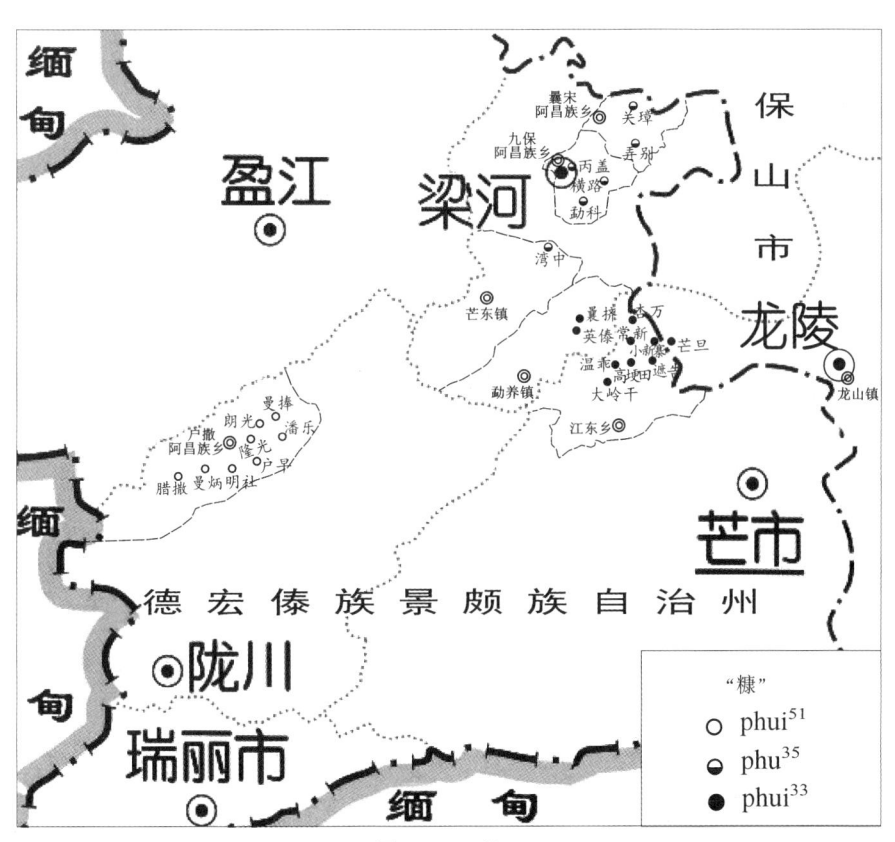

图 3.45 "糠"

图 3.46 中,"背（孩子）"[poi³⁵]和[pu³¹]/[pu⁵¹]的两个读音类型中，[pu³¹]/[pu⁵¹]和[poi³⁵]存在复合元音和单元音的不同，[pu³¹]/[pu⁵¹]存在复合元音[poi³⁵]和单元音的不同。[pu³¹]/[pu⁵¹]的分布范围占据阿昌语的大部分地区，[poi³⁵]只分布在陇川方言中，分布范围有限。前几幅图中复合元音一般都出现在陇川方言和芒市方言地区，而这张图显示出阿昌语的复合元音只覆盖了陇川地区，梁河和芒市地区却保留单元音。但总的来看，复合元音类型是主流形式。

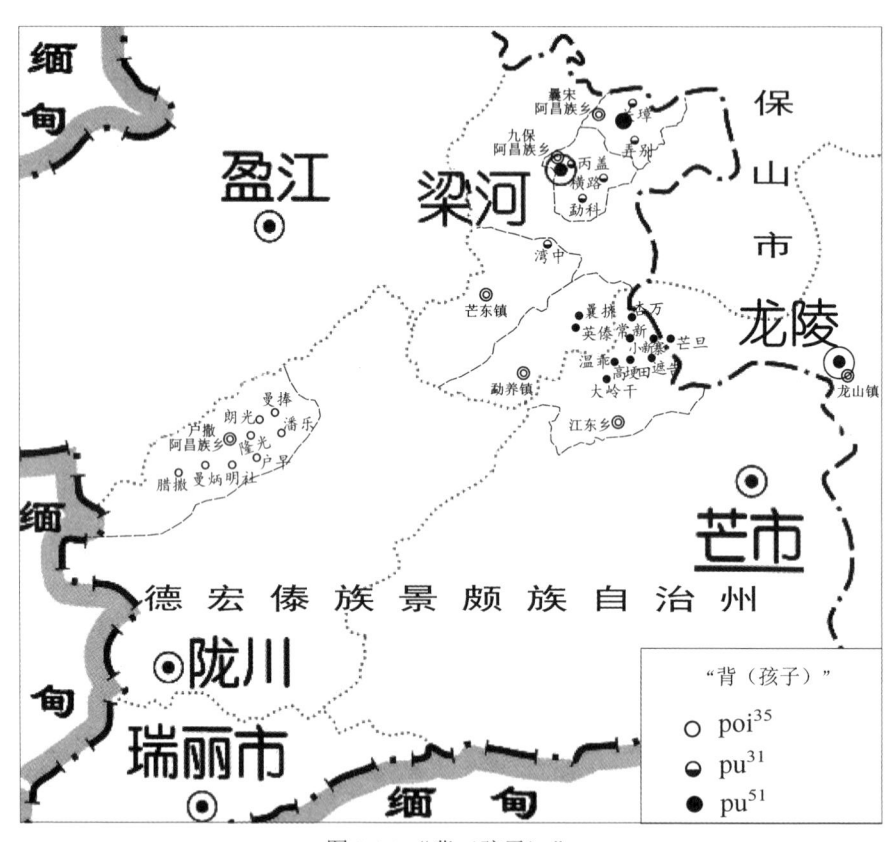

图 3.46 "背（孩子）"

图 3.47 中,"磨(刀)"的读音分为复合元音类型和单元音类型。阿昌语的南部方言片区主要是复合元音类型[ʂoi³¹]和[ʂui³³],北部方言片区主要是单元音类型[su³¹],在地理分布上形成南北对应。阿昌语也基本与缅语支其他语言保持一致,以复合元音作为主要的语音形式。

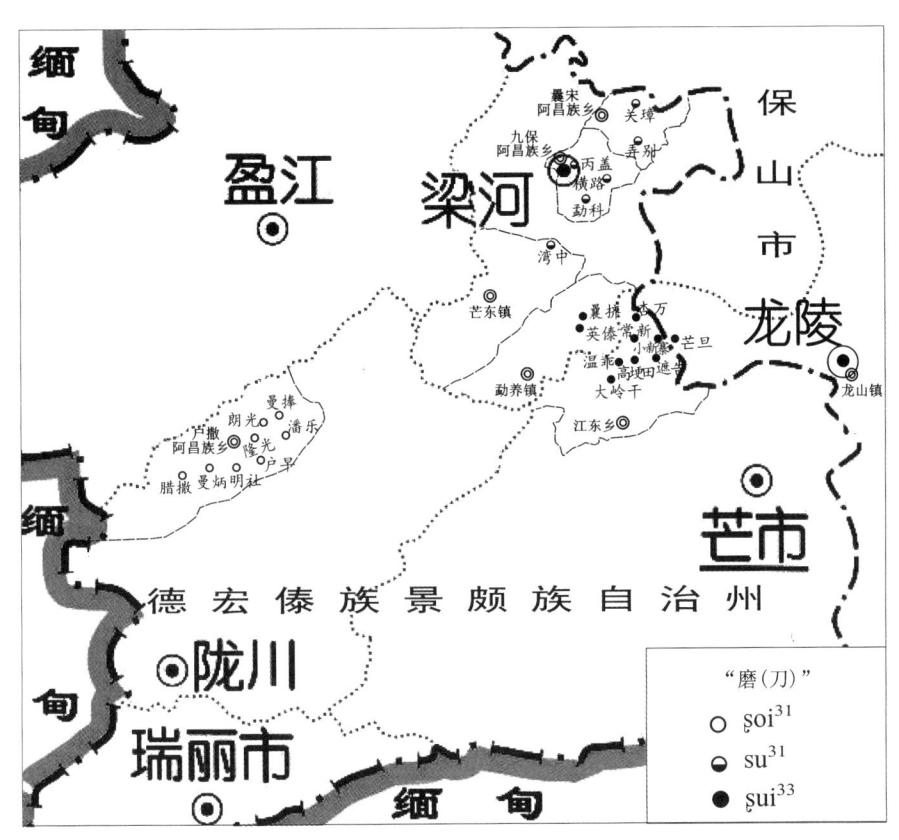

图 3.47 "磨(刀)"

### 三 小结

复合元音一般多出现在词末或词间,出现在词末的,例如"说(话)",陇川方言是[kʐai⁵⁵],芒市方言是[kai³³],梁河方言是[kɑi³³];出现在词间的,如"舔",陇川方言是[liap⁵⁵],芒市方言是[liaʔ⁵⁵],梁河方言是[liɑʔ³¹]。

常出现在复合元音(仅指阿昌语本语词里的复合元音)前的辅音包括:[p]、[t]、[k]、[tɕ]、[tɕʰ]、[ɕ]、[m]、[n̠]等。如陇川方言的"虫子"[pau³¹],梁河方言的"种子"[a³¹n̠au³⁵],芒市方言的"绿色"[n̠au³³]。其中这些辅音后面出现复合元音频率最高的是舌面辅音[tɕ]、[tɕh]、[ɕ]。

阿昌语固有词里的复合元音按出现频率的高低依次为：[au]＞[ua]＞[ai]＞[ui]＞[oi]＞[ei]，其中[au]的出现频率最高，出现最少的是[ei]。从缅语支语言的文献资料及各亲属语言的比较情况来看，复合元音的数量较少。阿昌语里的复合元音却非常普遍，阿昌语里的单元音通过某种语音变化形式演变为复合元音。关于复合元音的历史形成原因及形成过程，前人发现了四种基本途径：复辅音声母的变化影响前滑音（介音）产生；辅音韵尾的变化影响后滑音（元音韵尾）产生；双音节合并形成复合元音；单元音复元音化。

复合元音分为前响复合元音、中响复合元音和后响复合元音。阿昌语的13个复合元音中，有7个属于前响复合元音，2个属于中响复合元音，4个属于后响复合元音。中响复合元音多出现在汉语借词中，是语言接触导致的结果。后响复合元音出现的主要原因则是词首辅音的影响。阿昌语的复合元音前，出现频率最高的辅音是一组舌面音[tɕ]、[tɕh]、[ɕ]。阿昌语里固有词里的复合元音大部分都是由这组舌面辅音带起来的。当然，这组舌面辅音的自身性质决定了它带一个介音[i]，这个前滑音[i]与后面的主元音结合，形成了复合元音。

朱晓农（2004）指出：高元音高顶出位有六种情况，其中的一种情况就是裂化，裂化也就是复化，是单元音变成复元音的过程。他把裂化限定为高元音的裂化，而低元音[a]＞[ia]一类，他看成是"介音增生"。阿昌语复合元音的来源主要是由于低元音受介音[i]、[u]影响发生音变，演变为复合元音[iu]、[ua]。

阿昌族和汉族的融合时间长并且接触的程度深，由于汉语和阿昌语长时期的深入接触，汉语借词中存在的复合元音经过了一段时期的语音演化过程，渐渐地渗透到基本词里。汉语借词是复合元音形成的一个主要来源。举例如下：

|  | ui | iu | au | iau | ai | ua | ei |
|---|---|---|---|---|---|---|---|
|  | 墨水 | 锈 | 学校 | 肥皂 | 喂（奶） | 划（船） | 煤 |
| 陇川方言 | mə$^{731}$ʂui$^{51}$ | siu$^{35}$ | ɕo$^{731}$ɕau$^{35}$ | tshau$^{31}$piau$^{31}$ | wai$^{35}$ | xua$^{31}$ | mei$^{31}$ |
| 梁河方言 | mə$^{731}$ʂui$^{35}$ | siu$^{33}$ | ɕo$^{731}$ɕau$^{55}$ | tshau$^{33}$pjau$^{33}$ | wɑi$^{33}$ | xuɑ$^{33}$ | mei$^{31}$ |
| 芒市方言 | mə$^{731}$ʂui$^{35}$ | siu$^{35}$ | ɕo$^{51}$ɕau$^{35}$ | tshau$^{33}$pjau$^{33}$ | wai$^{51}$ | xua$^{31}$ | mei$^{231}$ |

# 第四章　从地理分布差异看阿昌语方言声母的演变

阿昌语的声母主要有以下几个特点：一是相较于同语支语言，声母比较丰富。最多的是陇川方言，有 38 个；其次梁河方言，有 34 个；芒市方言最少，有 30 个。二是三个方言都有双唇音、舌尖前音、舌尖中音、舌面音。陇川方言的卷舌化声母，在梁河方言和芒市方言中读为颚化声母。

阿昌语辅音系统的差异主要表现在塞音、塞擦音、鼻音、边音、送气音与不送气音五个方面。

## 第一节　从地理分布差异看阿昌语塞音声母的演变

### 一　塞音声母的演变类型

辅音方面，最明显的差异是陇川方言的舌根清擦音[x]对应为梁河方言和芒市方言的舌根不送气清塞音[kh]。另外，阿昌族内部还将这两个音的差别作为区分方言的一个语音特征。

李荣（1985）认为，条目的重要性由三条标准决定：一是条目的代表性，二是条目在语汇中的出现频率，三是条目的使用频率。我们选择调查条目中一些有代表性的高频词说明阿昌语三个方言存在的差异，如表 4.1 所举例词。

上述词表中，主要有两种演变类型。第一种类型是[x]-[kh]，其内部又有所不同，可下分为三种小类：一是陇川方言的[x]辅音对应梁河方言和芒市方言的[kh]辅音，如"（火）烟"[ni$^{31}$xau$^{31}$]-[mji$^{31}$khau$^{35}$]/[mji$^{51}$khau$^{33}$]、"狗"[xui$^{31}$]-[khui$^{31}$]/[khui$^{33}$]、"偷"[xau$^{31}$]-[khau$^{31}$]/[khau$^{55}$]、"（一）句（话）"[xun$^{31}$]-[khun$^{35}$]/[khun$^{33}$]；二是梁河方言和芒市方言的[x]辅音对应陇川方言的[kh]辅音，如"螃蟹"[phaŋ$^{31}$xai$^{35}$]/[phaŋ$^{31}$xai$^{51}$]-[pă$^{31}$khzə$^{35}$]；三是韵母形成 [o]-[ua] 的对应，如"碗"[tɕɔ$^{31}$xo$^{ʔ55}$]-[khua$^{ʔ55}$]/[khua$^{51}$]、"黄瓜"[tiaŋ$^{31}$xo$^{31}$][tuŋ$^{31}$khua$^{ʔ31}$]/[toŋ$^{31}$khua$^{33}$]、"苦"[xo$^{31}$]-[khua$^{31}$]/[khua$^{55}$]。第二种类型是[x]-[kh]-[k]，如"里（边）"[a$^{31}$xau$^{55}$]-[a$^{31}$khau$^{31}$]-[a$^{31}$kau$^{35}$]、"做（事）"[xot$^{55}$]-[khut$^{31}$]-[kut$^{55}$]、"鼻子"[ni$^{31}$xɔŋ$^{55}$]-[na$^{31}$khaŋ$^{33}$]-[na$^{ʔ55}$kaŋ$^{35}$]、

表 4.1 阿昌语辅音对比词表 [kh]-[x]

| 方言 | 村寨 | (火)烟 | 狗 | 偷 | (一)句(话) | 碗 | 黄瓜 | 苦 | 螃蟹 | 里(边) | 做(事) | 鼻子 | 凳子 |
|---|---|---|---|---|---|---|---|---|---|---|---|---|---|
| 陇川方言 | 腊撒 | ni³¹xau³¹ | xui³¹ | xau³¹ | xun³¹ | tcɔ³¹xo²⁵⁵ | tiaŋ³¹xo³¹ | xo³¹ | pã³¹khzə³⁵ | a³¹xau⁵⁵ | xot⁵⁵ | ni³¹xɔŋ⁵⁵ | taŋ³¹xu²³¹ |
| 陇川方言 | 朗光 | ni³¹xau³¹ | xui³¹ | xau³¹ | xun³¹ | tcɔ³¹xo²⁵⁵ | tiaŋ³¹xo³¹ | xo³¹ | pã³¹khzə³⁵ | a³¹xau⁵⁵ | xot⁵⁵ | ni³¹xɔŋ⁵⁵ | taŋ³¹xu²³¹ |
| 陇川方言 | 曼棒 | ni³¹xau³¹ | xui³¹ | xau³¹ | xun³¹ | tcɔ³¹xo²⁵⁵ | tiaŋ³¹xo³¹ | xo³¹ | pã³¹khzə³⁵ | a³¹xau⁵⁵ | xot⁵⁵ | ni³¹xɔŋ⁵⁵ | taŋ³¹xu²³¹ |
| 陇川方言 | 户早 | ni³¹xau³¹ | xui³¹ | xau³¹ | xun³¹ | tcɔ³¹xo²⁵⁵ | tiaŋ³¹xo³¹ | xo³¹ | pã³¹khzə³⁵ | a³¹xau⁵⁵ | xot⁵⁵ | ni³¹xɔŋ⁵⁵ | taŋ³¹xu²³¹ |
| 梁河方言 | 关璋 | mji³¹khau³⁵ | khui³¹ | khau³¹ | khun³⁵ | khua²⁵⁵ | tuŋ³¹khua²³¹ | khua³¹ | phuŋ³¹xai³⁵ | a³¹khau³¹ | khut³¹ | na³¹khaŋ³³ | taŋ³¹khu³¹ |
| 梁河方言 | 弄别 | mji³¹khau³⁵ | khui³¹ | khau³¹ | khun³⁵ | khua²⁵⁵ | tuŋ³¹khua²³¹ | khua³¹ | phuŋ³¹xai³⁵ | a³¹khau³¹ | khut³¹ | na³¹khaŋ³³ | taŋ³¹khu³¹ |
| 梁河方言 | 丙盖 | mji³¹khau³⁵ | khui³¹ | khau³¹ | khun³⁵ | khua²⁵⁵ | tuŋ³¹khua²³¹ | khua³¹ | phuŋ³¹xai³⁵ | a³¹khau³¹ | khut³¹ | na³¹khaŋ³³ | taŋ³¹khu³¹ |
| 梁河方言 | 横路 | mji³¹khau³⁵ | khui³¹ | khau³¹ | khun³⁵ | khua²⁵⁵ | tuŋ³¹khua²³¹ | khua³¹ | phuŋ³¹xai³⁵ | a³¹khau³¹ | khut³¹ | na³¹khaŋ³³ | taŋ³¹khu³¹ |
| 梁河方言 | 勐科 | mji³¹khau³³ | khui³³ | khau⁵⁵ | khun³³ | khua⁵¹ | toŋ³¹khua³³ | khua⁵⁵ | phaŋ³¹xai³⁵ | a³¹khau³¹ | khut³¹ | na³¹khaŋ³³ | taŋ⁵⁵khu³¹ |
| 梁河方言 | 湾中 | mji³¹khau³³ | khui³³ | khau⁵⁵ | khun³³ | khua⁵¹ | toŋ³¹khua³³ | khua⁵⁵ | phaŋ³¹xai⁵¹ | a³¹kau³⁵ | kut⁵⁵ | na²⁵⁵kaŋ³⁵ | taŋ⁵⁵khu³¹ |
| 芒市方言 | 囊挤 | mji⁵¹khau³³ | khui³³ | khau⁵⁵ | khun³³ | khua⁵¹ | toŋ³¹khua³³ | khua⁵⁵ | phaŋ³¹xai⁵¹ | a³¹kau³⁵ | kut⁵⁵ | na²⁵⁵kaŋ³⁵ | taŋ⁵⁵khu³¹ |
| 芒市方言 | 英傣 | mji⁵¹khau³³ | khui³³ | khau⁵⁵ | khun³³ | khua⁵¹ | toŋ³¹khua³³ | khua⁵⁵ | phaŋ³¹xai⁵¹ | a³¹kau³⁵ | kut⁵⁵ | na²⁵⁵kaŋ³⁵ | taŋ⁵⁵khu³¹ |
| 芒市方言 | 杏万 | mji⁵¹khau³³ | khui³³ | khau⁵⁵ | khun³³ | khua⁵¹ | toŋ³¹khua³³ | khua⁵⁵ | phaŋ³¹xai⁵¹ | a³¹kau³⁵ | kut⁵⁵ | na²⁵⁵kaŋ³⁵ | taŋ⁵⁵khu³¹ |
| 芒市方言 | 遮告 | mji⁵¹khau³³ | khui³³ | khau⁵⁵ | khun³³ | khua⁵¹ | toŋ³¹khua³³ | khua⁵⁵ | phaŋ³¹xai⁵¹ | a³¹kau³⁵ | kut⁵⁵ | na²⁵⁵kaŋ³⁵ | taŋ⁵⁵khu³¹ |
| 芒市方言 | 温乖 | mji⁵¹khau³³ | khui³³ | khau⁵⁵ | khun³³ | khua⁵¹ | toŋ³¹khua³³ | khua⁵⁵ | phaŋ³¹xai⁵¹ | a³¹kau³⁵ | kut⁵⁵ | na²⁵⁵kaŋ³⁵ | taŋ⁵⁵khu³¹ |
| 芒市方言 | 芒旦 | mji⁵¹khau³³ | khui³³ | khau⁵⁵ | khun³³ | khua⁵¹ | toŋ³¹khua³³ | khua⁵⁵ | phaŋ³¹xai⁵¹ | a³¹kau³⁵ | kut⁵⁵ | na²⁵⁵kaŋ³⁵ | taŋ⁵⁵khu³¹ |

"凳子"[taŋ³¹xu²³¹]-[taŋ³¹khu³¹]-[taŋ⁵⁵khu³¹]。这些例词是鉴别西部阿昌语和东部阿昌语最明显的标志，词首辅音如果是舌根清擦音[x]，就基本可以判断是来自陇川的户撒阿昌族，如果是舌根清塞音[k]/[kh]就属于梁河和芒市方言片区。阿昌语词首辅音[x]仅分布在腊撒、朗光、曼捧、户早、明社等，[k]/[kh]分布于曩宋、九保、湾中、高埂田、芒旦一带，分布范围广泛，占有明显的优势，覆盖大部分阿昌语地区。

徐通锵（1991）指出："语音演变的规律或音变规律指语音从前一状态到后一状态的有规律、有次序的变化。同样的语言现象在不同地区的演变方向、演变规律可能是不同的，因而在方言或亲属语言的差异中会呈现出有规律的语音对应关系。"与其他缅语支语言的比较来看，其他缅语支语言的词首辅音基本都保持了塞音[k]，与梁河方言和芒市方言比较一致。比较如下：

从与亲属语言的比较来看，梁河方言和芒市方言与同语支语言保持一致，词首辅音基本保持[kh]，陇川方言保持[x]。由此推测陇川等地区发生了[kh]→[x]的弱化现象。实际上这样的弱化现象同样也发生在其他缅语支语言中。例如"偷"这个词，仙岛语和陇川方言是[xau³¹]，梁河方言和芒市方言以及其他缅语支语言均为[kh]开头的音节；"做（事）"这个词，陇川方言和载瓦语发音为[xot⁵⁵]/[xut⁵⁵]，其他缅语支语言大部分是[kh]辅音。说明缅语支语言中也存在[kh]→[x]的弱化现象，只是这种弱化现象不如阿昌语的剧烈。弱化是阿昌语重要的音变规律。弱化是发音的简化，指某个发音动作的松弛、减弱甚至完全消除。罗常培、王均（1981）："凡是由较强的辅音变为较弱的辅音，也就是由对于语音的继续的阻力较大的音改变为对于语音的继续的阻力较小的音的变化就叫做辅音的弱化。辅音的弱化是辅音减少（丢失）的前奏。"上述列举的"狗""偷""碗""苦"等这些词的词首辅音均发生了[kh]→[x]的弱化现象。[x]这种弱化形式仅分布在陇川地区，[kh]则呈连续性分布。陇川方言由于偏安一隅，与梁河方言和芒市方言相隔较远，弱化规律暂时还未波及梁河和芒市方言区。陇川小范围地区的演变形式与大部分阿昌语地区形成了明显的差异。

## 二 塞音声母演变的地理分布

从图4.1示意图看，"（一）句（话）"在大部分地区是[khun³⁵]/[khun³³]，一致性很强。仅在陇川地区是[xun³¹]。陇川地区由于片区相对较小，地理上分布分散，与梁河和芒市方言相比处于劣势，所以语言特征仅局限在户撒乡。徐通锵（1991）认为："音变在词汇中的扩散的单位不是词，而是词中的一个音类。"阿昌语的"狗""偷""碗""苦"等词的扩散也是从词首辅

表 4.2 缅语支语言同源词比较表 [kh]-[x] 型

| 例词 | 陇川 | 梁河 | 芒市 | 仙岛 | 载瓦 | 浪速 | 波拉 | 茶山 | 勒期 | 缅文 |
|---|---|---|---|---|---|---|---|---|---|---|
| （火）烟 | mi³¹xau³¹ | mji³¹khau³⁵ | mji⁵¹khau³³ | ni³¹xau³¹ | mji³¹khau³¹ | mji³⁵khuk⁵⁵ | mji³¹khau³⁵ | nji³³khau⁵⁵ | mji³³khou⁵⁵ | mi³kho³ |
| 狗 | xui³¹ | khui³¹ | khui³³ | fui³¹ | khui³¹ | lɔ³¹kha³⁵ | khau³⁵ | laʔ³¹khui⁵⁵ | khui⁵⁵ | khwe³ |
| 偷 | xau³¹ | khau³¹ | khau⁵⁵ | xau³¹ | khau³¹ | khuk⁵⁵ | khau³¹ | khau³³ | khau⁵⁵ | kho³ |
| （一）句（话） | xun³¹ | khun³⁵ | khun³³ | xon³¹ | khun³¹ | khum⁵⁵ | khɔ̃n³⁵ | khon⁵⁵ | khuan⁵⁵ | khon³ |
| 碗 | tɕɔ³¹xoʔ⁵⁵ | khuɑ²⁵⁵ | khuɑ⁵¹ | xɔʔ⁵⁵ | khoʔ⁵⁵ | khuʔ⁵⁵ | khɔʔ⁵⁵ | khuʔ⁵⁵ | khuʔ⁵⁵ | pan³kam² |
| 黄瓜 | tiaŋ³¹xɔ³¹ | tuŋ³¹khuɑ²³¹ | toŋ³¹khuɑ³³ | khjoŋ³¹xɔ³¹ | tuŋ⁵¹khe³¹ | lɔ³¹khu³¹ | taŋ³⁵kɔ³¹ | tuŋ³¹xu³³ | tuŋ³¹kho⁵⁵ | tθɑʔkhwɑʔtθi³ |
| 苦 | xɔ³¹ | khuɑ³¹ | khuɑ³⁵ | xɔ³¹ | kho³¹ | kho³⁵ | khɑ³⁵ | khɔ⁵⁵ | khɔʔ⁵⁵ | kha³ |
| 螃蟹 | pă³¹khzə³⁵ | phaŋ³¹xai³⁵ | phaŋ⁵¹xai⁵¹ | - | pau³¹khji⁵¹ | vɔ̃³¹khji³¹ | vɔ̃³¹khji⁵⁵ | - | pou⁵³khy³³ | - |
| 里（边） | a³¹xau⁵⁵ | a³¹khau³⁵ | a³¹kau³⁵ | a³¹xau⁵⁵ | a³¹khau⁵¹ | khə̃³¹ | khăk⁵⁵ | a³¹khou³³ | a³³khou³³ | a¹thai³ |
| 做（事） | xot⁵⁵ | khut³¹ | kut⁵⁵ | tsui³¹ | xut⁵⁵ | kat⁵⁵ | kɔt⁵⁵ | kuɔt⁵⁵ | kut⁵⁵ | lup⁴ |
| 鼻子 | ni³¹xɔŋ⁵⁵ | nɑ³¹khaŋ³³ | nɑ⁵⁵kaŋ³³ | ŋap³¹phɔŋ⁵⁵ | nɔ⁵¹ | nɔ³¹ | nɑ̆⁵⁵ | nɔ³³ | nɔ³³ | hnɑɑ²khɔŋ³ |
| 凳子 | taŋ³¹xu²³¹ | taŋ³¹khu³¹ | taŋ⁵⁵khu³¹ | thoŋ⁵⁵ʃu³¹ | taŋ⁵⁵khuʔ⁵⁵ | tɔ̃⁵⁵khau⁵⁵ | tɔ̃³⁵khu³¹ | taŋ³³khuk⁵⁵ | taŋ⁵⁵khuk⁵⁵ | thoŋ²khum² |

音[kh]→[x]的音变开始。从少数几个词开始逐步扩散，从局部地区扩散到大部分地区。

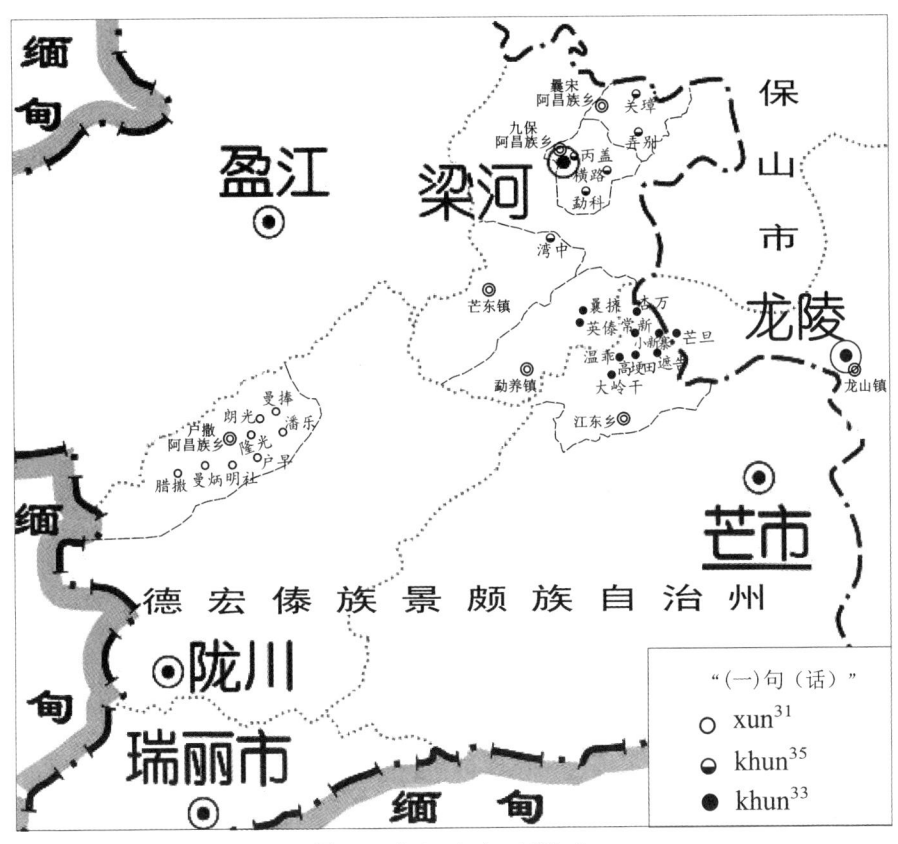

图4.1 "（一）句（话）"

图 4.2 表明，"螃蟹"的读音有两种类型：[phaŋ³¹xɑi³⁵]/[phaŋ³¹xɑi⁵¹]和[pǎ³¹khzə³⁵]。其中[phaŋ³¹xɑi³⁵]/[phaŋ³¹xɑi⁵¹]分布在梁河方言和芒市方言地区，[pǎ³¹khzə³⁵]则分布在陇川方言区。[x]辅音是陇川方言的主流形式，只在个别词汇中还保留[kh]，是[kh]→[x]演变过程中的残余。而梁河方言和芒市方言中也出现[x]音，说明包含[kh]辅音的词汇也开始松动，有朝着向[x]演变的趋势。

图 4.3 中，方位词"里（边）"的读音有[ɑ³¹xau⁵⁵]、[ɑ³¹khau³¹]、[ɑ³¹kau³⁵]，其中陇川方言发音为[ɑ³¹xau⁵⁵]，梁河方言读[ɑ³¹khau³¹]，芒市方言是[ɑ³¹kau³⁵]。形成[k]→[kh]→[x]的辅音演变链。这种现象在整个缅语支语言中少量存在。

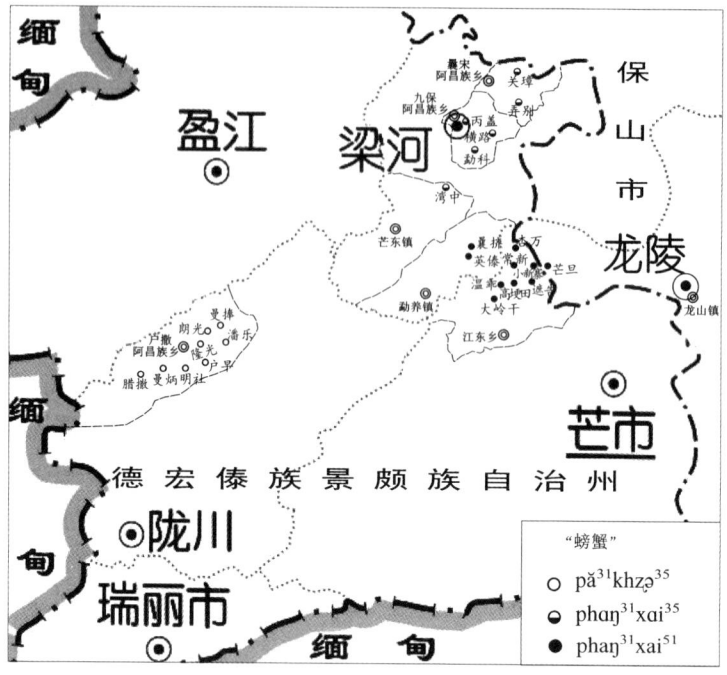

图 4.2 "螃蟹"

图例 "螃蟹"
○ pă³¹khzə³⁵
◐ phaŋ³¹xai³⁵
● phaŋ³¹xai⁵¹

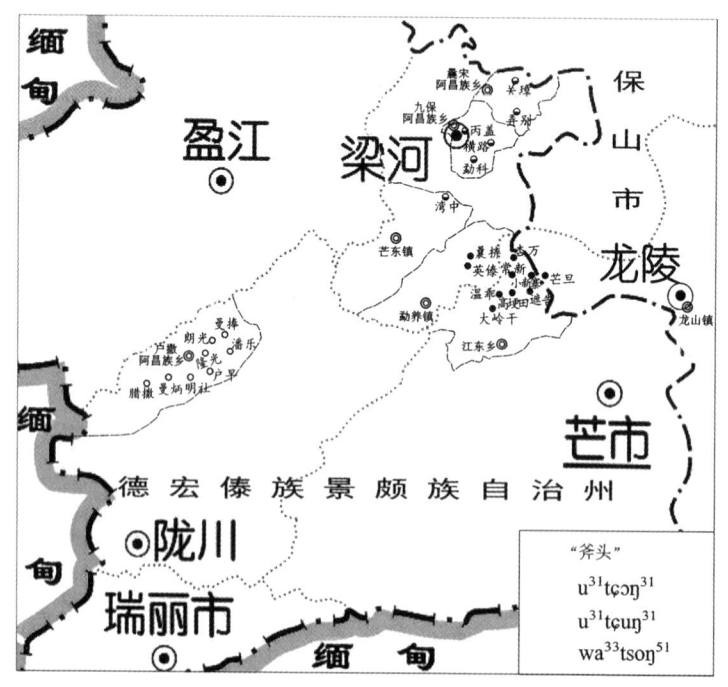

图 4.3 "里（边）"

图例 "斧头"
u³¹tɕɔŋ³¹
u³¹tɕuŋ³¹
wa³³tsoŋ⁵¹

图 4.4 中,"黄瓜"的读音有[tiaŋ³¹xo³¹]、[khuɑ³¹]和[khuɑ⁵⁵]。与之前几组例词同样也是[kh]与[x]的对应所不同的是,其韵母也存在[o]-[ua]/[uɑ]有规律的对应关系,诸如此类的例词还有"碗"[tɕɔ³¹xo⁽⁵⁵⁾]-[khuɑ⁽⁵⁵⁾]/[khuɑ⁵¹]、"苦"[xo³¹]-[khuɑ³¹]/[khuɑ⁵⁵]等。

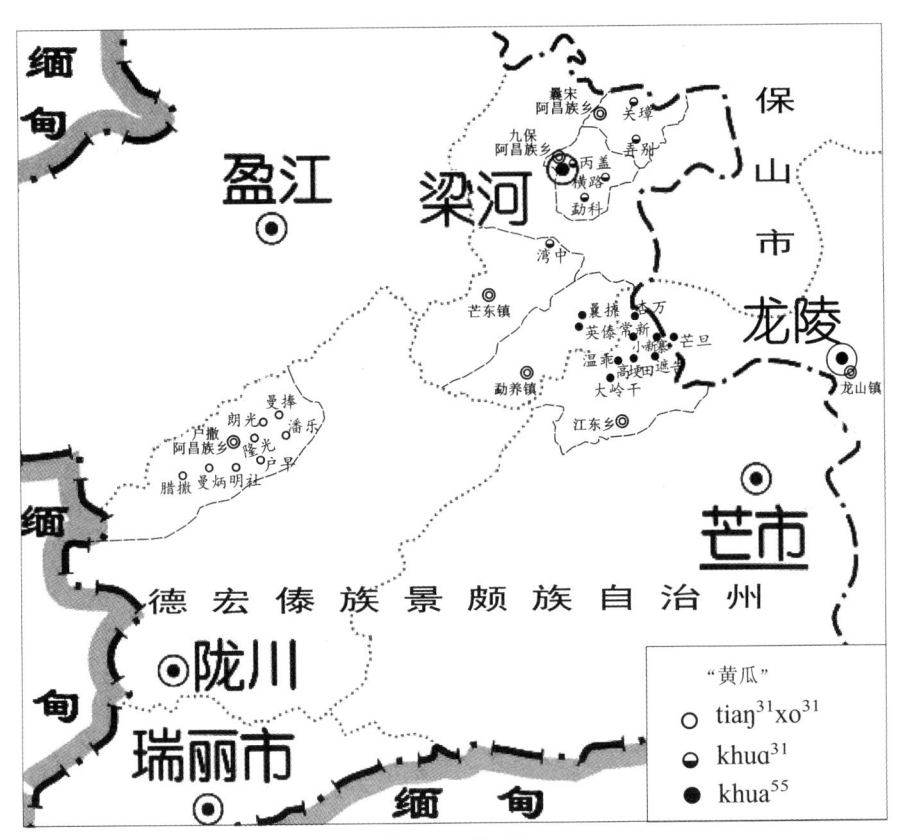

图 4.4 "黄瓜"

### 三 小结

梁河和芒市所属的阿昌语东部方言在这个音变特征中是优势音,语言特征覆盖阿昌语的大部分地区。陇川方言由于特殊的地理位置,演化为新的语言形式。但是陇川的新老派存在一些差异。在调查中我们发现,很多中老年人在说话时会表达为[kh]声母,而年轻人已基本使用[x]声母了。由此可见,[kh]和[x]的对应是鉴别阿昌语东西差异的重要语音规律。

弱化是阿昌语重要的语音演变规律,元音和辅音都在发生不同程度的弱化。语音的弱化也是阿昌语逐渐走向衰落的一种表现。

## 第二节　从地理分布差异看阿昌语塞擦音声母的演变

阿昌语一些词的辅音存在塞音和塞擦音的差异，这种差异总的来说有两种类型：一种类型主要构成东西差异，表现为西部陇川方言的舌面前送气清塞擦音[tɕh]对应于东部梁河方言和芒市方言的舌根送气清塞音[kh]；另一种类型是陇川方言、梁河方言的舌面前不送气清塞擦音[tɕ]对应于芒市方言片区的舌尖前不送气清塞擦音[ts]。例如：

|  |  | [tɕh]-[kh] | [tɕ]-[ts] |
|---|---|---|---|
|  |  | 剥（花生） | 饭 |
| 西部 | 陇川方言 | [tɕhɛ55] | [tɕɔ55] |
| 东部 | 梁河方言 | [khɛ33] | [tɕɑ33] |
|  | 芒市方言 | [khɛ33] | [tsa33] |

### 一　塞擦音声母的演变类型

（一）[kh]演变为[tɕh]的方言分布

表 4.3　　　　　　阿昌语辅音对比词表[kh]-[tɕh]型

| 方言 | 村寨 | 剥（花生） | 脚 | 屎 | 丝 | 萝卜 | 球 | 角 |
|---|---|---|---|---|---|---|---|---|
| 陇川方言 | 腊撒 | tɕhɛ55 | tɕhi55 | tɕhi31 | mai31tɕhɛ35 | uaŋ31tɕhi55 | tɕhuʔ31 | khʐau55 |
|  | 朗光 | tɕhɛ55 | tɕhi55 | tɕhi31 | mai31tɕhɛ35 | uaŋ31tɕhi55 | tɕhuʔ31 | khʐau55 |
|  | 曼捧 | tɕhɛ55 | tɕhi55 | tɕhi31 | mai31tɕhɛ35 | uaŋ31tɕhi55 | tɕhuʔ31 | khʐau55 |
|  | 户早 | tɕhɛ55 | tɕhi55 | tɕhi31 | mai31tɕhɛ35 | uaŋ31tɕhi55 | tɕhuʔ31 | khʐau55 |
| 梁河方言 | 关璋 | khɛ33 | khɯ33 | khɯ31 | khəŋ33 | aŋ31khɯ31 | khɯ31 | tɕhau33 |
|  | 弄别 | khɛ33 | khɯ33 | khɯ31 | khəŋ33 | aŋ31khɯ31 | khɯ31 | tɕhau33 |
|  | 丙盖 | khɛ33 | khɯ33 | khɯ31 | khəŋ33 | aŋ31khɯ31 | khɯ31 | tɕhau33 |
|  | 横路 | khɛ33 | khɯ33 | khɯ31 | khəŋ33 | aŋ31khɯ31 | khɯ31 | tɕhau33 |
|  | 勐科 | khɛ33 | khɯ33 | khɯ31 | khəŋ33 | aŋ31khɯ31 | khɯ31 | tɕhau33 |
|  | 湾中 | khɛ33 | khɯ33 | khɯ31 | khəŋ33 | aŋ31khɯ31 | khɯ31 | tɕhau33 |
| 芒市方言 | 曩挤 | khɛ33 | khɯ35 | khɯ35 | khəŋ35ən35 | aŋ55khɯ33 | khju35 | khjau35 |
|  | 英傣 | khɛ33 | khɯ35 | khɯ35 | khəŋ35ən35 | aŋ55khɯ33 | khju35 | khjau35 |
|  | 杏万 | khɛ33 | khɯ35 | khɯ35 | khəŋ35ən35 | aŋ55khɯ33 | khju35 | khjau35 |
|  | 遮告 | khɛ33 | khɯ35 | khɯ35 | khəŋ35ən35 | aŋ55khɯ33 | khju35 | khjau35 |
|  | 温乖 | khɛ33 | khɯ35 | khɯ35 | khəŋ35ən35 | aŋ55khɯ33 | khju35 | khjau35 |
|  | 芒旦 | khɛ33 | tɕhi55 | tɕhi31 | khəŋ35ən35 | aŋ55khɯ33 | khju31 | khjau35 |

从表 4.3 中可以看出，[kh]组主要分布在囊宋乡、九保乡、勐养镇、江东乡龙山镇，分布范围广，[tɕh]组则主要分布于陇川地区。在地理上形成东西对立。例如"脚"，西部的陇川地区为[tɕhi$^{55}$]，以囊宋和高埂田为代表的东部地区为 [khɯ$^{33}$]/[khɯ$^{35}$]。龙山镇的芒旦村处于东西部方言的中东部，其语言特点有时与西部的陇川方言一致，有时与东部的梁河一致，处于不稳定的过渡状态。如"脚""屎"，与陇川保持一致为[tɕhi$^{55}$]、[tɕhi$^{31}$]。再如梁河方言也有声母是[tɕh]的时候，如"角"[tɕhɑu$^{33}$]。虽然总体来看[kh]组的分布范围比较广，但事实上[tɕh]组呈现出逆袭的扩散形式。

（二）[tɕ]演变为[ts]的方言分布

表 4.4　　　　　　　阿昌语辅音对比词表[ts]-[tɕ]型

| 方言 | 村寨 | 鼓 | 牙齿 | （一）双 | 砍（树） | 桥 | 刺 | 饭 | 斧头 | 瞎子 | 秤 |
|---|---|---|---|---|---|---|---|---|---|---|---|
| 陇川方言 | 腊撒 | tɕeŋ$^{55}$ | tɕɔi$^{55}$ | tɕɔm$^{31}$ | tɕen$^{31}$ | tɕam$^{55}$ | tɕo$^{31}$ | tɕɔ$^{55}$ | u$^{31}$tɕoŋ$^{31}$ | tset$^{55}$ | tsaŋ$^{31}$ |
| | 朗光 | tɕeŋ$^{55}$ | tɕɔi$^{55}$ | tɕɔm$^{31}$ | tɕen$^{31}$ | tɕam$^{55}$ | tɕo$^{31}$ | tɕɔ$^{55}$ | u$^{31}$tɕoŋ$^{31}$ | tset$^{55}$ | tsaŋ$^{31}$ |
| | 曼捧 | tɕeŋ$^{55}$ | tɕɔi$^{55}$ | tɕɔm$^{31}$ | tɕen$^{31}$ | tɕam$^{55}$ | tɕo$^{31}$ | tɕɔ$^{55}$ | u$^{31}$tɕoŋ$^{31}$ | tset$^{55}$ | tsaŋ$^{31}$ |
| | 户早 | tɕeŋ$^{55}$ | tɕɔi$^{55}$ | tɕɔm$^{31}$ | tɕen$^{31}$ | tɕam$^{55}$ | tɕo$^{31}$ | tɕɔ$^{55}$ | u$^{31}$tɕoŋ$^{31}$ | tset$^{55}$ | tsaŋ$^{31}$ |
| 梁河方言 | 关璋 | tsuŋ$^{31}$ | tsui$^{33}$ | tɕuŋ$^{31}$ | tɕẽ$^{31}$ | tɕaŋ$^{31}$ | tɕu$^{31}$ | tɕa$^{33}$ | u$^{31}$tɕuŋ$^{31}$ | tɕit$^{31}$ | tɕaŋ$^{33}$khua$^{ʔ55}$ |
| | 弄别 | tsuŋ$^{31}$ | tsui$^{33}$ | tɕuŋ$^{31}$ | tɕẽ$^{31}$ | tɕaŋ$^{31}$ | tɕu$^{31}$ | tɕa$^{33}$ | u$^{31}$tɕuŋ$^{31}$ | tɕit$^{31}$ | tɕaŋ$^{33}$khua$^{ʔ55}$ |
| | 丙盖 | tsuŋ$^{31}$ | tsui$^{33}$ | tɕuŋ$^{31}$ | tɕẽ$^{31}$ | tɕaŋ$^{31}$ | tɕu$^{31}$ | tɕa$^{33}$ | u$^{31}$tɕuŋ$^{31}$ | tɕit$^{31}$ | tɕaŋ$^{33}$khua$^{ʔ55}$ |
| | 横路 | tsuŋ$^{31}$ | tsui$^{33}$ | tɕuŋ$^{31}$ | tɕẽ$^{31}$ | tɕaŋ$^{31}$ | tɕu$^{31}$ | tɕa$^{33}$ | u$^{31}$tɕuŋ$^{31}$ | tɕit$^{31}$ | tɕaŋ$^{33}$khua$^{ʔ55}$ |
| | 勐科 | tsuŋ$^{31}$ | tsui$^{33}$ | tɕuŋ$^{31}$ | tɕẽ$^{31}$ | tɕaŋ$^{31}$ | tɕu$^{31}$ | tɕa$^{33}$ | u$^{31}$tɕuŋ$^{31}$ | tɕit$^{31}$ | tɕaŋ$^{33}$khua$^{ʔ55}$ |
| | 湾中 | tsuŋ$^{31}$ | tsui$^{33}$ | tɕuŋ$^{31}$ | tɕẽ$^{31}$ | tɕaŋ$^{31}$ | tɕu$^{31}$ | tɕa$^{33}$ | u$^{31}$tɕuŋ$^{31}$ | tɕit$^{31}$ | tɕaŋ$^{33}$khua$^{ʔ55}$ |
| 芒市方言 | 囊挤 | tsəŋ$^{33}$ | tsui$^{33}$ | tsom$^{51}$ | tsan$^{31}$ | tsam$^{33}$ | tsu$^{51}$ | tsa$^{33}$ | wa$^{33}$tsoŋ$^{51}$ | tsə$^{ʔ31}$ | tɕaŋ$^{35}$khjin$^{51}$ |
| | 英傣 | tsəŋ$^{33}$ | tsui$^{33}$ | tsom$^{51}$ | tsan$^{31}$ | tsam$^{33}$ | tsu$^{51}$ | tsa$^{33}$ | wa$^{33}$tsoŋ$^{51}$ | tsə$^{ʔ31}$ | tɕaŋ$^{35}$khjin$^{51}$ |
| | 杏万 | tsəŋ$^{33}$ | tsui$^{33}$ | tsom$^{51}$ | tsan$^{31}$ | tsam$^{33}$ | tsu$^{51}$ | tsa$^{33}$ | wa$^{33}$tsoŋ$^{51}$ | tsə$^{ʔ31}$ | tɕaŋ$^{35}$khjin$^{51}$ |
| | 遮告 | tsəŋ$^{33}$ | tsui$^{33}$ | tsom$^{51}$ | tsan$^{31}$ | tsam$^{33}$ | tsu$^{51}$ | tsa$^{33}$ | wa$^{33}$tsoŋ$^{51}$ | tsə$^{ʔ31}$ | tɕaŋ$^{35}$khjin$^{51}$ |
| | 温乖 | tsəŋ$^{33}$ | tsui$^{33}$ | tsom$^{51}$ | tsan$^{31}$ | tsam$^{33}$ | tsu$^{51}$ | tsa$^{33}$ | wa$^{33}$tsoŋ$^{51}$ | tsə$^{ʔ31}$ | tɕaŋ$^{35}$khjin$^{51}$ |
| | 芒旦 | tsəŋ$^{33}$ | tsui$^{33}$ | tsom$^{51}$ | tsan$^{31}$ | tsam$^{33}$ | tsu$^{51}$ | tsa$^{33}$ | wa$^{33}$tsoŋ$^{51}$ | tsə$^{ʔ31}$ | tɕaŋ$^{35}$khjin$^{51}$ |

表 4.4 中，主要的对应类型是陇川方言、梁河方言的舌面前清不送气塞擦音[tɕ]对应芒市方言的舌尖前清不送气塞擦音[ts]，形成[tɕ]-[ts]的东西对应。例如"（一）双"[tɕɔm$^{31}$]/[tɕuŋ$^{31}$]-[tsom$^{51}$]、"砍（树）"[tɕen$^{31}$]/[tɕẽ$^{31}$]-[tsan$^{31}$]、"刺"[tɕo$^{31}$]/[tɕu$^{31}$]-[tsu$^{51}$]等。除此之外，还有三种类型，第一类是陇川方言的[tɕ]对应梁河方言和芒市方言的[ts]，如"鼓"[tɕeŋ$^{55}$]-[tsuŋ$^{31}$]/[tsəŋ$^{33}$]、

"牙齿"[tɕoi⁵⁵][tɕuŋ³¹][tsui³³];第二类是陇川方言、芒市方言的[ts]对应梁河方言的[tɕ],如"瞎"[tset⁵⁵][tɕit³¹][tsɔ³¹];第三类是陇川方言的[ts]对应梁河方言、芒市方言的[tɕ],如"秤"[tsaŋ³¹]-[tɕaŋ³³khua⁵⁵]/[tɕaŋ³⁵khjin⁵¹]。可以看出,[tɕ]与[ts]的对应情况比较复杂和凌乱,两组辅音的界限也越来越模糊,有合并之势。

从地理分布上看,舌面音[tɕ]主要集中分布在阿昌语的西部地区,包括囊宋、九保、湾中、户撒、腊撒等地区;舌尖音[ts]龙川江流域附近的 8 个村寨:杏万、常新寨、小新寨、温乖、遮告、高埂田、大岭干、芒旦。当然也有例外,尤其是舌面音[tɕ]的分布,在东部芒市方言区也偶有出现,如"秤"[tɕaŋ³⁵khjin⁵¹]、"浸泡"[tɕɛ³¹]等。

## 二 塞擦音声母演变的地理分布

### （一）[kh]演变为[tɕh]的地理分布

图 4.5 中,"剥（花生）"有两种读音,即陇川方言的读音为[tɕhe⁵⁵],梁河方言和芒市方言的读音都是[khe³³]。[kh]组的分布范围明显比[tɕh]组要广。[kh]-[tɕh]有很强的对应关系,是典型的[kh]演变为[tɕh]的类型。

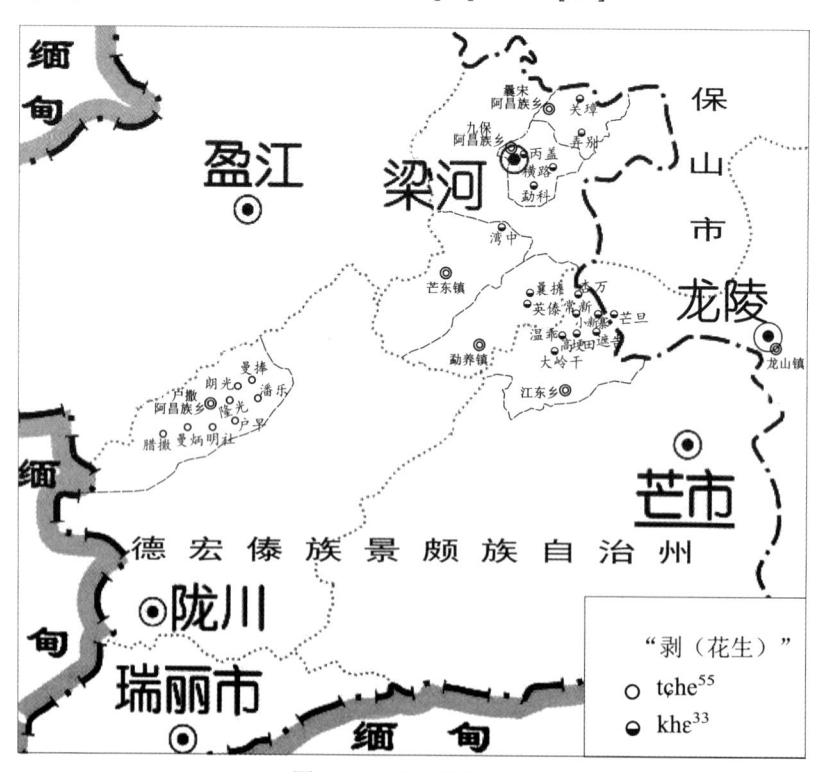

图 4.5 "剥（花生）"

图 4.6 为"脚"的两种说法：[tɕhi⁵⁵]和[khɯ³³]/[khɯ³⁵]。[tɕhi⁵⁵]广泛分布于陇川方言地区，在芒市方言区的芒旦也有零星分布。[khɯ³³]/[khɯ³⁵]分布于梁河、芒市的曩宋、九保、湾中、高埂田、英俄、曩挤等地。

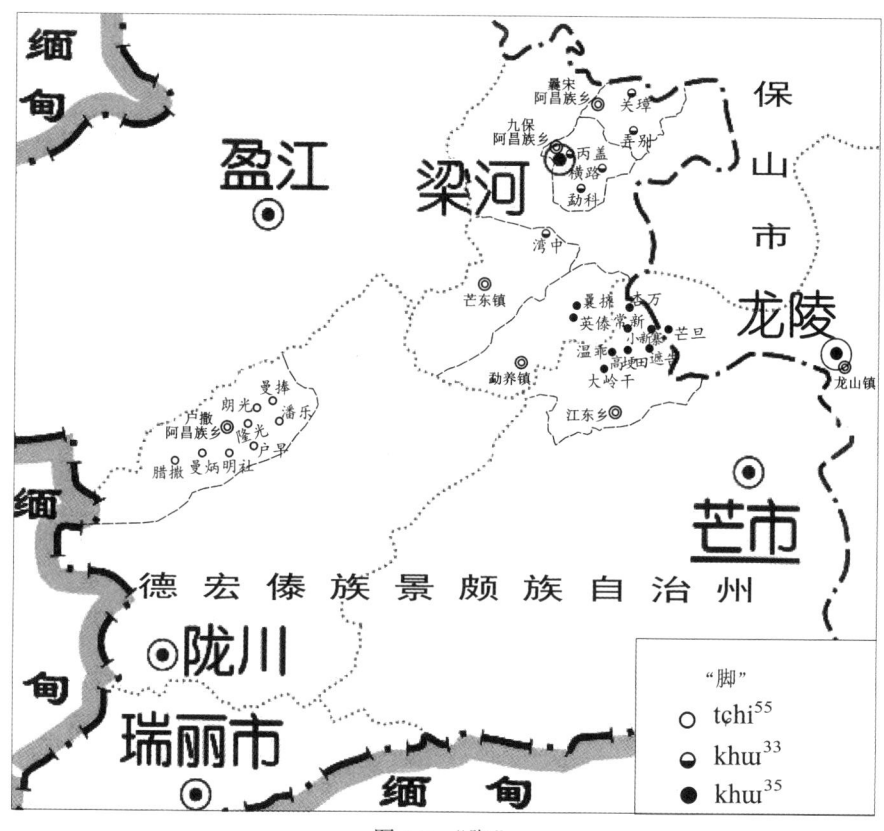

图 4.6 "脚"

图 4.7 中，"角"的说法根据辅音声母的差别可以分为两种：[khʐau⁵⁵]/[khjau³⁵]和[tɕhau³³]。与其他几组词不同的是，陇川方言的读音是[khʐau⁵⁵]，其辅音为[kh]，梁河方言的读音为[tɕhau³³]，辅音为[tɕh]，芒市方言[khjau³⁵]的辅音声母没有发生变化。这说明陇川方言的声母还未完全转化为[tɕh]，而梁河方言的[kh]也已开始向[tɕh]声母演变。

（二）[tɕ]演变为[ts]的地理分布

图 4.8 反映的是"斧头"的三种发音，根据声母的差异划分为两种类型：[u³¹tɕoŋ³¹]/[u³¹tɕuŋ³¹]和[wa³³tsoŋ⁵¹]。其中陇川方言和梁河方言属于同一类型，声母均为舌面音[tɕ]，芒市方言属于另一种类型，声母为舌尖音[ts]。在地理上，形成陇川方言、梁河方言与芒市方言的东西对应。这种类型也是[ts]-[tɕ]演变系列中最普遍的一种。

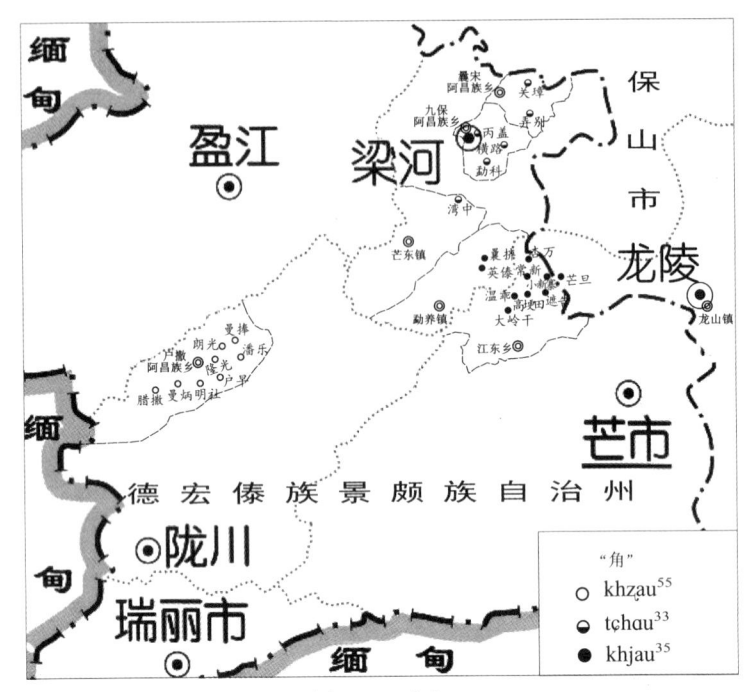

图 4.7 "角"

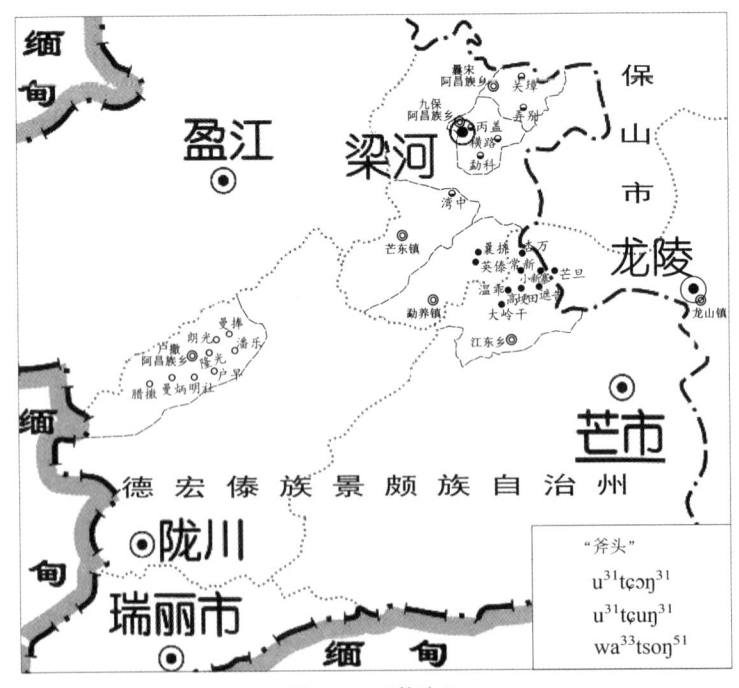

图 4.8 "斧头"

图 4.9 为"牙齿"的两种发音：[tɕoi⁵⁵]和[tsui³³]。[tɕoi⁵⁵]分布于陇川方言,梁河方言和芒市方言发音完全相同,都为[tsui³³]。梁河方言在这组对应类型中发生了变化,不再是[tɕ],出现了[ts],说明[tɕ]已开始向舌尖化演变,处于[ts]与[tɕ]的并存阶段。

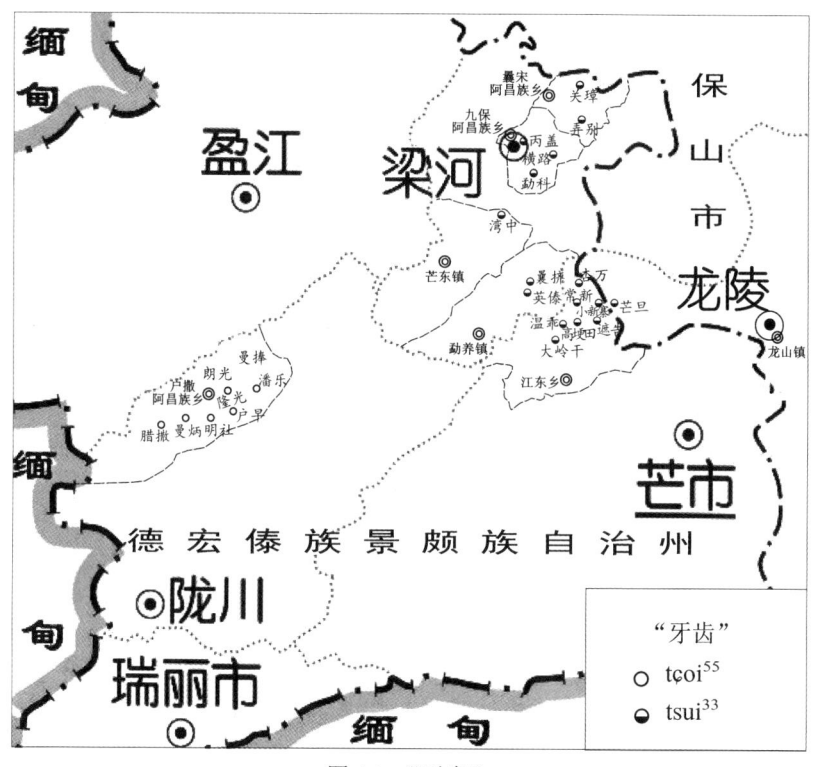

图 4.9 "牙齿"

图 4.10 中,"秤"有两种语音类型：[tsaŋ³¹] 和 [tɕɑŋ³³khuɑʔ⁵⁵]/[tɕɑŋ³⁵khjin⁵¹]。其中词首辅音是[ts]的读音分布在陇川方言区,词首辅音为[tɕ]的音节则为梁河方言和芒市方言的发音,在地理上呈片状分布。在这组例词中,陇川方言发生变化,辅音声母由优势音[tɕ],变为只在少量词中出现的[ts],这也说明陇川方言的[tɕ]到[ts]的演变仍在进行中。

三 小结

在阿昌族分布的这片小小的区域内有[ts]到[tɕ]演变的颚化现象。同一个词,不同的读音,不同的地理分布。陇川方言、梁河方言的[tɕ]对应芒市方言的[ts]。而其内部情况又有些复杂,陇川方言和梁河方言的少量例词仍保留舌尖音[ts],[ts]和[tɕ]有时处于游离状态。

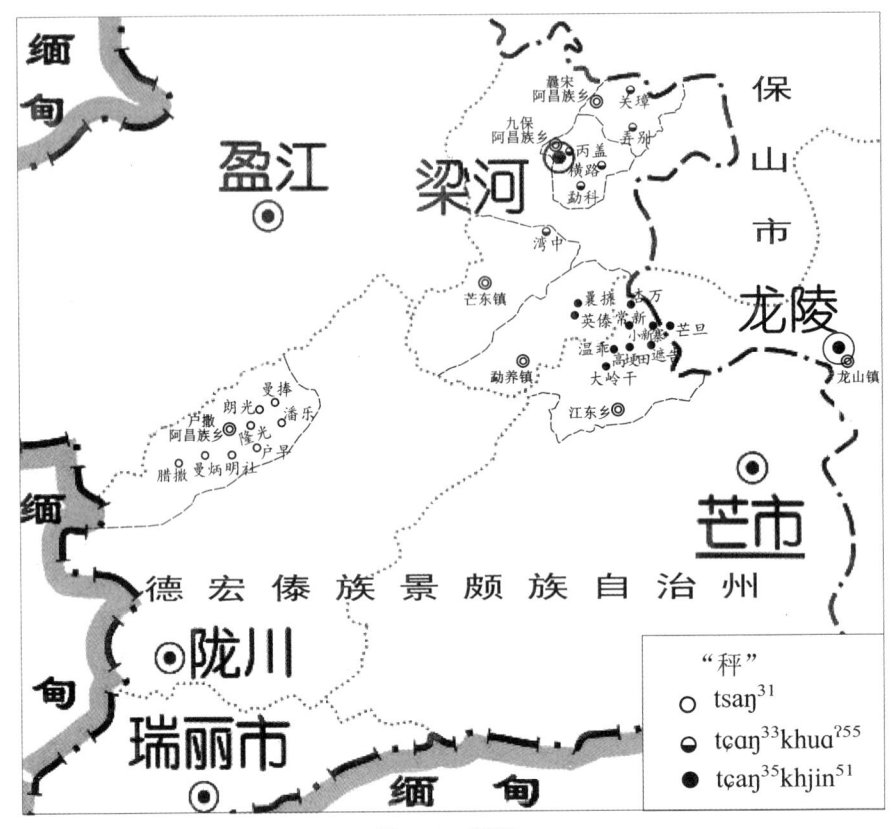

图 4.10 "秤"

　　在有限的区域内，各个类型之间相互影响、相互干扰，甚至会发生相混。我们在调查中发现，一些阿昌族的口语中[ts]-[tɕ]经常处于自有混读的状态。如"刺"[tɕo³¹]-[tsu⁵¹]、"秤"[tsaŋ³¹]-[tɕaŋ³⁵khjin⁵¹]等。由于阿昌语没有文字，亦没有标准语，所以在不影响词义的前提下，许多词的发音很不一致，自由混读现象非常普遍。

　　我们选取朗光、关璋、高埂田三个点的阿昌语词汇与同语支语言进行比较。其他缅语支亲属语言的[ts]组音，在阿昌语中会有颚化音[tɕ]、舌尖音[ts]两种表现。举例如下：

　　从以上比较可以看出，这组例词在缅语支语言中其辅音大多为[ts]和[tɕ]，但在部分例词中对应舌尖中音[t]，例如："牙齿"，阿昌语梁河方言、载瓦语、浪速语、茶山语、勒期语的词首辅音都保持为[ts]，陇川方言和芒市方言为[tɕ]，波拉语、缅语则为[t]；"砍（树）"，芒市方言、茶山语的声母为[ts]，陇川方言、梁河方言为[tɕ]，仙岛语、载瓦语、浪速语、波拉语为舌

表 4.5　　缅语支语言辅音对比词表 [ts]-[tɕ] 型

| 例词 | 陇川 | 梁河 | 芒市 | 仙岛 | 载瓦 | 浪速 | 波拉 | 茶山 | 勒期 | 缅文 |
|---|---|---|---|---|---|---|---|---|---|---|
| 鼓 | tɕen⁵⁵ | tsuŋ³¹ | tsoŋ³³ | koŋ³¹poŋ³⁵ | tsiŋ⁵¹ | tsaŋ³¹puŋ³⁵ | taŋ⁵⁵ | tsan³¹ | tsaŋ³¹ | san²bum² |
| 牙齿 | tɕɔi⁵⁵ | tsui³³ | tɕuŋ³¹ | kjui⁵⁵ | tsui⁵¹ | tsɔi³¹ | tui⁵⁵ | tsui³¹ | tsɿ³¹ | tθwa³ |
| （一）双 | tɕɔm³¹ | tɕuŋ³¹ | tsom⁵¹ | kjum³¹ | tsum⁵⁵ | tsam⁵⁵ | tsam³⁵ | tsom³³ | tsom⁵⁵ | ram² |
| 砍（树） | tɕen³¹ | tɕɛ³¹ | tsan³¹ | ten³¹ | thu²⁵⁵ | thau³¹ | thu⁵⁵ | tsam³³ | khəŋ⁵³ | khut⁴ |
| 桥 | tɕam⁵⁵ | tsaŋ³³ | tsan³¹ | kjam⁵⁵ | tsam⁵¹ | tsɛ³¹ | tsɛ⁵⁵ | tsam³¹ | tam³¹ | tam²ta³ |
| 刺 | tɕɔ³¹ | tɕu³¹ | tsu⁵¹ | kju³¹ | tsu³¹ | tsau³⁵ | tu³¹ | tsu³³ | tsu³³ | shu³ |
| 饭 | tɕɔ³³ | tɕa³³ | tsa³³ | kjɔ⁵⁵ | tsaŋ³¹ | tsɔ³¹ | ta⁵⁵ | tsɔ³¹ | wom³³ | tha³maŋ³ |
| 斧头 | u³¹tɕuŋ³¹ | u³¹tɕuŋ³¹ | wa³³tsoŋ⁵¹ | njɔ²⁵⁵tset⁵⁵ | va²tsuŋ² | vɤ⁵⁵tsuŋ³¹ | vɤ³¹tsuŋ³¹ | wu²³¹tsuŋ³³ | wo³³tsuŋ³³ | pu¹shin² |
| 瞎子 | tset⁵⁵ | tsɔ²³¹ | tɕʔ³¹ | njɔ²⁵⁵tset⁵⁵ | mjɔ³¹tʃit³¹ | mjɔ³¹tʃik³¹ | mja²³¹tʃɔt³¹ | njɔ²³¹tʃet³¹ | mjɔ²³¹tʃet³¹ | a¹kam³ |
| 秤 | tsaŋ³¹ | tɕaŋ³³khua²⁵⁵ | tɕaŋ³⁵khjim⁵¹ | tsaŋ³¹ | tʃoi⁵⁵tʃaŋ⁵¹ | tʃɔi³⁵ | tʃɤ⁵⁵ | tʃaŋ⁵³ | tʃaŋ⁵³ | khjin² |

尖中音[t]或[th]。形成[t]/[ts]/[tɕ]三种类型。假设阿昌语原来的读音也是和以上这些亲属语言是保持一致的，我们暂且认为读[t]组是原始层，那么读[ts]和[tɕ]就属于变化层，属于后起的语音现象。也就是说阿昌语[t]组词在今天的阿昌语里发生了颚化和舌尖化音变，而且这种颚化和舌尖化的发展是不平衡的。我们知道语音的变化大多采用渐变的方式，阿昌语的语音演变处于不均衡的状态。

以上的举例分析中，我们尚不能断定阿昌语各个点之间的演变关系，但从共时的现象中我们仍然能够类推出一些音变规律。徐通锵（1991）指出：历史上已经完成的变化遗留给我们的只是一些变化的结果，而变化的原始状态我们已经无从知晓，但可以根据正在进行中的音变的一些平行情况去推断历史上已经完成的音变状况。因此，从阿昌语各点的分析比较中我们判断阿昌语辅音存在颚化、舌尖化等音变规律。演化路径是[t]/[th]→[tɕ/tɕh]（颚化）→[ts/tsh]（舌尖化）。

## 第三节　从地理分布差异看阿昌语鼻音和边音的演变

阿昌语鼻音和边音的演变类型主要有两类。一类是[n]-[l]，阿昌语的舌尖中浊鼻音[n]与舌尖中浊边音[l]在地理分布上呈交错分布；另一类是[m]/[n]/[ȵ]/[ŋ]/[l]-[m̥]/[n̥]/[ȵ̊]/[ŋ̊]/[l̥]，表现为陇川方言和梁河方言的浊鼻音[m]/[n]/[ȵ]/[ŋ]和浊边音[l]对应芒市方言的清化鼻音[m̥]/[n̥]/[ȵ̊]/[ŋ̊]和清化边音[l̥]，在地理分布上构成东西对应。

### 一　鼻音和边音的演变类型

（一）[n]-[l]演变的方言分布

表4.6　　　　　　　阿昌语辅音对比词表[n]-[l]型

| 方言 | 村寨 | 石头 | 驼子 | 深 | 脖子 | 脸 | 动 |
|---|---|---|---|---|---|---|---|
| 陇川方言 | 腊撒 | liŋ³¹kɔ⁵⁵ | laŋ³¹ŋuŋ³⁵ | lək⁵⁵ | laŋ³¹tsən³¹ | nɔ⁵⁵nɔ⁵⁵ | nəŋ⁵⁵ |
| | 朗光 | liŋ³¹kɔ⁵⁵ | laŋ³¹ŋuŋ³⁵ | lək⁵⁵ | laŋ³¹tsən³¹ | nɔ⁵⁵nɔ⁵⁵ | nəŋ⁵⁵ |
| | 曼捧 | liŋ³¹kɔ⁵⁵ | laŋ³¹ŋuŋ³⁵ | lək⁵⁵ | laŋ³¹tsən³¹ | nɔ⁵⁵nɔ⁵⁵ | nəŋ⁵⁵ |
| | 户早 | liŋ³¹kɔ⁵⁵ | laŋ³¹ŋuŋ³⁵ | lək⁵⁵ | laŋ³¹tsən³¹ | nɔ⁵⁵nɔ⁵⁵ | nəŋ⁵⁵ |
| 梁河方言 | 关璋 | nuŋ⁵⁵ka³¹ | naŋ³⁵ŋuŋ³¹ | luk⁵⁵ | luŋ³³tsuŋ⁵⁵ | na³¹lia³³ | nuŋ³¹ |
| | 弄别 | nuŋ⁵⁵ka³¹ | naŋ³⁵ŋuŋ³¹ | luk⁵⁵ | luŋ³³tsuŋ⁵⁵ | na³¹lia³³ | nuŋ³¹ |
| | 丙盖 | nuŋ⁵⁵ka³¹ | naŋ³⁵ŋuŋ³¹ | luk⁵⁵ | luŋ³³tsuŋ⁵⁵ | na³¹lia³³ | nuŋ³¹ |

续表

| 方言 | 村寨 | 石头 | 驼子 | 深 | 脖子 | 脸 | 动 |
|---|---|---|---|---|---|---|---|
| 梁河方言 | 横路 | nuŋ⁵⁵ka³¹ | naŋ³⁵ŋuŋ³¹ | luɯk⁵⁵ | luŋ³³tsɯŋ⁵⁵ | ȵa³¹lia³³ | nuŋ³¹ |
| | 勐科 | nuŋ⁵⁵ka³¹ | naŋ³⁵ŋuŋ³¹ | luɯk⁵⁵ | luŋ³³tsɯŋ⁵⁵ | ȵa³¹lia³³ | nuŋ³¹ |
| | 湾中 | nuŋ⁵⁵ka³¹ | naŋ³⁵ŋuŋ³¹ | luɯk⁵⁵ | luŋ³³tsɯŋ⁵⁵ | ȵa³¹lia³³ | nuŋ³¹ |
| 芒市方言 | 曩挤 | laŋ⁵⁵ka⁵¹ | laŋ³⁵ŋuŋ⁵⁵ | nək³¹ | naŋ⁵⁵ləŋ³⁵ | ȵa⁷³¹na³⁵ | luŋ³⁵ |
| | 英傣 | laŋ⁵⁵ka⁵¹ | laŋ³⁵ŋuŋ⁵⁵ | nək³¹ | naŋ⁵⁵ləŋ³⁵ | ȵa⁷³¹na³⁵ | luŋ³⁵ |
| | 杏万 | laŋ⁵⁵ka⁵¹ | laŋ³⁵ŋuŋ⁵⁵ | nək³¹ | naŋ⁵⁵ləŋ³⁵ | ȵa⁷³¹na³⁵ | luŋ³⁵ |
| | 遮告 | laŋ⁵⁵ka⁵¹ | laŋ³⁵ŋuŋ⁵⁵ | nək³¹ | naŋ⁵⁵ləŋ³⁵ | ȵa⁷³¹na³⁵ | luŋ³⁵ |
| | 温乖 | laŋ⁵⁵ka⁵¹ | laŋ³⁵ŋuŋ⁵⁵ | nək³¹ | naŋ⁵⁵ləŋ³⁵ | ȵa⁷³¹na³⁵ | luŋ³⁵ |
| | 芒旦 | laŋ⁵⁵ka⁵¹ | laŋ³⁵ŋuŋ⁵⁵ | nək³¹ | naŋ⁵⁵ləŋ³⁵ | ȵa⁷³¹na³⁵ | luŋ³⁵ |

从表4.6看，[n]和[l]在地理上的分布比较凌乱，对应类型纷繁复杂。为数不多的例词中，下分四种小类。在有些词中，西部的[l]，东部的[n]，例如"深"，西部的陇川方言、梁河方言等地区是[lək⁵⁵]、[luɯk⁵⁵]，东部的芒市方言是[nək³¹]；而在另一些词里，西部的[n]，东部的[l]，如"动"，西部的陇川方言、梁河方言等地是[nəŋ⁵⁵]、[nuŋ³¹]，东部的芒市方言是[luŋ³⁵]。此外，在一些词里呈现的是陇川方言与芒市方言保持一致，呈现[l]，北部的梁河方言是[n]，如"驼子"，地理上处于南部的陇川和芒市是[laŋ³¹ŋuŋ³⁵]和[laŋ³⁵ŋuŋ⁵⁵]，北部的梁河片区是[naŋ³⁵ŋuŋ³¹]。因此，不论是固有词还是借词，[n]和[l]的分布都不均衡，显得异常纷乱，甚至会出现[n]、[l]不分的现象。

有的时候在同一个人的口语中，[n]、[l]处于自由混读的状态。[n]、[l]的自由混读与当地汉语方言有密切关系。汉语借词里也有[n]、[l]混读的现象，如"奶奶"[nai³⁵nai³⁵]-[lai³⁵lai³⁵]、"南（方）"[nan³¹]-[lan³¹]。本族固有词里的[n]、[l]混读现象，如"锄头"[laŋ³¹khaŋ³¹]-[naŋ³¹khaŋ³¹]。由于汉语借词里的[n]-[l]混读现象扩散到了本语词当中，导致原本[n]、[l]相分，因受到太多干扰，发生了相混。

（二）[m]/[n]/[ȵ]/[ŋ]/[l]-[m̥]/[n̥]/[ȵ̊]/[ŋ̊]/[l̥]演变的方言分布

阿昌语的鼻音分清鼻音和浊鼻音（又称清化鼻音和非清化鼻音）是阿昌语语音的一个重要特征。阿昌语三个方言中，除了芒市方言没有清化鼻音外，陇川方言和梁河方言都有清鼻音，而且清浊对立出现在所有的鼻音上。如陇川方言有4个清鼻音[m̥]/[n̥]/[ȵ̊]/[ŋ̊]和4个浊鼻音[m]/[n]/[ȵ]/[ŋ]。同时，藏缅语言中边音与鼻音关系密切，凡是有清鼻音的语言也必定存在清边音,反之亦然。故阿昌语陇川方言和梁河方言的边音也存在清边音[l̥]和浊边音[l]的对立,芒市方言只有浊边音[l]。

下面将列表分别反映阿昌语方言各调查点双唇浊鼻音[m]与清化鼻音[m̥]、舌尖中浊鼻音[n]与清化鼻音[n̥]、舌面前浊鼻音[ȵ]与清化鼻音[ȵ̥]、舌根浊鼻音[ŋ]与清化鼻音[ŋ̥]、舌尖中浊边音[l]与清化边音[l̥]之间的对应情况。

表 4.7　　　　　　　阿昌语辅音对比词表[m]-[m̥]型

| 方言 | 村寨 | 梦 | 马 | 高 | 教（书） | 吹（喇叭） |
|---|---|---|---|---|---|---|
| 陇川方言 | 腊撒 | it⁵⁵mɔ⁵⁵ | m̥zaŋ³¹ | m̥zaŋ⁵⁵ | m̥ɔ³⁵ | m̥ut⁵⁵ |
| | 朗光 | it⁵⁵mɔ⁵⁵ | m̥zaŋ³¹ | m̥zaŋ⁵⁵ | m̥ɔ³⁵ | m̥ut⁵⁵ |
| | 曼棒 | it⁵⁵mɔ⁵⁵ | m̥zaŋ³¹ | m̥zaŋ⁵⁵ | m̥ɔ³⁵ | m̥ut⁵⁵ |
| | 户早 | it⁵⁵mɔ⁵⁵ | m̥zaŋ³¹ | m̥zaŋ⁵⁵ | m̥ɔ³⁵ | m̥ut⁵⁵ |
| 梁河方言 | 关璋 | zit³³m̥a⁵⁵ | mjaŋ³¹ | mjaŋ³³ | m̥a³¹ | mət³¹ |
| | 弄别 | zit³³m̥a⁵⁵ | mjaŋ³¹ | mjaŋ³³ | m̥a³¹ | mət³¹ |
| | 丙盖 | zit³³m̥a⁵⁵ | mjaŋ³¹ | mjaŋ³³ | m̥a³¹ | mət³¹ |
| | 横路 | zit³³m̥a⁵⁵ | mjaŋ³¹ | mjaŋ³³ | m̥a³¹ | mət³¹ |
| | 勐科 | zit³³m̥a⁵⁵ | mjaŋ³¹ | mjaŋ³³ | m̥a³¹ | mət³¹ |
| | 湾中 | zit³³m̥a⁵⁵ | mjaŋ³¹ | mjaŋ³³ | m̥a³¹ | mət³¹ |
| 芒市方言 | 曩挤 | it⁵⁵ma⁵¹ | mjaŋ⁵¹ | mjaŋ³⁵ | ma⁵¹ | mut³¹ |
| | 英傣 | it⁵⁵ma⁵¹ | mjaŋ⁵¹ | mjaŋ³⁵ | ma⁵¹ | mut³¹ |
| | 杏万 | it⁵⁵ma⁵¹ | mjaŋ⁵¹ | mjaŋ³⁵ | ma⁵¹ | mut³¹ |
| | 遮告 | it⁵⁵ma⁵¹ | mjaŋ⁵¹ | mjaŋ³⁵ | ma⁵¹ | mut³¹ |
| | 温乖 | it⁵⁵ma⁵¹ | mjaŋ⁵¹ | mjaŋ³⁵ | ma⁵¹ | mut³¹ |
| | 芒旦 | it⁵⁵ma⁵¹ | mjaŋ⁵¹ | mjaŋ³⁵ | ma⁵¹ | mut³¹ |

[m]-[m̥]有三种地理分布类型：一种是南部的陇川方言、中部的芒市方言的辅音保持浊鼻音[m],北部的梁河方言保持清鼻音[m̥]。例如"梦",陇川方言为[it⁵⁵mɔ⁵⁵],芒市方言为[it⁵⁵ma⁵¹],梁河方言为[zit³³m̥a⁵⁵];一种是陇川方言和梁河方言的词首辅音保持一致为清化鼻音[m̥],芒市方言则保持浊鼻音[m]。例如"马"[mjaŋ⁵¹]-[m̥zaŋ³¹]/[mjaŋ³¹]、"高"[mjaŋ³⁵]-[m̥zaŋ⁵⁵]/[mjaŋ³³]、"教（书）"[ma⁵¹]-[m̥ɔ³⁵]/[m̥a³¹];一种是陇川方言为清鼻音[m̥],梁河方言和芒市方言为浊鼻音[m],例如"吹（喇叭）"[mət³¹]/[mut³¹]-[m̥ut⁵⁵]。

表 4.8　　　　　　　　　阿昌语辅音对比词表[n]-[n̥]型

| 方言 | 村寨 | 牛 | 后（边） | 聋子 | 池塘 | 鼻涕 |
|---|---|---|---|---|---|---|
| 陇川方言 | 腊撒 | n̥o³¹ | n̥oŋ⁵⁵pa³¹ | n̥ɔ³¹kən³¹ | n̥ɔŋ⁵⁵ | n̥ap⁵⁵ |
| | 朗光 | n̥o³¹ | n̥oŋ⁵⁵pa³¹ | n̥ɔ³¹kən³¹ | n̥ɔŋ⁵⁵ | n̥ap⁵⁵ |
| | 曼棒 | n̥o³¹ | n̥oŋ⁵⁵pa³¹ | n̥ɔ³¹kən³¹ | n̥ɔŋ⁵⁵ | n̥ap⁵⁵ |
| | 户早 | n̥o³¹ | n̥oŋ⁵⁵pa³¹ | n̥ɔ³¹kən³¹ | n̥ɔŋ⁵⁵ | n̥ap⁵⁵ |
| 梁河方言 | 关璋 | no³¹ | nuŋ³³pjaʔ⁵⁵ | na³¹paŋ³¹ | nuŋ⁵⁵ | nak⁵⁵ |
| | 弄别 | no³¹ | nuŋ³³pjaʔ⁵⁵ | na³¹paŋ³¹ | nuŋ⁵⁵ | nak⁵⁵ |
| | 丙盖 | no³¹ | nuŋ³³pjaʔ⁵⁵ | na³¹paŋ³¹ | nuŋ⁵⁵ | nak⁵⁵ |
| | 横路 | no³¹ | nuŋ³³pjaʔ⁵⁵ | na³¹paŋ³¹ | nuŋ⁵⁵ | nak⁵⁵ |
| | 勐科 | no³¹ | nuŋ³³pjaʔ⁵⁵ | na³¹paŋ³¹ | nuŋ⁵⁵ | nak⁵⁵ |
| | 湾中 | no³¹ | nuŋ³³pjaʔ⁵⁵ | na³¹paŋ³¹ | nuŋ⁵⁵ | nak⁵⁵ |
| 芒市方言 | 曩挤 | nua⁵¹ | noŋ³³pja³³ | na³³paŋ³³ | nom⁵⁵ | nap⁵⁵ |
| | 英傈 | nua⁵¹ | noŋ³³pja³³ | na³³paŋ³³ | nom⁵⁵ | nap⁵⁵ |
| | 杏万 | nua⁵¹ | noŋ³³pja³³ | na³³paŋ³³ | nom⁵⁵ | nap⁵⁵ |
| | 遮告 | nua⁵¹ | noŋ³³pja³³ | na³³paŋ³³ | nom⁵⁵ | nap⁵⁵ |
| | 温乖 | nua⁵¹ | noŋ³³pja³³ | na³³paŋ³³ | nom⁵⁵ | nap⁵⁵ |
| | 芒旦 | nua⁵¹ | noŋ³³pja³³ | na³³paŋ³³ | nom⁵⁵ | nap⁵⁵ |

[n]-[n̥]的对应类型，在地理分布上，主要有两种：一种是北部梁河方言和中部芒市方言均为浊鼻音[n]，西部陇川方言为清化鼻音[n̥]，例如"牛"[no³¹]/[nua⁵¹]-[n̥o³¹]、"后边"[nuŋ³³pjaʔ⁵⁵]/[noŋ³³pja³³]-[n̥oŋ⁵⁵pa³¹]、"聋子"[na³¹paŋ³¹]/[na³³paŋ³³]-[n̥ɔ³¹kən³¹]；另一种是芒市方言的浊鼻音[n]对应陇川方言和梁河方言的清化鼻音[n̥]。

表 4.9　　　　　　　　　阿昌语辅音对比词表[ɲ]-[ɲ̥]型

| 方言 | 村寨 | 手指 | 低 |
|---|---|---|---|
| 陇川方言 | 腊撒 | lɔʔ⁵⁵ɲ̥au³¹ | ɲ̥on⁵⁵ |
| | 朗光 | lɔʔ⁵⁵ɲ̥au³¹ | ɲ̥on⁵⁵ |
| | 曼棒 | lɔʔ⁵⁵ɲ̥au³¹ | ɲ̥on⁵⁵ |
| | 户早 | lɔʔ⁵⁵ɲ̥au³¹ | ɲ̥on⁵⁵ |
| 梁河方言 | 关璋 | laʔ³¹ɲau³⁵ | ɲjin⁵⁵ |
| | 弄别 | laʔ³¹ɲau³⁵ | ɲjin⁵⁵ |
| | 丙盖 | laʔ³¹ɲau³⁵ | ɲjin⁵⁵ |

续表

| 方言 | 村寨 | 手指 | 低 |
| --- | --- | --- | --- |
| 梁河方言 | 横路 | la$^{731}$ȵau$^{35}$ | ȵ̥in$^{55}$ |
| | 勐科 | la$^{731}$ȵau$^{35}$ | ȵ̥in$^{55}$ |
| | 湾中 | la$^{731}$ȵau$^{35}$ | ȵ̥in$^{55}$ |
| 芒市方言 | 曩挤 | la$^{731}$ȵau$^{33}$ | ȵin$^{33}$ |
| | 英倮 | la$^{731}$ȵau$^{33}$ | ȵin$^{33}$ |
| | 杏万 | la$^{731}$ȵau$^{33}$ | ȵin$^{33}$ |
| | 遮告 | la$^{731}$ȵau$^{33}$ | ȵin$^{33}$ |
| | 温乖 | la$^{731}$ȵau$^{33}$ | ȵin$^{33}$ |
| | 芒旦 | la$^{731}$ȵau$^{33}$ | ȵin$^{33}$ |

[ȵ]-[ȵ̥]，舌面前鼻音清浊对立的用例较少，只找到两例。其地理分布类型如表4.9所示也只有一种，即芒市方言的浊鼻音[ȵ]对应陇川方言和梁河方言的清化鼻音。

表4.10　　　　　阿昌语辅音对比词表[ŋ]-[ŋ̥]型

| 方言 | 村寨 | 阿昌族 | 鱼 | 错 |
| --- | --- | --- | --- | --- |
| 陇川方言 | 腊撒 | ŋă$^{31}$tʂhaŋ$^{31}$ | ŋa$^{31}$ʂua$^{31}$ | ŋɔŋ$^{31}$ |
| | 朗光 | ŋă$^{31}$tʂhaŋ$^{31}$ | ŋa$^{31}$ʂua$^{31}$ | ŋɔŋ$^{31}$ |
| | 曼捧 | ŋă$^{31}$tʂhaŋ$^{31}$ | ŋa$^{31}$ʂua$^{31}$ | ŋɔŋ$^{31}$ |
| | 户早 | ŋă$^{31}$tʂhaŋ$^{31}$ | ŋa$^{31}$ʂua$^{31}$ | ŋɔŋ$^{31}$ |
| 梁河方言 | 关璋 | ŋa$^{31}$tshaŋ$^{31}$ | ŋa$^{31}$ʂa$^{31}$ | ŋuŋ$^{31}$ |
| | 弄别 | ŋa$^{31}$tshaŋ$^{31}$ | ŋa$^{31}$ʂa$^{31}$ | ŋuŋ$^{31}$ |
| | 丙盖 | ŋa$^{31}$tshaŋ$^{31}$ | ŋa$^{31}$ʂa$^{31}$ | ŋuŋ$^{31}$ |
| | 横路 | ŋa$^{31}$tshaŋ$^{31}$ | ŋa$^{31}$ʂa$^{31}$ | ŋuŋ$^{31}$ |
| | 勐科 | ŋa$^{31}$tshaŋ$^{31}$ | ŋa$^{31}$ʂa$^{31}$ | ŋuŋ$^{31}$ |
| | 湾中 | ŋa$^{31}$tshaŋ$^{31}$ | ŋa$^{31}$ʂa$^{31}$ | ŋuŋ$^{31}$ |
| 芒市方言 | 曩挤 | ŋa$^{55}$ȵau$^{31}$ | ŋa$^{33}$sa$^{33}$ | m$^{31}$ŋut$^{55}$ |
| | 英倮 | ŋa$^{55}$ȵau$^{31}$ | ŋa$^{33}$sa$^{33}$ | m$^{31}$ŋut$^{55}$ |
| | 杏万 | ŋa$^{55}$ȵau$^{31}$ | ŋa$^{33}$sa$^{33}$ | m$^{31}$ŋut$^{55}$ |
| | 遮告 | ŋa$^{55}$ȵau$^{31}$ | ŋa$^{33}$sa$^{33}$ | m$^{31}$ŋut$^{55}$ |
| | 温乖 | ŋa$^{55}$ȵau$^{31}$ | ŋa$^{33}$sa$^{33}$ | m$^{31}$ŋut$^{55}$ |
| | 芒旦 | ŋa$^{55}$ȵau$^{31}$ | ŋa$^{33}$sa$^{33}$ | m$^{31}$ŋut$^{55}$ |

[ŋ]-[ŋ̊]在地理上主要呈现为陇川方言和芒市方言等大部分阿昌语地区保持浊鼻音[ŋ]，梁河方言则表现为清化鼻音[ŋ̊]，例如"阿昌族"[ŋă³¹tʂhaŋ³¹]/[ŋa⁵⁵n̥au³¹]-[ŋ̊a³¹tshaŋ³¹]、"鱼"[ŋa³¹ʂua³¹]/[ŋa³³sa³³]-[ŋ̊a³¹ʂa³¹]。还有一种分布类型是芒市方言为浊鼻音[ŋ]，陇川方言和梁河方言则为清化鼻音[ŋ̊]，例如"错"[m³¹ŋut⁵⁵]-[ŋ̊ɔŋ³¹]/[ŋ̊uŋ³¹]。

表 4.11　　　　　　　阿昌语辅音对比词表[l]-[l̥]型

| 方言 | 村寨 | 晒（衣服） | 风 | 重 |
| --- | --- | --- | --- | --- |
| 陇川方言 | 腊撒 | l̥ap⁵⁵ | l̥i⁵⁵ | l̥i³¹ |
| | 朗光 | l̥ap⁵⁵ | l̥i⁵⁵ | l̥i³¹ |
| | 曼捧 | l̥ap⁵⁵ | l̥i⁵⁵ | l̥i³¹ |
| | 户早 | l̥ap⁵⁵ | l̥i⁵⁵ | l̥i³¹ |
| 梁河方言 | 关璋 | l̥ak⁵⁵ | lai³³ | lai³¹ |
| | 弄别 | l̥ak⁵⁵ | lai³³ | lai³¹ |
| | 丙盖 | l̥ak⁵⁵ | lai³³ | lai³¹ |
| | 横路 | l̥ak⁵⁵ | lai³³ | lai³¹ |
| | 勐科 | l̥ak⁵⁵ | lai³³ | lai³¹ |
| | 湾中 | l̥ak⁵⁵ | lai³³ | lai³¹ |
| 芒市方言 | 曩挤 | lap⁵⁵ | lɯ³³ | lɯ⁵¹ |
| | 英俸 | lap⁵⁵ | lɯ³³ | lɯ⁵¹ |
| | 杏万 | lap⁵⁵ | lɯ³³ | lɯ⁵¹ |
| | 遮告 | lap⁵⁵ | lɯ³³ | lɯ⁵¹ |
| | 温乖 | lap⁵⁵ | lɯ³³ | lɯ⁵¹ |
| | 芒旦 | lap⁵⁵ | lɯ³³ | lɯ⁵¹ |

[l]-[l̥]的对应类型主要有两种：一种是芒市方言为浊边音[l]，而陇川方言和梁河方言都保持清化边音[l̥]，例如"晒衣服"[lap⁵⁵]-[l̥ap⁵⁵]/[l̥ak⁵⁵]。另一种是梁河方言和芒市方言的浊边音[l]对应陇川方言的清边音[l̥]，例如"风"[lai³³]/[lɯ³³]-[l̥i⁵⁵]、"重"[lai³¹]/[lɯ⁵¹]-[l̥i³¹]。

总体来看，阿昌语鼻音和边音的清浊对立，在地理上的分布呈现的是比较整齐的南北分布，南部芒市方言是浊鼻音和浊边音，北部陇川方言和梁河方言是清化鼻音和清化边音。但是浊鼻音与清化鼻音、浊边音与清化边音存在对应关系的例词都很少，且清化音在母语人的口语中气流已很微弱，发音特征不明显。清化的鼻音和边音有逐渐衰退直至消失的可能。

## 二 鼻音和边音演变的地理分布

（一）[n]-[l]演变的地理分布

图 4.11 中，"驼子"北部方言区的梁河为[nuɯŋ⁵⁵kɑ³¹]，梁河以外的地区为[laŋ³¹ŋuŋ³⁵]或[laŋ³⁵ŋuŋ⁵⁵]，词首辅音存在[n]、[l]的不同。[n]呈现局部的线性分布，围绕在腾陇公路的一侧，呈现出整体性的连续性分布。二者在地理上形成整齐的南北分布。只是这种南北分布很不对称。南北面积悬殊。

[n]仅在梁河分布，而[l]的分布区域面积广阔、人口稠密，分布的 5 个乡镇，语言一致性强。

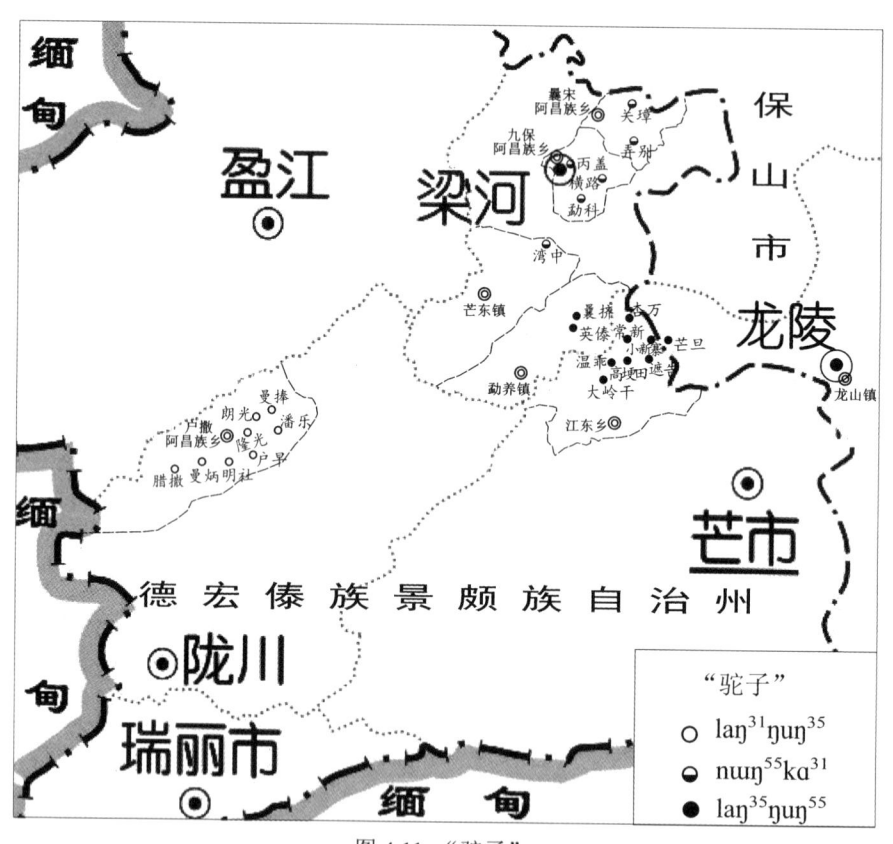

图 4.11 "驼子"

图 4.12 中，"脖子"词首为鼻音的主要分布在芒市方言片区，读音为[naŋ⁵⁵ləŋ³⁵]。词首为边音[l]的则分布在陇川方言和梁河方言等地区，读音为[laŋ³¹tsəŋ³¹]/[luɯŋ³³tsuɯŋ⁵⁵]。

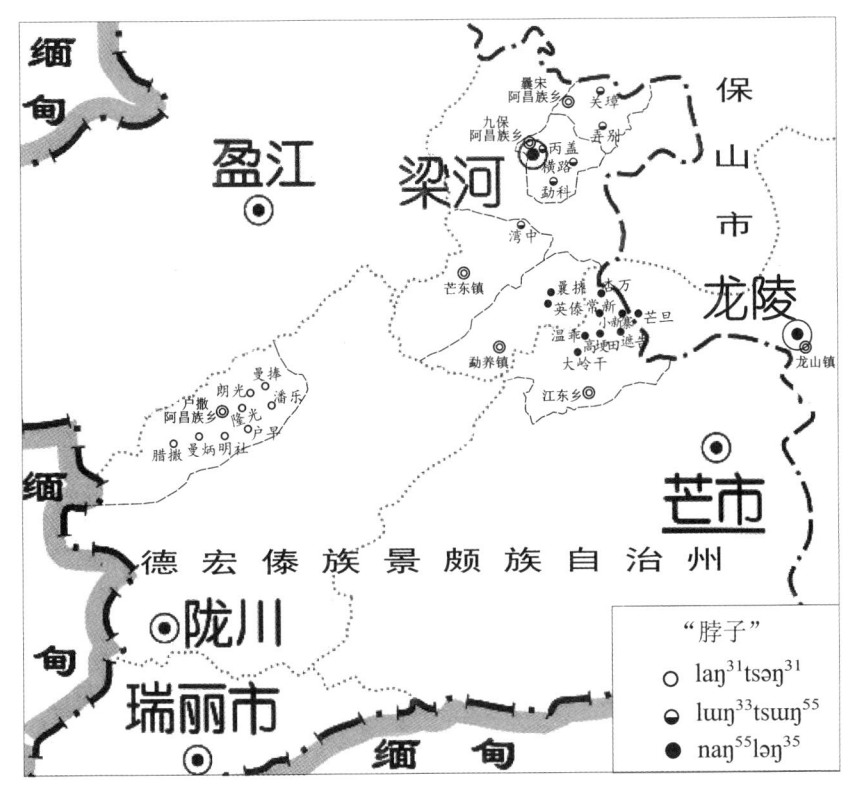

图 4.12 "脖子"

"脖子"的词首辅音[l]应该是原有的形式,在缅语支其他语言中可以找到依据。芒市的[n]很可能是一种语言的变异形式。举例如下:

| | 陇川 | 梁河 | 芒市 | 仙岛 | 载瓦 | 浪速 | 波拉 | 茶山 | 勒期 | 缅文 |
|---|---|---|---|---|---|---|---|---|---|---|
| 脖子 | laŋ³¹ tsəŋ³¹ | luŋ³³ tsɯŋ⁵⁵ | naŋ⁵⁵ ləŋ³⁵ | lyŋ³¹ tsyŋ³¹ | liŋ⁵¹ tsiŋ³¹ | laŋ³¹ tsəŋ³⁵ | laŋ⁵⁵ taŋ³¹ | laŋ³¹ tsai³³ | ləŋ³¹ tsəŋ³³ | lɑŋ² pɑŋ³ |

图 4.13 中可以看出,"脸"的分布,南部陇川方言、芒市方言等大部分地区是[n̥ɔ⁵⁵nɔ⁵⁵]或[n̥a⁷³¹na³⁵],北部的梁河方言为[na³¹liɑ³³]。在借词中也存在和[l]的分布不一致。此外,在有些词中呈现的是西部的陇川方言和梁河方言保持一致是[n],东部的芒市方言则是[l],例如"动",西部的梁河方言和陇川方言是[nəŋ⁵⁵]/[nuŋ³¹],东部的芒市方言是[luŋ³⁵]。

(二)[m]/[n]/[ɲ]/[l]-[m̥]/[n̥]/[ɲ̥]/[l̥]演变的地理分布

图 4.14 表明,"马"一词在阿昌语中词首辅音存在[m]、[m̥]的差异,[mjaŋ⁵¹]主要集中在芒市方言区,[m̥zaŋ³¹]和[m̥jɑŋ³¹]主要集中在陇川方言和梁河方言,分布范围极其广泛。是[m]-[m̥]对应组中的主流类型。

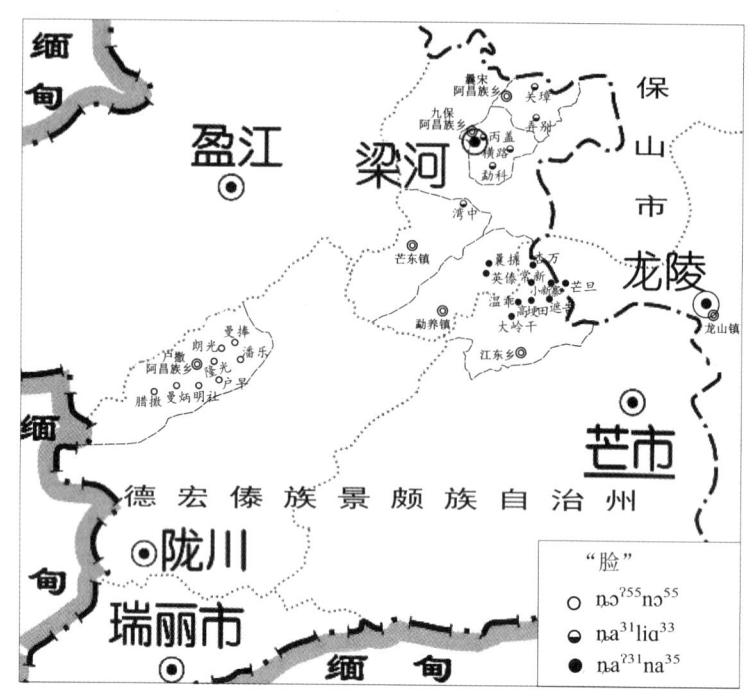

图 4.13 "脸"

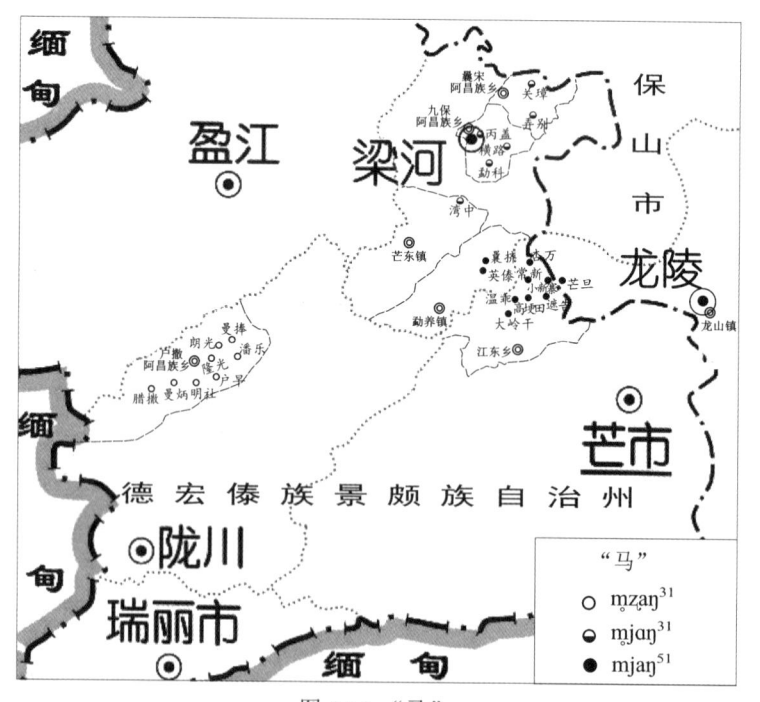

图 4.14 "马"

图 4.15 表明,"聋子"的三种读音[na³¹paŋ³¹]、[na³³paŋ³³]和[n̥³¹kəŋ³¹]。第一音节的首字母存在[n]、[n̥]的差异,元音也存在[a]和[ɔ]的差异。[na³¹paŋ³¹]和[na³³paŋ³³]主要占据梁河方言和芒市方言及周边大部分地区。[n̥³¹kəŋ³¹]仅分布在陇川方言中。

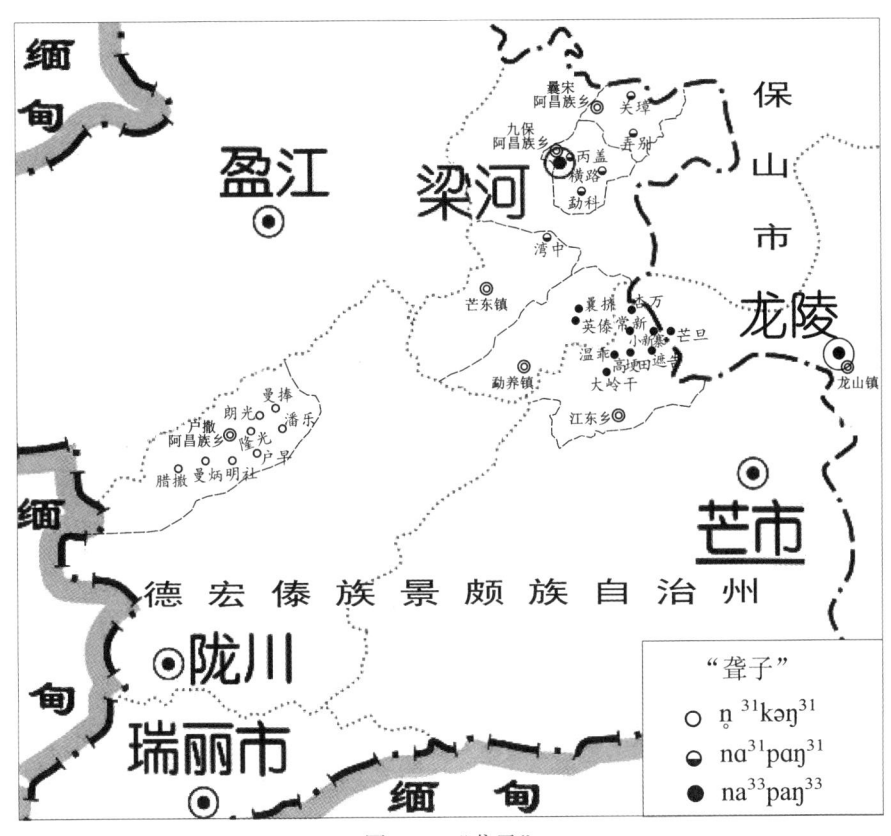

图 4.15 "聋子"

图 4.16 中,"低"的说法总共有两种类型:[n̥ɔn⁵⁵]/[n̥jin⁵⁵]和[nin³³]。中心区域是[n̥ɔn⁵⁵]和[n̥jin⁵⁵],局部地区是[nin³³],形成舌面前鼻音[ȵ]的清浊对立。

图 4.17 中,"错"[ŋ̊ɔŋ³¹]/[ŋ̊uŋ³¹]、[m³¹ŋut⁵⁵]属于舌根鼻音[ŋ]的清浊对立,依然是清化音[ŋ̊]的分布范围更广泛,占有明显的优势。浊音[ŋ]仅分布在芒市地区。

图 4.18 显示的是"晒(衣服)"的两类读音:[l̥ap⁵⁵]/[l̥ɑk⁵⁵]和[lap⁵⁵]。边音存在清浊的差别。同样,清化边音[l̥]分在陇川方言和梁河方言,而浊边音[l]仅在芒市方言中出现。

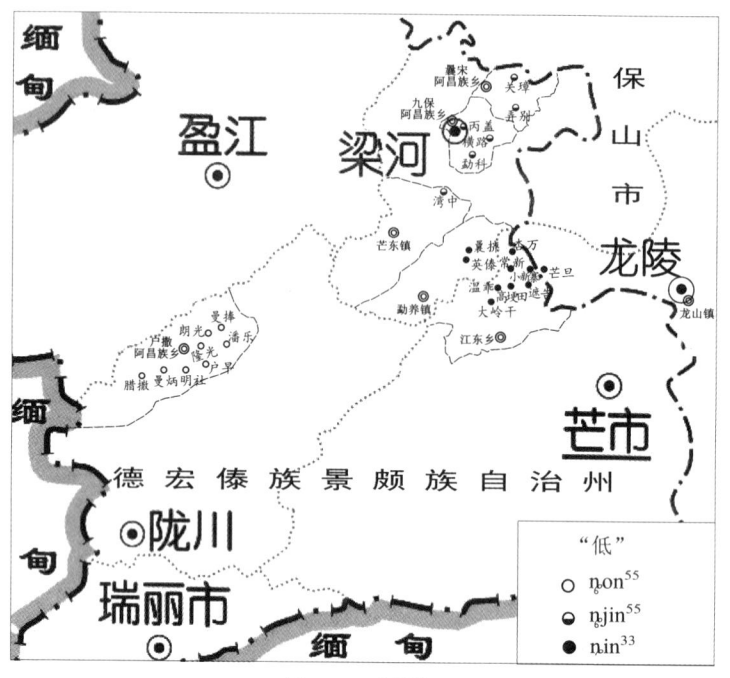

图 4.16 "低"

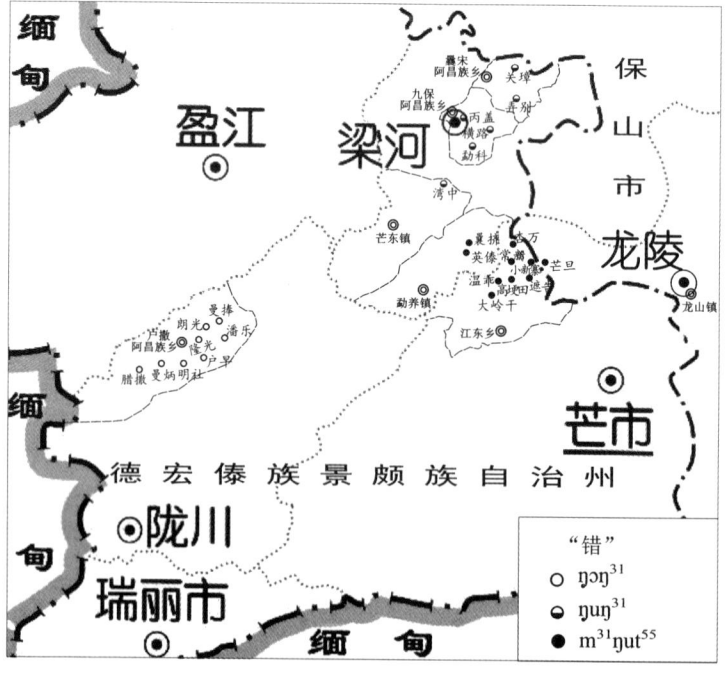

图 4.17 "错"

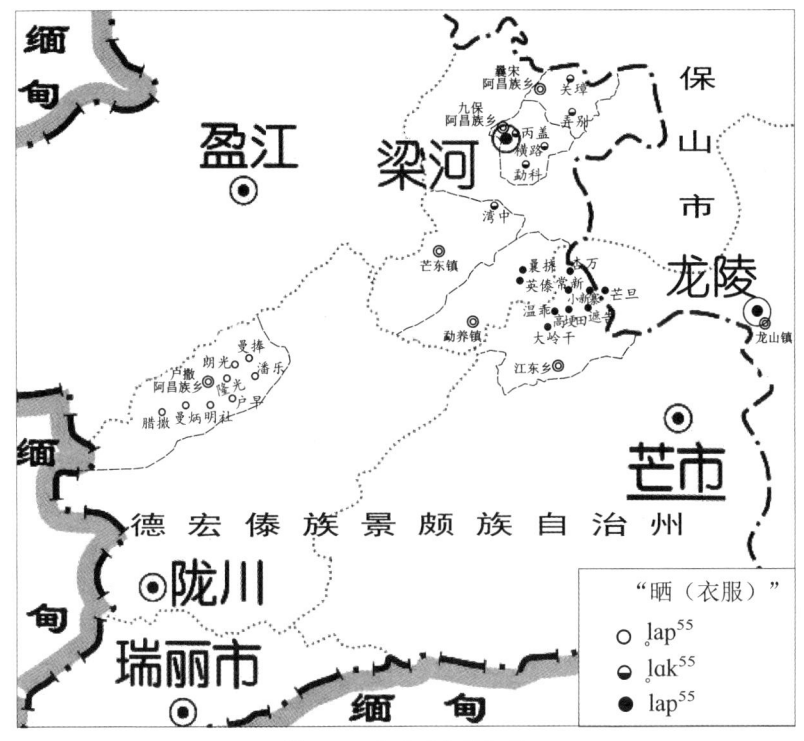

图 4.18 "晒（衣服）"

### 三 小结

[n̥]和[l̥]、[m̥]/[n̥]/[ɲ̥]/[ŋ̊]/[l̥]和[m]/[n]/[ɲ]/[ŋ]/[l]在少数词当中存在差异，但有的时候在同一个人的口语中却处于自由混读的状态。

与缅语支其他语言的比较来看，阿昌语陇川方言、梁河方言和其他缅语支语言中"脖子"这个词的辅音声母都呈现浊边音[l]，而芒市方言保持浊鼻音[n]。缅语支亲属语言，如缅语、仙岛语、载瓦语、浪速语、波拉语、勒期语等，除阿昌语陇川方言和梁河方言、仙岛语之外，其他语言的鼻音和边音都没有系统的清浊对立现象。陇川方言和梁河方言的清化鼻音和清化边音分别对应于其他语言同部位的浊鼻音和浊边音。详见下表。

|  | 陇川 | 梁河 | 芒市 | 仙岛 | 载瓦 | 浪速 | 波拉 | 茶山 | 勒期 | 缅语 |
|---|---|---|---|---|---|---|---|---|---|---|
| 脖子 | lan³¹ tsɿŋ³¹ | luŋ³³ tsɿŋ⁵⁵ | naŋ⁵⁵ ləŋ³⁵ | lyŋ³¹ tsɿɣŋ³¹ | liŋ⁵¹tsiŋ³¹ | laŋ³¹ tsaŋ³⁵ | laŋ⁵⁵taŋ³¹ | laŋ³¹ tsai³³ | ləŋ³¹ tsəŋ³³ | laŋ² paŋ³ |
| 马 | m̥zaŋ³¹ | m̥jaŋ³³ | mjaŋ³¹ | m̥zaŋ³¹ | mjaŋ³¹ | mjɔ̃³⁵ | mjɔ̃³¹ | ŋjaŋ³³ | mjaŋ³³ | mraŋ³ |
| 牛 | n̥o³¹ | n̥o³³ | nua⁵¹ | n̥o³¹ | no³¹ | nuŋ³⁵ | nɔ³¹ | nõu³³ | no³³ | nwa³ |

|   | 陇川 | 梁河 | 芒市 | 仙岛 | 载瓦 | 浪速 | 波拉 | 茶山 | 勒期 | 缅语 |
|---|---|---|---|---|---|---|---|---|---|---|
| 低 | n̥on⁵⁵ | n̥jin⁵⁵ | n.in³³ | ŋjim⁵¹ | ŋjup³¹ | ŋjap³¹ | ŋjap³¹ | ŋjɛn³³ | ŋju:m³³ | nim¹ |
| 鱼 | ŋa³¹ʂua³¹ | ŋa³¹ʂa³¹ | ŋa³³sa³³ | ŋɔ̌³¹ʂɔ³¹ | ŋɔ̌³¹tso³¹ | ŋɔ̌³¹tsɔ³¹ | ŋɔ̌³¹ta³¹ | ŋ⁵⁵tɔʔ³¹ | ŋɔ̌³¹tso³³ | ŋa³ |
| 风 | l̥i⁵⁵ | lɑi³³ | luɯ³³ | lai⁵⁵ | lai⁵¹ | la³¹ | li⁵⁵ | ləi³¹ | lei³¹ | le² |

其他亲属语言的[n]和[l]以及浊鼻音和浊边音基本比较一致，而阿昌语内部存在差异，主要是由于陇川和梁河方言还保留清化的鼻音和边音，但例词数量已非常之少。所以，总的趋势是清化音逐渐消失向浊音演进。

# 第四节 从地理分布差异看阿昌语送气音与不送气音的演变

阿昌语的塞音、塞擦音存在声母送气与不送气的对立。声母辅音的送气与否是辅音的一大区别特征，对其认定的主要依据是发音时气流的强弱。一般而言，声母的送气与否同声母的清浊对立密切相关。多数藏缅语族语言的塞音、塞擦音和部分擦音是分清浊的，而清音中又有送气和不送气之分。浊音清化是指原本清浊对立的词，在浊音清化过程中，浊声母逐渐消失，作为清浊对立的补偿，有的开始在清辅音声母中产生送气和不送气的对立，有的则在声调高低上出现对立。还有的转化为松紧元音。具体到阿昌语，浊音清化所带来的便是清塞音、塞擦音声母送气与否。

## 一 送气音与不送气音的演变类型

阿昌语的塞音和塞擦音无清浊之分，分为送气和不送气两套。缅语支亲属语言，如缅语、仙岛语、载瓦语、浪速语、波拉语、茶山语、勒期语等，除少数塞擦音外都没有系统的清浊对立现象。阿昌语塞音和塞擦音的送气和不送气处于不稳定的状态，塞音和塞擦音的送气和不送气时常会出现混读的现象。

不送气和送气具有区别意义的作用。塞音和塞擦音是否送气，在少数词中有区别意义的作用。汉语借词更增强了送气与不送气塞音、塞擦音的对立。例如：

| pau³¹ | 臭虫 | tuŋ³¹ | （一）件 | kɯ³⁵ | 星星 |
| phau³¹ | 爷爷 | thuŋ³¹ | 铜 | khɯ³⁵ | 脚 |
| tsau³³ | 咳嗽 | tʂau³¹ | 官 | tɕau³³ | 主人 |
| tshau³³ | 旧 | tʂhau³¹ | 染（布） | tɕhau³³ | 犄角 |

阿昌语里的塞音和塞擦音都是清音。塞音有[p]、[ph]、[t]、[th]、[k]、[kh]，塞擦音有[ts]、[tsh]、[tɕ]、[tɕh]、[tʂ]、[tʂh]。塞音和塞擦音有送气和不送气的区别。塞音和塞擦音的送气和不送气在各点表现不太一致。参见表 4.12 的例词。

表 4.12　　　　　　　　阿昌语辅音送气与不送气对比词

| 方言 | 村寨 | 青蛙 | 蚊子 | 梳子 | 袍子 | 铜 | 这里 | 叫 | 星星 | 跛子 |
|---|---|---|---|---|---|---|---|---|---|---|
| 陇川方言 | 腊撒 | phɔ³¹ | phɔp⁵⁵ | phza³¹ | thui³¹phau³⁵ | tɔŋ⁵⁵ | xai⁵⁵thɔ⁷⁵⁵ | thun⁵⁵ | khzɿ⁵⁵ | tɕhi⁵⁵kək⁵⁵ |
| | 朗光 | phɔ³¹ | phɔp⁵⁵ | phza³¹ | thui³¹phau³⁵ | tɔŋ⁵⁵ | xai⁵⁵thɔ⁷⁵⁵ | thun⁵⁵ | khzɿ⁵⁵ | tɕhi⁵⁵kək⁵⁵ |
| | 曼棒 | phɔ³¹ | phɔp⁵⁵ | phza³¹ | thui³¹phau³⁵ | tɔŋ⁵⁵ | xai⁵⁵thɔ⁷⁵⁵ | thun⁵⁵ | khzɿ⁵⁵ | tɕhi⁵⁵kək⁵⁵ |
| | 户早 | phɔ³¹ | phɔp⁵⁵ | phza³¹ | thui³¹phau³⁵ | tɔŋ⁵⁵ | xai⁵⁵thɔ⁷⁵⁵ | thun⁵⁵ | khzɿ⁵⁵ | tɕhi⁵⁵kək⁵⁵ |
| 梁河方言 | 关璋 | phɔ³¹ok³¹ | phɔp⁵⁵ | phjɛ³¹ | thui³³pau³³ | thoŋ³¹ | xa⁵⁵tha⁷⁵⁵ | thun³³ | kɯ³³ | khɯ³³ŋuai⁵⁵ |
| | 弄别 | phɔ³¹ok³¹ | phɔp⁵⁵ | phjɛ³¹ | thui³³pau³³ | thoŋ³¹ | xa⁵⁵tha⁷⁵⁵ | thun³³ | kɯ³³ | khɯ³³ŋuai⁵⁵ |
| | 丙盖 | phɔ³¹ok³¹ | phɔp⁵⁵ | phjɛ³¹ | thui³³pau³³ | thoŋ³¹ | xa⁵⁵tha⁷⁵⁵ | thun³³ | kɯ³³ | khɯ³³ŋuai⁵⁵ |
| | 横路 | phɔ³¹ok³¹ | phɔp⁵⁵ | phjɛ³¹ | thui³³pau³³ | thoŋ³¹ | xa⁵⁵tha⁷⁵⁵ | thun³³ | kɯ³³ | khɯ³³ŋuai⁵⁵ |
| | 勐科 | phɔ³¹ok³¹ | phɔp⁵⁵ | phjɛ³¹ | thui³³pau³³ | thoŋ³¹ | xa⁵⁵tha⁷⁵⁵ | thun³³ | kɯ³³ | khɯ³³ŋuai⁵⁵ |
| | 湾中 | phɔ³¹ok³¹ | phɔp⁵⁵ | phjɛ³¹ | thui³³pau³³ | thoŋ³¹ | xa⁵⁵tha⁷⁵⁵ | thun³³ | kɯ³³ | khɯ³³ŋuai⁵⁵ |
| 芒市方言 | 曩挤 | pa⁵⁵kuat⁵⁵ | pop⁵⁵ | pɛ³³ | thui³⁵pau³⁵ | thoŋ³¹ | xa³³tu³⁵ | tun³⁵ | kɯ³⁵ | khɯ³⁵pət⁵⁵ |
| | 英傣 | pa⁵⁵kuat⁵⁵ | pop⁵⁵ | pɛ³³ | thui³⁵pau³⁵ | thoŋ³¹ | xa³³tu³⁵ | tun³⁵ | kɯ³⁵ | khɯ³⁵pət⁵⁵ |
| | 杏万 | pa⁵⁵kuat⁵⁵ | pop⁵⁵ | pɛ³³ | thui³⁵pau³⁵ | thoŋ³¹ | xa³³tu³⁵ | tun³⁵ | kɯ³⁵ | khɯ³⁵pət⁵⁵ |
| | 遮告 | pa⁵⁵kuat⁵⁵ | pop⁵⁵ | pɛ³³ | thui³⁵pau³⁵ | thoŋ³¹ | xa³³tu³⁵ | tun³⁵ | kɯ³⁵ | khɯ³⁵pət⁵⁵ |
| | 温乖 | pa⁵⁵kuat⁵⁵ | pop⁵⁵ | pɛ³³ | thui³⁵pau³⁵ | thoŋ³¹ | xa³³tu³⁵ | tun³⁵ | kɯ³⁵ | khɯ³⁵pət⁵⁵ |
| | 芒旦 | pa⁵⁵kuat⁵⁵ | pop⁵⁵ | pɛ³³ | thui³⁵pau³⁵ | thoŋ³¹ | xa³³tu³⁵ | tun³⁵ | kɯ³⁵ | khɯ³⁵pət⁵⁵ |

从表 4.12 比较中可以看出，塞音[p]、[ph]、[t]、[th]、[k]、[kh]的送气和不送气在各点的分布不一致，总的来看不送气明显多于送气，送气音只是零星地分布于各点。如"星星"这个词的送气音主要分布于陇川方言，其余点全部呈现不送气音。

二　送气音与不送气音演变的地理分布

图 4.19 表明，"星星"在梁河方言、芒市方言等"中心区域"呈现不送气音，局部地区是送气音。送气音主要集中在朗光、腊撒、曼棒等调查点。送气特征应该属于一种创新特征。阿昌语[k]/[kh]对应为其他亲属语言[k]。例如：载瓦语[kji⁵¹]、茶山语[kji³³]、勒期语[kji³³]、波拉语[kji⁵⁵]、浪速语[kji³¹]、

缅语[kraj²]。阿昌语送气特征从局部地区开始扩散，一般来说，越靠近汉语地区，送气特征越明显。陇川等方言区都与汉语区较接近。

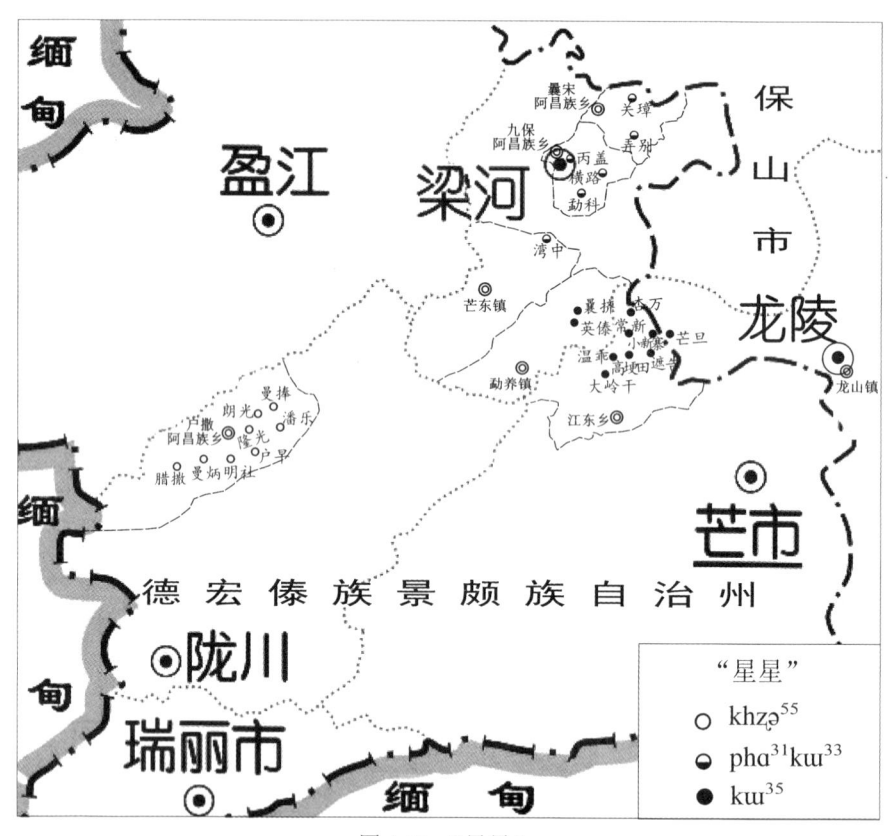

图 4.19 "星星"

图 4.20 表明，"青蛙"的送气音[phɔ³¹]/[phɔ³¹ok³¹]集中分布于陇川方言和梁河方言地区，送气占有明显优势。芒市及周边部分地区均保持不送气音[pa⁵⁵kuat⁵⁵]。

图 4.21 中，"这里"的词首送气音[xai⁵⁵thɔʔ⁵⁵]/[xɑ⁵⁵thɑʔ⁵⁵]分布在核心区域，主要集中在户撒、腊撒、囊宋、九保、芒东等地区，高埂田等地区均保持不送气音[xa³³tu³⁵]。送气特征首先从局部地区开始扩散，芒市方言区域均保持不送气特征。送气特征的主要传播路线是沿龙川江传播。龙川江以西的陇川方言和梁河方言都保持送气特征。陇川和梁河两大阿昌语主要分布区保持送气特征，作为优势音对周边地区仍然具有很强的辐射力。

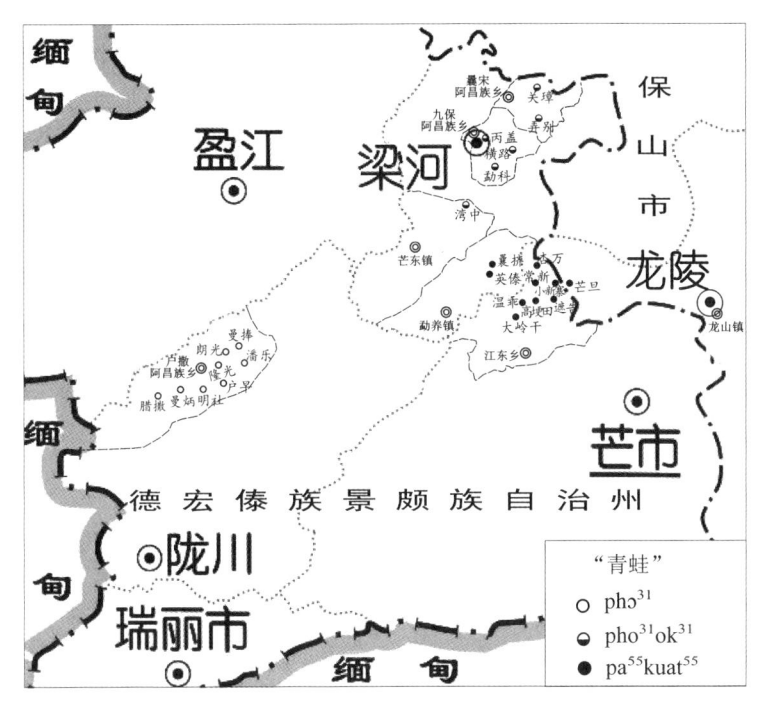

第四章　从地理分布差异看阿昌语方言声母的演变　　　　　　　　　171

图 4.20　"青蛙"

"青蛙"
○ phɔ³¹
◐ phɔ³¹ok³¹
● pa⁵⁵kuat⁵⁵

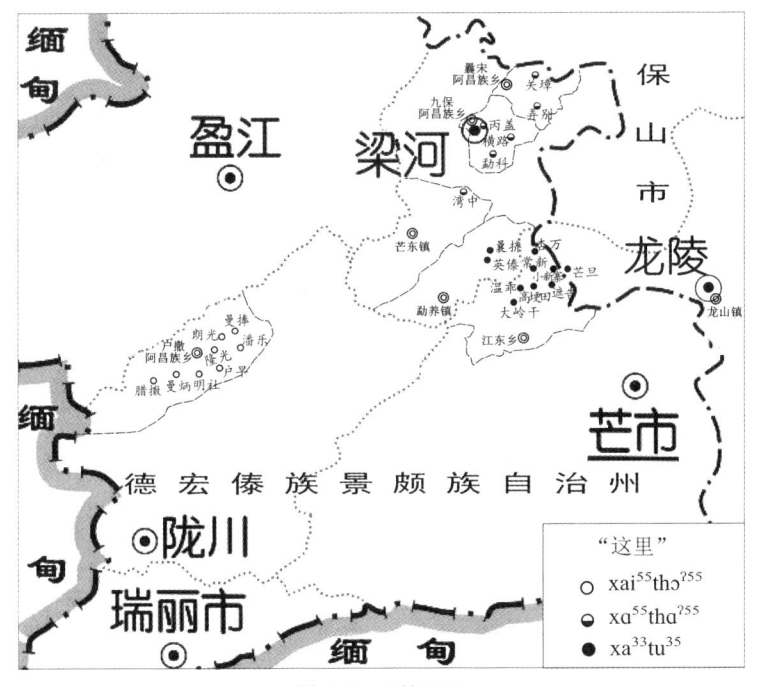

图 4.21　"这里"

"这里"
○ xai⁵⁵thɔ⁷⁵⁵
◐ xɑ⁵⁵thɑ⁷⁵⁵
● xa³³tu³⁵

## 三 小结

综合送气和不送气特征的分布图，阿昌语大部分地区仍旧保持送气特征，不送气特征目前只分布于局部地区。送气特征仍然占有明显优势。我们可以通过各个点送气和不送气的数量比例进一步说明，详见表4.13。

表 4.13　　　　　　　阿昌语辅音送气与不送气比例　　　　　单位：%

|  | 陇川方言 | | 梁河方言 | | 芒市方言 | |
|---|---|---|---|---|---|---|
| p | 70 | 58 | 70 | 56 | 73 | 54 |
| ph | 58 | 42 | 55 | 44 | 62 | 46 |
| t | 218 | 85 | 179 | 80 | 182 | 79 |
| th | 39 | 15 | 44 | 20 | 47 | 21 |
| k | 81 | 72 | 45 | 41 | 53 | 29 |
| kh | 31 | 28 | 65 | 59 | 127 | 71 |
| ts | 72 | 77 | 92 | 71 | 133 | 60 |
| tsh | 22 | 23 | 37 | 29 | 87 | 40 |
| tɕ | 59 | 52 | 95 | 65 | 26 | 52 |
| tɕh | 55 | 48 | 51 | 35 | 24 | 48 |
| tʂ | 48 | 67 | 44 | 59 | 53 | 67 |
| tʂh | 24 | 33 | 31 | 41 | 26 | 33 |

从表 4.13 中可以看出，阿昌语塞音和塞擦音不送气音的比例都远高于送气音的比例，塞擦音正好相反，送气塞擦音比例高于不送气的塞擦音。值得注意的是：只是在有的调查点，如芒旦、曩挤等，仅有不送气的舌尖后音[tʂ]，而没有送气的舌尖后塞擦音[tʂh]；朗光、关璋、杏万虽有送气的舌尖后塞擦音[tʂh]，但也只占到极少数。可见，阿昌语塞音和塞擦音的送气和不送气特征目前不是很稳定，还处于发展演变中。其他缅语支亲属语言的塞音和塞擦音也都不存在清浊的对立，只有送气和不送气的分别。举例如下：

|  | 陇川 | 梁河 | 芒市 | 仙岛 | 载瓦 | 浪速 | 波拉 | 茶山 | 勒期 | 缅文 |
|---|---|---|---|---|---|---|---|---|---|---|
| 青蛙 | pho³¹ | pho³¹ ok³¹ | pa⁵⁵ kuat⁵⁵ | phă³¹ kjak³⁵ | pǒ³¹ kjɛk⁵⁵ | pɔ³⁵ | pa³⁵ | pu⁵⁵ | pa⁵⁵ | pha³ |
| 蚊子 | phəp⁵⁵ | phəp⁵⁵ | pop⁵⁵ | kjaŋ³¹ khzaŋ⁵⁵ | kjaŋ⁵¹ | kjɔ̃³¹ | kjɔ̃³⁵ | tuok⁵⁵ | kjaŋ³³ | khraŋ² |
| 梳子 | phza³¹ | phjɛ³¹ | pe³³ | phɛ³¹ | pjɛ³¹ | pjɛ³⁵ | pjɛ³⁵ | tjɛ⁵⁵ | wo⁵⁵ kjɔ̃⁵⁵ | bhi³ |

续表

|  | 陇川 | 梁河 | 芒市 | 仙岛 | 载瓦 | 浪速 | 波拉 | 茶山 | 勒期 | 缅文 |
|---|---|---|---|---|---|---|---|---|---|---|
| 袍子 | thui³¹ phau³⁵ | thui³³ pau³³ | thui³⁵ pau³³ | thui⁵⁵ pau³⁵ | thui⁵⁵ pau⁵⁵ | pau³¹ tsɛ³¹ | tui³⁵ pau³¹ | - | - | rwe² pɔ²sak⁴ |
| 铜 | toŋ⁵⁵ | thoŋ³¹ | thoŋ³¹ | toŋ⁵⁵ | kji³¹ | kjik⁵⁵ | kji³¹ | thuŋ³¹ | kjei³³ | kre³ |
| 这里 | xai⁵⁵ thɔʔ⁵⁵ | xa⁵⁵ tha̠ʔ⁵⁵ | xa³³tu³⁵ | xai⁵⁵ thɔʔ⁵⁵ | xji⁵¹ ma⁵⁵ | tʃhě³¹ me³¹ | tʃhə̌³¹ mə̃³¹ | xjɔi³¹ maʔ³¹ | xjɛ³³ mǒ³³ | itwaŋ² |
| 叫 | thun⁵⁵ | thun⁵⁵ | tun³⁵ | thun⁵⁵ | tu̠n⁵¹ | tu̠m³¹ | tɔ̠n⁵⁵ | tɔn³¹ | tṳːn³³ | ton² |
| 星星 | khzə⁵⁵ | ku³³ | ku³⁵ | tshi⁵⁵ zu̠m³¹ | kji⁵¹ | kji³¹ | kji⁵⁵ | kji³³ | kji³³ | krɑj² |
| 跛子 | tɕhi⁵⁵ kək⁵⁵ | khu³³ ŋuɑi⁵⁵ | khu³⁵ pət⁵⁵ | khji⁵⁵ kɣk⁵⁵ | khji⁵¹ ʒe̠ʔ⁵⁵ | khjik³¹ kɔi³¹ | khj⁵⁵ ku̠i⁵⁵ | khjəi³³ kjau³³ | khjei³³ kuːi⁵⁵ | a¹kjo³ |

阿昌语和缅语支其他语言的塞音和塞擦音都无清浊对立，只有送气和不送气的差别。从阿昌语各点的送气和不送气的分布来看，塞音和塞擦音的不送气和送气的区别还处于不稳定状态。此外，一些词的送气和不送气还处于自由混读的状态。例如"袍子"[thui³¹phau³⁵]/[tui³⁵pau³¹]、"梳子"[phza³¹]/[pɛ³³]、"叫"[thun⁵⁵]/[tun³⁵]、"铜"[thoŋ³¹]/[toŋ⁵⁵]。送气和不送气仅在少数词中具有区别意义的作用。

阿昌语和部分缅语支语言一样长期处于汉藏语系语言的包围之中，尤其受汉语的影响深刻。结合其他亲属语言的情况以及阿昌语塞音和塞擦音的送气和不送气的比例，我们是否可以推测阿昌语曾经也有清浊的对立，只是语音自身的演变以及受汉语的影响，塞音和塞擦音的浊音发生清化，并且具有了送气和不送气的分布，尽管目前这种送气和不送气还处于很不稳定的状态。

# 第五章　制约阿昌语语音演变的地理人文因素

## 第一节　阿昌语语音的地理分布类型

曹志耘（2011）依据《汉语方言地图集》从宏观的角度总结了汉语方言主要的地理分布类型。并定义出"地理分布类型（geographical distribution type）是指方言在具体的地理空间上呈现出来的、与山川等具体的地理因素相联系的分布特点和形状。方言的地理分布类型是由方言现象（语言特征）的地理分布特点归纳出来的：它是针对方言中的某些现象而言的，同一个地区的方言，在一些现象上的标线属于 A 类型，在另一些现象上的标线可能属于 B 类型"。综观本书所绘制的语言地图，可以总结出阿昌语的两大地理分布类型——一致型和对立型。

### 一　一致型

德宏州境内的阿昌语总体来说，一致性较强。主要体现在沿龙川江流域和公路沿岸的阿昌语呈现出很强的一致性。

（一）龙川江流域型

龙川江由西向东纵贯德宏州全境，龙川江流域地处横断山脉与云贵高原的过渡地带，流域内大部分属于高原山地地貌，横贯阿昌族分布的区域，流经江东乡、龙山镇、勐养镇、户撒乡等。龙川江在德宏州境内全长 62 公里。龙川江流域的几个乡镇的语言特征均表现出高度的一致性。

图 4.21 "这里" [xa$^{33}$tu$^{35}$]、"（公鸡）叫" [tun$^{35}$]，龙川江流域呈现出的一致性主要表现在词首辅音为不送气音。尽管阿昌语里塞音和塞擦音的送气和不送气处于不稳定的状态，但是从龙山镇到江东乡再到勐养镇等整个龙川江流域附近都呈现为不送气音。需要指出的是，龙川江流域型多表现为局部地区的一致性，主要表现为龙川江东岸的高埂田、芒旦与西岸的曩挤、英傈在一些语言特征上表现出高度的一致性。相关地图有：

表 5.1　　　　　　　　龙川江流域型（元音图）

| 元音图 | | | 共同特征 |
|---|---|---|---|
| 图 3.18 | "蹄子" | [khɯ$^{35}$] | [ɯ] |

表 5.2　　　　　　　　龙川江流域型（辅音图）

| 辅音图 | | | 共同特征 |
|---|---|---|---|
| 图 4.19 | "星星" | [kɯ$^{35}$] | [k] |
| 图 4.20 | "青蛙" | [pa$^{55}$kuat$^{55}$] | [p] |
| 图 4.21 | "这里" | [xa$^{33}$tu$^{35}$] | [t] |

（二）公路沿岸型

从德宏州的地图我们可以看到除了龙川江纵贯其境外，还有几条重要的公路将阿昌族聚居区联系起来。这几条重要的公路是腾陇公路、芒那公路，G320。阿昌族的村庄大多在公路沿线，如曩宋乡、九保乡、户撒乡的各个村寨均分布在公路两旁。语言特征上也显示出一定的相似性。

德宏州境内的公路主要是纵向出境公路。纵向主要有两条公路，一条是纵穿芒市方言杭瑞公路，另一条是纵穿梁河方言和陇川方言的腾陇公路。每条主干道的语言特征基本一致。纵观已有的地图，纵向的腾陇公路、杭瑞高速、芒那公路在语言特征上基本形成"三角形△"的独立空间分布。阿昌语的三个方言分别位于"三角形"的三个角，三条公路将它们连接起来。阿昌语三个方言片区无论是东西走向的公路还是南北走向的公路，各个公路沿线的村镇语言特征都显示出高度的一致性。从已有的语言特征图看，越是靠近公路的村镇，语言特征越一致。具体表现为两两的高度一致性，也就是说，有时陇川方言和梁河方言保持一致，见元音图 3.6 "辣"；有时梁河方言与芒市方言保持一致，如辅音图 4.5 "剥（花生）"；有时陇川方言与芒市方言保持一致，如元音图 3.12 "分（粮食）"。交通的便利，加速了语言的扩散和传播。

二　对立型

所谓对立型，是指阿昌语方言在地理分布上存在东西差异和南北差异两种类型。其中东西差异具体指位于东部的梁河方言和芒市方言与位于西部的陇川方言之间的差异，南北差异是指龙江北部的山区与龙江南部的平坝区之间的差异。东西差异是阿昌语重要的地理差异。南北差异属于次要类型。

## （一）东西对立

阿昌语内部最明显的区别是陇川方言和梁河方言、芒市方言的东西对立。这种东西对立往往呈现出泾渭分明的特点。语言特征的地理分界线主要以萝卜坝河为界，萝卜坝河以东地区依次为囊宋乡、九保乡、芒东镇、勐养镇、江东乡、龙山镇六个乡镇，萝卜坝河以西地区为户撒乡。一般来说，东部这六个乡镇在语言特征上一致性较强，因此，东部方言区是一种广义的概念，它涵盖了东部六个乡镇的阿昌族聚居的大部分地区，西部陇川地区只有户撒乡，户撒乡下辖 11 个村寨，其中 8 个为阿昌族聚居寨。从地图上看，东西所形成的对立在地域面积上极其不对称。东部地区除了在地域面积上占有绝对的优势外，经济也比较发达，当然语言自然也处于强势地位；而陇川地区分布在德宏州西部一角，且处于山区，只有一条通往县城的公路，且经济相对落后。由于地理上的封闭性，户撒阿昌语只局限在户撒乡境内传播。阿昌语的东西对应往往表现出以少对多的形式。

例如图 3.18 "蹄子"有两个读音[tɕhi$^{55}$]和[khɯ$^{33}$]/[khɯ$^{35}$]，[tɕhi$^{55}$]主要分布于西部的陇川地区，[khɯ$^{33}$]/[khɯ$^{35}$]广泛分布于德宏州的中西部地区。囊宋、九保、芒东、勐养、江东、龙山 6 个乡镇都表现出高度的一致性，与陇川形成区别。在地理分布上显示出东西的对立。[tɕhi$^{55}$]和[khɯ$^{33}$]/[khɯ$^{35}$]的不同也是划分户撒方言和梁河方言、芒市方言的重要标准。类似的地图还有：

表 5.3　　　　　　　　　东西对立（元音图）

| 元音图 | 元音差异 | 西部 | 东部 |
| --- | --- | --- | --- |
| 图 3.5 | "脱（衣服）" | [-k]-[-t] | [khzək$^{55}$] | [khut$^{31}$]/[khut$^{55}$] |
| 图 3.19 | "孙子" | [i]-[ɯ] | [mi$^{31}$] | [mɯ$^{31}$]/[mɯ$^{51}$] |
| 图 3.20 | "四" | [i]-[ɯ] | [mi$^{31}$] | [mɯʔ$^{31}$]/[mɯ$^{33}$] |
| 图 3.21 | "眼泪" | [i]-[ɯ] | [nɔʔ$^{55}$pi$^{55}$] | [na$^{31}$pɛi$^{33}$]/[na$^{31}$pɯ$^{33}$] |
| 图 3.26 | "星星" | [ə]-[ɯ] | [khzə$^{55}$] | [pha$^{31}$kɯ$^{33}$]/[kɯ$^{35}$] |
| 图 3.37 | "灵魂" | [a]-[au] | [a$^{31}$pzua$^{55}$] | [a$^{31}$pja$^{33}$]/ [a$^{31}$pja$^{31}$] |
| 图 3.38 | "编（篮子）" | [a]-[au] | [zua$^{55}$] | [za$^{31}$]/[za$^{31}$] |
| 图 3.40 | "老鼠" | [o]-[au] | [kzoʔ$^{55}$] | [kuaʔ$^{31}$]/[kuaʔ$^{31}$] |

表 5.4　　　　　　　　　东西对立（辅音图）

| 辅音图 | 辅音差异 | 西部 | 东部 |
| --- | --- | --- | --- |
| 图 4.1 | "（一）句（话）" | [x]-[kh] | [xun$^{31}$] | [khun$^{35}$]/[khun$^{33}$] |
| 图 4.2 | "螃蟹" | [o]-[au] | [pǎ$^{31}$khzə$^{35}$] | [phaŋ$^{31}$xai$^{35}$]/[phaŋ$^{31}$xai$^{51}$] |

续表

| 辅音图 | | 辅音差异 | 西部 | 东部 |
|---|---|---|---|---|
| 图 4.3 | "黄瓜" | [o]-[au] | [tiaŋ³¹xo³¹] | [tuŋ³¹khua⁷³¹]/[toŋ³¹khua³³] |
| 图 4.5 | "剥（花生）" | [o]-[au] | [tɕhe⁵⁵] | [khuɑi³³]/[khe³³] |
| 图 4.6 | "脚" | [o]-[au] | [tɕhi⁵⁵] | [khuɯ³³]/[khɯ³⁵] |

（二）南北对立

德宏州境内的地势比较复杂，既有平坝地区，如户撒河流域沿岸，又有中高地区，如梁河地区的大尖山。龙江将阿昌语三个方言分为南北两个部分。因此在一些语言特征上构成了南北对立。但这种对立不是主要的分布类型，仅表现在局部地区。具体指的是龙江北部的山区与龙江南部的平坝地区之间的差异，可以称之为高地—低地的差异。

德宏州的地势北高南低，大部分阿昌族居住在南部的平坝地带，但也有部分阿昌族居住在北部的高山地带。地形特征的差异，导致语言特征也略有不同。形成了高山与低地的差异。高地与低地的差异主要指陇川方言、芒市方言与梁河方言之间的差异。

户撒乡境内的阿昌族聚居在户撒河沿岸的平坝地区，江东乡的阿昌族则聚居在龙川江沿岸的川水地带，而梁河境内的阿昌族则主要聚居在山区。地势高低不同，所呈现的语言特征也有差异。例如：图4.11 "驼子"，处于山地的梁河方言为[tuŋ³⁵ŋuŋ³¹]，川水地区为[laŋ³¹ŋuŋ³⁵]/[laŋ³⁵ŋuŋ⁵⁵]，辅音存在[t]-[l]的差异。类似的地图还有表 3.1 "针"、表 3.2 "鼻涕"。

还需要指出的是龙陵阿昌语由于在地理上处于中间过渡地带，语言特征有时与梁河方言一致，而有时却与芒市方言一致。也有一种情况是夹杂着两部分大方言的特征。过渡方言有时会表现出创新的一面，有时也会表现出存古的一面，这是一个多少带有普遍性的倾向。（岩田礼，2009：17）。龙陵地区的语言特征既有保守的一面，也存在创新特征。如其词汇经常会出现两读的状况以及辅音舌尖化现象也属于一种创新特征。

此外通过语言地图所反映出来的语言特征，我们可以把整个德宏州的阿昌语分为三个片区：陇川片、梁河片、芒市片。梁河片所包括的范围比较广，包括曩宋乡、九保乡、芒东镇。总体来看，阿昌语整体表现出较强的一致性，共性大于差异。差异主要体现在陇川方言与梁河方言、芒市方言之间的东西差异，南北差异不是主要类型，属于局部的差异类型。

## 第二节 人文地理对阿昌语语音演变的制约

语言是一个动态的系统，总是处于发展变化之中，语言演变的原因，可以从内因和外因两个方面来考虑。内因是语言结构系统内部语音、词汇、语法各个要素之间的调节发展。可以说是一种语言因素。外因主要来自外部的社会因素，也可以称之为非语言的因素。徐大明（1997：308）"社会语言学家认为语言是一个动态的系统，社会的变化提供了语言变化的重要条件，我们的任务就是进一步研究语言系统是怎样在全社会的交际不间断的前提下逐渐演变的。"本书主要以阿昌语为例，探讨引起语言变化的一些人文地理因素。

曹志耘（2004：5）"把非语言因素引入地理语言学，大大增强了对方言分布、语言变化的解释能力。这种研究方法不仅对当时'波浪说'中的语言扩散理论提供了强有力的支持，也为方言与文化研究、方言的社会语言学研究、方言的普通语言学研究提供了有效的途径。"从阿昌语的地理分布类型来看，影响阿昌语地理分布的因素除了语言因素之外，还包括历史行政、地缘地貌、人口变迁、经济文化、传媒教育等。

### 一 行政区划对阿昌语语音演变的制约

根据史志记载，梁河县古称"南甸"，"南"是指位于腾冲县南部，"甸"是指郊外的坝子。元、明、清至民国时期，梁河县一直隶属于腾越州（今腾冲县）。1961年，独立建制，囊宋、九保两个阿昌族乡也随之划归梁河县。也就是说，囊宋阿昌族乡、九保阿昌族乡历史上属腾冲管辖，今天虽划入梁河县，但在地理位置上仍紧邻腾冲县，而腾冲自古是一个汉族人口占绝大多数的地区，汉文化较发达。梁河阿昌族历史上就长期处在与汉族接触较多、影响较大的地区，阿昌语深受当地汉语西南官话的浸染。西南官话的特点之一是塞音韵尾完全脱落，入声并入舒声调，阿昌语梁河方言受此影响，其塞音韵尾衰变进程较其他方言区快，出现分化，甚至消失。

高埂田村是江东乡的一个阿昌族聚居的村寨，行政单位为高埂田村委会高埂田村民小组，是高埂田村下面的10个自然村之一。该寨居民原是中华人民共和国成立前由遮告村的阿昌族迁来的。全村现有52户，227人，其中阿昌族214人，汉族10人，傈僳族1人，德昂族1人，景颇族1人。高埂田村委会的阿昌族，搬迁到龙昌移民村后，距离首府芒市仅3公里路程，交通极为便利，以前只会耙地种田的农民，开始到城里打工、做生意、承包附近的土地搞种植等，人们的生产方式和思维观念发生了很大的转变。

芒市方言的语音也势必会随着人们生活方式的改变而发生变异。可见，历史行政区划对一种语言的语音面貌具有重大影响力。

## 二 地理交通对阿昌语语音演变的制约

王文胜（2008）认为："地理的各种因素，如地势、地形、地貌、山谷、平原、河流以及基于自然地理之上的交通，等等，都会影响方言的地理运动轨迹。"阿昌族居住地域大约东起大理白族自治州，北抵怒江傈僳族自治州，西至德宏傣族景颇族自治州与缅甸接壤。这里属滇西高山峡谷区，地形特点是山脉和河流相间，山地高原和山间盆地交错。属横断山系的高黎贡山和怒江山脉纵贯南北，山势起伏绵延，峡谷陡峻深邃。澜沧江和怒江顺山势蜿蜒南下，水流奔腾湍急。高黎贡山余脉盘踞于保山地区西部的腾冲、龙陵以及德宏傣族景颇族自治州的芒市、梁河、盈江、陇川、瑞丽等县境内，大盈江和龙川江沿山脉向西南倾斜，出国境后汇入伊洛瓦底江。

阿昌族居住的主要地区属于高黎贡山向南逶迤延伸的余脉地带。这里已不像滇西北那样群峰险峻，河谷深邃，而是丘陵绵延山地起伏，呈由北向南倾斜。高黎贡山和怒山间的澜沧江、怒江、水流湍急，蕴藏着巨大的水力资源；大盈江、龙川江随山势向西南倾斜，滋润着两岸的土地。

## 三 民族融合对阿昌语语音演变的制约

语言地理学的一种前提性的常识是："语言是会走路的"（Words can travel）。其实词语本身不会走路，这一比喻的含义是词语通过人与人之间的交际而移动。方言词或者语言特征在地理上的移动总称为"传播"。（岩田礼，2009：17）阿昌语词汇最大的特点是"乱"，各种成分、各种层次、各种语言系统的词汇交织在一起，乱到连阿昌族人自己都分不清楚哪个是本族词，哪个是借词。这种"乱"是有原因的。由于阿昌族与不同民族融合，不同的民族语言都会在阿昌语里留下痕迹。最明显的特征是大量的外来借词扎根在阿昌语词汇系统里。这势必会对阿昌语的语音系统产生影响。

傣族，又称摆夷或掸人，是中缅边境地区的主体民族，经济发达、文化先进。自明代以来统治户撒阿昌族的虽是汉族后裔土司，但他们从属于更高级别的傣族土司，与傣族土司家族联姻，信仰傣族的小乘佛教，习惯穿筒裙戴圆形包头，因此，无论在血缘上还是文化上都是高度"傣化"的群体。阿昌语陇川方言也吸收糅合了大量的傣语借词，这些词汇涉及生产、生活、动植物等。佛教词汇、亲属称谓、时间名词等全套借入阿昌语陇川方言。以天文历法中的月份词为例，虽然阿昌语有本族语数词，却从傣语中借用一月至十二月的月份词，在这一组词中，既包含了[-p]、[-t]、[-k]塞音韵尾六个，还包括了鼻音韵尾[-m]两个（二月[kam$^{55}$]、三月[sam$^{35}$]）。傣语对阿昌语陇川方言产生了深刻的影响，在一定程度上强化了该方言塞音韵尾的保持。相反，梁河县和江东乡的阿昌族由于与汉族交错杂居，阿昌语都受到汉语西南官话的影响，则加速了其塞音韵尾演化的速度。可见，民族融合扩大了阿昌语塞音韵尾的地理差异。

## 四　经济文化对阿昌语语音演变的制约

阿昌族从一个历史上原本主要从事畜牧业的游牧民族转变成了从事农业生产的农耕民族。语言也从畜牧型转向农耕型。大多关于畜牧业的阿昌语词汇退出了词汇系统，只留有一些底层痕迹。随着社会经济的发展，阿昌族开始从事农业生产，大量的农作物名称进入阿昌语，不过这些名词大多借自汉语。近年来，由于人口的增加，面对人多地少的局面，阿昌族又开始一次转型。从农耕转向商业型。很多阿昌族年轻人开始走出村寨，去全国各地务工经商。汉语也逐渐取代阿昌语成为他们主要的交际工具。这也使得第三代、第四代阿昌族逐渐放弃母语，直接转用汉语。

## 五　传媒教育对阿昌语语音演变的制约

在信息飞速发展的时代，报刊、电视、网络等公众媒体的渗透无处不在，文化影响力越来越强。随着经济建设和文化事业的进步，阿昌族的教育有了长足的进步。传媒教育给阿昌语的变化起了推波助澜的作用。阿昌语里复合元音、卷舌辅音的出现，汉语数词取代阿昌语数词，语法结构向分析发展型方向发展。最明显的变化是阿昌语出现的代际差异。（陈松岑，1999：200）语言的变化总是首先在该社团的一部分人中开始的，通常情况下，它往往表现为老年人和年轻人的差异。梁河阿昌语的代际差异主要表现为年轻一代吸收了大量的汉语成分。中老年则保持阿昌语固有的语言特征。另外还出现了阿昌语村落整体放弃阿昌语，转用汉语的现象，如梁河县永和村的阿昌语，阿昌族代际间的传承开始出现断裂现象，很多儿童的母语已转用为汉语。这些现象无不说明传媒教育对弱势语言的变化和衰退所产生的巨大影响力。

# 全书结语

本书用地理语言学的方法揭示了阿昌语语音的地理分布特征。从地理分布上来看，阿昌语各方言的语音共性与差异并存。其共性主要是指部分韵母、声母、声调在阿昌语三个方言中都有分布，原因是它们来源于藏缅语的原始共同语言，具有同源存古的关系，语音并未因地理分布上的差异而发生变异；其差异是指有些音只在一个或两个方言中出现，在地理分布上呈现东西或南北差异。通过语音在地理上的分布情况可以看出单纯语言学研究看不到的一些语言特点，对认识阿昌语及藏缅语的语音特点都非常有帮助。

本书的创新之处与前人的研究相比主要有：

1. 首次对阿昌语各方言的语音进行全面和深入的对比分析研究；

2. 首次从地理语言学的角度研究阿昌语语音的地理分布特点和方言差异；

3. 首次发现阿昌语方言的元音韵母存在以下六种演变类型：塞音韵尾存在[-p]-[-k]、[-t]-[-k]、[-ʔ]的脱落三种演变类型；鼻音韵尾存在[-m]-[-ŋ]、[-n]-鼻化元音两种演变类型；高元音存在[i]-[ɯ]、[ə]-[ɯ]两种演变类型；半高元音和低元音存在[e]/[a]-[ɛ]、[ɔ]-[a]/[ɑ]两种演变类型；圆唇元音[o]和[u]存在混读现象，在地理上呈交错分布；复合元音存在[a]/[o]-[au][oi]/[ui]-[u]两种演变类型；辅音声母存在以下四种演变类型：塞音声母存在[kʰ]-[x]塞音擦化现象；塞擦音存在[kʰ]-[tɕʰ]、[tɕ]-[ts]两种演变类型；鼻音和边音存在混读现象等。

当然本书的研究还存在一些不足之处，一是本书仅仅是从地理的共时分布情况来看阿昌语语音的演变，由此推演的语音演变时间相对有限，不够久远，未能完全构拟出原始阿昌语的语音面貌；二是在地图的构图上，需要学习更专业的绘图软件及表现手法，来辅助展示语言特征，使其内容更充实，效果更清晰，表达更直观，达到语言学与地理学的紧密结合。

# 附录

## 一　阿昌语词汇对照表

| 序号 | 条目 | 陇川方言 | 梁河方言 | 芒市方言 |
|---|---|---|---|---|
| | | 一、天文地理类 | | |
| 1 | 天 | mau$^{31}$ | mau$^{31}$ | mau$^{51}$ |
| 2 | 风 | l̥i$^{55}$ | lai$^{33}$ | lu$^{33}$ |
| 3 | 星星 | khzɿ$^{55}$ | pha$^{31}$ku$^{33}$ | ku$^{35}$ |
| 4 | 霜 | ŋ̊an$^{55}$ | xã$^{33}$ | ŋan$^{35}$ |
| 5 | 池塘 | n̥ɔŋ$^{55}$ | n̥uŋ$^{55}$ | nom$^{55}$ |
| 6 | 金子 | ŋui$^{55}$ | ŋu$^{33}$ | ŋui$^{33}$ |
| 7 | 铁 | ʂam$^{55}$ | ʂaŋ$^{33}$ | sam$^{35}$ |
| 8 | 盐 | tɕhɔ$^{31}$ | tɕha$^{31}$ | tsha$^{33}$ |
| 9 | 寨子 | wo$^{55}$ | wa$^{33}$ | wa$^{33}$ |
| 10 | 家 | ʑin$^{55}$ | ʑin$^{33}$ | ʑin$^{35}$ |
| 11 | 桥 | tɕam$^{55}$ | tɕaŋ$^{33}$ | tsam$^{33}$ |
| 12 | 蒸气 | a$^{31}$sɔʔ$^{55}$ | a$^{31}$saʔ$^{31}$ | a$^{31}$sa$^{51}$ |
| 13 | 石头 | liŋ$^{31}$kɔʔ$^{55}$ | ŋuŋ$^{55}$ka$^{31}$ | laŋ$^{55}$ka$^{51}$ |
| 14 | 坟墓 | ɿ$^{31}$tuŋ$^{55}$ | la$^{31}$tuŋ$^{33}$ | laʔ$^{31}$tuŋ$^{33}$ |
| 15 | 锈 | siu$^{35}$ | ɕu$^{33}$ | siu$^{35}$ |
| 16 | 沙子 | sǎ$^{31}$ | sə$^{31}$ | sa$^{33}$ |
| 17 | 洞 | tɔŋ$^{35}$ | tɔŋ$^{33}$ | tɔŋ$^{51}$ |
| 18 | 蒸汽 | a$^{31}$sɔʔ$^{55}$ | a$^{31}$saʔ$^{31}$ | a$^{31}$sa$^{51}$ |
| 19 | 矿 | khuaŋ$^{35}$ | khuaŋ$^{33}$ | khuaŋ$^{35}$ |
| 20 | 煤 | mei$^{31}$ | mei$^{31}$ | meiʔ$^{31}$ |
| 21 | 墓碑 | pei$^{55}$ | pɛi$^{33}$ | pei$^{55}$ |
| 22 | 泡沫 | a$^{31}$mzɔ$^{55}$ | a$^{31}$mo$^{31}$ | a$^{31}$mo$^{31}$ |
| 23 | 国家 | kɔʔ$^{31}$tɕa$^{31}$ | koʔ$^{31}$tɕa$^{33}$ | koʔ$^{31}$kja$^{33}$ |
| 24 | 学校 | ɕɔʔ$^{31}$ɕau$^{35}$ | ɕoʔ$^{31}$ɕau$^{55}$ | ɕo$^{51}$ɕau$^{35}$ |

续表

| 序号 | 条目 | 陇川方言 | 梁河方言 | 芒市方言 |
|---|---|---|---|---|
| 二、人体器官类 | | | | |
| 25 | 身体 | a³¹tu³¹ | a³¹to³⁵ | a³¹to³³ |
| 26 | 眼睛 | ɲɔʔ⁵⁵ | ɲa ʔ³¹ | ɲaʔ³¹ |
| 27 | 眼珠 | ɲɔʔ⁵⁵tɕɿ³¹ | ɲaʔ³¹tɕit³¹ | ɲaʔ³¹tɕɿ⁵¹ |
| 28 | 瞎子 | ɲɔʔ⁵⁵tset⁵⁵ | ɲaʔ³¹tɕit³¹ | ɲaʔ³¹tsət³¹ |
| 29 | 脸 | ɲɔʔ⁵⁵ɲɔ⁵⁵ | ɲa³¹lia³³ | ɲaʔ³¹na³⁵ |
| 30 | 眉毛/睫毛 | ɲɔʔ⁵⁵mui⁵¹ | ɲaʔ³¹mu³⁵ | ɲaʔ³¹mui³³ |
| 31 | 眼泪 | ɲɔʔ⁵⁵pi⁵⁵ | ɲaʔ³¹pɕi³³ | ɲaʔ³¹puɯ³³ |
| 32 | 嘴 | ŋot⁵⁵ | ŋut⁵⁵ | nut⁵⁵ |
| 33 | 胡子 | ŋot⁵⁵mui⁵¹ | ŋut³¹mu³³ | na³⁵mui³³ |
| 34 | 牙齿 | tɕoi⁵⁵ | tsui³³ | tsui³³ |
| 35 | 鼻涕 | ɲap⁵⁵ | ɲak⁵⁵ | nap⁵⁵ |
| 36 | 手 | lɔ⁵⁵ | laʔ³¹ | laʔ³¹ |
| 37 | 手指 | lɔʔ⁵⁵ɲau³¹ | laʔ³¹ɲau³⁵ | laʔ³¹ɲau³³ |
| 38 | 拇指 | lɔʔ⁵⁵mɔʔ³¹ | laʔ³¹ma³⁵ | laʔ³¹ma⁵¹ |
| 39 | 指甲 | lɔʔ⁵⁵ʂəŋ³¹ | laʔ³¹ʂuŋ³⁵ | laʔ³¹səŋ³³ |
| 40 | 乳房 | ɲau³⁵ | nɛ̃³¹ | nɛn³¹ |
| 41 | 脐带 | tɕha⁵¹ | tsha⁵¹ | tɕha⁵¹ |
| 42 | 疮/脓 | pzəŋ⁵⁵ | puɯŋ³³ | pəŋ⁵¹ |
| 43 | 肉 | ʂa³¹ | ʂa³¹ | sa³³ |
| 44 | 血 | sui³¹ | sui³¹ | sui⁵⁵ |
| 45 | 脑髓 | a³¹nuʔ³¹ | a³¹ɲou³³ | a³¹ɲok³³ |
| 46 | 骨头 | a³¹ʐau³¹ | a³¹ʐau³⁵ | a³¹ʐau³¹ |
| 47 | 心脏 | ɲa⁵⁵lum³¹ | ɲo³¹luŋ³³ | nək⁵⁵lom³⁵ |
| 48 | 肠子 | a³¹u⁵⁵ | ɑ³¹u³³ | a³¹wu³⁵ |
| 49 | 脚/蹄子 | tɕhi⁵⁵ | khɯ³³ | khɯ³⁵ |
| 50 | 屎/粪 | tɕhi³¹ | khɯ³¹ | khɯ³³ |
| 51 | 屁股 | tɕhi³¹tuŋ⁵⁵ | khɯ³¹tuŋ³¹ | khɯ³³tuŋ³³ |
| 三、人物亲属 | | | | |
| 52 | 丈夫 | ɲi³¹ŋau⁵⁵ | lɑʔ³¹ŋau³³ | la³¹ŋau³⁵ |
| 53 | 哥哥 | tʂai⁵⁵ | sai³⁵ | tsai³³ |
| 54 | 弟弟 | a³¹ɲi⁵⁵ | a³¹nuŋ³¹ | a³¹ɲiʔ³¹ |

| 序号 | 条目 | 陇川方言 | 梁河方言 | 芒市方言 |
|---|---|---|---|---|
| 55 | 奶奶 | ʐa$^{31}$ | ʐa$^{33}$ | ʐa$^{33}$ |
| 56 | 母亲（面称） | mouʔ$^{51}$ | mouʔ$^{51}$ | mouʔ$^{51}$ |
| 57 | 母亲（他称） | mɛ$^{31}$ | mɛ$^{35}$ | mɛ$^{31}$ |
| 58 | 父亲（面称） | ʐe$^{33}$ | ʐɛ$^{33}$ | ʐɛ$^{35}$ |
| 59 | 父亲（他称） | a$^{31}$phɔʔ$^{31}$ | a$^{31}$pha$^{31}$ | a$^{31}$pha$^{51}$ |
| 60 | 儿子 | tsɔ$^{31}$lo$^{31}$ | tsa$^{31}$loʔ$^{31}$ | ʐa$^{55}$lɯ$^{51}$ |
| 61 | 女婿 | tsɔ$^{31}$mɔʔ$^{31}$ | tsa$^{31}$maʔ$^{31}$ | ʐa$^{55}$maʔ$^{31}$ |
| 62 | 媳妇 | ʂɿ$^{31}$mɔʔ$^{31}$ | ʂu$^{31}$ma$^{31}$ | tsha$^{33}$ma$^{33}$ |
| 63 | 孙子 | mi$^{31}$ | mɯ$^{31}$ | mɯ$^{51}$ |
| 64 | 老大（排行~） | a$^{31}$kzə$^{31}$ | a$^{31}$kɯ$^{31}$ | a$^{31}$kzə$^{51}$ |
| 65 | 朋友 | a$^{31}$tshaŋ$^{51}$ | a$^{31}$tshaŋ$^{35}$ | a$^{31}$tɕhaŋ$^{35}$ |
| 66 | 驼子 | ŋuŋ$^{35}$ | ŋuŋ$^{31}$ | ŋuŋ$^{55}$ |
| 67 | 人 | tʂo$^{55}$ | tsu$^{33}$ | tsu$^{33}$ |
| 68 | 疯子 | tʂo$^{55}$vən$^{55}$ | tsu$^{33}$un$^{55}$ | tsu$^{33}$un$^{55}$ |
| 69 | 官员 | tʂau$^{31}$ | tsau$^{31}$ | tsau$^{51}$ |
| 70 | 干部 | kan$^{35}$pu$^{35}$ | kã$^{35}$pu$^{35}$ | kan$^{35}$pu$^{35}$ |
| 71 | 英雄 | ʑin$^{55}$ɕoŋ$^{31}$ | ʑin$^{33}$ɕuŋ$^{31}$ | ʑin$^{55}$ɕoŋ$^{51}$ |
| 72 | 哑巴 | ʐa$^{31}$pa$^{31}$ | ʐa$^{33}$pa$^{33}$ | ʐa$^{33}$pa$^{33}$ |
| 四、动物类 | | | | |
| 73 | 马 | m̥ʐaŋ$^{31}$ | m̥jaŋ$^{31}$ | m̥jaŋ$^{51}$ |
| 74 | 牛 | no$^{31}$ | no$^{31}$ | nua$^{51}$ |
| 75 | 牛奶 | no$^{31}$n̪an$^{31}$ | no$^{31}$n̪ɛ̃$^{31}$ | nua$^{51}$n̪en$^{31}$ |
| 76 | 猪 | oʔ$^{55}$ | waʔ$^{31}$ | waʔ$^{31}$ |
| 77 | 鸭 | pi$^{31}$ | pɔʔ$^{31}$ | pei$^{51}$ |
| 78 | 鱼 | ŋa$^{31}$ʂa$^{31}$ | ŋa$^{31}$ʂa$^{31}$ | ŋa$^{33}$sa$^{33}$ |
| 79 | 鸟 | m̥ɔʔ$^{55}$ | ŋaʔ$^{55}$ | ŋaʔ$^{55}$ |
| 80 | 鸡 | kʐuaʔ$^{55}$ | tɕa$^{31}$ | kja$^{31}$ |
| 81 | 公鸡 | kʐuaʔ$^{55}$phʐua$^{31}$ | tɕa$^{31}$pha$^{31}$ | kjaʔ$^{31}$phaʔ$^{55}$ |
| 82 | 兔子 | pʐaŋ$^{55}$tai$^{55}$ | paŋ$^{33}$tai$^{55}$ | paŋ$^{31}$tai$^{51}$ |
| 83 | 麂子 | tɕhet$^{55}$ | tshɿ$^{55}$ | tɕhi$^{35}$ |
| 84 | 虫 | pau$^{31}$ | pau$^{31}$ | pau$^{51}$ |
| 85 | 蛆 | nuʔ$^{55}$ | lu$^{31}$ | lu$^{31}$ |

续表

| 序号 | 条目 | 陇川方言 | 梁河方言 | 芒市方言 |
|---|---|---|---|---|
| 86 | 虱子 | ʂan³¹ | ʂɛn³¹ | sən³³ |
| 87 | 老鼠 | kzo̠ʔ⁵⁵ | kuaʔ³¹ | kuaʔ³¹ |
| 88 | 水蚂蟥 | nuʔ⁵⁵ | nu³³ | no³¹ |
| 89 | 老虎/豹子 | lɔ³¹ | laʔ³¹ | la⁵¹ |
| 90 | 乌鸦 | kă³¹nɑ⁵⁵ | kɑ³³nɑ⁵⁵ | kɑ³³na⁵¹ |
| 91 | 黄鳝 | ŋa³¹tɕin³¹ | kã³¹tɕin³¹ | ŋa³¹tɕin³¹ |
| 92 | 蚂蚱 | tɕaŋ⁵⁵kzạm⁵¹ | tɕaŋ³¹kɑm⁵¹ | tɕaŋ⁵⁵kam⁵¹ |
| 93 | 蚂蚁 | tɕhi⁵⁵man⁵⁵ | tɕa³¹mã̠ʔ³¹ | tɕaŋ⁵⁵man³¹ |
| 94 | 蟋蟀 | tɕă³¹ŋət³⁵ | tɕaŋ³³kuk⁵⁵ | tɕaŋ³⁵kək³³ |
| 95 | 毛/羽毛/汗毛 | a³¹mui⁵¹ | a³¹mu³⁵ | a³¹mui³¹ |
| 96 | 翅膀 | a³¹tuŋ⁵⁵ | a³¹tuŋ³³ | a³¹tuŋ³¹ |
| 97 | 窝（鸟~） | sut⁵⁵ | sut⁵⁵ | sut⁵⁵ |
| 98 | 犄角 | khzau⁵⁵ | tɕhau³³ | khjau³⁵ |
| 99 | 大雁 | lau³¹kzuan³⁵ | lau³¹kuã³⁵ | lau⁵¹kuan³⁵ |
| 100 | 蝙蝠 | uaŋ⁵⁵liaŋ³¹ | pjɛ³¹fu³⁵ | pjɛʔ³¹fu³³ |
| | | 五、植物类 | | |
| 101 | 树 | ʂək⁵⁵ | ʂuk⁵⁵ | sək⁵⁵ |
| 102 | 枝 | kzaŋ⁵⁵ | khaʔ⁵⁵ | ka⁵¹ |
| 103 | 根 | mzuat⁵⁵ | met³¹ | mət³¹ |
| 104 | 核儿 | tsʅʔ³¹ | tɕit³¹ | tsʅ³³ |
| 105 | 芽儿 | ȵəŋ⁵⁵ | ȵu³¹ | ȵoʔ³¹ |
| 106 | 藤子 | nui⁵⁵ | tu³¹ | tui³³ |
| 107 | 刺 | tɕo³¹ | tɕu³¹ | tsu⁵¹ |
| 108 | 辣椒 | phik⁵⁵ | tshuk⁵⁵ | phjit⁵⁵ |
| 109 | 姜 | tɕhaŋ³¹ | tshaŋ³¹ | tɕhaŋ³³ |
| 110 | 葫芦 | om⁵⁵ | uŋ³³ | om³⁵ |
| 111 | 菌子 | mau⁵⁵ | mau³³ | mau³¹ |
| 112 | 芒果 | mak³¹məŋ³¹ | ma³¹məŋ⁵⁵ | mak³¹məŋ⁵⁵ |
| 113 | 菠萝 | mak³¹xa³⁵lak⁵⁵ | ma³¹xa³³la³¹ | mak³¹xa⁵⁵lak⁵⁵ |
| 114 | 甜木瓜 | mak³¹saŋ³⁵pho⁵⁵ | ma³¹saŋ⁵⁵pho⁵⁵ | mak³¹saŋ⁵⁵pho⁵⁵ |
| 115 | 茄子 | mă³¹ʔxə³⁵ | mə³¹khɯ³³ | ma⁵⁵khɯ³⁵ |
| 116 | 丝瓜/洗碗瓜 | mă³¹nuai⁵⁵ | mɯŋ³³nuɛ³³ | mɯn³¹nuɛ³⁵ |

续表

| 序号 | 条目 | 陇川方言 | 梁河方言 | 芒市方言 |
|---|---|---|---|---|
| 117 | 水果 | ʂʅ$^{55}$ | ʂʅ$^{31}$ | ʂʅ$^{55}$ |
| 118 | 勐果/黄泡 | ʂʅ$^{55}$luaŋ$^{31}$ | ʂʅ$^{31}$laŋ$^{31}$ | ʂʅ$^{55}$laŋ$^{31}$ |
| 119 | 酸木瓜 | ʂʅ$^{55}$kam$^{55}$ | sʅ$^{31}$khua$^{31}$ | ʂʅ$^{55}$kua$^{51}$ |
| 120 | 桃子 | ʂʅ$^{55}$om$^{31}$ | ʂʅ$^{31}$uŋ$^{31}$ | ʂʅ$^{55}$om$^{33}$ |
| 121 | 种子 | a$^{31}$ȵau$^{31}$ | a$^{31}$ȵau$^{35}$ | a$^{33}$ȵau$^{33}$ |
| 122 | 谷粒 | ka$^{31}$lum$^{31}$ | ku$^{31}$ļuŋ$^{35}$ | ku$^{31}$lom$^{33}$ |
| 123 | 棉花 | tu$^{31}$u$^{55}$ | tu$^{31}$u$^{31}$ | tu$^{33}$u$^{51}$ |
| 124 | 蕨菜 | tɕaŋ$^{31}$lam$^{31}$ | tɕaŋ$^{55}$laŋ$^{31}$ | tsa$^{55}$lam$^{55}$ |
| 125 | 菜 | aŋ$^{31}$ | aŋ$^{31}$ | aŋ$^{33}$ |
| 126 | 白菜 | aŋ$^{31}$phzo$^{35}$ | aŋ$^{31}$phu$^{33}$ | aŋ$^{33}$phu$^{33}$ |
| 127 | 酸腌菜 | aŋ$^{31}$tɕheŋ$^{35}$ | aŋ$^{31}$tsheŋ$^{31}$ | aŋ$^{33}$tɕin$^{31}$ |
| 128 | 亚麻 | maʔ$^{31}$ | maʔ$^{31}$ | maʔ$^{31}$ |
| 129 | 荞麦 | tɕhauʔ$^{55}$ | tɕhau$^{31}$ | khjau$^{31}$ |
| 130 | 麦子 | məʔ$^{31}$tsʅ$^{51}$ | mə$^{35}$tsʅ$^{33}$ | məʔ$^{31}$tsʅ$^{33}$ |
| 131 | 蒜 | lăʔ$^{31}$suan$^{35}$ | laʔ$^{31}$suã$^{33}$ | laʔ$^{31}$suan$^{35}$ |
| 132 | 莴笋 | wo$^{31}$sun$^{55}$ | wo$^{31}$sun$^{55}$ | wo$^{33}$sun$^{33}$ |
| 133 | 香椿 | ɕaŋ$^{31}$tʂhun$^{31}$ | ɕaŋ$^{33}$tʂhun$^{33}$ | ɕaŋ$^{33}$tshun$^{33}$ |
| 134 | 葡萄 | phu$^{31}$thau$^{31}$ | phu$^{31}$thau$^{33}$ | phu$^{31}$thau$^{33}$ |
| 135 | 黄瓜 | tian$^{31}$xo$^{31}$ | toŋ$^{31}$khua$^{33}$ | tuŋ$^{31}$khuaʔ$^{31}$ |
| 六、食品类 | | | | |
| 136 | 蛋 | uʔ$^{31}$ | u$^{31}$ | u$^{55}$ |
| 137 | 饭 | tɕɔ$^{55}$ | tɕa$^{33}$ | tsa$^{33}$ |
| 138 | 糠 | phui$^{51}$ | phu$^{35}$ | phui$^{33}$ |
| 139 | 米 | tshen$^{55}$ | tɕhin$^{33}$ | tshən$^{35}$ |
| 140 | 油 | tɕhu$^{35}$ | tɕhu$^{31}$ | tshu$^{31}$ |
| 141 | 肥肉 | ʂa$^{31}$tɕhu$^{35}$ | sa$^{31}$tɕhu$^{35}$ | sa$^{33}$tshu$^{51}$ |
| 142 | 豆腐 | təu$^{31}$xu$^{55}$ | təu$^{33}$xu$^{55}$ | təu$^{35}$xu$^{33}$ |
| 143 | 面条 | mian$^{55}$thiau$^{51}$ | miɛ̃$^{35}$thiau$^{31}$ | mjɛn$^{35}$thiau$^{51}$ |
| 七、衣着类 | | | | |
| 144 | 线 | khzəŋ$^{55}$ | khəŋ$^{33}$ | khəŋ$^{35}$ |
| 145 | 梳子 | phzɛ$^{31}$ | phjɛ$^{31}$ | pɛ$^{33}$ |
| 146 | 枕头 | a$^{31}$khuʔ$^{31}$ | a$^{31}$khok$^{31}$ | a$^{31}$khu$^{51}$ |

续表

| 序号 | 条目 | 陇川方言 | 梁河方言 | 芒市方言 |
|---|---|---|---|---|
| 147 | 披肩 | să³¹mai⁵¹ | ɕau³¹mai⁵⁵ | ɕau³⁵mai³¹ |
| 148 | 鞋 | kap³¹tin⁵⁵ | khɯ³³tin³³ | khɯ³¹nɛ³³ |
| 149 | 袜子 | waʔ³¹ | wa³¹ | waʔ³¹ |
| 150 | 裙子 | tɕhun³¹tsʅ⁵¹ | tɕhin³¹tsʅ³⁵ | khjin⁵¹tsʅ³³ |
| 八、房屋/建筑类 | | | | |
| 151 | 房子/家 | zin⁵⁵ | zin³³ | zin³⁵ |
| 152 | 圈（牛～） | kok⁵⁵ | kok³¹ | kok³⁵ |
| 153 | 木头 | ʂək⁵⁵ | ʂɯk⁵⁵ | sək⁵⁵ |
| 154 | 瓦 | wa⁵⁵ | waʔ⁵⁵ | wa⁵¹ |
| 155 | 砖 | tʂuan³¹ | tʂuã³¹ | tsuan³³ |
| 156 | 椽子 | tʂhuan³¹ | tʂuã³¹ | tshuan³¹ |
| 157 | 窗子 | tʂhuaŋ⁵⁵tsʅ⁵¹ | tʂhuaŋ³³tsʅ³³ | tshuaŋ³³tsʅ⁵⁵ |
| 九、用品/工具类 | | | | |
| 158 | 桌子 | phən³⁵ | phɛn³¹ | phən³⁵ |
| 159 | 柴 | thuaŋ³¹ | thaŋ³¹ | thaŋ⁵⁵ |
| 160 | 锅 | au³¹ | au³¹ | au³³ |
| 161 | 甑子 | puŋ⁵¹ | poŋ³⁵ | poŋ³³ |
| 162 | 刀 | mʐau³¹ | mjau³¹ | mjau⁵⁵ |
| 163 | 刀把 | mʐau³¹so³⁵ | mjau³¹tsu³¹ | mjau⁵⁵tso⁵¹ |
| 164 | 调羹 | kat³⁵ | ka³³ | kat⁵¹ |
| 165 | 筷子 | tʂo³¹ | tsu³⁵ | tsu⁵¹ |
| 166 | 篮子/箩筐 | tsoŋ⁵⁵ | tɕaŋ³¹ | tɕaŋ⁵¹ |
| 167 | 秤 | tʂaŋ³¹ | tɕaŋ³³ | tɕaŋ³⁵ |
| 168 | 针 | ap⁵⁵ | ək⁵⁵ | ap⁵⁵ |
| 169 | 车 | ka⁵⁵ | khə³³tau³¹ | khəʔ³¹tau³⁵ |
| 170 | 扁担 | kan³¹ | kā³⁵ | kan⁵¹ |
| 171 | 织布机 | kan⁵¹ | kā³⁵ | kan³³ |
| 172 | 绳子 | toi³¹ | tui³¹ | tui³³ |
| 173 | 水碓子 | tɕhom³¹ | tɕhoŋ³³ | tshom³⁵ |
| 174 | 石磨 | lui³⁵ | lui³¹ | lui³¹ |
| 175 | 凳子 | taŋ³¹xuʔ³¹ | taŋ³¹khu³¹ | taŋ³¹khu³⁵ |
| 176 | 床 | zit³¹ʐa³⁵ | zit³¹ʐaʔ³³ | zit⁵⁵ʐaʔ³¹ |

续表

| 序号 | 条目 | 陇川方言 | 梁河方言 | 芒市方言 |
|---|---|---|---|---|
| 177 | 扫帚 | za̠⁵⁵pun³¹ | za³¹pen³⁵ | zaʔ³¹pun³³ |
| 178 | 斧子 | tɕoŋ³¹ | tɕuŋ³¹ | tsoŋ⁵¹ |
| 179 | 盘子 | phan³¹ | pha̠³¹ | phan³¹ |
| 180 | 桶 | thuŋ⁵⁵ | thuŋ⁵⁵ | thoŋ⁵⁵ |
| 181 | 瓢 | phiauʔ⁵⁵ | phjau³¹ | phiau³¹ |
| 182 | 钉子 | tiŋ³⁵ | tiŋ³³ | tin⁵⁵ |
| 183 | 锁 | so⁵⁵ | so³³ | so⁵¹ |
| 184 | 网 | vaŋ⁵¹ | waŋ⁵⁵ | waŋ⁵¹ |
| 185 | 箱子 | ɕaŋ⁵⁵tsʅ⁵⁵ | ɕaŋ³³tsʅ⁵⁵ | ɕaŋ⁵⁵tsʅ⁵⁵ |
| 186 | 肥皂 | tshau³¹piau³¹ | tshau³¹pjau³³ | tshau³³pjau³³ |
| 187 | 火柴 | zaŋ³¹xɔ⁵⁵ | zaŋ³¹xo³⁵ | zaŋ⁵¹xo³¹ |
| 188 | 袍子 | thui³¹phau³⁵ | thui³¹pɑu³³ | thui³⁵pau³³ |
| 189 | 灯 | tən³¹ | tən³¹ | tən³³ |
| 190 | 灶 | tsau³⁵ | tsau³³ | tsɑu³⁵ |
| 十、文化/娱乐类 | | | | |
| 191 | 鼓 | tɕeŋ⁵⁵ | tsɯŋ³¹ | tsəŋ³³ |
| 192 | 锣 | mɔŋ⁵⁵ | maŋ³³ | maŋ³³ |
| 193 | 笛子 | ti³¹tsʅ⁵¹ | ti³¹tsʅ³⁵ | ti³¹tsʅ⁵¹ |
| 194 | 墨水 | mɔʔ³¹ʂui⁵¹ | mɔʔ³¹ʂui³⁵ | mɔʔ³¹ʂui³⁵ |
| 195 | 画 | xua³⁵ | thu³¹xuɑ³³ | xua³⁵ |
| 196 | 笔 | piʔ³¹ | pji³¹ | pjiʔ³¹ |
| 197 | 球 | tɕhuʔ³¹ | tɕhu³¹ | khju³¹ |
| 十一、宗教/意识类 | | | | |
| 198 | 梦 | mɔ̰ʔ⁵⁵ | ma̰ʔ⁵⁵ | ma⁵¹ |
| 199 | 鬼 | tam³¹ | tam³¹ | tam³¹ |
| 200 | 裂缝 | tiak³⁵ | tiak³³ | tiak⁵⁵ |
| 201 | 灵魂 | a³¹pzua⁵⁵ | ɑ³¹pja³³ | a³¹pja³¹ |
| 202 | 鞭炮 | phau³¹tʂaŋ⁵¹ | phau³³tʂaŋ⁵⁵ | phau³⁵tsaŋ⁵¹ |
| 十二、方位/时间类 | | | | |
| 203 | 昨天 | man³⁵ | mã³¹ | man³¹ |
| 204 | 日 | ȵen³¹ | ȵai³¹ | ȵi⁵¹ |
| 205 | 月 | pau⁵¹lɔ³⁵ | pha³¹la³¹ | pau³⁵la⁵¹ |

续表

| 序号 | 条目 | 陇川方言 | 梁河方言 | 芒市方言 |
|---|---|---|---|---|
| 206 | 中间 | $a^{31}kuŋ^{55}$ | $a^{31}kuŋ^{31}$ | $a^{31}koŋ^{31}$ |
| 207 | 旁边/附近 | $a^{31}zam^{55}$ | $a^{31}zaŋ^{31}$ | $a^{31}zam^{31}$ |
| 208 | 后（边） | $ŋoŋ^{55}pa^{31}$ | $nuŋ^{33}pjaʔ^{55}$ | $noŋ^{33}pja^{33}$ |
| 209 | 外（边） | $a^{31}nɔk^{55}$ | $a^{31}nɔ^{31}$ | $a^{31}nɛ^{35}$ |
| 210 | 里（边） | $a^{31}xau^{55}$ | $a^{31}khau^{31}$ | $a^{31}kau^{35}$ |
| 211 | 背后 | $ŋoŋ^{31}pa^{55}$ | $noŋ^{31}pjɛ^{33}$ | $noŋ^{31}pja^{33}$ |
| 212 | 南 | $nan^{31}$ | $nã^{31}$ | $nan^{31}$ |
| 213 | 北 | $pəʔ^{31}$ | $pəʔ^{31}$ | $pəʔ^{31}$ |
| 214 | 新年 | $ɕi^{31}ȵe^{55}$ | $sŋ^{31}ȵɛ^{31}$ | $ɕi^{31}ȵɛ^{31}$ |
| 十三、数量类 | | | | |
| 215 | 一 | $ta^{31}$ | $ta^{31}$ | $taʔ^{31}$ |
| 216 | 三 | $sum^{31}$ | $suŋ^{31}$ | $som^{35}$ |
| 217 | 四 | $mi^{31}$ | $muʔ^{31}$ | $mu^{33}$ |
| 218 | 五 | $ŋo^{31}$ | $ŋa^{31}$ | $ŋa^{51}$ |
| 219 | 九 | $kau^{31}$ | $kau^{31}$ | $khjau^{51}$ |
| 220 | 十 | $tɕhe^{55}$ | $tʂŋ^{33}$ | $tshei^{35}$ |
| 221 | 百 | $pak^{35}$ | $puk^{55}$ | $pak^{55}$ |
| 222 | 个（一～人） | $zuʔ^{55}$ | $zuʔ^{31}$ | $zuʔ^{31}$ |
| 223 | 个（一～碗） | $lum^{51}$ | $luŋ^{35}$ | $lom^{33}$ |
| 224 | 条（一～鱼） | $to^{55}$ | $to^{35}$ | $to^{33}$ |
| 225 | 句（一～话） | $xun^{51}$ | $khun^{35}$ | $khun^{33}$ |
| 226 | 件（一～衣） | $tuŋ^{31}$ | $tuŋ^{33}$ | $toŋ^{33}$ |
| 227 | 双（一～鞋） | $tɕom^{31}$ | $tɕuŋ^{31}$ | $tsom^{51}$ |
| 228 | 顿（吃一～） | $mzua^{55}$ | $mia^{35}$ | $mja^{31}$ |
| 229 | 声（喊一～） | $xun^{51}$ | $khun^{33}$ | $khun^{55}$ |
| 230 | 张（一～纸） | $tʂap^{55}$ | $tʂaŋ^{33}$ | $tsaŋ^{55}$ |
| 231 | 本（两～书） | $pun^{55}$ | $pən^{33}$ | $pən^{51}$ |
| 232 | 盒（一～药） | $xoʔ^{31}$ | $xoʔ^{31}$ | $xoʔ^{31}$ |
| 233 | 斤（一～菜） | $tɕin^{31}$ | $tɕaŋ^{31}$ | $khjin^{51}$ |
| 234 | 尺（一～布） | $tʂʅ^{31}$ | $tʂʅʔ^{31}$ | $tshʅ^{31}$ |
| 235 | 角（一～钱） | $tɕoʔ^{31}$ | $tɕoʔ^{31}$ | $tɕoʔ^{31}$ |
| 236 | 亩（一～田） | $mu^{31}$ | $məu^{33}$ | $mu^{51}$ |
| 237 | （一）句（话） | $xun^{31}$ | $khun^{35}$ | $khun^{33}$ |

续表

| 序号 | 条目 | 陇川方言 | 梁河方言 | 芒市方言 |
|---|---|---|---|---|
| 十四、代替/指示/疑问类 ||||| 
| 238 | 我 | ŋɔ⁵⁵ | ŋa³³ | ŋa³³ |
| 239 | 我们 | ŋɔ⁵⁵tu³¹ | ŋu³¹tuŋ³³ | ŋo³³toŋ³³ |
| 240 | 你 | nuaŋ⁵⁵ | naŋ³³ | naŋ³³ |
| 241 | 你们 | nuaŋ⁵⁵tuʔ³¹ | ȵi³¹tuŋ³³ | ȵi³³toŋ³³ |
| 242 | 他 | ȵ̥aŋ³¹ | ʂaŋ³¹ | ɕaŋ⁵¹ |
| 243 | 他们 | ȵ̥aŋ³¹tuʔ³¹ | ʂɿ³¹tuŋ³³ | ɕi³³toŋ³³ |
| 244 | 这 | xai⁵⁵ | xɑ⁵⁵ | xɑ³³ |
| 245 | 这些 | xai⁵⁵nɛʔ³¹ | xɑ⁵⁵nɑʔ³¹ | xɑ³³nɑ⁵⁵ |
| 246 | 这里 | xai⁵⁵thɔʔ⁵⁵ | xɑ⁵⁵thɑʔ⁵⁵ | xɑ³³tu³⁵ |
| 247 | 这边 | xai⁵⁵pa³¹ | xɑ⁵⁵pja³³ | xɑ³³pja³³ |
| 十五、性质/状态类 |||||
| 248 | 大/长（大） | kz̩³¹ | kɯ³¹ | kɯ⁵¹ |
| 249 | 高 | m̥zaŋ⁵⁵ | m̥jaŋ³³ | mjaŋ³⁵ |
| 250 | 低 | ȵ̥on⁵⁵ | m̥jin⁵⁵ | ȵin³³ |
| 251 | 长 | səŋ⁵⁵ | suɯŋ³³ | əŋ³⁵ |
| 252 | 远 | wɛ³¹ | wɛ³¹ | wɛ⁵¹ |
| 253 | 厚 | kan³¹ | kā³¹ | kan⁵¹ |
| 254 | 满 | pz̩ŋ³⁵ | pəŋ³¹ | pəŋ³¹ |
| 255 | 空 | kz̩ŋ⁵⁵ | kuŋ³¹ | koŋ³⁵ |
| 256 | 瘪 | sɔm⁵⁵ | suŋ³³ | som³⁵ |
| 257 | 多 | nɔ³¹ | na³¹ | na⁵¹ |
| 258 | 少 | nəŋ³¹ | nuɯŋ³¹ | nəŋ⁵¹ |
| 259 | 黑 | nɔk⁵⁵ | naʔ³¹ | na³¹ |
| 260 | 白 | phz̩⁵⁵ | phu³³ | phu³⁵ |
| 261 | 红 | ȵɛ⁵⁵ | ȵɛ³³ | ȵɛ³³ |
| 262 | 绿 | ȵau⁵⁵ | ȵau³³ | ȵau³³ |
| 263 | 重 | li³¹ | lai³¹ | lɯ⁵¹ |
| 264 | 迟 | mzua³⁵ | mja³¹ | mja³¹ |
| 265 | 锋利 | thɔʔ⁵⁵ | thɑ³¹ | tha⁵¹ |
| 266 | 浑浊 | ŋui³¹ | ŋo³³ | ŋun³³ |
| 267 | 硬 | kz̩ak⁵⁵ | khuŋ³³ | khoŋ³⁵ |
| 268 | 光滑 | tɕhot³⁵ | tɕo³¹ | tsot³³ |

续表

| 序号 | 条目 | 陇川方言 | 梁河方言 | 芒市方言 |
|---|---|---|---|---|
| 269 | 对 | ŋoŋ³¹ | ŋuŋ³¹ | ŋut⁵⁵ |
| 270 | 假 | pzuaʔ⁵⁵ | pja³¹ | pja⁵¹ |
| 271 | 生 | tɕen⁵¹ | tɕin³³ | tsən³¹ |
| 272 | 新 | ʂək⁵⁵ | suɯk⁵⁵ | sək⁵⁵ |
| 273 | 坏 | kaŋ⁵⁵ | kaŋ³¹ | kaŋ⁵¹ |
| 274 | 老（植物～） | tɕe³⁵ | tɕe³³ | tɕɛ⁵¹ |
| 275 | 嫩（植物～） | ȵuat⁵⁵ | nuk³¹ | nu⁵¹ |
| 276 | 老（年～） | muaŋ³¹ | maŋ³¹ | maŋ⁵¹ |
| 277 | 辣 | tshek⁵⁵ | tshuɯk⁵⁵ | phjit⁵⁵ |
| 278 | 涩 | phan⁵⁵ | phã³³ | phan³⁵ |
| 279 | 臭 | nam⁵⁵ | naŋ³³ | nam³³ |
| 280 | 腥/闻 | nam⁵⁵ | naŋ³¹ | nam³¹ |
| 281 | 富 | pɔ⁵⁵ | pa³³ | pa³³ |
| 282 | 响亮 | mzɚŋ⁵⁵ | muŋ³³ | məŋ³³ |
| 283 | 深 | lək⁵⁵ | luɯk⁵⁵ | nək³¹ |
| 284 | 浅 | tɕhen⁵⁵ | tɕhẽ³³ | tɕhen⁵¹ |
| 285 | 扁 | phet⁵⁵ | pjẽ³¹ | pjɛt⁵⁵ |
| 286 | 旧 | tshau³¹ | tshau³⁵ | tshau³³ |
| 287 | 忙 | maŋ³¹ | maŋ³¹ | maŋ³¹ |
| 288 | 死（的） | ʂɿ⁵⁵ | sɿ³³ | ʂɿ³⁵ |
| 289 | 老实 | lau⁵⁵ʂɿ³¹ | lau⁵¹ʂɿ³¹ | lau³¹ʂɿ³¹ |
| 十六、动作/行为类 | | | | |
| 290 | 拔（草） | thut⁵⁵ | nut³¹ | nut³¹ |
| 291 | 帮助 | tɕe⁵⁵ | tɕɛ³³ | tɕɛ³³ |
| 292 | 剥（花生） | tɕhe⁵⁵ | tɕhe³⁵ | tɕhe³⁵ |
| 293 | 抱（小孩） | pun³⁵ | pən³¹ | pun³¹ |
| 294 | 背（孩子） | poi³⁵ | pu³¹ | pu⁵¹ |
| 295 | 编（辫子） | nək³⁵ | tsuɯk⁵⁵ | tsuɯk³¹ |
| 296 | 编（篮子） | zua⁵⁵ | za³¹ | za³¹ |
| 297 | 病 | nɔ⁵⁵ | na³³ | na³³ |
| 298 | 补（衣服） | phɔ⁵⁵ | pha³³ | pha³⁵ |
| 299 | 擦（桌子） | sut⁵⁵ | sut³¹ | sut⁵⁵ |
| 300 | 踩 | nuaŋ³¹ | naŋ³¹ | naŋ⁵¹ |

续表

| 序号 | 条目 | 陇川方言 | 梁河方言 | 芒市方言 |
|---|---|---|---|---|
| 301 | 炒 | lə55 | lə33 | lei35 |
| 302 | 称（粮） | tʂaŋ55 | tɕaŋ33 | tɕaŋ33 |
| 303 | 盛（汤） | kə55 | kə33 | khu33 |
| 304 | 吃（饭） | tɕɔ31 | tɕa31 | tsa51 |
| 305 | 舂/捣碎 | thuŋ31 | thuŋ31 | thoŋ33 |
| 306 | 抽（烟） | ʂɔʔ55 | ʂuʔ31 | su51 |
| 307 | 出去/发（芽） | thɔʔ35 | thɔʔ55 | thua51 |
| 308 | 穿/戴 | xut55 | ut31 | wut31 |
| 309 | 泼（水） | sua55 | sua33 | sua51 |
| 310 | 打/敲 | pɔk55 | puk31 | pat31 |
| 311 | 带（孩子） | ʂoi31 | su31 | ʂui33 |
| 312 | 低（头） | ŋun55 | ŋou33 | ŋom51 |
| 313 | 点（灯） | thun31 | thun33 | tun33 |
| 314 | 掉（眼泪） | tɕaʔ31 | tɕa31 | tɕaʔ31 |
| 315 | 跌倒 | ləŋ55 | ləŋ33 | ləŋ51 |
| 316 | 断（线～了）[自动] | pzat55 | pət55 | pət31 |
| 317 | 断（把线弄～）[使动] | phzat35 | phət55 | phət31 |
| 318 | 破（碗～了）[自动] | kzop55 | kop31 | kop31 |
| 319 | 破（把碗打～）[使动] | khzop55 | khop31 | khop31 |
| 320 | 破（衣服～了）[自动] | pzat35 | pjiʔ55 | pjiʔ31 |
| 321 | 破（衣服弄～）[自动] | phzat35 | phjiʔ55 | phjiʔ31 |
| 322 | 弯[自动] | kok55 | ŋuŋ31 | ŋuaiʔ31 |
| 323 | 弯（弄～）[使动] | khok55 | kha33ŋun31 | khan31ŋuaiʔ31 |
| 324 | 完（了） | pzua31 | pje31 | pjɛ33 |
| 325 | 剁（肉） | tuak35 | to33 | to35 |
| 326 | 分（粮） | kam55 | kaŋ33 | kam33 |
| 327 | 缝 | xzop55 | sok55 | tshop55 |
| 328 | 疯 | wun55 | wun55 | wun55 |
| 329 | 敷（药） | pɔk55 | pu31 | pu31 |
| 330 | 孵（小鸡） | up55 | xok55 | xop55 |
| 331 | 腐烂 | pop55 | pou33 | pop31 |
| 332 | 干（活） | kut55 | khut31 | kut55 |
| 333 | 跟（过来） | tʂhaŋ35 | tshaŋ31 | tɕhaŋ51 |

续表

| 序号 | 条目 | 陇川方言 | 梁河方言 | 芒市方言 |
|---|---|---|---|---|
| 334 | 钩（过来） | kə³⁵ | kəu³¹ | kə³³ |
| 335 | 刮（风）/吹（喇叭） | mut⁵⁵ | mət³¹ | mut³¹ |
| 336 | 含（口水） | ŋom⁵⁵ | ŋuŋ³³ | ŋom³³ |
| 337 | 喊 | kzə⁵⁵ | kɯ³³ | kɯ³³ |
| 338 | 喝（茶） | ʂoʔ⁵⁵ | ʂuʔ³¹ | su⁵¹ |
| 339 | 回/去 | lɔ³⁵ | laʔ³¹ | laʔ³¹ |
| 340 | 会（种地） | tat⁵⁵ | taŋ³³ | tap³¹ |
| 341 | 活了 | tut⁵⁵ | tut⁵⁵ | tuat³¹ |
| 342 | 系（腰带） | tɕhi³¹ | tɕhi³¹ | tɕhŋ³³ |
| 343 | 叫（公鸡~） | thun⁵⁵ | thun³³ | tun³⁵ |
| 344 | 叫（母鸡~） | mzəŋ⁵⁵ | mɯŋ⁵⁵ | məŋ⁵⁵ |
| 345 | 叫（狗~） | kzap⁵⁵ | tɕək⁵⁵ | kjap³¹ |
| 346 | 揭开/打开 | phɔŋ³⁵ | phuŋ³¹ | phuaŋ⁵¹ |
| 347 | 进（屋） | waŋ⁵⁵ | waŋ³³ | waŋ³³ |
| 348 | 浸泡 | tɕin³⁵ | tɕuŋ³³ | tɕɛ³¹ |
| 349 | 居住 | ɳi⁵⁵ | ɳa³¹ | ɳi³¹ |
| 350 | 锯 | lə³¹ | lə³³ | lə³⁵ |
| 351 | 砍（树） | tɕen³¹ | tɕɛ̃³¹ | tsɛn³¹ |
| 352 | 看见 | mzaŋ⁵⁵ | mjaŋ³³ | mjaŋ³¹ |
| 353 | 烤（火） | kuaŋ⁵⁵ | kaŋ³³ | kaŋ³³ |
| 354 | 咳嗽 | tʂhau³¹ | tshau³¹ | tsau³³ |
| 355 | 刻 | khak³⁵ | khə³¹ | khəʔ³¹ |
| 356 | 抠 | khəu³¹ | khəu³¹ | khəu³³ |
| 357 | 扣（扣子） | khəu³¹ | khəu³³ | khəu³⁵ |
| 358 | 哭 | ŋau⁵⁵ | ŋau³³ | ŋau⁵⁵ |
| 359 | 笑 | zə⁵⁵ | ɯ³³ | ɯ³³ |
| 360 | 拉（绳子） | laŋ³¹ | laŋ³³ | laŋ³¹ |
| 361 | 拉（东西） | zɔ³¹ | zɛ³¹ | zə³¹ |
| 362 | 淋（雨） | taʔ³¹ | tɔʔ³¹ | tɔʔ⁵¹ |
| 363 | 漏（雨） | ʑau⁵⁵ | ʑau³³ | ʑau³³ |
| 364 | 骂 | tʂə⁵⁵ | tsəu³³ | tsəu³³ |
| 365 | 埋 | mzɔp⁵⁵ | ŋok³¹ | mop⁵⁵ |
| 366 | 买 | oi⁵⁵ | u³³ | wui³³ |

续表

| 序号 | 条目 | 陇川方言 | 梁河方言 | 芒市方言 |
|---|---|---|---|---|
| 367 | 卖 | uŋ³¹ | uŋ³¹ | oŋ⁵⁵ |
| 368 | 明白/懂 | sa³⁵ | sɛ³¹ | sɛʔ⁵⁵ |
| 369 | 磨（刀） | soi³¹ | su³¹ | sui⁵⁵ |
| 370 | 拿 | ȵu⁵⁵ | zu³³ | zu³¹ |
| 371 | 呕吐 | phat⁵⁵ | phaʔ³¹ | phat⁵⁵ |
| 372 | 爬 | to³¹ | to³¹ | tua³³ |
| 373 | 牵（牛） | ʂa⁵⁵ | ʂə³³ | sə³⁵ |
| 374 | 欠（钱） | ʂa³¹ | tʂha³¹ | tsha³³ |
| 375 | 抢 | lu³⁵ | lu³¹ | luʔ³¹ |
| 376 | 劁（猪） | tuan⁵⁵ | tuã³¹ | tuan⁵⁵ |
| 377 | 染（布） | tʂhau³¹ | tʂhau³¹ | tshau³³ |
| 378 | 撒（种子） | san³¹ | san³¹ | san⁵⁵ |
| 379 | 解开 | phi⁵⁵/phək⁵⁵ | phuʔ⁵⁵ | phɯ³⁵ |
| 380 | 晒（衣服） | l̥ap⁵⁵ | l̥ak⁵⁵ | lap⁵⁵ |
| 381 | 上（楼） | tɑʔ⁵⁵ | tɑʔ³¹ | tɑʔ⁵⁵ |
| 382 | 伸（手） | tshət⁵⁵ | tshət⁵⁵ | tsət⁵⁵ |
| 383 | 省（钱） | sən⁵⁵ | sɛn³³ | sən³¹ |
| 384 | 输 | ʂu³¹ | ʂu³¹ | su⁵⁵ |
| 385 | 熟悉 | sa³⁵ | ɕɛ³¹ | ɕɛ⁵¹ |
| 386 | 拴（牛） | tui³¹ | tu³¹ | tui³³ |
| 387 | 说（话） | kzai⁵⁵ | kai³³ | kai³³ |
| 388 | 讨（饭） | toŋ⁵⁵ | toŋ³¹ | toŋ³¹ |
| 389 | 舔 | liap⁵⁵ | liaʔ³¹ | liaʔ⁵⁵ |
| 390 | 听 | kzua³¹ | tɕaʔ³¹ | kja⁵¹ |
| 391 | 推 | tun³¹ | tun³¹ | tun⁵¹ |
| 392 | 脱（衣） | khzək⁵⁵ | khut³¹ | khut⁵⁵ |
| 393 | 挖（地） | tu³¹ | tu³¹ | tu⁵¹ |
| 394 | 喂（奶） | wai³⁵ | wɑi³³ | wɑi⁵¹ |
| 395 | 问 | ȵi³¹ | mji³¹ | mji⁵¹ |
| 396 | 玩耍 | tseʔ⁵⁵ | liɛ³¹ | ȵɛ⁵⁵ |
| 397 | 忘记 | ȵi³⁵ | mjit³¹ | mɛ³¹ |
| 398 | 洗（碗） | tɕhi³¹ | tɕhi³¹ | tɕhi⁵⁵ |
| 399 | 瞎 | tɕet⁵⁵ | tɕit³¹ | tsəʔ³¹ |

续表

| 序号 | 条目 | 陇川方言 | 梁河方言 | 芒市方言 |
|---|---|---|---|---|
| 400 | 下（蛋） | u$^{35}$ | u$^{31}$ | u$^{51}$ |
| 401 | 下（雨） | zo$^{35}$ | wa$^{33}$ | wa$^{55}$ |
| 402 | 挑（草） | zoʔ$^{55}$ | waʔ$^{31}$ | waʔ$^{31}$ |
| 403 | 想 | sam$^{55}$ | ŋaŋ$^{31}$ | ŋam$^{55}$ |
| 404 | 象 | tu$^{55}$ | tu$^{33}$ | tu$^{33}$ |
| 405 | 休息 | nɔ$^{31}$ | naʔ$^{31}$ | na$^{51}$ |
| 406 | 痒 | ʑɔ$^{31}$ | ʑa$^{31}$ | ʑaʔ$^{55}$ |
| 407 | 溢（出） | pzə̩ŋ$^{35}$ | pəŋ$^{31}$ | pəŋ$^{51}$ |
| 408 | 有（钱） | pɔ$^{55}$ | pa$^{33}$ | pa$^{33}$ |
| 409 | 在 | ni$^{55}$ | nɔ$^{33}$ | ɲi$^{33}$ |
| 410 | 摘（花） | ʂaŋ$^{55}$ | saŋ$^{33}$ | saŋ$^{35}$ |
| 411 | 黏（住） | tap$^{55}$ | tap$^{31}$ | tap$^{31}$ |
| 412 | 张（嘴） | xɔ$^{35}$ | xa$^{31}$ | xa$^{51}$ |
| 413 | 着（火） | tu$^{55}$ | tu$^{31}$ | to$^{31}$ |
| 414 | 知道 | sa$^{35}$ | ɕɛ$^{31}$ | ɕɛ$^{51}$ |
| 415 | 织（布） | zoʔ$^{31}$ | ʑaʔ$^{31}$ | ʑaʔ$^{31}$ |
| 416 | 煮（饭） | tʂua$^{55}$ | tshau$^{31}$ | tsau$^{51}$ |
| 417 | 抓（鱼） | tɕha$^{31}$ | tɕha$^{31}$ | tɕha$^{51}$ |
| 418 | 走 | so$^{31}$ | so$^{31}$ | sua$^{33}$ |
| 419 | 醉 | et$^{55}$ | ət$^{31}$ | et$^{33}$ |
| 420 | 做（事） | xuat$^{55}$ | khut$^{31}$ | kut$^{55}$ |
| 421 | 做（梦） | mau$^{55}$ | ma$^{31}$ | ma$^{31}$ |
| 422 | 别（吃） | ta$^{31}$ | ta$^{31}$ | taʔ$^{31}$ |
| 423 | 的（他~书） | ʑi$^{55}$ | ɛiʔ$^{55}$ | ʑi$^{55}$ |
| 424 | 不（吃） | ma$^{31}$ | m$^{31}$ | m$^{31}$ |
| 425 | 没有 | ma$^{31}$pa$^{35}$ | m$^{31}$pa$^{35}$ | m$^{31}$pa$^{31}$ |
| 426 | 拜（佛） | pai$^{31}$ | pai$^{55}$ | pai$^{35}$ |
| 427 | 猜（谜） | tshai$^{31}$ | tshai$^{33}$ | tshai$^{55}$ |
| 428 | 饿/馋（嘴~） | tʂhan$^{51}$ | tshan$^{31}$ | tshan$^{31}$ |
| 429 | 钉（钉子） | tiŋ$^{35}$ | tin$^{33}$ | tin$^{35}$ |
| 430 | 划（船） | xua$^{31}$ | xua$^{33}$ | xua$^{31}$ |
| 431 | 依靠 | khau$^{35}$ | khau$^{33}$ | khau$^{35}$ |
| 432 | 再（来） | tsai$^{35}$ | tsai$^{33}$ | tsai$^{35}$ |
| 433 | 死 | sɿ$^{55}$ | sɿ$^{33}$ | sɿ$^{35}$ |
| 434 | 剥（花生） | tɕhe$^{55}$ | khɛ$^{33}$ | khuai$^{33}$ |

## 二 阿昌族族群分布的演变表

根据《阿昌族简史》《阿昌族文化史》《云南民族迁徙文化研究》等资料记载，结合作者进行实地考察，经整理分析，阿昌族族群分布的演变大致经历是：阿昌族最早出现在先秦时期，阿昌族唐以前属氐羌的一部分寻传部落，并已从今丽江大理地区迁往怒江以西的缅甸北部及原中缅未定界地区，澜沧江东只有零星留居。元明时期，阿昌部分从缅甸返迁到今滇西德宏傣族景颇族自治州和保山地区，多称之为"峨昌""莪昌""蛾昌""蝎些子"等。清代，大批阿昌族南迁至云南德宏地区。清乾隆时期，清廷招募一批景颇、阿昌进入腾越地区垦荒。从此以后，南下入迁腾越地区的阿昌逐渐增多。但其主体仍在缅甸，称之为克钦。

中华人民共和国成立后，经过民族识别和本民族的意愿，分布于陇川、盈江、芒市、瑞丽、梁河五县自称为：景颇、载瓦、勒期、浪速的四个支系划为景颇族；分布于盈江自称"户撒""腊撒"的两支划为阿昌族。现将阿昌族不同时期的族称和地理分布情况列表如下：

**阿昌族族群分布演变表**

| 序号 | 族称 | 时期 | 地理分布 |
|---|---|---|---|
| 1 | 氐羌 | 先秦至南北朝 | 今甘肃省兰州以西、青海省西宁以南的辽阔区域 |
| 2 | 氐羌 | 西汉 | 今四川境内 |
| 3 | 叟、昆明部落 | 唐朝以前 | — |
| 4 | 寻传蛮 | 南北朝 | 南诏西南部（汉晋时期的永昌郡内）<br>部分在澜沧江以东的东泸水与磨些江合流地带 |
| 5 | 寻传蛮 | 南北朝以后 | 绝大部分迁移到澜沧江上游以西至伊洛瓦底江上游一带，极少部分仍住在雅砻江与金沙江的合流地带 |
| 6 | 寻传蛮 | 唐朝中期① | 东至澜沧江上游以东的雅砻江和金沙江合流地带<br>西至澜沧江上游以西至缅甸克钦邦东北伊洛瓦底江上游的恩梅开江和迈立开江一带的广阔区域内 |
| 7 | 寻传蛮 | 宋朝 | 与唐朝相近，部分继续西迁 |
| 8 | 峨昌/阿昌 | 元朝 | 大理等处宣抚司都元帅府所辖的大理路、永昌府、腾冲府、镇西路、芒施路和麓川路（阿昌族族称确定） |
| 9 | 峨昌蛮 | 元朝以后 | 澜沧江以西，至怒江之西南的广阔地域内 |

---

① 前唐，武德元年（618）到玄宗初年（712），约一百年。
盛唐，自玄宗开元初年（712）到代宗大历初年（766），约五十年。
中唐，从代宗大历元年（766）到文宗太和九年（835），约七十年。
晚唐，文宗大和十年以后（836—907），约七十年。

续表

| 序号 | 族称 | 时期 | 地理分布 |
|---|---|---|---|
| 10 | 峨昌 | 明朝 | 与元朝相似。澜沧江以东雅砻江和磨些江合流地带仍留居于原地 |
| 11 | 峨昌 | 明朝后期至清朝初期 | 西部的"峨昌"开始向着近代阿昌族与景颇族载瓦支分化，东部的"峨昌"开始融入当地彝族、白族或纳西族之中 |
| 12 | 峨昌 | 明朝末年 | 永胜、华坪一带即早先所说的雅砻江和磨些江合流地带，部分融入当地彝族、白族、纳西族 |
| 13 | 峨昌 | 明朝末年 | 腾冲县北部明光、界头的阿昌部分南迁，部分融入当地汉族、傈僳族 |
| 14 | 峨昌 | 明朝末年 | 南部大蒲窝和小蒲窝（今腾冲县新华乡），除迁往梁河、芒市、龙陵外，大部分已融入傣族；只有小蒲窝的苍蒲河、大坡、八角、黄叶林等寨还有阿昌族居住 |
| 15 | 峨昌 | 明朝万历末年 | 开始造成近代景颇族载瓦支与景颇支互相杂居的局面 |
| 16 | 峨昌 | 明清 | 大量在龙川江和大盈江流域地带 |
| 17 | 阿昌 | 清朝 | 大理府属云龙州及其以西的永昌府全境，包括保山县、腾冲州和府属各"百夷"土司地。今陇川县的户撒、腊撒等地有不少阿昌族分布（历史文献中的阿昌，已专指近代阿昌族） |
| 18 | 阿昌/峨昌 | 清代 | 永昌府全境，包括保山市、腾越州和府属各"百夷"土司地 |
| 19 | 阿昌 | 清朝 | 梁河县九保乡、曩宋乡、户撒乡阿昌族的分布与清代时期没有差别 |
| 20 | 峨昌 | 近代 | 腾冲司的防守范围包括其西南部土司区，今德宏傣族景颇族自治州在内。这部分"峨昌"形成近代的阿昌族 |
| 21 | 峨昌 | 近代 | 今德宏傣族景颇族自治州山区和缅甸克钦邦东北部，这部分"峨昌"形成景颇族载瓦支 |
| 22 | 阿昌 | 近代以来 | 龙川江流域和大盈江流域的腾冲县、龙陵县、芒市、梁河县、陇川县、盈江县及临沧地区云县等地。旧州、曹涧、赶马撒等地的阿昌族已逐渐融入当地的汉族、白族中 |

## 三 阿昌语发音人简况表

### 阿昌语发音人简况表

| 方言 | 村委会 | 姓名 | 性别 | 年龄 | 文化程度 |
|---|---|---|---|---|---|
| 陇川方言 | 明社 | 雷新海 | 男 | 44 | 初中 |
| | | 刀卖英 | 女 | 43 | 小学 |
| | | 雷永芹 | 女 | 21 | 大学本科 |

续表

| 方言 | 村委会 | 姓名 | 性别 | 年龄 | 文化程度 |
|---|---|---|---|---|---|
| 陇川方言 | 朗光 | 杨思明 | 男 | 47 | 小学 |
| | | 康顺英 | 女 | 45 | 小学 |
| | | 杨荣洁 | 女 | 22 | 大学本科 |
| | 曼捧 | 石贵发 | 男 | 47 | 高中 |
| | | 马云丽 | 女 | 44 | 大专 |
| | 户早 | 赖顺才 | 男 | 64 | 小学 |
| | | 穆艾乖 | 男 | 54 | 小学 |
| | | 穆祖安 | 男 | 30 | 初中 |
| | 腊撒 | 虞祖福 | 男 | 50 | 初中 |
| | | 尹加旺 | 男 | 53 | 高中 |
| 梁河方言 | 关璋 | 曹丽红 | 女 | 45 | 初中 |
| | | 曹永华 | 男 | 38 | 初中 |
| | 弄别 | 杨枝德 | 男 | 50 | 小学 |
| | | 赵买英 | 女 | 49 | 初中 |
| | 丙盖 | 赵兰芬 | 女 | 44 | 小学 |
| | 横路 | 张立坤 | 女 | 50 | 中专 |
| | 湾中 | 郁成芳 | 女 | 42 | 大专 |
| | | 景兴运 | 男 | 52 | 中专 |
| | 勐科 | 闷兰仙 | 女 | 41 | 小学 |
| 芒市方言 | 高埂田 | 张福寿 | 男 | 55 | 小学 |
| | | 王德新 | 男 | 49 | 小学 |
| | | 王兴连 | 男 | 58 | 小学 |
| | 杏万 | 杨双娣 | 女 | 44 | 初小 |
| | | 赵长员 | 男 | 56 | 小学 |
| | 温乖 | 马生强 | 男 | 47 | 小学 |
| | | 马有昆 | 男 | 44 | 小学 |
| | 遮告 | 曹先然 | 男 | 46 | 小学 |
| | | 赵秀兰 | 女 | 54 | 小学 |
| | 常新寨 | 孃昌春 | 男 | 43 | 小学 |
| | | 郎金会 | 女 | 39 | 小学 |

续表

| 方言 | 村委会 | 姓名 | 性别 | 年龄 | 文化程度 |
|---|---|---|---|---|---|
| 芒市方言 | 曩挤 | 王永贵 | 男 | 51 | 小学 |
| | | 姚玉兰 | 女 | 48 | 小学 |
| | 英傣 | 曹连芬 | 女 | 43 | 小学 |
| | | 曹有民 | 男 | 55 | 小学 |
| | 芒旦 | 孃明有 | 男 | 44 | 小学 |
| | | 王连成 | 男 | 58 | 小学 |

# 照片

阿昌族家堂

保山市龙陵县芒旦村阿昌族着民族服饰欢度阿露窝罗节

梁河阿昌族传统民族服饰　　　梁河阿昌族传统民族手工艺—织锦

陇川阿昌族传统民居

陇川阿昌族食用阿昌族特色小吃—过手米线

陇川阿昌族新式民居

陇川县户撒乡的阿露窝罗广场

芒市阿昌族移民新村

# 参考文献

## 一　中文著作类（包含译著）

C.恩伯、M.恩伯：《文化的变异》，辽宁人民出版社 1988 年版。

《阿昌族简史》编写组：《阿昌族简史》，云南人民出版社 1986 年版。

爱德华·萨丕尔：《语言论》，陆卓元译，陆志韦校订，商务印书馆 1985 年版。

苍铭：《云南民族迁徙文化研究》，云南民族出版社 1997 年版。

《藏缅语语音和词汇》编写组：《藏缅语语音和词汇》，中国社会科学出版社 1991 年版。

曹志耘：《汉语方言的地理语言学研究》，商务印书馆 2013 年版。

曹志耘：《汉语方言地图集》，商务印书馆 2008 年版。

陈保亚：《论语言接触与语言联盟》，语文出版社 1996 年版。

戴庆厦、丛铁华、蒋颖等：《仙岛语研究》，中央民族大学出版社 2005 年版。

戴庆厦、崔志超：《阿昌语简志》，民族出版社 1985 年版。

戴庆厦、蒋颖、孔志恩：《波拉语研究》，民族出版社 2007 年版。

戴庆厦、李洁：《勒期语研究》，中央民族大学出版社 2007 年版。

戴庆厦、时建、邱月等：《阿昌族语言使用现状及其演变》，商务印书馆 2008 年版。

戴庆厦、余金枝、余成林等：《片马茶山人及其语言》，商务印书馆 2010 年版。

戴庆厦：《浪速语研究》，民族出版社 2005 年版。

戴庆厦：《社会语言学教程》，中央民族学院出版社 1993 年版。

戴庆厦：《语言关系与语言工作》，天津古籍出版社 1998 年版。

丁邦新、孙宏开：《汉藏语同源词研究（一）》，广西民族出版社 2000 年版。

董绍克：《汉语方言词汇差异比较研究》，民族出版社 2002 年版。

朵示拥汤、徐悉艰、穆途端：《汉载词典》，四川民族出版社 1992 年版。

傅懋勣：《论民族语言调查研究》，语文出版社 1998 年版。

贺登崧：《汉语方言地理学》，上海世纪出版集团 2012 年版。

黄不凡主编：《藏缅语族语言词汇》，中央民族学院出版社 1992 年版。

金有景:《中国拉祜语方言地图集》,天津社会科学出版社1992年版。
拉波夫:《拉波夫语言学自选集》,北京语言文化大学出版社2001年版。
李如龙:《汉语方言的比较研究》,商务印书馆2001年版。
李永新:《湘江流域方言的地理语言学研究》,湖南师范大学出版社2011年版。
刘江:《阿昌族文化史》,云南民族出版社2001年版。
马学良:《汉藏语概论》,北京大学出版社1991年版。
平山久雄:《平山久雄语言学论文集》,商务印书馆2005年版。
钱曾怡:《汉语官话方言研究》,齐鲁书社2010年版。
桥本万太郎:《语言地理类型学》,世界图书出版公司2008年版。
瞿霭堂、劲松:《汉藏语言研究的理论和方法》,中国藏学出版社2000年版。
索绪尔:《普通语言学教程》,商务印书馆1996年版。
万永林:《中国古代藏缅语民族源流研究》,云南大学出版社1997年版。
汪大年:《缅甸语汉语比较研究》,北京大学出版社2012年版。
王福堂:《汉语方言语音的演变和层次》,语文出版社1999年版。
王辅世:《宣化方言地图》,亚非语言文化研究所1994年版。
王文胜:《处州方言的地理语言学研究》,中国社会科学出版社2008年版。
吴福祥、崔希亮主编:《语法化与语法研究(四)》,商务印书馆2009年版。
吴福祥:《语法化与语义图》,学林出版社2017年版。
项梦冰、曹晖:《汉语方言地理学——入门与实践》,中国书籍出版社2013年版。
徐大明、陶红印、谢天蔚:《当代社会语言学》,中国社会科学出版社1997年版。
徐通锵:《历史语言学》,商务印书馆1991年版。
徐悉艰、徐桂珍:《景颇族语言简志(载瓦语)》,民族出版社1984年版。
薛才德:《语言接触与语言比较》,学林出版社2007年版。
杨浚:《南诏与阿昌族文化》,德宏民族出版社1997年版。
尤中:《云南地方沿革史》,云南人民出版社1990年版。
尤中:《云南民族史》,云南大学出版社1994年版。
游汝杰、邹嘉彦:《社会语言学教程》,复旦大学出版社2004年版。
遇笑容、曹广顺、祖生利:《汉语史中的语言接触问题研究》,语文出版社2010年版。
喻翠容、罗美珍:《傣语简志》,民族出版社1985年版。
袁焱:《语言接触与语言演变》,民族出版社2001年版。
岳麻腊:《十二世纪以来的缅甸语语音研究》,民族出版社2010年版。

云南省梁河县志编纂委员会：《梁河县志》，云南人民出版社1993年版。
云南省陇川县志编纂委员会：《陇川县志》，云南民族出版社2005年版。
云南省民族事务委员会：《阿昌族文化大观》，云南民族出版社1999年版。
周耀文、罗美珍：《傣语方言研究》，民族出版社2001年版。
朱艳华、勒排早扎：《遮放载瓦语参考语法》，中国社会科学出版社2013年版。

## 二　中文论文类

陈希：《云南官话音系源流研究》，博士学位论文，南开大学，2013年。
陈章太、詹伯慧、伍巍：《汉语方言地图的绘制》，《方言》2001年第3期。
大西拓一郎：《语言地理学的研究目标是什么》，《语言教学与研究》2011年第5期。
戴庆厦、王朝晖：《仙岛语的语源及其濒危的趋势》，《民族语文》2003年第3期。
戴庆厦：《阿昌语的清化鼻音》，《民族语文》1985年第2期。
戴庆厦：《汉语言研究与少数民族语言结合的一些理论方法问题》，《满语研究》2003年第1期。
戴昭铭：《弱化、促化、虚化和语法化——吴方言中一种重要的演变现象》，《汉语学报》2004年第2期。
董冉：《孟州话的方言地理学研究》，硕士学位论文，北京语言大学，2005年。
黄不凡：《从藏缅语同源词看藏缅族群的史前文化》，《民族语文》1998年第5期。
黄行：《我国少数民族语言的词序类型》，《民族语文》1996年第1期。
黄行：《语言接触与语言区域性研究》，《民族语文》2005年第3期。
李方桂：《中国的语言和方言》，梁敏译，《民族译丛》1980年第1期。
李荣：《汉语方言分区的几个问题》，《方言》1985年第2期。
李永燧：《结构不平衡性和语言演变的原因》，《中国语文》1990年第1期。
李永燧：《历史比较法与声调研究》，《民族语文》2003年第2期。
罗美珍：《论族群互动中的语言接触》，《语言研究》2000年第3期。
雒鹏：《一种只有两个声调的汉语方言》，《西北师大学报》1999年第6期。
欧阳觉亚：《运用底层理论研究少数民族语言与汉语的关系》，《民族语文》1991年第6期。
彭泽润：《衡山南岳方言的地理研究》，博士学位论文，湖南师范大学，2003年。
桥本万太郎：《北方汉语的结构发展》，《语言研究》1983年第1期。

瞿霭堂：《语音演变的理论和类型》，《语言研究》2004年第2期。

### 三　中文期刊论文

沈向荣、刘博：《汉藏语中的塞尾爆破现象》，《民族语文》2010年第1期。
石汝杰：《贺登崧和汉语方言地理学》，《语言教学与研究》2003年第6期。
汪大年：《缅甸语中辅音韵尾的历史演变》，《民族语文》1983年第2期。
王辅世：《苗语方言划分问题》，《民族语文》1983年第5期。
王文胜：《非语言因素与吴语处州方言的分布和演变》，《语言科学》2009年第6期。
吴安其：《语言接触对语言演变的影响》，《民族语文》2004年第1期。
吴福祥：《关于语言接触引发的演变》，《民族语文》2007年第2期。
肖家成：《阿昌族亲属称谓结构及其文化背景》，《民族语文》1992年第5期。
岩田礼：《汉语方言"祖父"、"外祖父"称谓的地理分布——方言地理学在历史语言学研究上的作用》，《中国语文》1995年第3期。
杨露：《阿昌语塞音韵尾方言差异的地理语言学分析》，《云南师范大学学报（哲学社会科学版）》2017年第4期。
张振兴：《〈方言〉与中国地理语言学》，《中国社会科学报》2011年第4期。
钟智翔：《论缅语声调的起源和发展》，《民族语文》1999年第2期。
钟智翔：《论缅语语音的历史分期与历史发展》，博士学位论文，解放军外国语学院，2016年。
朱晓农：《汉语元音的高顶出位》，《中国语文》2004年第5期。
朱晓农：《说元音》，《语言科学》2008年第5期。

### 四　外文类

Arienne M. Dwyer, 2007, *Salar: A Study in Inner Asian Language Contact Processes*, Wiesbaden.
Bernard Spolsky, 1988, *Sociolinguistics*, Oxford, Oxford University Press.
Claire Kramsch, 1988, *Language and Culture Oxford*, Oxford University Press.
Daniel Nettle & Suzanne Romaine, 2000, *Vanishing Voices: The Extinction of the World's Language*, Oxford, Oxford University press.
Jadranka, G., 1997, *Language Change and Functional Explanation, New York*.
Labov, William, 1994, *Principals of Linguistic Change:Internal Factors*, Cambridge, MA: Blackwell.
Labov, William, 2001, *Principals of Linguistic Change:Social Factor*. Cambridge, MA: Blackwell.

# 后记

在电脑上敲下"后记"二字时，一下子似乎不知该如何提笔了。从博士学位论文完稿到这本书的出版，时隔两年。两年间，民族语界的发展让我特别有压迫感，曾经只是少数人掌握并使用的技术理论，如今在不少学者身边早已信手拈来。这样的一种变化，给我留下更多的是重新思考和继续求索。

这是我第一次独立开展田野调查，也是我调查范围最广的一本书。现在回想起当年下乡前抱着"不成功便成仁"的决心，孤身一人背着电脑跑了云南两个州市、三十多个村寨，不由得倒吸了一口气。读书的年代，人比较有激情、说做就做，没有太多顾虑，想的只是"船到桥头自然直"。穿梭在乡野山村中，一边记录一边模仿着不同的方言和口音，一边听着不同的人讲述着各种欢快与伤感、光耀与黯然的故事，奔波中更多地认为这是一场场不同生活方式、不同生命形态的旅程。

阿昌语虽不是我的母语，但从选定这一民族语作为研究方向时，便也确定了我一生的学术奋斗目标——能够深入理解并展示这一语言，并为阿昌语的传承和保护尽绵薄之力。每一篇博士学位论文都是一项浩大的工程。书稿从调查到撰写，碰到了各种各样的困难，或许正是自己这份主观感情，还有偶尔迸发出来的倔强性格，驱使着我尽力地去诠释自己所追溯的语言事实。

对于这本书，首先要特别感谢我学术路上的恩师和引路人余金枝老师。从九年前相识，并有幸投其门下，成为余老师的开门弟子，余老师带我徜徉在少数民族语言的知识海洋中。土生土长在华北平原的我，从小身边接触的都是汉族，少有少数民族同胞，脑海中也没有"民族"的概念，由此形成了自己狭隘的语言观，以为"语言学研究就是汉语研究"。直至踏上云南这块语言资源的富庶之地，师从余老师，并适逢余老师国家社科基金项目《中泰跨境苗语对比研究》的语料采集阶段，于是十分幸运地跟着余老师调查了一年多的中泰苗语，从最初的听不懂到后来能够理解简单的苗语对话内容，才让我真真切切感受到语言学的广博与精妙，同时也学会了语言调查研究的方法，为我日后的学术研究奠定了扎实的基础。

读博期间，余老师更是待我亲如家人，亦师亦友。学业上，为我争取各种学习机会和资源，带我做课题、下田野、写文章，竭力拉扯我成长，期盼我早日独立飞翔。生活上，时时刻刻给予我无限关怀。读博的四年，也是无比困顿彷徨的几年，从选择哪一门语言研究、到选择什么研究对象、到语言学与地理学如何交叉融合、到如何搭建理论研究框架，等等，每一步都走得缓慢而艰难。一次次心生退意之时，余老师都及时开导我、指点我、鼓励我，语重心长地对我说："若拼尽全力还是无法完成，也无憾了。"还记得，为了能让我赶上学位论文送审，余老师从泰国田野调查回国的第二天，当时已是农历腊月二十六，不顾刚刚远途归国的辛劳，风尘仆仆一大早赶来我家帮我一字一句修改论文。整整三天，从早到晚。之后，余老师在湘西老家过完春节，正月初六又提前返回昆明帮我修改论文剩余章节。终于赶在送审前，论文定稿，成功交付。那一刻，我们都如释重负，不问结果如何，但求落幕无悔。回首过去几年读博经历，借用屈原的一句话"亦余心之所善兮，虽九死其犹未悔"。

非常感恩在自己学术起步之时，能遇到一位科研实力雄厚、对学生认真负责、提携帮扶后辈的导师。赤诚是同门师兄妹们对余老师一致的赞美。人生能碰上这样的导师，是做学生的福气。

此外，要感谢田野调查过程中，无私帮助过我的每一位阿昌族同胞：陇川县户撒阿昌族乡朗光寨的杨荣洁妹妹、户撒古松宾馆的老板娘、户撒乡政府的余有夫科长、梁河县曩宋阿昌族乡政府的杨杰、曩宋乡弄别村的赵家培村主任、湾中村的孙耀廷老支书、芒市龙昌移民村遮告村的曹明传大哥、瑞丽市的彭祖江大哥等多位阿昌族父老乡亲，谢谢您们的大力支持和帮助！

在本书的软件技术上，要特别感谢我的先生，在自己繁忙的工作之余，跟我一起学习和应用绘图软件，书中各式各样的地图正是在他的指导和协助下才得以顺利完成。

最后还要感谢云南省哲学社会科学规划办领导和评审专家的扶持，论文得以出版成书最主要是由于获得了云南省哲学社会科学学术著作出版专项经费的资助。感谢一年来云南师范大学汉藏语研究院各位领导的关照。感谢中国社会科学出版社任明主任为本书出版所付出的辛勤劳动。

本书是我接触与学习新方法的一个尝试，它主要就一个问题进行探讨，因而必须从不同的方面利用不同的方法进行比较全面的分析。为此，在本书中，我做了不少第一次尝试，因为是尝试，也因为学识有限，免不了会有一些不足和偏差，甚至错漏，在此，恳请同行专家增补更改，不吝赐教。

杨露<br>
2020 年 3 月于云南师范大学